新治安管理处罚法

条文对照与重点解读

王学堂 / 编著

中国法治出版社
CHINA LEGAL PUBLISHING HOUSE

目 录

第一章 总 则

第 一 条 【立法目的和根据】 ················ 1
第 二 条 【党的领导与综合治理】 ············ 5
第 三 条 【违反治安管理行为与犯罪行为的界分】 ······ 7
第 四 条 【治安管理处罚的程序】 ············ 12
第 五 条 【适用范围】 ···················· 16
第 六 条 【基本原则】 ···················· 20
第 七 条 【主管和管辖】 ·················· 26
第 八 条 【民事责任、不得以罚代刑】 ········ 32
第 九 条 【调解】 ························ 36

第二章 处罚的种类和适用

第 十 条 【处罚种类】 ···················· 46
第十一条 【查获违禁品、工具和违法所得财物的处理】 ··· 50
第十二条 【未成年人违法的处罚】 ············ 55

第十三条　【精神病人、智力残疾人违法的处罚】………… 57
第十四条　【盲人或聋哑人违法的处罚】……………… 62
第十五条　【醉酒的人违法的处罚】…………………… 64
第十六条　【数种违法行为的并罚】…………………… 68
第十七条　【共同违法和教唆、胁迫、诱骗他人违法的
　　　　　　处罚】………………………………………… 72
第十八条　【单位违法行为的处罚】…………………… 76
第十九条　【为免受不法侵害而采取的制止行为】…… 80
第二十条　【从轻、减轻或者不予处罚的情形】……… 89
第二十一条　【认错认罚从宽处理】……………………… 100
第二十二条　【从重处罚的情形】………………………… 102
第二十三条　【不执行行政拘留处罚的情形与例外】…… 106
第二十四条　【未成年人矫治教育等措施】……………… 110
第二十五条　【追究时效】………………………………… 114

第三章　违反治安管理的行为和处罚

第一节　扰乱公共秩序的行为和处罚

第二十六条　【扰乱单位、公共场所、公共交通工具、
　　　　　　　选举等秩序】…………………………… 118
第二十七条　【扰乱国家考试秩序】……………………… 124
第二十八条　【扰乱大型群众性活动秩序】……………… 131
第二十九条　【以虚构事实、投放虚假危险物质，扬言
　　　　　　　危害公共安全方式扰乱公共秩序】…… 135

第三十条	【寻衅滋事】……………………………	138
第三十一条	【邪教、会道门及相关非法活动】……	145
第三十二条	【扰乱无线电管理秩序】………………	148
第三十三条	【危害计算机信息系统安全】…………	151
第三十四条	【组织、领导传销活动，胁迫、诱骗他人参加传销活动】……………………………	155
第三十五条	【扰乱国家重要活动、亵渎英雄烈士、宣扬美化侵略战争或行为】………………	159

第二节 妨害公共安全的行为和处罚

第三十六条	【非法从事与危险物质相关活动】……	164
第三十七条	【危险物质被盗抢、丢失不报告】……	166
第三十八条	【非法携带枪支、弹药、管制器具】……	168
第三十九条	【盗窃、损毁重要公共设施，妨碍国（边）境标志、界线走向管理】………………	173
第四十条	【妨害航空器飞行安全，妨害公共交通工具行驶安全】………………………………	176
第四十一条	【妨害铁路、城市轨道交通运行安全】…	181
第四十二条	【妨害列车行车安全】…………………	184
第四十三条	【擅自安装使用电网、道路施工妨碍行人安全、破坏道路施工安全设施、破坏公共设施、违反规定升放升空物体、高空抛物】………………………………………	185
第四十四条	【举办大型活动违反安全规定】………	189
第四十五条	【公共活动场所违反安全规定】………	192

第四十六条 【违规飞行民用无人驾驶航空器、航空运动器材或者升空物体妨害空域管理】………… 194

第三节 侵犯人身权利、财产权利的行为和处罚

第四十七条 【组织、胁迫、诱骗进行恐怖表演，强迫劳动，非法限制人身自由，非法侵入住宅，非法搜查人身】………… 196

第四十八条 【组织、胁迫未成年人有偿陪侍】………… 200

第四十九条 【胁迫、诱骗、利用他人乞讨，以滋扰他人的方式乞讨】………… 202

第五十条 【恐吓、侮辱、诽谤、诬告陷害、打击报复证人、滋扰他人、侵犯隐私等侵犯人身权利行为】………… 204

第五十一条 【殴打他人、故意伤害他人身体】………… 213

第五十二条 【猥亵他人、故意裸露隐私部位】………… 220

第五十三条 【虐待家庭成员、虐待被监护人和被看护人、遗弃被扶养人】………… 224

第五十四条 【强迫交易】………… 230

第五十五条 【煽动民族仇恨、民族歧视，刊载民族歧视、侮辱内容】………… 235

第五十六条 【出售或者提供个人信息】………… 237

第五十七条 【侵犯通信自由】………… 240

第五十八条 【盗窃、诈骗、哄抢、抢夺、敲诈勒索】………… 242

第五十九条 【故意损毁公私财物】………… 249

第六十条 【对学生欺凌的处理】………… 254

第四节 妨害社会管理的行为和处罚

第六十一条	【阻碍依法执行公务】	259
第六十二条	【招摇撞骗】	266
第六十三条	【伪造、变造、买卖、出租、出借公文、证件、证明文件、印章，伪造、变造、倒卖有价票证、船舶户牌】	269
第六十四条	【船舶擅自进入、停靠国家禁止、限制进入的水域或者岛屿】	273
第六十五条	【违反社会组织管理和擅自经营特许行业】	275
第六十六条	【煽动、策划非法集会、游行、示威】	281
第六十七条	【旅馆业工作人员违反治安管理规定】	283
第六十八条	【房屋出租人违反治安管理规定】	292
第六十九条	【娱乐场所和公章刻制、机动车修理行业经营者违反登记信息制度】	295
第七十条	【非法安装、使用、提供窃听、窃照专用器材】	296
第七十一条	【典当业、废旧物品收购业违反治安管理规定】	297
第七十二条	【妨害执法秩序、违反刑事监督管理规定】	300
第七十三条	【违反有关禁止性规定】	306
第七十四条	【脱逃】	318
第七十五条	【故意损坏文物、名胜古迹】	320
第七十六条	【非法驾驶交通工具】	323
第七十七条	【破坏他人坟墓、尸骨、骨灰，违法停放尸体】	327

第七十八条	【卖淫、嫖娼，拉客招嫖】 ……………	329
第七十九条	【引诱、容留、介绍卖淫】 ……………	333
第 八 十 条	【制作、运输、复制、出售、出租淫秽物品，传播淫秽信息】 …………	335
第八十一条	【组织、参与淫秽活动】 ………………	337
第八十二条	【为赌博提供条件、赌博】 ……………	340
第八十三条	【违反毒品原植物规定的行为】 ………	345
第八十四条	【非法持有、向他人提供毒品，吸毒，胁迫、欺骗开具麻醉药品、精神药品】 …………	348
第八十五条	【引诱、教唆、欺骗或者强迫他人吸食、注射毒品，容留他人吸食、注射毒品，介绍买卖毒品】 ………………	353
第八十六条	【非法生产、经营、购买、运输毒品的原料、配剂】 ……………………	355
第八十七条	【为吸毒、赌博、卖淫、嫖娼人员通风报信或者提供其他条件】 ………	358
第八十八条	【社会生活噪声干扰他人】 ……………	361
第八十九条	【饲养动物违法行为】 …………………	370

第四章 处罚程序

第一节 调 查

第九十条	【立案调查】 ……………………………	379
第九十一条	【严禁非法收集证据】 …………………	384

第九十二条	【收集、调取证据】	387
第九十三条	【其他案件证据材料的使用】	389
第九十四条	【保密义务】	393
第九十五条	【人民警察的回避】	395
第九十六条	【传唤与强制传唤】	400
第九十七条	【询问查证时限和通知家属】	416
第九十八条	【制作询问笔录，询问未成年人】	422
第九十九条	【询问被侵害人和其他证人】	429
第一百条	【代为询问、远程视频询问】	432
第一百零一条	【询问聋哑人和不通晓当地通用的语言文字的人】	434
第一百零二条	【人身检查和提取、采集生物信息、样本】	438
第一百零三条	【场所、物品及人身的检查】	439
第一百零四条	【检查笔录的制作】	446
第一百零五条	【对物品的扣押】	450
第一百零六条	【鉴定】	457
第一百零七条	【辨认】	465
第一百零八条	【两人执法、一人执法及录音录像】	467

第二节 决 定

第一百零九条	【治安管理处罚的决定机关】	469
第一百一十条	【行政拘留的折抵】	471
第一百一十一条	【本人陈述的证据地位】	475
第一百一十二条	【告知义务、陈述与申辩权】	480
第一百一十三条	【治安案件调查结束后的处理】	492

第一百一十四条	【法制审核】	501
第一百一十五条	【处罚决定书的内容】	504
第一百一十六条	【处罚决定书的宣告、通知和送达】	512
第一百一十七条	【听证】	519
第一百一十八条	【办案期限】	531
第一百一十九条	【当场处罚】	536
第一百二十条	【当场处罚的程序】	539
第一百二十一条	【行政复议和行政诉讼】	543

第三节 执 行

第一百二十二条	【行政拘留处罚的执行】	551
第一百二十三条	【罚款处罚的执行】	557
第一百二十四条	【上交当场收缴的罚款】	565
第一百二十五条	【专用票据】	568
第一百二十六条	【暂缓行政拘留和出所】	570
第一百二十七条	【担保人的条件】	581
第一百二十八条	【担保人义务及法律责任】	583
第一百二十九条	【保证金的没收】	585
第一百三十条	【保证金的退还】	587

第五章 执法监督

第一百三十一条	【执法原则】	590
第一百三十二条	【禁止性规定】	594
第一百三十三条	【社会监督】	596

第一百三十四条	【治安处罚与政务处分衔接】	604
第一百三十五条	【罚款决定与罚款收缴分离】	605
第一百三十六条	【治安违法记录封存】	608
第一百三十七条	【同步录音录像运行安全管理】	614
第一百三十八条	【个人信息保护】	616
第一百三十九条	【公安机关、人民警察违法行为及其处罚】	619
第一百四十条	【赔偿责任】	626

第六章 附 则

第一百四十一条	【法律的衔接适用】	632
第一百四十二条	【海上治安管理】	638
第一百四十三条	【"以上、以下、以内"的含义】	639
第一百四十四条	【生效日期】	641

附 录

中华人民共和国治安管理处罚法 …………………… 645
（2025年6月27日）

第一章 总 则

第一条 【立法目的和根据】

为了维护社会治安秩序，保障公共安全，保护公民、法人和其他组织的合法权益，规范和保障公安机关及其人民警察依法履行治安管理职责，根据宪法，制定本法。

说明

本条增加"根据宪法"的法律渊源，并作了一些表述性修改。

根据《立法法》第五条"立法应当符合宪法的规定、原则和精神，依照法定的权限和程序，从国家整体利益出发，维护社会主义法制的统一、尊严、权威"的规定，在本次修订时增加了"根据宪法"的内容。

对照法条

治安管理处罚法（2012）	治安管理处罚法（2025）
第一条 为维护社会治安秩序，	第一条 为了维护社会治安秩序，

续表

治安管理处罚法（2012）	治安管理处罚法（2025）
保障公共安全，保护公民、法人和其他组织的合法权益，规范和保障公安机关及其人民警察依法履行治安管理职责，制定本法。	保障公共安全，保护公民、法人和其他组织的合法权益，规范和保障公安机关及其人民警察依法履行治安管理职责，**根据宪法**，制定本法。

条文释义

本条是关于本法立法目的的规定。

维护社会治安秩序是本法的总目的；保障公共安全，保护公民、法人和其他组织合法权益是维护社会治安秩序的重要内容；而规范和保障公安机关及其人民警察依法履行治安管理职责则是顺利实现维护社会治安秩序这一总目的的前提条件和重要保证。

规范和保障公安机关依法行使治安管理职责，是本法的重要目的之一，具体包括规范和保障两层含义。依法行政是法治的基本要求，其基本含义是行政权的设定必须有法律依据，行政权的行使必须依法进行，不得超越法定权限，也不得违反法定程序。本法作为治安管理工作方面的一部法律，规范公安机关及其人民警察依法履行治安管理职责是其基本内容。所谓依法履行治安管理职责，既包括行使治安管理权力应当符合法律的实体和程序性规定，也包括应当积极履行法律赋予的职责，不得懈怠。保障与规范实际上是一个问题的两个方面，规范的目的也是保障公安机关及其人民警察正确行使职权。本法关于公安机关实施各项处罚的权限、采取强制措施的权限的规定，正是公安机关及其人民警察依法履行治安管理职责的法律保障。

以案说法

孔某民诉某市公安局不履行法定职责案

江苏省高级人民法院认为：2017年6月23日孔某民至其岳母家中欲接妻子叶某回家，与岳母等人发生言语冲突，致接回妻子受阻，遂拨打110报警。某市公安局民警到达现场后，为防止事态扩大，劝说其先行离开。孔某民分别于2017年7月4日及10日向某市公安局邮寄书面申请，认为妻子患有精神疾病，被岳母锁在家中，请求"对被囚禁的叶某实施解救"。某市公安局民警经调查发现，2017年6月叶某手臂受伤后，岳母将叶某接回并陪同叶某就诊，后叶某居住在娘家。在确认岳母不存在违反治安管理的情形后，某市公安局民警于2017年8月7日通过手机短信告知孔某民"叶某被囚禁的事实不存在"。因此，应当认定某市公安局已经履行了及时处警职责，不存在不履行法定职责的行为。同时，《治安管理处罚法》第一条开宗明义，确定该法的主要立法目的系维护社会治安秩序，保障公共安全，保护公民、法人和其他组织的合法权益，规范和保障公安机关及其人民警察依法履行治安管理职责。相对人之间的民事纠纷自有其他相应的法律制度救济。孔某民2017年6月23日报警及2017年7月4日、10日书面申请的事由系家事争议引起的民事纠纷，应当通过更为直接有效的途径解决。

【案号】江苏省高级人民法院（2019）苏行申666号

钱某诉某市公安局行政处罚案

上海市高级人民法院认为：钱某主张袁某的行为不是履行职务过程中发生的行为而是扰乱社会正常秩序的违法行为，应予以治安处罚。从主体上看，袁某是外滩市场管理所工作人员，属于国家行政机关工作人员；从时间上看，事发时间为下午4时30分左右，属于工作时间；从空间上看，事发地点位于外滩市场管理所大厅内，属于工作场所；从行为上看，钱某去外滩市场管理所是为了处理其投诉事宜，袁某作为工作人员对其进行接待，后在双方沟通过程中发生争执。综合以上几个要素，袁某作为负责处理钱某投诉问题的市场监督管理行政机关的工作人员，接待钱某处理其诉求属于其工作职责范围，在处理过程中与钱某产生争执继而发生肢体冲突，该行为与其执行职务行为密切相关，属于行政机关工作人员执行职务时的行为。

《治安管理处罚法》对公民日常行为进行规范，其目的在于维护社会治安秩序，保障公共安全，而执法人员在履行职务过程中发生的行为并不属于其管辖范围。袁某在执行职务时代表其所在单位行使职能，其对于钱某的接待行为，并不是平等主体之间发生的法律关系，不属于违反治安管理的行为。因此，对袁某作出行政处罚超越了管辖权范围，属于超越职权的行为。

【案号】 上海市高级人民法院（2024）沪行终 62 号

关联规定

《人民警察法》（2012 年 10 月 26 日修正）

第二条第一款 人民警察的任务是维护国家安全，维护社会治安秩序，保护公民的人身安全、人身自由和合法财产，保护公共财产，预防、制止和惩治违法犯罪活动。

《行政处罚法》（2021 年 1 月 22 日修订）

第一条 为了规范行政处罚的设定和实施，保障和监督行政机关有效实施行政管理，维护公共利益和社会秩序，保护公民、法人或者其他组织的合法权益，根据宪法，制定本法。

第一章 总 则

> **第二条** 【党的领导与综合治理】
>
> 治安管理工作坚持中国共产党的领导,坚持综合治理。
>
> 各级人民政府应当加强社会治安综合治理,采取有效措施,预防和化解社会矛盾纠纷,增进社会和谐,维护社会稳定。

说明

本条在原第六条的基础上进行了修订,增加了党的领导等规定,适应了新时代社会治理的特点,强调了党的领导在社会治安综合治理中的核心作用,体现了党对社会治安工作的全面领导。并作了一些表述性修改。

对照法条

治安管理处罚法（2012）	治安管理处罚法（2025）
第六条 各级人民政府应当加强社会治安综合治理,采取有效措施,化解社会矛盾,增进社会和谐,维护社会稳定。	第二条 治安管理工作坚持中国共产党的领导,坚持综合治理。 各级人民政府应当加强社会治安综合治理,采取有效措施,**预防和**解社会矛盾**纠纷**,增进社会和谐,维护社会稳定。

条文释义

本条是关于对社会治安实行综合治理的规定。

社会治安问题之所以要实行综合治理，主要是因为：

一是社会治安问题形成的原因是极其复杂的，既有历史和现实的原因，也有政治、经济、文化等方面的原因；既有思想意识、法治观念上的原因，也有个人心理、生理上的原因；既有工作单位、居住小区等"小环境"方面的原因，也有社会这个"大环境"方面的原因；既有国内的原因，也有国外影响的原因。

二是对社会治安实行综合治理是实现国家长治久安的根本途径。预防社会犯罪是世界各国面临的重大社会问题，我们党和国家高瞻远瞩，提出了对社会治安实行综合治理这一重大战略方针。按照这一方针，通过组织动员全社会力量，全体参与，齐抓共管，解决了治安工作中的"预防""惩处""改造"三大重要课题。对社会治安实行综合治理，是解决我国治安问题，预防和减少违法犯罪的根本途径，这也是我国的一大创造。

社会治安问题是社会各种矛盾的综合反映，必须动员和组织全社会的力量，运用政治的、法律的、行政的、经济的、文化的、教育的等多种手段进行综合治理，从根本上预防和减少违法犯罪，维护社会秩序，保障社会稳定。加强社会治安综合治理是党中央的一项重要工作方针，也是维护社会稳定的最主要措施和最有效途径。也就是我们常说的：齐抓共管，综合治理，持之以恒，常抓不懈。

关联规定

《全国人民代表大会常务委员会关于加强社会治安综合治理的决定》
（1991年3月2日）（正文略）

第一章 总 则

> **第三条 【违反治安管理行为与犯罪行为的界分】**
> 扰乱公共秩序，妨害公共安全，侵犯人身权利、财产权利，妨害社会管理，具有社会危害性，依照《中华人民共和国刑法》的规定构成犯罪的，依法追究刑事责任；尚不够刑事处罚的，由公安机关依照本法给予治安管理处罚。

说 明

本条内容没有修订。

对照法条

治安管理处罚法（2012）	治安管理处罚法（2025）
第二条 扰乱公共秩序，妨害公共安全，侵犯人身权利、财产权利，妨害社会管理，具有社会危害性，依照《中华人民共和国刑法》的规定构成犯罪的，依法追究刑事责任；尚不够刑事处罚的，由公安机关依照本法给予治安管理处罚。	第三条 扰乱公共秩序，妨害公共安全，侵犯人身权利、财产权利，妨害社会管理，具有社会危害性，依照《中华人民共和国刑法》的规定构成犯罪的，依法追究刑事责任；尚不够刑事处罚的，由公安机关依照本法给予治安管理处罚。

条文释义

本条是关于违反治安管理行为的性质和特征的规定。

（1）具有一定的社会危害性。这是违反治安管理行为最基本的特征，也是本法将其规定为违反治安管理行为并给予治安管理处罚的依据所在。法律对违法行为给予惩罚性后果的内在根据，并不是行为人实施了与法律规定不一致的行为，而是违法行为侵犯了法律规范所保护的特定利益。违法行为对法律所保护的这种特定利益的侵犯，实际上就是该违法行为的社会危害性。因此，具有社会危害性，即侵犯了本法等有关治安管理的法律、法规所保护的特定利益，是违反治安管理行为的一个本质特征。

（2）具有违法性。这是违反治安管理行为的法律特征，是评价违反治安管理行为的法律标准。这里所讲的"具有违法性"，是指行为人不遵守治安管理法律规范的要求，实施了治安管理法律规范禁止的行为，或者拒不实施治安管理法律规范命令实施的行为，违反了治安管理法律义务。也就是说，违反治安管理行为应当是违反了本法和其他有关治安管理的法律、行政法规、规章的行为。

（3）尚不够刑事处罚。这是违反治安管理行为区别于犯罪的特征。需要注意的是，本法规定的一些违反治安管理行为，在表现形态上与刑法规定的某些犯罪相同或者相似，仅存在情节或者程度的差别。对此，应当特别注意透过相同的行为特征，区分不同的行为性质，防止将违反治安管理行为与犯罪混淆而造成执法偏差。

（4）应受治安管理处罚。这是指违反治安管理行为应当受到治安管理处罚的特征。这一特征包含三层意思：一是治安管理处罚是违反治安管理行为的必然后果，某一行为一旦被认定是违反治安管理行为，国家就要将治安管理处罚加诸行为人。二是意味着治安管理处罚只能加诸违反治安管理行为，而不能对其他行政违法行为或者犯罪适用，否则将失去治安管理处罚的合理性、严肃性和有效性。三是只有应受治安管理处罚的行政违法行为才是违反治安管理行为。

违反治安管理行为的上述特征是具有内在有机联系的统一体，一定程度的社会危害性是违反治安管理行为最基本的属性，是违反治安管理法律、法规的内在根据，也是应当予以治安管理处罚的基础；违反治安管理法律、法规是违反治安管理行为的社会危害性的法律表现，也是违反治安管理行为应当予以治安管理处罚的法律依据；应当予以治安管理处罚则是行为的违法性和社会危害性的当然法律后果。

实务问答

如何区分违反治安管理行为与犯罪行为？

在实际工作中，可以从以下几个方面区分违反治安管理行为与犯罪行为：

（1）情节是否严重。有些行为情节严重的，就构成犯罪；情节不严重的，就是违反治安管理行为。

（2）情节是否恶劣。有些行为情节恶劣的，就构成犯罪；情节不恶劣的，就是违反治安管理行为。

（3）后果是否严重。有些行为后果严重的，就构成犯罪；后果不严重的，就是违反治安管理行为。

（4）数额是否较大。有些行为数额较大的，就构成犯罪；不是数额较大的，就是违反治安管理行为。

（5）次数是否多次。有些行为多次实施的，就构成犯罪；不是多次实施的，就是违反治安管理行为。

（6）是否使用暴力、威胁方法。有些行为使用暴力、威胁方法的，就构成犯罪；未使用暴力、威胁方法的，就是违反治安管理行为。

（7）是否特定主体。有些行为只有特定主体实施时才构成犯罪。

（8）是否特定对象。有些行为只有针对特定对象实施时才构成犯罪。

(9) 是否以此为业。有些行为只有行为人以此为业时才构成犯罪。

此外,有些违反治安管理行为的表现形态与犯罪行为完全一致,没有后果、次数、情节、数额等区分。此时,就应当依照《刑法》第十三条"但是情节显著轻微危害不大的,不认为是犯罪"的规定,综合考虑行为的性质、情节以及社会危害程度,准确判定是犯罪行为还是违反治安管理行为。

以案说法

贺某龙诉某市应急管理局行政处罚案

贺某龙系某力建设有限责任公司法定代表人。2019年1月26日9时许,建设公司组织工人在某幼儿园进行室内装修,施工过程中发生墙体坍塌,造成2人死亡,直接经济损失约200万元。2月2日,某市应急局以该起事故涉嫌犯罪为由,将涉嫌犯罪材料移送市公安局。7月25日,市应急局对贺某龙作出依法给予罚款250830元的处罚决定。9月27日,某区法院判决贺某龙犯重大责任事故罪,判处有期徒刑一年,缓刑一年。

哈尔滨市中级人民法院认为:本案的争议焦点为市应急局将贺某龙犯罪线索移送公安机关后,在公安机关、司法机关作出处理决定前,市应急局能否继续处理。对于同一违法犯罪行为,原则上只能给予一次人身罚或者财产罚,不能重复适用。行政机关对违法行为给予行政处罚的前提是该行为是一般行政违法。如果该行为构成犯罪,则由司法机关依法追究行为人的刑事责任,判处刑罚。行政处罚与刑事处罚是两种不同性质的制裁方式,两者之间存在递进关系,刑罚制裁是更为严厉的制裁方式。行政处罚是针对违法行为进行的制裁，对于违法行为严重、构成犯罪的，才予以刑罚制裁。刑事判决有罪后，犯罪人受到严厉的制裁，其在诸多方面都要受到影响，此种制裁不是行政罚款能够相比较的。即一般而言，违法行为严重构成犯罪的，给予刑事处罚后，不应当再给予行政处罚。除非在给予刑事处罚后仍不能消除违法行为的危害后果的情况下，可以在给予违法行为人刑事处罚的同时再给予行政处罚，而该处罚一般仅限于行为罚。

"先刑事后行政"被认为是处理行政处罚与刑事处罚关系的基本原则。对涉嫌刑事犯罪的行为，公安机关、司法机关已经立案处理的，行政机关应暂停行政处罚程序；对于未构成犯罪或者免予刑事处罚的，行政机关方可以再决定是否给予行政处罚。

具体到本案，一方面，本次事故中，贺某龙已经因违反有关安全管理规定而被人民法院定罪量刑，市应急局另行对其进行罚款的行政处罚缺乏法律规定；另一方面，事故发生后，市应急局已将其涉嫌犯罪的线索移送公安机关，市应急局理应暂停行政处罚程序，待公安机关、司法机关作出处理后，再行决定是否应给予其行政处罚。综上，市应急局在将犯罪线索移送公安机关后，公安机关、司法机关作出处理决定前，又对其同一违法事实作出行政处罚，属于违反法定程序，适用法律错误。

【案号】 哈尔滨市中级人民法院（2021）黑01行终10号

关 联 规 定

《**刑法**》（2023年12月29日修正）

第十三条 一切危害国家主权、领土完整和安全，分裂国家、颠覆人民民主专政的政权和推翻社会主义制度，破坏社会秩序和经济秩序，侵犯国有财产或者劳动群众集体所有的财产，侵犯公民私人所有的财产，侵犯公民的人身权利、民主权利和其他权利，以及其他危害社会的行为，依照法律应当受刑罚处罚的，都是犯罪，但是情节显著轻微危害不大的，不认为是犯罪。

《行政执法机关移送涉嫌犯罪案件的规定》（2020年8月7日修改）（正文略）

> **第四条 【治安管理处罚的程序】**
>
> 治安管理处罚的程序，适用本法的规定；本法没有规定的，适用《中华人民共和国行政处罚法》、《中华人民共和国行政强制法》的有关规定。

说 明

本条内容增加"适用《中华人民共和国行政强制法》"的规定。

对照法条

治安管理处罚法（2012）	治安管理处罚法（2025）
第三条 治安管理处罚的程序，适用本法的规定；本法没有规定的，适用《中华人民共和国行政处罚法》的有关规定。	第四条 治安管理处罚的程序，适用本法的规定；本法没有规定的，适用《中华人民共和国行政处罚法》、**《中华人民共和国行政强制法》**的有关规定。

第一章 总 则

条文释义

本条是关于治安管理处罚程序适用的法律规范的规定。

本法是一部比较特殊的法律，它集实体规范和程序规范于一身，沿用了治安管理处罚条例的立法模式。行政处罚法对行政处罚的设定和实施作了全面、系统的规范。严格来说，行政处罚法是规范所有行政处罚的基本法，一切行政处罚的设定和实施都要遵循该法的规定，除非该法作了"法律另有规定的除外"等授权规定。

如何处理治安管理处罚与行政处罚的关系，是法律实务中遇到的一个重要的问题。这包括两个方面：一是治安管理处罚与《消防法》《道路交通安全法》《居民身份证法》《枪支管理法》以及《民用爆炸物品安全管理条例》《娱乐场所管理条例》等公安行政管理法律、行政法规设定的行政处罚的关系；二是治安管理处罚与《产品质量法》《食品卫生法》等公安行政管理以外的其他行政管理法律、法规设定的行政处罚的关系。

有一种观点认为，治安管理处罚也是行政处罚，只是实施机关不同，本法无须规定程序问题，处罚程序完全按照行政处罚法执行；本法仅规定公共秩序的管理问题，在法律责任部分对扰乱公共秩序、危害公共安全等违反治安管理行为规定相应的行政处罚，同时对不属于违反公共秩序管理的违法行为，由其他相关法律规定相应的行政处罚。但是，这种观点忽略了治安管理处罚不同于其他行政处罚的特殊性，不利于维护社会治安秩序和保障公共安全。治安管理处罚是一种行政处罚，但又不同于其他行政处罚，这主要表现在：一是治安管理处罚涉及面较其他行政处罚广。治安管理处罚适用的对象是全方位的，涉及公共秩序、公共安全、公民的人身权利、公私财产等各个方面，与广大人民群众的工作、生活密切相关，任何个人或者单位在理论上都可能成为治安管理处罚的行政相对人。而其他行政机关在各自的职权范围内实施行政管理，并对违法行为实施行政处罚，行使的是某一方面的专项权力。二是治安管理处罚的主体较其他行政处罚单一。治安管理处罚只能由公安机关实施，其他任何机关不得实施。三是治安管理处罚在处罚程度上较其他行政处罚严厉。大部分违反治安管理行为可以适用限制人身自由的治安管理处罚，其处罚程度仅次于刑罚。四是治安管理处罚的时效性较其他行政处罚强。

具体分析本法与《行政处罚法》在处罚程序规定上的特点，可以分为三种情况。

第一种情况是，本法有规定，《行政处罚法》没有相应规定或者规定不一致。这种情况有的属于该规定是为适应治安管理本身的特点而设定，有的是为了进一步规范公安机关依法履行治安管理职责，增加了一些规定或者作了更为详细的规定。

第二种情况是，本法与《行政处罚法》的规定基本一致。这种情况主要是考虑到，这些规定涉及行政管理相对人的权利，当事人应当知道。虽然在《行政处罚法》中已经有规定，但在本法中予以重申，既有利于当事人知悉和保护自己的权利，监督公安机关依法行使职权，也便于公安机关执法时遵守和引用。

第三种情况是，本法没有规定，需要适用《行政处罚法》的相关规定。这种情况主要是考虑到《行政处罚法》的规定已经比较详尽，可以直接适用，而且本法再作重复性规定也无必要。

此外，还需要注意的是，本条规定，既有明确治安管理处罚程序的准据法的作用，还有一种兜底的含义，即本法有关处罚程序规定的未尽事宜，都要适用《行政处罚法》的有关规定。这就可以防止因立法的疏漏而导致无法可依的情况。

第一章 总 则

以案说法

徐某海诉某市公安局行政处罚案

安徽省高级人民法院认为：《行政处罚法》第五条第一款、第二款规定，行政处罚遵循公正、公开原则。设定和实施行政处罚必须以事实为依据，与违法行为的事实、性质、情节以及社会危害程度相当。本案的起因是徐某海等人的房屋被某区人民政府强制拆除，但之前双方没有就被拆房屋达成补偿安置协议（该强拆行为后经法院判决确认为违法）。徐某海等人要求解决拆迁补偿问题，其诉求合理，在前往镇政府询问时遇负责拆迁的区领导即予反映，虽在语言上和行为上存在不当，对其应予批评教育，但在没有造成其他严重后果的情况下，事后对徐某海给予拘留五日的处罚，有失公允。

【案号】安徽省高级人民法院（2017）皖行申276号

关联规定

《最高人民法院关于正确确定强制拆除行政诉讼案件被告及起诉期限的批复》（2024年8月7日）

公民、法人或者其他组织对强制拆除其建筑物或者其他设施不服提起诉讼的，以作出强制拆除决定的行政机关为被告；没有强制拆除决定书的，以具体实施强制拆除行为的行政机关为被告；未收到强制拆除决定书，实施强制拆除行为的主体不明确的，可以以现有证据初步证明实施强制拆除行为的行政机关为被告。人民法院在案件审理过程中，认为原告起诉的被告不适格且能够确定适格被告的，应当告知原告变更被告；原告拒绝变更的，应当裁定驳回起诉。人民法院经审查各方当事人提供的证据或者依职权调查后，仍不能确定适格被告的，可以依据《中华人民共和国行政诉讼法》第六十六条的规定，视情将有关材料移送有关机关调查并裁定中止诉讼。

《中华人民共和国行政诉讼法》第四十六条规定的六个月起诉期限与《最高人民法院关于适用〈中华人民共和国行政诉讼法〉的解释》第六十四条规定的一年起诉期限，应当从公民、法人或者其他组织知道或者应当知道行政行为内容且知道或者应当知道该行为实施主体之日起计算。被告主张原告自知道或者应当知道行政行为内容及实施主体之日起已经超过法定起诉期限的，应当承担举证责任。

> **第五条　【适用范围】**
> 在中华人民共和国领域内发生的违反治安管理行为，除法律有特别规定的外，适用本法。
> 在中华人民共和国船舶和航空器内发生的违反治安管理行为，除法律有特别规定的外，适用本法。
> 在外国船舶和航空器内发生的违反治安管理行为，依照中华人民共和国缔结或者参加的国际条约，中华人民共和国行使管辖权的，适用本法。

说 明

本条新增第三款"依国际条约行使管辖权"的规定。

立法中有的部门、地方提出，为适应实践需要，与有关航空安全等国际条约衔接，建议在修订草案中增加规定，"在外国船舶和航空器内发生的违反治安管理行为，依照中华人民共和国缔结或者参加的国际条约，中华人民共和国行使管辖权的，适用本法"。宪法和法律委员会经研究，建议采纳上述意见。①

对照法条

治安管理处罚法（2012）	治安管理处罚法（2025）
第四条 在中华人民共和国领域内发生的违反治安管理行为，除法律有特别规定的外，适用本法。 在中华人民共和国船舶和航空器内发生的违反治安管理行为，除法律有特别规定的外，适用本法。	**第五条** 在中华人民共和国领域内发生的违反治安管理行为，除法律有特别规定的外，适用本法。 在中华人民共和国船舶和航空器内发生的违反治安管理行为，除法律有特别规定的外，适用本法。 **在外国船舶和航空器内发生的违反治安管理行为，依照中华人民共和国缔结或者参加的国际条约，中华人民共和国行使管辖权的，适用本法。**

条文释义

本条是关于本法适用范围的规定。

本条第一款是关于本法在我国领域内的适用范围的规定。法律的适用范围也就是法律的效力范围，包括法律的时间效力，即法律发生效力的时间区间；法律的空间效力，即法律适用的地域范围；法律对人的效力，即法律约束的主体（包括自然人、法人和其他组织）。本款关于本法适用范围的规定，实际上包含本法的空间效力

---

① 2024年6月25日，全国人民代表大会宪法和法律委员会关于《中华人民共和国治安管理处罚法（修订草案）》修改情况的汇报，载中国人大网，http://www.npc.gov.cn/npc/c2/c30834/202506/t20250627_446248.html，最后访问时间2025年6月27日。

和对人的效力两个方面。根据本款规定，在空间效力上，除法律有特别规定的外，本法适用于我国整个领域内发生的治安管理行为。在对人的效力上，除法律有特别规定的外，本法适用于所有在我国领域内违反治安管理的人。我国领域是指我国国境以内的全部区域，包括领陆、领水及领空。在我国领域内违反治安管理的人，包括自然人、法人和其他组织。其中自然人包括中国公民、外国人和无国籍人。这里的"法律有特别规定的"，主要是指《中华人民共和国外交特权与豁免条例》和《中华人民共和国领事特权与豁免条例》的特别规定。根据本条法律规定，享有外交特权和豁免权、领事特权和豁免权的人，不适用本法。

本条第二款是关于在我国船舶和航空器内发生的违反治安管理行为，除法律有特别规定的外，适用本法。按照有关国际惯例和国际法，各国所属的船舶、航空器虽然航行、停泊于其领域外，但应视作其领土的延伸部分，各国仍对其行使主权，包括对发生在其内的违法犯罪行为的管辖权。我国的船舶、航空器（包括飞机和其他航空器），包括军用船舶、航空器，也包括民用船舶、航空器。

本条第三款是依国际条约行使管辖权的规定。在外国船舶和航空器内发生的违反治安管理行为，依照我国缔结或者参加的国际条约，我国行使管辖权的，适用本法，体现了条约优先原则，这也是国际惯例。

以案说法

李某媛诉某省公安厅民用机场公安局直属公安分局行政处罚案

2015年1月9日，MU2036航班的航程为从达卡飞昆明，再从昆明飞北京。但由于天气原因延误，其间发生部分乘客与值机柜台协商赔偿的事宜。10日凌晨2时左右,所有乘客登机结束,飞机关闭舱门。因天气因素,飞机需要除冰,除冰需要关闭空调。凌晨3时左右,飞机开始除冰,空调关闭。空调关闭后,部分乘客情绪激动。除冰完毕后,飞机准备起飞时,紧急出口被强行打开。某省公安厅民用机场公安局直属公安分局将MU2036的部分乘客(包括李某媛)及机组乘务人员带回进行询问调查,并制作询问笔录及辨认笔录。1月11日,机场公安直属分局认定李某媛于2015年1月10日凌晨3时45分许,在昆明长水机场MU2036航班上扰乱航空器秩序,决定给予其行政拘留十日的处罚。

云南省昆明市中级人民法院审理后认为:就被诉治安行政处罚决定的法律适用而言,《治安管理处罚法》第五条第二款规定:"在中华人民共和国船舶和航空器内发生的违反治安管理行为,除法律有特别规定的外,适用本法。"李某媛在MU2036航班上实施了扰乱航空器秩序的行为,其行为也是该航班不能正常起飞的原因之一,故案涉《行政处罚决定书》的法律适用正确。

【案号】云南省昆明市中级人民法院(2015)昆行终字第80号

温某恒诉某市公安局口岸分局行政处罚案

2008年1月20日,温某恒因吸毒被行政拘留十五日并强制隔离戒毒六个月。2018年5月23日23时30分许,某市公安局口岸分局在入境大厅附近抓获吸毒违法嫌疑人温某恒。后对其做了尿液现场检测,结果显示甲基苯丙胺、吗啡均呈阳性反应。温某恒陈述了其于2018年5月20日19时许在澳门某餐厅附近一朋友"阿在"处以"烫吸"的方式吸食了冰毒和海洛因的事实。

2018年5月24日,某市公安局口岸分局对温某恒处以行政拘留十五日的处罚。同日,认定温某恒吸毒成瘾严重,决定对其强制隔离戒毒两年。

广东省高级人民法院认为：原告吸毒的违法行为虽然发生在澳门，但参照《公安部关于对查获异地吸毒人员处理问题的批复》，吸毒是一种持续状态，某市公安局口岸分局作为发现地的公安机关，可以按照违法行为发生地原则予以管辖。

【案号】广东省高级人民法院（2019）粤行终1242号

> **第六条　【基本原则】**
>
> 治安管理处罚必须以事实为依据，与违反治安管理的事实、性质、情节以及社会危害程度相当。
>
> 实施治安管理处罚，应当公开、公正，尊重和保障人权，保护公民的人格尊严。
>
> 办理治安案件应当坚持教育与处罚相结合的原则，充分释法说理，教育公民、法人或者其他组织自觉守法。

说　明

本条修订增加了"充分释法说理，教育公民、法人或者其他组织自觉守法"内容，并作了一些表述性修改。

立法中有的常委会组成人员、部门、地方、单位、专家学者和社会公众建议，按照规范和保障执法，尊重和保障人权的要求，进一步完善有关处罚程序规定。宪法和法律委员会经研究，建议作以下修改：一是增加规定，询问查证违反治安管理行为人、当场检查场所和由一名人民警察作出治安管理处罚决定等三类情形，应当全

第一章 总 则

程同步录音录像,并规定了剪接、删改、损毁、丢失录音录像资料的法律责任。二是规范提取、采集有关信息、样本的程序规定,明确条件和范围。三是进一步扩大治安管理处罚听证的案件范围,保障当事人合法权益和公正执法。四是增加规定,正在执行行政拘留处罚的人遇有特定情形可以申请出所。①

对照法条

治安管理处罚法(2012)	治安管理处罚法(2025)
第五条 治安管理处罚必须以事实为依据,与违反治安管理**行为**的性质、情节以及社会危害程度相当。 实施治安管理处罚,应当公开、公正,尊重和保障人权,保护公民的人格尊严。 办理治安案件应当坚持教育与处罚相结合的原则。	**第六条** 治安管理处罚必须以事实为依据,与违反治安管理的**事实**、性质、情节以及社会危害程度相当。 实施治安管理处罚,应当公开、公正,尊重和保障人权,保护公民的人格尊严。 办理治安案件应当坚持教育与处罚相结合的原则,**充分释法说理,教育公民、法人或者其他组织自觉守法**。

(一)推行"说理执法、以理普法"是公安执法工作的必然要求。其就是要克服特权思想,摒弃以管人者自居的陋习,着眼于法理、事理、情理,以平等、民主的方式与违法犯罪嫌疑人、行政管理相对人以及其他相关人员进行真诚沟通,开展法治宣传教育,追求公安执法工作效益的最大化和最优化。

(二)推行"说理执法、以理普法"是公安机关加强自身建

---

① 2024年6月25日,全国人民代表大会宪法和法律委员会关于《中华人民共和国治安管理处罚法(修订草案)》修改情况的汇报,载中国人大网,http://www.npc.gov.cn/npc/c2/c30834/202506/t20250627_446248.html,最后访问时间2025年6月27日。

设、更好地履行职责的客观需要。其必然要求公安机关提高队伍的整体素质，提高维护国家安全和社会稳定的能力，不断在新的起点和更高的层次履行好党和人民赋予的神圣职责。

（三）推行"说理执法、以理普法"是加强法治建设、提高社会法治化水平的实际需要。其就是要求公安机关通过细致、扎实的说理工作，达到既执法又普法的双重效果，在加强公安执法工作的同时，提高全社会的法治水平，畅通法律执行的渠道，实现法治社会的目标。

条文释义

本条是关于治安管理处罚的基本原则的规定。

本条第一款规定确立了治安管理处罚应当遵循的"以事实为依据"和"错罚相当"原则。

"以事实为依据"作为治安管理处罚的一项基本原则，贯穿于治安管理处罚的设定、治安案件的立案、调查、裁决的全过程，因此立法工作、治安管理工作都应当自觉遵循这一基本原则。

本款规定的治安管理处罚的另一个基本原则是"错罚相当"，也就是治安管理处罚应当与违反治安管理行为的性质、情节以及社会危害程度相当，这一原则也是《行政处罚法》确立的原则之一。

本条第二款规定，实施治安管理处罚，应当公开、公正，尊重和保障人权，保护公民的人格尊严。这一规定确立了治安管理处罚的公开、公正、保障人权原则。

公开原则也是《行政处罚法》确立的行政处罚的一项基本原则。公开包括治安管理处罚依据公开和治安管理处罚决定公开两个方面。

公正原则就是在实施治安管理处罚时对当事人要平等对待，不得偏袒。公正包括实体公正和程序公正两个必不可少的方面。

保障人权原则是宪法关于国家尊重和保障人权的规定在本法中的具体体现。违反治安管理行为人虽然违反了法律，依法应当受到处罚，但是他们仍然享有人格权，人格尊严需要得到尊重。这不仅是国内法规定的原则，也是我国参加的《禁止酷刑和其他残忍、不人道或有辱人格的待遇或处罚公约》规定的义务。

本条第三款是关于办理治安案件应当坚持教育与处罚相结合以及释法说理原则的规定。这一原则也是我国整个法律处罚制度，包括行政处罚、刑罚的原则。

实务问答

如何理解适用《行政处罚法》第五条第二款规定的"过罚相当"原则？

人民法院经审理发现，行政处罚在形式上没有违反法律、法规的强制性规定，结论亦在法定处罚种类、幅度之内，但存在明显不合理、不适当的情形。此时，应结合具体案情，进一步对行政处罚是否违反"过罚相当"原则进行审查，即"是否考虑了应当考虑的因素、是否符合比例原则"，并视情适用恰当的裁判方式。分析如下：

第一，考虑应当考虑的因素。根据《行政处罚法》第五条第二款、第三十三条第二款规定，行政机关实施行政处罚应当遵循"过罚相当"原则，行使自由裁量权时需要综合考虑相对人的主观过错程度，违法行为的情节、性质、后果及危害程度等因素。需要注意以下两点：一是对于违反社会公序良俗或者基本安全要求，涉及特殊行业或者重点监管领域的违法行为,一般不以其外在表现形式而应以其性质作为认定过错程度的主要考虑因素。二是查明行政处罚存在未考虑应当考虑因素时,不能当然认定其违反"过罚相当"原则,还需结合案情对是否符合比例原则作进一步审查。

第二,比例原则。《国务院关于印发全面推进依法行政实施纲要的通知》第五条规定:"行使自由裁量权应当符合法律目的,排除不相关因素的干扰;所采取的措施和手段应当必要、适当;行政机关实施行政管理可以采用多种方式实现行政目的的,应当避免采用损害当事人权益的方式。"据此,实施行政处罚应当以达到行政管理的目的和目标为限,处罚内容应当符合"必要""适当""最小损害"的要求。比如,行政机关依据《商标法》第六十条第二款规定,采用责令相对人停止侵权行为即可达到保护注册商标专用权以及保障消费者和相关公众利益的行政执法目的,但其未考虑违法行为情节、危害后果等因素,适用高额罚款处罚,则缺乏必要性和适当性。

第三,恰当的裁判方式。行政处罚明显不当的,人民法院可以依据《行政诉讼法》第七十条第六项规定判决撤销或者部分撤销行政行为,并可以判决被告重新作出行政行为,也可以依据《行政诉讼法》第七十七条第一款规定判决变更。需要注意的是,变更判决是对撤销判决的补充,人民法院只有在综合考量相关因素后,确信什么样的行政处罚是适当的情况下,才可适用变更判决。否则,应当适用撤销判决。[1]

---

[1] 2025年3月31日,最高人民法院举办2025年第三期"行政审判讲堂"(总第十三期),受最高人民法院行政审判庭委派,一级高级法官刘涛审判长进行了现场答疑。

第一章 总 则

以案说法

李某芳诉某市公安局行政处罚案

山东省高级人民法院认为：本案中，李某芳因其家人与李某华发生争吵，拔除了李某华的部分蔬菜，系损毁公私财物的违法行为，应当受到行政处罚，但本案因邻里纠纷发生，损毁财物价值不大（2014年7月14日李某华在报案笔录中被问及蔬菜价值时自称"具体我也没数，值不了多少钱"），不具有严重的社会危害性，二审法院认为违法情形特别轻微，处以警告的行政处罚足以达到教育惩罚的目的，不必适用最为严厉的人身自由罚，故将某市公安局对李某芳作出的行政拘留变更为警告，属于司法裁量权的正常行使，不存在认定事实及适用法律错误之情形。

【案号】山东省高级人民法院（2015）鲁行申字第42号

邹某岩诉某区拘留所行政拘留违法案

广州铁路运输中级法院认为：关于邹某岩提出某区拘留所在其进所时未对其进行验孕检查是管理不当行为的主张。作出拘留决定的机关某区分局表示对邹某岩的身体状况进行了询问，邹某岩在询问中明确其无怀孕情况，且拘留所已经安排医生对邹某岩进所时的身体状况进行检查，邹某岩未陈述正在怀孕或哺乳，也未在身体检查中查出其怀孕。此项上诉主张缺乏事实和法律依据，本院不予支持。关于邹某岩被拘留期间，是由男性警官进行监管，对其人格尊严构成侮辱的问题。结合已查明事实，某区拘留所系将邹某岩收拘在女仓，由女性民警监管。邹某岩的上诉请求缺乏事实和法律依据，本院不予支持。

【案号】广州铁路运输中级法院（2016）粤71行终1670号

郭某军诉某县公安局行政处罚案

山西省长治市中级人民法院认为：本案发生当日，郭某军系因找村委反映自家房屋被拆问题,结合民警到达现场后并不需要做过多处理,会议很快便继续进行的客观事实,某县公安局对郭某军作出行政拘留七日的处罚决定属证据不足,依法应予撤销。

【案号】山西省长治市中级人民法院(2018)晋04行终104号

王某林诉某县公安局行政处罚案

四川省凉山彝族自治州中级人民法院认为:虽然王某林的毁苗行为违法,但事出有因,其权利被侵犯在前,依当地村规民约而为在后,并且经当地村委会调解,确定造成经济损失为300元,符合当地实际情况。足以证明王某林损毁公私财物主观恶性不大,社会危害程度较低,情节轻微。依照教育与处罚相结合原则和治安管理处罚必须与违反治安管理行为的性质、情节以及社会危害程度相当的要求,某县公安局给予行政拘留七日明显不当。

【案号】四川省凉山彝族自治州中级人民法院(2018)川34行终29号

关联规定

《公安机关执法公开规定》(2018年8月23日)(正文略)

第七条 【主管和管辖】

国务院公安部门负责全国的治安管理工作。县级以上地方各级人民政府公安机关负责本行政区域内的治安管理工作。

治安案件的管辖由国务院公安部门规定。

说 明

本条内容没有修订。

对照法条

治安管理处罚法（2012）	治安管理处罚法（2025）
第七条　国务院公安部门负责全国的治安管理工作。县级以上地方各级人民政府公安机关负责本行政区域内的治安管理工作。 治安案件的管辖由国务院公安部门规定。	第七条　国务院公安部门负责全国的治安管理工作。县级以上地方各级人民政府公安机关负责本行政区域内的治安管理工作。 治安案件的管辖由国务院公安部门规定。

条文释义

本条是关于治安管理工作的主管部门和治安案件管辖的规定。

本条第一款是关于治安管理工作的主管部门的规定。本法虽然是处罚法，但是治安管理处罚只是治安管理工作的内容之一，处罚只是管理的手段之一，不是治安管理的全部，更不是目的。因此本款明确的是治安管理工作的主管部门，而不是仅仅限定在治安管理处罚上。

本条第二款是关于治安案件管辖的规定。一般而言，管辖可以分为职能管辖、地域管辖和级别管辖。职能管辖是关于不同职能部门之间管理事项的分工的规定；地域管辖是明确管理事项在不同地域的同一性质的职能部门之间的划分；级别管辖则是明确管理事项在同一性质的职能部门上下级之间的分工。本法对治安案件的管辖并未作明确的规定。由公安部根据多年来公安机关治安管理工作的实践经验作出具体、合理的分工规定，更符合实际需要，也更具有灵活性。

以案说法

王某鹏诉某县公安局行政处罚案

某县公安局于2019年4月19日作出洪公行罚决字〔2019〕001046号行政处罚决定书。内容为：2019年4月18日21时51分左右，"春狩"行动期间，巡逻防暴大队对临汾市某区进行治安清查。在清查中发现211宿舍有卖淫嫖娼行为，遂将违法嫌疑人王某鹏、刘某霞带回某县公安局进行调查。据此，决定给予王某鹏行政拘留十五日并处罚款5000元。

另查明，2019年4月8日，临汾市公安局作出临公指管字〔2019〕6号《指定管辖决定书》，内容为：经对"1·28"专案案件的管辖问题进行审查，根据《公安机关办理刑事案件程序规定》第二十条之规定，决定由某县公安局管辖。

一审法院认为，行政管辖权是行政机关作出行政行为具有合法性的前提条件。某县公安局仅对其辖区内发生的涉嫌卖淫、嫖娼行政违法行为具有处罚权，本案违法行为发生地和违法行为结果地均为临汾市某区，该起治安案件依法应由某区公安局管辖。某县公安局提供的临公指管字〔2019〕6号《指定管辖决定书》仅能证明其对滨江娱乐城专案具有刑事侦查管辖权，不能证明对王某鹏涉嫌卖淫、嫖娼治安案件具有管辖权和处罚权，故某县公安局述称基于上级机关指定取得管辖权的辩解意见不能成立，不予采纳。

二审法院认为，在本院审理期间，某县公安局上诉称：2019年4月18日，临汾市公安局经对王某鹏等人涉嫌卖淫嫖娼等案件和管

第一章 总 则

辖问题进行审查,根据《公安机关办理行政案件程序规定》第十五条之规定,决定由某县公安局管辖。《公安机关办理行政案件程序规定》第十五条之规定,对管辖权发生争议的,报请共同的上级公安机关指定管辖。对于重大、复杂的案件,上级公安机关可以直接办理或者指定管辖。上级公安机关直接办理或者指定管辖的,应当书面通知被指定管辖的公安机关和其他有关的公安机关。原受理案件的公安机关自收到上级公安机关书面通知之日起不再行使管辖权,并立即将案卷材料移送被指定管辖的公安机关或者办理的上级公安机关,及时书面通知当事人。某县公安局没有证据证明本案系存在管辖权争议或者属于重大复杂的案件,故本案不存在指定管辖的法定情形。同时,《行政诉讼法》第三十四条规定,被告对作出的行政行为负有举证责任,应当提供作出该行政行为的证据和所依据的规范性文件。被告不提供或者无正当事由逾期提供证据,视为没有相应证据。本案中,某县公安局在一审中未能提供2019年4月18日临汾市公安局《指定管辖决定书》,在二审中予以提供,并称一审中因该指定管辖决定书未能找到故未能提供,该理由并非正当事由,应视为没有该证据。

【案号】 山西省临汾市中级人民法院(2020)晋10行终21号

冯某国诉某区公安局行政处罚案

重庆市第四中级人民法院认为:《公安机关对部分违反治安管理行为实施处罚的裁量指导意见》系公安部于2018年6月5日发布的行政规范性文件,《重庆市公安机关治安管理行政处罚裁量基准(修订版)》是重庆市公安局2013年11月21日发布的行政规范性文件。公安部作为国务院公安部门,是全国公安工作的最高领导和指挥机关,负责全国的治安管理工作,其制定的行政规范性文件的效力高于省、自治区、直辖市公安机关制定的行政规范性文件的效力。根据新法优于旧法的法律适用原则，在《公安机关对部分违反治安管理行为实施处罚的裁量指导意见》第四十条已对属于"情节较轻"的情形作出明确规定的情况下，原审法院应适用公安部关于"情节较轻"的规定，而不能再适用与第四十条规定相冲突或超出规定内容的其他地方性行政规范性文件的规定。

【案号】重庆市第四中级人民法院（2020）渝04行终152号

关联规定

《公安机关办理行政案件程序规定》（2020年8月6日修订）

第十条 行政案件由违法行为地的公安机关管辖。由违法行为人居住地公安机关管辖更为适宜的，可以由违法行为人居住地公安机关管辖，但是涉及卖淫、嫖娼、赌博、毒品的案件除外。

违法行为地包括违法行为发生地和违法结果发生地。违法行为发生地，包括违法行为的实施地以及开始地、途经地、结束地等与违法行为有关的地点；违法行为有连续、持续或者继续状态的，违法行为连续、持续或者继续实施的地方都属于违法行为发生地。违法结果发生地，包括违法对象被侵害地、违法所得的实际取得地、藏匿地、转移地、使用地、销售地。

居住地包括户籍所在地、经常居住地。经常居住地是指公民离开户籍所在地最后连续居住一年以上的地方，但在医院住院就医的除外。

移交违法行为人居住地公安机关管辖的行政案件，违法行为地公安机关在移交前应当及时收集证据，并配合违法行为人居住地公安机关开展调查取证工作。

第十一条 针对或者利用网络实施的违法行为，用于实施违法

第一章 总 则

行为的网站服务器所在地、网络接入地以及网站建立者或者管理者所在地,被侵害的网络及其运营者所在地,违法过程中违法行为人、被侵害人使用的网络及其运营者所在地,被侵害人被侵害时所在地,以及被侵害人财产遭受损失地公安机关可以管辖。

第十二条 行驶中的客车上发生的行政案件,由案发后客车最初停靠地公安机关管辖;必要时,始发地、途经地、到达地公安机关也可以管辖。

第十三条 行政案件由县级公安机关及其公安派出所、依法具有独立执法主体资格的公安机关业务部门以及出入境边防检查站按照法律、行政法规、规章授权和管辖分工办理,但法律、行政法规、规章规定由设区的市级以上公安机关办理的除外。

第十四条 几个公安机关都有权管辖的行政案件,由最初受理的公安机关管辖。必要时,可以由主要违法行为地公安机关管辖。

第十五条 对管辖权发生争议的,报请共同的上级公安机关指定管辖。

对于重大、复杂的案件,上级公安机关可以直接办理或者指定管辖。

上级公安机关直接办理或者指定管辖的,应当书面通知被指定管辖的公安机关和其他有关的公安机关。

原受理案件的公安机关自收到上级公安机关书面通知之日起不再行使管辖权,并立即将案卷材料移送被指定管辖的公安机关或者办理的上级公安机关,及时书面通知当事人。

第十六条 铁路公安机关管辖列车上,火车站工作区域内,铁路系统的机关、厂、段、所、队等单位内发生的行政案件,以及在铁路线上放置障碍物或者损毁、移动铁路设施等可能影响铁路运输安全、盗窃铁路设施的行政案件。对倒卖、伪造、变造火车票案件，由最初受理的铁路或者地方公安机关管辖。必要时，可以移送主要违法行为发生地的铁路或者地方公安机关管辖。

交通公安机关管辖港航管理机构管理的轮船上、港口、码头工作区域内和港航系统的机关、厂、所、队等单位内发生的行政案件。

民航公安机关管辖民航管理机构管理的机场工作区域以及民航系统的机关、厂、所、队等单位内和民航飞机上发生的行政案件。

国有林区的森林公安机关管辖林区内发生的行政案件。

海关缉私机构管辖阻碍海关缉私警察依法执行职务的治安案件。

> **第八条　【民事责任、不得以罚代刑】**
>
> 违反治安管理行为对他人造成损害的，除依照本法给予治安管理处罚外，行为人或者其监护人还应当依法承担民事责任。
>
> 违反治安管理行为构成犯罪，应当依法追究刑事责任的，不得以治安管理处罚代替刑事处罚。

说　明

本条主要增加了第二款"不得以罚代刑"内容，并作了一些表述性修改。

对照法条

治安管理处罚法（2012）	治安管理处罚法（2025）
第八条　违反治安管理的行为对他人造成损害的，行为人或者其监护人应当依法承担民事责任。	第八条　违反治安管理行为对他人造成损害的，**除依照本法给予治安管理处罚外**，行为人或者其监护人还应当依法承担民事责任。 **违反治安管理行为构成犯罪，应当依法追究刑事责任的，不得以治安管理处罚代替刑事处罚。**

条文释义

本条是关于违反治安管理的行为人的民事责任以及不得以罚代刑的规定。

治安管理处罚法在法律性质上属于行政法的范畴，主要内容是关于各种违法行为以及应当给予的行政处罚的规定，而本条则是关于违法行为人违反治安管理行为所引起的民事责任的规定，因此本条是本法与民事侵权法律之间的衔接条款，是为了保证受害人因违反治安管理行为所遭受的民事损害能够得到及时赔偿。

根据本法的规定，违反治安管理行为的行政法律责任应由违法行为人承担，这也是"责任自负，反对株连"法律原则的体现；但是在特定情况下则有所不同，需要由违法行为人的监护人依法承担民事责任。

根据司法权的分工，对一般的违法行为，由行政机关予以查处；对严重的违法行为，如果构成犯罪，则由司法机关予以查处。行政机关享有的行政处罚权和司法机关享有的刑罚权是性质不同的两种权力，所适用的行为的社会危害性不同、适用的程序不同，产生的社会效果也不一样，应当由行政机关和司法机关分别行使。为此，《行政处罚法》专门规定，违法行为构成犯罪的，行政机关必须将案件移送司法机关，依法追究刑事责任，不得以行政处罚代替刑事处罚。

我国公安机关既是刑事诉讼侦查机关，又是治安行政管理机关；既具有刑事侦查职能，又具有行政管理职能。公安机关在行政管理过程中实施的行政处罚、行政强制以及其他行政决定行为是行政行为，行使的是公安行政管理职能。对于执法过程中超出行政管理范围的刑事案件，移交刑事司法程序进行处理，对依法应当移交司法机关追究刑事责任的案件不移交，可能构成徇私舞弊不移交刑事案件罪。

以案说法

杭某友诉某市公安局不履行法定职责案

2009年6月19日，某市公安局将本案第三人黄某等三人以涉嫌聚众斗殴罪移送检察院审查起诉。10月28日，人民检察院向某市公安局发函，载明：现将上述三名犯罪嫌疑人退回你局，请你局对三人另行处理。后杭某友以三人没有得到刑事追究为由，多次信访，并向江苏省人民检察院提起申诉。2018年5月11日，杭某友向某市公安局邮寄《控告报案材料》，请求事项为：1. 依法对三人的治安违法行为进行立案调查并进行治安处罚；2. 立即交还儿子的遗体。对于杭某友的控告，某市公安局既未立案受理，也未在法定期限内作出处理决定，已构成不履行法定职责。

江苏省高级人民法院经审查认为：杭某友请求确认某市公安局

第一章 总　则

以罚代刑的行为违法,其实质是要求对三人追究刑事责任,该事项不属于人民法院行政诉讼的受案范围,杭某友应另行寻求救济途径。

【案号】 江苏省高级人民法院（2020）苏行申351号

马某林诉某市公安局行政处罚案

四川省高级人民法院认为:行政处罚与刑罚是两种界限明显不同的法律关系,二者制裁违法行为所考量的法定情节、社会危害程度不同,其作出机关、法律程序与依据、制裁方式和种类亦不相同。如违法行为人既违反刑事法律规范又违反行政法律规范,在承担刑事法律责任的同时,亦并不影响其依法承担相应的行政法律责任。且根据《公安机关办理行政案件程序规定》第一百七十二条之规定,违法行为涉嫌构成犯罪转为刑事案件办理时,行政案件亦无须撤销。仅是在违法行为构成犯罪被判处拘役有期徒刑或者罚金时,根据行政处罚法的规定,已经给予当事人的行政拘留或罚款应分别折抵相应刑期与罚金。本案中,按照行政处罚之法律程序作出的被诉行政处罚决定,属于人民法院行政诉讼之受案范围,对该处罚决定的审查不受案涉刑事《不起诉决定书》的影响。

【案号】 四川省高级人民法院（2020）川行申112号

谭某诉某县公安局行政处罚案

湖北省恩施土家族苗族自治州中级人民法院认为:刑事司法程序和行政处罚程序是两个独立的程序,两者在证明标准、法律适用方面均存在区别。在行刑衔接的情况下,检察机关对行为人作出的"不起诉决定"不能成为行政机关作出行政处罚的阻却事由。刑事诉讼法关于检察机关对于不起诉的案件,如果需要作出行政处罚,应当作出检察意见的规定,并不意味着行政处罚必须以检察意见为前提,行政机关对行政处罚具有自主性和独立性,即使检察机关没有提出行政处罚的意见,行政机关亦可以根据具体情况自主决定是否对行为人的违法行为作出行政处罚。

【案号】湖北省恩施土家族苗族自治州中级人民法院(2024)鄂 28 行终 152 号

关联规定

《民法典》(2020 年 5 月 28 日公布)

第一百八十七条　民事主体因同一行为应当承担民事责任、行政责任和刑事责任的,承担行政责任或者刑事责任不影响承担民事责任;民事主体的财产不足以支付的,优先用于承担民事责任。

《行政处罚法》(2021 年 1 月 22 日修订)

第八条　公民、法人或者其他组织因违法行为受到行政处罚,其违法行为对他人造成损害的,应当依法承担民事责任。

违法行为构成犯罪,应当依法追究刑事责任的,不得以行政处罚代替刑事处罚。

《刑法》(2023 年 12 月 29 日修正)

第四百零二条　行政执法人员徇私舞弊,对依法应当移交司法机关追究刑事责任的不移交,情节严重的,处三年以下有期徒刑或者拘役;造成严重后果的,处三年以上七年以下有期徒刑。

> **第九条　【调解】**
> 对于因民间纠纷引起的打架斗殴或者损毁他人财物等违反治安管理行为,情节较轻的,公安机关可以调解处理。

第一章 总　则

　　调解处理治安案件，应当查明事实，并遵循合法、公正、自愿、及时的原则，注重教育和疏导，促进化解矛盾纠纷。

　　经公安机关调解，当事人达成协议的，不予处罚。经调解未达成协议或者达成协议后不履行的，公安机关应当依照本法的规定对违反治安管理行为作出处理，并告知当事人可以就民事争议依法向人民法院提起民事诉讼。

　　对属于第一款规定的调解范围的治安案件，公安机关作出处理决定前，当事人自行和解或者经人民调解委员会调解达成协议并履行，书面申请经公安机关认可的，不予处罚。

说　明

　　本条修订增加了第二款和第四款的规定，反映了"加强治安调解"的修法思路。立法中有的常委委员、部门、地方建议进一步规范和加强治安案件调解工作。宪法和法律委员会经研究，建议增加规定，"调解处理治安案件，应当查明事实，并遵循合法、公正、自愿、及时的原则"。[①]

[①] 2025年6月24日，全国人民代表大会宪法和法律委员会关于《中华人民共和国治安管理处罚法（修订草案）》审议结果的报告，载中国人大网，http://www.npc.gov.cn/npc/c2/c30834/202506/t20250627_446251.html，最后访问时间 2025 年 6 月 27 日。

对照法条

治安管理处罚法（2012）	治安管理处罚法（2025）
第九条 对于因民间纠纷引起的打架斗殴或者损毁他人财物等违反治安管理行为，情节较轻的，公安机关可以调解处理。经公安机关调解，当事人达成协议的，不予处罚。经调解未达成协议或者达成协议后不履行的，公安机关应当依照本法的规定对违反治安管理行为人给予处罚，并告知当事人可以就民事争议依法向人民法院提起民事诉讼。	第九条 对于因民间纠纷引起的打架斗殴或者损毁他人财物等违反治安管理行为，情节较轻的，公安机关可以调解处理。 调解处理治安案件，应当查明事实，并遵循合法、公正、自愿、及时的原则，注重教育和疏导，促进化解矛盾纠纷。 经公安机关调解，当事人达成协议的，不予处罚。经调解未达成协议或者达成协议后不履行的，公安机关应当依照本法的规定对违反治安管理行为作出处理，并告知当事人可以就民事争议依法向人民法院提起民事诉讼。 对属于第一款规定的调解范围的治安案件，公安机关作出处理决定前，当事人自行和解或者经人民调解委员会调解达成协议并履行，书面申请经公安机关认可的，不予处罚。

条文释义

在我国，调解大致可以分为人民调解、司法调解、行政调解和仲裁调解四种。公安机关对民间纠纷引起的治安案件的调解，属于行政调解，一般将这种调解称为"治安调解"。

本条具体包括以下四个方面的内容：

第一章 总 则

（1）治安调解的条件。即治安案件应当具备哪些条件，公安机关才可以调解。一是所有的治安案件都应当加强调解工作，注重教育和疏导，促进化解矛盾纠纷。二是属于"因民间纠纷引起的打架斗殴或者损毁他人财物等违反治安管理行为，情节较轻的"治安案件，这类案件高发常见，所以立法予以特别规定。这一条件又包含三个要点：首先，引发违反治安管理行为的原因必须是民间纠纷，即公民之间因家庭、邻里、婚姻、继承、抚（扶）养、礼仪、财产等民间关系而引起的权益争执。其次，可以调解的治安案件的范围仅限于打架斗殴或者损毁他人财物等违反治安管理行为。对这里的"等"有两种理解，2004年5月18日最高人民法院发布的《关于审理行政案件适用法律规范问题的座谈会纪要》明确，法律规范在列举其适用的典型事项后，又以"等""其他"等词语进行表述的，属于不完全列举的例示性规定。以"等""其他"等概括性用语表示的事项，均为明文列举的事项以外的事项，且其所概括的情形应与列举事项类似。对此，《公安机关办理行政案件程序规定》第一百七十八条第一款作了明确规定："对于因民间纠纷引起的殴打他人、故意伤害、侮辱、诽谤、诬告陷害、故意损毁财物、干扰他人正常生活、侵犯隐私、非法侵入住宅等违反治安管理行为，情节较轻，且具有下列情形之一的，可以调解处理：（一）亲友、邻里、同事、在校学生之间因琐事发生纠纷引起的；（二）行为人的侵害行为系由被侵害人事前的过错行为引起的；（三）其他适用调解处理更易化解矛盾的。对不构成违反治安管理行为的民间纠纷，应当告知当事人向人民法院或者人民调解组织申请处理。"最后，可以调解的治安案件的范围仅限于"情节较轻"的违反治安管理行为。三是治安调解必须在公安机关的主持下进行。四是双方当事人都有愿意接受调解处理的意思表示。也就是说，治安调解应当遵循当事人自愿的原则，公安机关不能强制调解。

（2）治安调解的选择。本条规定公安机关"可以"调解处理，而不是"应当"或者"必须"。对此，《公安机关办理行政案件程序规定》第一百七十九条明确规定："具有下列情形之一的，不适用调解处理：（一）雇凶伤害他人的；（二）结伙斗殴或者其他寻衅滋事的；（三）多次实施违反治安管理行为的；（四）当事人明确表示不愿意调解处理的；（五）当事人在治安调解过程中又针对对方实施违反治安管理行为的；（六）调解过程中，违法嫌疑人逃跑的；（七）其他不宜调解处理的。"

（3）调解达成协议的处理。按照本条的规定，经公安机关调解，当事人达成协议的，不予处罚，即对违反治安管理行为人不再给予治安管理处罚。达成协议包括两方面的内容：一是被侵害人原谅了违反治安管理行为人，不再要求公安机关对其给予治安管理处罚；二是违反治安管理行为人愿意就自己的行为给被侵害人造成的损害依法承担民事责任，而且双方当事人已经就承担民事责任的方式、范围等达成一致。双方当事人一旦达成协议，并履行了协议，则该行为将引起两方面的法律后果：一是对当事人来说，不能就同一事项，再要求公安机关对违反治安管理行为人作出治安管理处罚；二是对公安机关来说，应当对该治安案件予以结案，不能就同一事项再进行查处。

（4）调解不成的处理。经公安机关调解未达成协议，或者双方当事人达成协议后反悔而不履行的，公安机关应当依法对违反治安管理行为人给予治安管理处罚，并告知当事人可以就民事争议依法向人民法院提起民事诉讼。

第四款规定了自行和解、人民调解后不处罚的情况：对属于第一款规定的调解范围的治安案件，公安机关作出处理决定前，当事人自行和解或者经人民调解委员会调解达成协议并履行，书面申请经公安机关认可的，不予处罚。

以案说法

韩某超诉某县公安局不履行法定职责案

河南省高级人民法院认为：根据《治安管理处罚法》第九条规定，民事纠纷的起因并不属于违反治安管理行为的免责事由，如行为人实施了违反治安管理的行为，即使是因民事纠纷而引发，但行为具有违法性，也应当给予处罚；情节较轻经调解、和解履行的情形，才属于不予处罚的法定条件。公安机关在处置治安纠纷中不介入民事纠纷，是指对民事争议不作出认定和裁决，但民事纠纷引发的侵权、扰乱正常秩序的行为，则属于治安管理的范畴，应当以恢复秩序、引导当事人通过合法途径解决争议为原则，予以适当并有效的处置。堵门的行为对韩某超的超市正常经营产生影响，虽然双方纠纷的起因是民事腾房纠纷，但堵门行为超出了权利自救的范围，已经涉及治安管理的范畴。派出所出警后，以起因属于民事权属纠纷为由而未予处置堵门行为，其仅履行了程序性职责，实体未予处置，致使堵门违法行为造成的状态并没有消除，属于没有全面、适当、有效地履行法定职责的情形。

【案号】河南省高级人民法院（2020）豫行再89号

盛某法诉某派出所行政处罚案

上海市第二中级人民法院认为：盛某法认为该案未进行过调解，其没有看清协议内容，系受胁迫签名，对此未提供事实证据，本院不予采信。盛某法在已经调解结案的情况下，再行提出要求对许某作出治安行政处罚决定,无事实证据和法律依据。

【案号】上海市第二中级人民法院(2018)沪02行终279号

王某花诉某市公安局行政处罚案

周口市中级人民法院认为:本案是民间纠纷引起的打架斗殴,情节较轻,公安机关应本着化解纠纷的原则进行调解,但某市公安局在长达两年多的时间内没有证据显示进行过调解。在询问笔录内容存在矛盾、表述不清的情况下也没有进行核实,在证人冒名顶替作证时也不核实证人身份。同时没有证据显示周某博逃避调查,即使其存在逃避调查行为,公安机关也应继续调查,及时作出决定。而公安机关在长达两年多的时间内既没有继续调查,也没有及时作出决定,而是在询问周某博后随即进行了拘留,办案程序明显违法。

【案号】周口市中级人民法院(2020)豫16行终62号

关联规定

《公安机关执行〈中华人民共和国治安管理处罚法〉有关问题的解释》(2020年7月21日修改)

一、关于治安案件的调解问题。根据《治安管理处罚法》第九条的规定,对因民间纠纷引起的打架斗殴或者损毁他人财物以及其他违反治安管理行为,情节较轻的,公安机关应当本着化解矛盾纠纷、维护社会稳定、构建和谐社会的要求,依法尽量予以调解处理。特别是对因家庭、邻里、同事之间纠纷引起的违反治安管理行为,情节较轻,双方当事人愿意和解的,如制造噪声、发送信息、饲养动物干扰他人正常生活,放任动物恐吓他人、侮辱、诽谤、诬告陷害、侵犯隐私、偷开机动车等治安案件,公安机关都可以调解处理。同时，为确保调解取得良好效果，调解前应当及时依法做深入细致的调查取证工作，以查明事实、收集证据、分清责任。调解达成协议的，应当制作调解书，交双方当事人签字。

《公安机关办理行政案件程序规定》（2020年8月6日修订）

第一百七十八条 对于因民间纠纷引起的殴打他人、故意伤害、侮辱、诽谤、诬告陷害、故意损毁财物、干扰他人正常生活、侵犯隐私、非法侵入住宅等违反治安管理行为，情节较轻，且具有下列情形之一的，可以调解处理：

（一）亲友、邻里、同事、在校学生之间因琐事发生纠纷引起的；

（二）行为人的侵害行为系由被侵害人事前的过错行为引起的；

（三）其他适用调解处理更易化解矛盾的。

对不构成违反治安管理行为的民间纠纷，应当告知当事人向人民法院或者人民调解组织申请处理。

对情节轻微、事实清楚、因果关系明确，不涉及医疗费用、物品损失或者双方当事人对医疗费用和物品损失的赔付无争议，符合治安调解条件，双方当事人同意当场调解并当场履行的治安案件，可以当场调解，并制作调解协议书。当事人基本情况、主要违法事实和协议内容在现场录音录像中明确记录的，不再制作调解协议书。

第一百七十九条 具有下列情形之一的，不适用调解处理：

（一）雇凶伤害他人的；

（二）结伙斗殴或者其他寻衅滋事的；

（三）多次实施违反治安管理行为的；

（四）当事人明确表示不愿意调解处理的；

（五）当事人在治安调解过程中又针对对方实施违反治安管理

行为的；

（六）调解过程中，违法嫌疑人逃跑的；

（七）其他不宜调解处理的。

第一百八十条 调解处理案件，应当查明事实，收集证据，并遵循合法、公正、自愿、及时的原则，注重教育和疏导，化解矛盾。

第一百八十一条 当事人中有未成年人的，调解时应当通知其父母或者其他监护人到场。但是，当事人为年满十六周岁以上的未成年人，以自己的劳动收入为主要生活来源，本人同意不通知的，可以不通知。

被侵害人委托其他人参加调解的，应当向公安机关提交委托书，并写明委托权限。违法嫌疑人不得委托他人参加调解。

第一百八十二条 对因邻里纠纷引起的治安案件进行调解时，可以邀请当事人居住地的居（村）民委员会的人员或者双方当事人熟悉的人员参加帮助调解。

第一百八十三条 调解一般为一次。对一次调解不成，公安机关认为有必要或者当事人申请的，可以再次调解，并应当在第一次调解后的七个工作日内完成。

第一百八十四条 调解达成协议的，在公安机关主持下制作调解协议书，双方当事人应当在调解协议书上签名，并履行调解协议。

调解协议书应当包括调解机关名称、主持人、双方当事人和其他在场人员的基本情况，案件发生时间、地点、人员、起因、经过、情节、结果等情况、协议内容、履行期限和方式等内容。

对调解达成协议的，应当保存案件证据材料，与其他文书材料和调解协议书一并归入案卷。

第一百八十五条 调解达成协议并履行的，公安机关不再处罚。对调解未达成协议或者达成协议后不履行的，应当对违反治安管理行为人依法予以处罚；对违法行为造成的损害赔偿纠纷，公安机关可以进行调解，调解不成的，应当告知当事人向人民法院提起民事诉讼。

调解案件的办案期限从调解未达成协议或者调解达成协议不履行之日起开始计算。

第一百八十六条 对符合本规定第一百七十八条规定的治安案件，当事人申请人民调解或者自行和解，达成协议并履行后，双方当事人书面申请并经公安机关认可的，公安机关不予治安管理处罚，但公安机关已依法作出处理决定的除外。

第二章 处罚的种类和适用

> **第十条 【处罚种类】**
> 治安管理处罚的种类分为:
> (一) 警告;
> (二) 罚款;
> (三) 行政拘留;
> (四) 吊销公安机关发放的许可证件。
> 对违反治安管理的外国人,可以附加适用限期出境或者驱逐出境。

说 明

本条内容没有修订。

对照法条

治安管理处罚法（2012）	治安管理处罚法（2025）
第十条 治安管理处罚的种类分为:	第十条 治安管理处罚的种类分为:

续表

治安管理处罚法（2012）	治安管理处罚法（2025）
（一）警告； （二）罚款； （三）行政拘留； （四）吊销公安机关发放的许可证。 　　对违反治安管理的外国人，可以附加适用限期出境或者驱逐出境。	（一）警告； （二）罚款； （三）行政拘留； （四）吊销公安机关发放的许可证**件**。 　　对违反治安管理的外国人，可以附加适用限期出境或者驱逐出境。

条文释义

本条是关于治安管理处罚的种类和可以对外国人适用限期出境、驱逐出境的规定。

本条第一款是关于治安管理处罚种类的规定。该款规定，对违反治安管理行为人，根据其所实施的具体的违反治安管理行为，可以给予的处罚有四种：警告、罚款、行政拘留、吊销公安机关发放的许可证。

警告具有谴责和训诫两重含义。警告的谴责性体现在，警告是公安机关对违反治安管理行为人的一种否定性评价，对违反治安管理行为人处以警告的处罚，表明公安机关对其行为的违法性和社会危害性的认定和否定性态度。根据本法的规定，警告的处罚由县级以上公安机关决定，也可以由公安派出所决定。警告不同于《刑法》第三十七条规定的"训诫"。训诫是人民法院对于犯罪情节轻微无须判处刑罚的犯罪分子，在判决免予刑事处罚的同时，根据案件的具体情况，以口头方式进行批评教育的一种非刑罚方法。

罚款是对违反治安管理行为人处以支付一定金钱义务的处罚。

罚款处罚在本法中规定得比较多，罚款的作用在于通过使违反治安管理行为人在经济上受到损失，起到对其惩戒和教育的作用。本法规定的罚款幅度有不同的档次，这是根据各种违反治安管理行为的性质、危害程度以及罚款处罚的有效性等设定的。

公安机关在适用罚款处罚时要注意两个问题：一是罚款要力求客观合理，符合错罚相当原则。二是要严格履行罚款的法律手续。办案民警应当将处罚决定书和罚款收据交给被处罚人，不得给被处罚人打白条，也不得以扣押财物的文书替代；否则，很容易让被处罚人产生怀疑和误解，造成不良的社会效果。

行政拘留是短期内剥夺违反治安管理行为人的人身自由的一种处罚，所有的条款都设置了拘留的内容。根据国家统计局网站公布的数据，2023年公安机关查处的治安案件数合计788.1万起，近五年来公安机关查处的治安案件数每年均在800万起上下，此前2012年查处的治安案件数达到顶峰当年共查处1331万起[1]。2020年，全国公安机关查处了772.2万件治安案件，而处拘留的案件比例超过50%。这意味着全国每年有300万-400万的拘留处罚。拘留是对自然人最严厉的一种治安管理处罚[2]。本法关于拘留处罚的幅度的规定，一般分为五日以下、五日以上十日以下、十日以上十五日以下三个档次。

由于《治安管理处罚条例》规定的是"拘留"，为了与刑事拘留区别，人们一般将治安案件的"拘留"称为"治安拘留"。2005年《治安管理处罚法》统一改为"行政拘留"后，就不宜再称"治安拘留"了。

---

[1] 2024年12月17日《财经》：轻微犯罪记录封存，他们能去掉"标签"吗？
[2] 参见高长见：《独立行政拘留程序之提倡——论行政拘留程序改革的"中间方案"》，载《行政法学研究》2023年第3期。

吊销公安机关发放的许可证,是剥夺违反治安管理行为人已经取得的、由公安机关依法发放的从事某项与治安管理有关的行政许可事项的许可证,使其丧失继续从事该项行政许可事项的资格的一种处罚。根据本法的规定,吊销公安机关发放的许可证的处罚,应当由县级以上公安机关决定。

本条第二款是关于对违反治安管理的外国人可以附加适用限期出境或者驱逐出境的规定。限期出境和驱逐出境只适用于外国人,包括无国籍的人。对违反治安管理的我国公民,不能适用限期出境或者驱逐出境。限期出境或者驱逐出境只能附加适用,不能独立适用。

关 联 规 定

《公安机关执行〈中华人民共和国治安管理处罚法〉有关问题的解释》(2020年7月21日修改)

二、关于涉外治安案件的办理问题。《治安管理处罚法》第十条第二款规定:"对违反治安管理的外国人可以附加适用限期出境、驱逐出境"。对外国人需要依法适用限期出境、驱逐出境处罚的,由承办案件的公安机关逐级上报公安部或者公安部授权的省级人民政府公安机关决定,由承办案件的公安机关执行。对外国人依法决定行政拘留的,由承办案件的县级以上(含县级,下同)公安机关决定,不再报上一级公安机关批准。对外国人依法决定警告、罚款、行政拘留,并附加适用限期出境、驱逐出境处罚的,应当在警告、罚款、行政拘留执行完毕后,再执行限期出境、驱逐出境。

第十一条 【查获违禁品、工具和违法所得财物的处理】

办理治安案件所查获的毒品、淫秽物品等违禁品，赌具、赌资，吸食、注射毒品的用具以及直接用于实施违反治安管理行为的本人所有的工具，应当收缴，按照规定处理。

违反治安管理所得的财物，追缴退还被侵害人；没有被侵害人的，登记造册，公开拍卖或者按照国家有关规定处理，所得款项上缴国库。

说 明

本条内容没有修订。

对照法条

治安管理处罚法（2012）	治安管理处罚法（2025）
第十一条 办理治安案件所查获的毒品、淫秽物品等违禁品，赌具、赌资，吸食、注射毒品的用具以及直接用于实施违反治安管理行为的本人所有的工具，应当收缴，按照规定处理。 违反治安管理所得的财物，追缴退还被侵害人；没有被侵害人的，登记造册，公开拍卖或者按照国家有关规定处理，所得款项上缴国库。	第十一条 办理治安案件所查获的毒品、淫秽物品等违禁品，赌具、赌资，吸食、注射毒品的用具以及直接用于实施违反治安管理行为的本人所有的工具，应当收缴，按照规定处理。 违反治安管理所得的财物，追缴退还被侵害人；没有被侵害人的，登记造册，公开拍卖或者按照国家有关规定处理，所得款项上缴国库。

条文释义

本条是关于办理治安案件查获的违禁品、本人所有的工具和违法所得财物如何处理的规定。

第一款是关于办理治安案件所查获的违禁品、本人所有的工具如何处理的规定。公安机关在办理涉毒、赌博、盗窃等治安案件时，会同时查获与违反治安管理案件相关的毒品、淫秽物品等违禁品、赌具、赌资、吸食、注射毒品的用具以及直接用于实施违反治安管理行为的本人所有的工具。如何处理好这些物品，既是法律问题，也是政策问题。法律上要严格规定，依法办事；政策上要区别对待，以维护社会稳定。

针对不同的物品，本款作了以下规定：一是对于办理治安案件中查获的违禁品，要一律收缴，按照规定处理。二是对于办理治安案件所查获的赌具、赌资和吸食、注射毒品的用具，应当收缴，按有关规定处理。赌资，是指赌博活动中用作赌注的款物、换取筹码的款物和通过赌博赢取的款物。在利用计算机网络进行的赌博活动中，分赌场、下级庄家或者赌博参与者在组织或者参与赌博前向赌博组织者、上级庄家或者赌博公司交付的押金，应当视为赌资。三是对于直接用于实施违反治安管理行为、属于本人所有的工具，按照规定收缴处理。这里规定的工具不是违禁品，而是直接用于实施违反治安管理行为的普通的生产、生活工具，如扳手、钳子、水果刀等。法律对收缴用于违反治安管理行为的工具的范围作严格、明确的限制，其目的主要是防止在执法活动中任意扩大收缴的范围，将与违法行为无关的工具也予以收缴。治安违法行为不同于犯罪，其社会危害性较轻，将与违反治安管理行为有关的贵重物品，如赌博所在的房屋、接送参赌人员所用的车辆、通信工具等一律收缴，会影响违法行为人的生活，不利于社会的安定。原《治安管理处罚条例》第七条规定，违反治安管理使用的本人所有的工具，可以依照规定没收。这一规定比较原则，对于没收工具的范围有不同的理解，各地公安机关掌握的原则也不尽一致。因此，本款对于收缴工具在原《治安管理处罚条例》的基础上作了详细规定：首先，收缴的工具必须是直接用于实施违反治安管理行为的，如盗窃所用的钳子、伤人所用的刀具等。"直接用于"是指对于实施违反治安管理行为起到必不可少的作用并直接引起、导致危害后果。其次，收缴的工具必须是违反治安管理行为人本人所有。如果用于违反治安管理的工具是从他人处借来或者是非法取得的，应当将工具退还其合法的所有人，不能予以收缴。最后，对于这些工具应当按照规定处理。

第二款是关于对违反治安管理所得的财物如何处理的规定。"违反治安管理所得的财物"，是指违法行为人因实施违反治安管理的行为而取得的所有财物，如盗窃、骗取、哄抢、敲诈勒索所得到的金钱或者物品。本款规定了两种处理方式：一是有被侵害人的，应当追缴退还被侵害人。这里规定的"追缴"，是指应当收缴但还没被公安机关实际控制的财物。对这类财物，不论违反治安管理所得的财物被转移到何处、转手给何人，都应依法追回并收缴。二是对于没有被侵害人的，登记造册，公开拍卖或者按照国家有关规定处理，所得款项上缴国库。这里所说的"没有被侵害人的"有两种情况：第一种情况是违反治安管理的行为没有特定的被侵害人，如出售淫秽物品所得的财物、赌博活动所得的财物等；第二种情况是虽然有特定的被侵害人，但被侵害人无法查找或者已经死亡且没有继承人的。

实务问答

不按规定登记住宿旅客信息所得的住宿费是否应收缴？

住宿费是住宿者因旅馆向其提供服务而支付的，并不是因为旅馆业的工作人员对住宿的旅客不按规定登记姓名、身份证件种类和号码而得来的，它既非违禁品，也不是违法所得，故依据《治安管理处罚法》第十一条的规定，对住宿费不得收缴、追缴。

以案说法

葛某虎诉某市公安局收缴案

浙江省高级人民法院认为：本案中，某市公安局作出被诉收缴/追缴物品决定，所针对的是原爱某公司违规刻制的公司公章，因此，该被诉收缴/追缴物品行为既不是行政处罚，也不属于行政强制措施。根据宇某集团和原爱某公司董事会的决议，葛某虎等人虽然经手违规刻制了原爱某公司的企业印章，但该决定刻制公章行为系企业法人行为，而非葛某虎等人的个人行为，且该枚公章虽经某市公安局调查，至今仍然下落不明。故某市公安局针对葛某虎作出被诉收缴/追缴物品决定，缺乏事实和法律依据。

【案号】浙江省高级人民法院（2014）浙行再字第5号

关联规定

《公安机关执行〈中华人民共和国治安管理处罚法〉有关问题的解释》（2020年7月21日修改）

三、关于不予处罚问题。《治安管理处罚法》第十二条、第十三条、第十四条、第二十条对不予处罚的情形作了明确规定，公安机关对依法不予处罚的违反治安管理行为人，有违法所得的，应当依法予以追缴；有非法财物的，应当依法予以收缴。

《治安管理处罚法》第二十五条对违反治安管理行为的追究时效作了明确规定，公安机关对超过追究时效的违反治安管理行为不再处罚，但有违禁品的，应当依法予以收缴。

四、关于对单位违反治安管理的处罚问题。《治安管理处罚法》第十八条规定，"单位违反治安管理的，对其直接负责的主管人员和其他直接责任人员依照本法的规定处罚。其他法律、行政法规对同一行为规定给予单位处罚的，依照其规定处罚"，并在第六十五条规定可以吊销公安机关发放的许可证。对单位实施《治安管理处罚法》第三章所规定的违反治安管理行为的，应当依法对其直接负责的主管人员和其他直接责任人员予以治安管理处罚；其他法律、行政法规对同一行为明确规定由公安机关给予单位警告、罚款、没收违法所得、没收非法财物等处罚，或者采取责令其限期停业整顿、停业整顿、取缔等强制措施的，应当依照其规定办理。对被依法吊销许可证的单位，应当同时依法收缴非法财物、追缴违法所得。参照刑法的规定，单位是指公司、企业、事业单位、机关、团体。

六、关于取缔问题。根据《治安管理处罚法》第六十五条的规定，对未经许可，擅自经营按照国家规定需要由公安机关许可的行业的，予以取缔。这里的"按照国家规定需要由公安机关许可的行业"，是指按照有关法律、行政法规和国务院决定的有关规定，需要由公安机关许可的旅馆业、公章刻制业、保安培训业等行业。取缔应当由违反治安管理行为发生地的县级以上公安机关作出决定，按照《治安管理处罚法》的有关规定采取相应的措施，如责令停止相关经营活动、进入无证经营场所进行检查、扣押与案件有关的需要作为证据的物品等。在取缔的同时，应当依法收缴非法财物、追缴违法所得。

> **第十二条** 【未成年人违法的处罚】
> 已满十四周岁不满十八周岁的人违反治安管理的，从轻或者减轻处罚；不满十四周岁的人违反治安管理的，不予处罚，但是应当责令其监护人严加管教。

说 明

本条内容没有修订。

对照法条

治安管理处罚法（2012）	治安管理处罚法（2025）
第十二条 已满十四周岁不满十八周岁的人违反治安管理的，从轻或者减轻处罚；不满十四周岁的人违反治安管理的，不予处罚，但是应当责令其监护人严加管教。	第十二条 已满十四周岁不满十八周岁的人违反治安管理的，从轻或者减轻处罚；不满十四周岁的人违反治安管理的，不予处罚，但是应当责令其监护人严加管教。

条文释义

本条是关于未成年人违反治安管理的处罚规定。

本条根据未成年人的生理、心理发育和知识、社会生活阅历的发展状况，从对未成年人一贯坚持教育为主、处罚为辅的政策出发，就未成年人违反治安管理的处理规定了两种情况，即相对负法律责任和完全不负法律责任。

本条有两方面的含义：一是规定已满十四周岁不满十八周岁的人违反治安管理的，从轻或者减轻处罚。这里规定的"从轻或者减轻处罚"是"应当"而不是"可以"。本条规定的"从轻处罚"，是指根据本人违反治安管理的行为确定应当给予的治安管理处罚，在这一档处罚幅度内，选择较轻或者最轻的处罚。"减轻处罚"，是指根据本人违反治安管理的行为确定应当给予的治安管理处罚，在这一档处罚的下一档处罚幅度内给予治安处罚。应当注意的是，原《治安管理处罚条例》第九条规定，已满十四岁不满十八岁的人违反治安管理的，从轻处罚。本条对这一规定作了修改，规定也可以减轻处罚。这是考虑到未成年人违反治安管理的情况有多种，为了体现教育为主的方针，有些情况下减轻处罚更为适宜，更有利于教育未成年人，同时也与刑法的有关规定相平衡，刑法规定对这个年龄段的人犯罪，应当从轻或者减轻处罚。二是规定不满十四周岁的人违反治安管理的，不予处罚，但是应当责令其监护人严加管教。

关 联 规 定

《公安机关执行〈中华人民共和国治安管理处罚法〉有关问题的解释（二）》（2007年1月26日）

三、关于未达到刑事责任年龄不予刑事处罚的，能否予以治安管理处罚问题

对已满十四周岁不满十六周岁不予刑事处罚的，应当责令其家长或者监护人加以管教；必要时，可以依照《治安管理处罚法》的相关规定予以治安管理处罚，或者依照《中华人民共和国刑法》第

十七条的规定予以收容教养。

四、关于减轻处罚的适用问题

违反治安管理行为人具有《治安管理处罚法》第十二条、第十四条、第十九条减轻处罚情节的,按下列规定适用:

(一) 法定处罚种类只有一种,在该法定处罚种类的幅度以下减轻处罚;

(二) 法定处罚种类只有一种,在该法定处罚种类的幅度以下无法再减轻处罚的,不予处罚;

(三) 规定拘留并处罚款的,在法定处罚幅度以下单独或者同时减轻拘留和罚款,或者在法定处罚幅度内单处拘留;

(四) 规定拘留可以并处罚款的,在拘留的法定处罚幅度以下减轻处罚;在拘留的法定处罚幅度以下无法再减轻处罚的,不予处罚。

《公安机关执行〈中华人民共和国治安管理处罚法〉有关问题的解释》(2020年7月21日修改)

三、关于不予处罚问题。《治安管理处罚法》第十二条、第十三条、第十四条、第二十条对不予处罚的情形作了明确规定,公安机关对依法不予处罚的违反治安管理行为人,有违法所得的,应当依法予以追缴;有非法财物的,应当依法予以收缴。

第十三条 【精神病人、智力残疾人违法的处罚】

精神病人、智力残疾人在不能辨认或者不能控制自己行为的时候违反治安管理的,不予处罚,但是应当责令其监护人加强看护管理和治疗。间歇性的精神病人在精神正常的时候违反治安管理的,应当给予处罚。

> 尚未完全丧失辨认或者控制自己行为能力的精神病人、智力残疾人违反治安管理的，应当给予处罚，但是可以从轻或者减轻处罚。

说 明

本条增加了智力残疾人的规定，对"尚未完全丧失辨认或者控制自己行为能力的精神病人、智力残疾人"增加了可以从轻或者减轻处罚的规定，并作了一些表述性修改。

立法中，根据审议意见，对修订草案三次审议稿作了若干表述性修改：一是将第十三条中"严加看管"修改为"加强看护管理"。[①]

对照法条

治安管理处罚法（2012）	治安管理处罚法（2025）
第十三条 精神病人在不能辨认或者不能控制自己行为的时候违反治安管理的，不予处罚，但是应当责令其监护人严加看管和治疗。间歇性的精神病人在精神正常的时候违反治安管理的，应当给予处罚。	第十三条 精神病人、智力残疾人在不能辨认或者不能控制自己行为的时候违反治安管理的，不予处罚，但是应当责令其监护人**加强看护管理**和治疗。间歇性的精神病人在精神正常的时候违反治安管理的，应当给予处罚。**尚未完全丧失辨认或者控制自己行为能力的精神病人、智力残疾人违反治安管理的，应当给予处罚，但是可以从轻或者减轻处罚。**

---

① 2024年6月26日，全国人民代表大会宪法和法律委员会关于《中华人民共和国治安管理处罚法（修订草案三次审议稿）》修改意见的报告，载中国人大网，http：//www.npc.gov.cn/npc/c2/c30834/202506/t20250627_446249.html，最后访问时间 2025 年 6 月 27 日。

第二章　处罚的种类和适用

条文释义

本条是关于精神病人、智力残疾人违反治安管理的处罚规定。

《精神卫生法》第八十三条第一款、第二款明确规定：本法所称精神障碍，是指由各种原因引起的感知、情感和思维等精神活动的紊乱或者异常，导致患者明显的心理痛苦或者社会适应等功能损害。本法所称严重精神障碍，是指疾病症状严重，导致患者社会适应等功能严重损害、对自身健康状况或者客观现实不能完整认识，或者不能处理自身事务的精神障碍。精神病人是患有各类精神疾病的人。

《残疾人保障法》第二条规定，残疾人是指在心理、生理、人体结构上，某种组织、功能丧失或者不正常，全部或者部分丧失以正常方式从事某种活动能力的人。残疾人包括视力残疾、听力残疾、言语残疾、肢体残疾、智力残疾、精神残疾、多重残疾和其他残疾的人。残疾标准由国务院规定。

本条对于精神病人、智力残疾人违反治安管理的处罚作了特殊规定，体现了法律对精神病人、智力残疾人既不歧视又要保护的原则。本条主要规定了两方面的内容：

一是精神病人、智力残疾人在不能辨认或者不能控制自己行为的时候违反治安管理的如何处理的规定。本条规定以精神病人、智力残疾人是否有行为能力、是否能够辨认或者控制自己的行为为标准，来确定精神病人、智力残疾人是否要为其违反治安管理的行为负责，是否要受到治安处罚。这里规定的"不能辨认自己的行为""不能控制自己的行为"是选择性的，即只要精神病人、智力残疾人符合其中的一种情形，就不予处罚。

实践中，对于违反治安管理的行为人是否为精神病人、智力残疾人，要有科学、客观、准确的判断。本条没有规定类似《刑法》对精神病人的鉴定程序，但是应当有证据证明行为人是精神病人、智力残疾人，必要的时候可以通过鉴定确认。精神病人、智力残疾人违反治安管理的，即使不予处罚，也不能放任不管，任其危害社会和他人，要责令其监护人严加看管和治疗。

二是间歇性的精神病人在精神正常的时候违反治安管理的如何处理的规定。间歇性的精神病人是指精神并非一直处于错乱状态而完全失去辨认或者控制自己行为的能力，其精神疾病有时发作、有时不发作，有时正常、有时不正常的情形。在间歇性的精神病人精神正常的情况下，他们具有辨认和控制自己行为的能力，这时与常人无异，违反治安管理的，应当予以处罚。尚未完全丧失辨认或者控制自己行为能力的精神病人、智力残疾人违反治安管理的，可以从轻或者减轻处罚。

以 案 说 法

翟某诉某县公安局行政处罚案

山西省高级人民法院认为：制定颁布法律、法规的首要目的是作为公民行为指引和教育之用，罚当其行更能彰显执法者的公正。翟某客观上实施了破坏公私财物的行为，事实清楚、证据确凿，且本人也并未否认。公安机关有权对翟某进行处罚，其也理应受到行政处罚。某县公安局在第一次作出行政拘留十天的处罚时，未将翟某实施违法行为时的责任能力状态考虑在内，翟某申请行政复议后，复议机关以事实不清将该行政处罚撤销，并责令重新调查，依法处理。在第二次调查中将鉴定机构作出翟某在实施破坏行为时处于轻躁狂发病期且控制能力削弱的意见后,仍以相同事实和结果认定对被申请人施以相同处罚,依然未考虑被处罚人承担责任的能力情节,明显不当。

【案号】 山西省高级人民法院(2017)晋行申 15 号

关联规定

《刑法》(2023 年 12 月 29 日修正)

第十八条 精神病人在不能辨认或者不能控制自己行为的时候造成危害结果,经法定程序鉴定确认的,不负刑事责任,但是应当责令他的家属或者监护人严加看管和医疗;在必要的时候,由政府强制医疗。

间歇性的精神病人在精神正常的时候犯罪,应当负刑事责任。

尚未完全丧失辨认或者控制自己行为能力的精神病人犯罪的,应当负刑事责任,但是可以从轻或者减轻处罚。

醉酒的人犯罪,应当负刑事责任。

《刑事诉讼法》(2018 年 10 月 26 日修正)

第三百零二条 实施暴力行为,危害公共安全或者严重危害公民人身安全,经法定程序鉴定依法不负刑事责任的精神病人,有继续危害社会可能的,可以予以强制医疗。

第三百零三条 根据本章规定对精神病人强制医疗的,由人民法院决定。

公安机关发现精神病人符合强制医疗条件的,应当写出强制医疗意见书,移送人民检察院。对于公安机关移送的或者在审查起诉过程中发现精神病人符合强制医疗条件的,人民检察院应当向人民法院提出强制医疗的申请。人民法院在审理案件过程中发现被告人符合强制医疗条件的,可以作出强制医疗的决定。

对实施暴力行为的精神病人,在人民法院决定强制医疗前,公安机关可以采取临时的保护性约束措施。

《人民警察法》(2012年10月26日修正)

第十四条 公安机关的人民警察对严重危害公共安全或者他人人身安全的精神病人,可以采取保护性约束措施。需要送往指定的单位、场所加以监护的,应当报请县级以上人民政府公安机关批准,并及时通知其监护人。

《精神卫生法》(2018年4月27日修正)

第二十八条 除个人自行到医疗机构进行精神障碍诊断外,疑似精神障碍患者的近亲属可以将其送往医疗机构进行精神障碍诊断。对查找不到近亲属的流浪乞讨疑似精神障碍患者,由当地民政等有关部门按照职责分工,帮助送往医疗机构进行精神障碍诊断。

疑似精神障碍患者发生伤害自身、危害他人安全的行为,或者有伤害自身、危害他人安全的危险的,其近亲属、所在单位、当地公安机关应当立即采取措施予以制止,并将其送往医疗机构进行精神障碍诊断。

医疗机构接到送诊的疑似精神障碍患者,不得拒绝为其作出诊断。

第十四条 【盲人或聋哑人违法的处罚】
盲人或者又聋又哑的人违反治安管理的,可以从轻、减轻或者不予处罚。

说　明

本条内容没有修订。

对照法条

治安管理处罚法（2012）	治安管理处罚法（2025）
第十四条　盲人或者又聋又哑的人违反治安管理的，可以从轻、减轻或者不予处罚。	第十四条　盲人或者又聋又哑的人违反治安管理的，可以从轻、减轻或者不予处罚。

条文释义

本条是关于对盲人或者又聋又哑的人违反治安管理的处罚规定。

对这类生理上有缺陷的人，本条作了特别的处罚规定，有两层含义：一是盲人或者又聋又哑的人违反治安管理的，应当予以处罚。盲人和又聋又哑的人属于生理上有比较大的缺陷的人，但如果是成年人且智力和精神状况正常，则并未失去辨认或者控制自己行为的能力，对自己行为的性质和后果也会有正确的判断，不属于无行为能力人，应当负责任。二是盲人或者又聋又哑的人违反治安管理的，可以从轻、减轻或者不予处罚。由于行为人生理缺陷情况不同、违反治安管理的情况不同、行为的危害后果不同，因此，本条规定的只是"从轻、减轻或者不予处罚"的原则，实践中要根据行为人违反治安管理的具体情况具体分析，区别对待，确定应当给予何种处罚或者不予处罚。

应当注意的是，本条针对的对象是盲人或者又聋又哑的人，其他生理上有缺陷的人，如肢体有残疾的人等不在本条规定范围内。只聋不哑或者只哑不聋的人也不适用本条规定。本条规定对盲人或者又聋又哑的人违反治安管理的，"可以"从轻、减轻或者不予处罚，这里规定的是"可以"，而非"应当"。

以案说法

伍某鑫诉某市公安局行政处罚案

宁波市鄞州区人民法院认为：伍某鑫提出其系残疾人，依照《治安管理处罚法》第十四条规定，可以从轻、减轻或者不予处罚的理由。本院认为，伍某鑫只属听力残疾，不属于又聋又哑的人，故不适用上述条文的规定，对其主张不予采信。

【案号】宁波市鄞州区人民法院（2015）甬鄞行初字第139号

崔某勤诉某市公安局行政处罚案

山东省新泰市人民法院认为：《治安管理处罚法》第十四条规定，盲人或者又聋又哑的人违反治安管理的，可以从轻、减轻或者不予处罚。崔某勤系一级伤残盲人，具有法定的从轻、减轻情节。对其和第三人同样处罚，行政处罚显失公正，应予变更。

【案号】山东省新泰市人民法院（2014）新行初字第51号

第十五条　【醉酒的人违法的处罚】

醉酒的人违反治安管理的，应当给予处罚。

醉酒的人在醉酒状态中，对本人有危险或者对他人的人身、财产或者公共安全有威胁的，应当对其采取保护性措施约束至酒醒。

说 明

本条内容没有修订。

对照法条

治安管理处罚法（2012）	治安管理处罚法（2025）
第十五条　醉酒的人违反治安管理的，应当给予处罚。 醉酒的人在醉酒状态中，对本人有危险或者对他人的人身、财产或者公共安全有威胁的，应当对其采取保护性措施约束至酒醒。	第十五条　醉酒的人违反治安管理的，应当给予处罚。 醉酒的人在醉酒状态中，对本人有危险或者对他人的人身、财产或者公共安全有威胁的，应当对其采取保护性措施约束至酒醒。

条文释义

本条是关于对醉酒的人违反治安管理的，如何处罚以及采取保护性约束措施的规定。

醉酒的人，是指饮酒过量而不能自制的人。目前，法律对"醉酒"没有规定一个统一、明确的标准。因此，实践中判断一个人是否醉酒，要综合考虑其酒量和酒后行为的表现，因人而异，对具体情况具体分析后认定。

第一款是关于醉酒的人违反治安管理的，应当给予处罚的规定。由于醉酒后的人并未完全失去辨别是非和控制自己行为的能力，而且其应当预见到自己酒后的行为和后果，其违反治安管理的行为主要是自己主观的过失造成的，因此，应当对自己违反治安管理的行为负责，接受处罚。

第二款是关于应当对醉酒的人采取保护性措施约束至酒醒的规

定。根据本款规定，如果醉酒的人没有上述社会危险性，如醉酒的人已有家人陪伴处于比较安全的环境中，不必对其进行约束，可以将其交由亲友看护或者护送至家中。本款规定既是对醉酒公民人身的保护，也是对社会治安秩序的保护。这里规定的"约束至酒醒"，不是对醉酒人的一种处罚，而是保护性的强制措施，待醉酒的人意识清楚后，可以自由离开，若有违反治安管理行为的，根据其违反治安管理的行为给予处罚。在《道路交通安全法》中，对醉酒后驾驶机动车的，也规定要由公安机关交通管理部门将其约束至酒醒。《人民警察法》第十四条也规定，公安机关的人民警察对严重危害公共安全或者他人人身安全的精神病人，可以采取保护性约束措施。这些法律中规定的约束措施的性质和目的都是一样的。

以案说法

陈某诉某市公安局行政赔偿案

广东省高级人民法院认为：本案是行政赔偿纠纷，申诉审查的焦点是某市公安局的出警处置是否正确。案发当天，下属单位某派出所接到报警后即派工作人员出警，工作人员到场后对熊某和陈某之间的冲突进行了劝解、制止，让陈某先行坐车离开现场，还拨打120电话将熊某送至医院醒酒。因陈某走后，熊某并无对自身、他人或者公共安全构成威胁，某派出所的出警人员根据当时具体情况，不对熊某采取约束性措施，并无不当。事后，熊某自行离开医院，在陈某住处楼下，两人再次发生争执、打斗，以致熊某用水果刀将陈某伤害致死，该行为与出警行为不存在直接因果关系。

【案号】广东省高级人民法院（2019）粤行赔申25号

第二章 处罚的种类和适用

陈某诉某自治县公安局行政强制案

贵州省高级人民法院认为：某县公安局对陈某限制人身自由，应依法采取行政强制措施，并履行必要的保护及救助义务。首先，王某向公安机关报警后，公安民警现场处警，根据现场证人以及现场处警民警的证言，能够相互印证陈某有酒味，结合陈某被民警带回派出所后在大厅的吵闹行为，公安机关对陈某人身自由实施暂时性限制，将其带至询问室采取约束性醒酒措施，初衷和目的符合当时情势，并无明显不当。其次，行政机关对陈某采取约束性醒酒措施应当依法进行。某县公安局对陈某采取约束性醒酒措施过程中强制使用手铐，违反《公安机关办理行政案件程序规定》第四十六条关于不得使用手铐、脚镣等警械的规定。最后，某县公安局对陈某采取约束性醒酒措施的过程中，应履行必要的谨慎及救助义务。某县公安局提交的监控视频显示，其对陈某采取约束性醒酒措施的过程中，陈某身体及精神状况越来越差，此时公安机关应履行审慎的注意义务和必要的监护职责，及时送医救治，但在案证据不能证明公安机关充分做到此要求。

【案号】贵州省高级人民法院（2019）黔行终847号

关 联 规 定

《公安机关办理行政案件程序规定》（2020年8月6日修订）

第五十八条 违法嫌疑人在醉酒状态中，对本人有危险或者对他人的人身、财产或者公共安全有威胁的，可以对其采取保护性措施约束至酒醒，也可以通知其家属、亲友或者所属单位将其领回看管，必要时，应当送医院醒酒。对行为举止失控的醉酒人，可以使用约束带或者警绳等进行约束，但是不得使用手铐、脚镣等警械。

约束过程中,应当指定专人严加看护。确认醉酒人酒醒后,应当立即解除约束,并进行询问。约束时间不计算在询问查证时间内。

> **第十六条 【数种违法行为的并罚】**
> 有两种以上违反治安管理行为的,分别决定,合并执行处罚。行政拘留处罚合并执行的,最长不超过二十日。

说 明

本条作了一处表述性修改。

《行政处罚法》第二十九条规定,"对当事人的同一个违法行为,不得给予两次以上罚款的行政处罚。同一个违法行为违反多个法律规范应当给予罚款处罚的,按照罚款数额高的规定处罚"。

对照法条

治安管理处罚法(2012)	治安管理处罚法(2025)
第十六条 有两种以上违反治安管理行为的,分别决定,合并执行。行政拘留处罚合并执行的,最长不超过二十日。	第十六条 有两种以上违反治安管理行为的,分别决定,合并执行**处罚**。行政拘留处罚合并执行的,最长不超过二十日。

条文释义

本条规定的"决定",是指公安机关依法就违反治安管理行为人违反治安管理的实体性问题,作出是否给予治安管理处罚及给予何种治安管理处罚的决定。执行,是指公安机关依照法定程序,按照已经发生法律效力的决定的内容和要求予以具体实施的行为。对一个人有两种以上违反治安管理行为的,实行"分别决定、合并执行"的原则。分别决定,是指对于一个违反治安管理行为人有两种或者两种以上违反治安管理行为的,就其每一个违反治安管理行为分别依法决定,确定对每一个违反治安管理行为应当给予的治安管理处罚。合并执行,是指将分别决定的治安管理处罚合并起来,并将同一种处罚的数额和期限相加在一起,最后决定给予哪些处罚及给予多重的处罚。

本条实质上规定了数过并罚的原则。数过并罚具有以下两个特征:一是必须为一行为人实施数个违反治安管理行为。这是适用数过并罚原则的前提条件。数个违反治安管理行为,既可以是行为人单独实施的,也可以是行为人伙同他人共同实施的。二是公安机关必须在对数个违反治安管理行为分别决定的基础上,依照法定的并罚原则,决定执行的治安管理处罚。这是数过并罚的程序规则和实际操作准则。实行数过并罚的结果,是对数个违反治安管理行为产生一个决定结果、制作一份《治安管理处罚决定书》,而不是几个相互独立的决定结果、制作几份《治安管理处罚决定书》。

本条所确定的数过并罚原则,即对一人所实施的数个违反治安管理行为合并处罚应当依据的规则,也就是以并科原则为主、以限制加重原则为补充的折中原则。并科原则,又称相加原则、累加原则或者合并原则等,是指将一人所实施的数个违反治安管理行为分别决定的处罚绝对相加、合并执行的合并处罚原则。该原则主要适用于罚款处罚。限制加重原则,又称限制并科原则,是指以一人所实施的数个违反治安管理行为中应当决定的最重的处罚为基础,再在一定限度内对其予以加重作为执行处罚的合并处罚原则。该原则只适用于行政拘留处罚。根据本条的规定，合并处罚原则的具体适用范围和基本适用规则如下：（1）数个处罚为罚款的，采用并科原则，将罚款数额累加，决定执行的罚款数额。（2）数个处罚为行政拘留的，采用限制加重原则，将拘留期限累加，决定执行的拘留期限，但最长不超过二十日。（3）数个处罚对个人为一个警告、罚款、行政拘留、限期出境或者驱逐出境的，对单位为一个警告、罚款、吊销许可证的，采用并科原则决定执行的处罚，即对个人可以同时决定执行一个警告、罚款、行政拘留和限期出境或者驱逐出境，对单位可以同时决定一个警告、罚款和吊销许可证。但是，决定的数个处罚对个人为两个或者两个以上警告、限期出境或驱逐出境，对单位为两个或者两个以上警告或吊销许可证的，不适用"合并执行"原则，而只能各执行一个处罚，如不能将两次警告处罚合并为一次严重警告或者合并改为罚款、行政拘留。

对违法行为人的同一个违法行为，其他行政机关已给予罚款处罚的，公安机关不得再给予罚款处罚，但可以依法给予其他种类的行政处罚。

以案说法

周某妍诉某市公安局行政处罚案

天津市高级人民法院认为：依据《治安管理处罚法》第十六条"有两种以上违反治安管理行为的，分别决定，合并执行"的规定，被诉行政处罚决定书中对于周某妍的两种违法行为，未分别表述应予行政处罚的法律依据及相应处罚结果确有不妥，一审判决确认被诉行政处罚决定违法正确。

【案号】天津市高级人民法院（2019）津行申 372 号

许某娴诉某市公安局行政处罚案

江苏省高级人民法院认为:《治安管理处罚法》第十六条规定,有两种以上违反治安管理行为的,分别决定,合并执行处罚。行政拘留处罚合并执行的,最长不超过二十日。《公安机关办理行政案件程序规定》第一百六十一条规定,一人有两种以上违法行为的,分别决定,合并执行,可以制作一份决定书,分别写明对每种违法行为的处理内容和合并执行的内容。一个案件有多个违法行为人的,分别决定,可以制作一式多份决定书,写明给予每个人的处理决定,分别送达每一个违法行为人。本案中,在卷证据证明,王某华和许某娴两家之间因房屋装修问题发生冲突时间持续较长,且双方均有多人参与。其中,王某华2018年3月23日的行为构成非法侵入他人住宅,27日的行为构成殴打他人,第三人则存在非法侵入他人住宅的行为。鉴于此,某市公安局依据法律规定,制作一式多份232号处罚决定,对王某华四人的违法行为分别作出决定。某市公安局的做法符合法律规定,且作出程序亦无不当之处。

【案号】江苏省高级人民法院(2020)苏行申2353号

刘某秀诉某县公安局行政处罚案

湖北省荆门市中级人民法院认为:在沙农公(治)行决字〔2014〕31号《行政处罚决定书》中,已经认定了刘某秀扰乱单位秩序和暴力阻碍人民警察执法的事实,但只是以扰乱单位秩序的行为,对其进行了行政处罚。在刘某秀于某县拘留所执行拘留期间,又认定其在上访过程中还存在阻碍人民警察执法的事实,并对其作出了沙农公(治)行决字〔2014〕32号《行政处罚决定书》。根据《行政处罚法》第二十九条"对当事人的同一个违法行为,不得给予两次以上罚款的行政处罚"之规定,违反了"一事不再罚"的原则。

【案号】湖北省荆门市中级人民法院（2015）鄂荆门中行终字第00056号

> **第十七条** 【共同违法和教唆、胁迫、诱骗他人违法的处罚】
>
> 共同违反治安管理的，根据行为人在违反治安管理行为中所起的作用，分别处罚。
>
> 教唆、胁迫、诱骗他人违反治安管理的，按照其教唆、胁迫、诱骗的行为处罚。

说 明

本条作了一处表述性修改。

《行政处罚法》第三十三条第二款规定，"当事人有证据足以证明没有主观过错的，不予行政处罚"。

公安机关实施行政处罚时，对当事人提供的证明自己无主观过错的证据应当进行审查，相关证据查证属实且足以证明当事人没有主观过错的，公安机关不予行政处罚；经审查不予采纳的，应当向当事人说明情况。对当事人仅提出无主观过错的陈述和辩解，所述理由正当，但提供证据确有困难的，公安机关应当予以调查、核实，足以证明当事人没有主观过错的，公安机关不予行政处罚。

认定是否足以证明"没有主观过错"，可以根据当事人提供的证据，并结合当事人的从业经历、专业背景、社会认知能力，是否履行了法定义务，是否曾因相同违法行为被公安机关处理等，综合进行判断。

对照法条

治安管理处罚法（2012）	治安管理处罚法（2025）
第十七条　共同违反治安管理的，根据违反治安管理行为人在违反治安管理行为中所起的作用，分别处罚。 教唆、胁迫、诱骗他人违反治安管理的，按照其教唆、胁迫、诱骗的行为处罚。	第十七条　共同违反治安管理的，根据行为人在违反治安管理行为中所起的作用，分别处罚。 教唆、胁迫、诱骗他人违反治安管理的，按照其教唆、胁迫、诱骗的行为处罚。

条文释义

本条是关于共同违反治安管理的处罚原则的规定以及对教唆、胁迫、诱骗他人违反治安管理的如何处罚的规定。

第一款是关于共同违反治安管理的处罚原则的规定。按照本法的规定，构成共同违反治安管理行为，必须同时具备以下三个条件：

第一，从主体上看，必须是两个或者两个以上具有责任能力的人实施了违反治安管理行为。如果违反治安管理行为是由一个人实施的，无论是实施一次还是多次，都不构成共同违反治安管理行为；如果违反治安管理行为是由两个或者两个以上的人实施的，但其中只有一个人具有责任能力，其他人是没有责任能力的不满十四周岁的未成年人或者精神病人、智力残疾人，也不能构成共同违反治安管理行为。

第二,在客观方面,必须是两个或者两个以上行为人共同实施了违反治安管理行为。尽管每个人在违反治安管理活动中所处的地位、作用不同,但都是为了相同的目的而实施违反治安管理行为。行为人共同实施违反治安管理行为,可能是一次,也可能是多次。

第三,在主观方面,必须是两个或者两个以上的行为人具有共同违反治安管理的故意。也就是说,各行为人通过意思的传递、反馈而形成的,明知自己是和他人配合共同实施违反治安管理行为,并且明知共同的违反治安管理行为会发生某种危害社会结果,而希望或者放任这种危害结果发生的心理态度。两个或者两个以上的行为人共同实施危害行为,但一部分人是故意,另一部分人是过失的,不构成共同违反治安管理行为。

按照本条第一款的规定,共同违反治安管理的,根据行为人在违反治安管理行为中所起的作用,分别处罚。这就是"共同违反治安管理的一般处罚原则",包括以下四种情况:

一是对在违反治安管理行为中起主要作用的行为人的处罚。起主要作用,是指在共同违反治安管理行为中,起组织、策划、领导、指挥作用。"起主要作用"的行为人应当承担共同违反治安管理行为本身应负的法律责任,按照其所参与的全部违反治安管理行为进行处罚。

二是对在违反治安管理行为中起次要作用的行为人的处罚。起次要作用,是指行为人虽然直接实施了共同违反治安管理行为,但在整个违反治安管理过程中,较之"起主要作用"的行为人所起的作用小。对"起次要作用"的行为人,应当在比照"起主要作用"的行为人对于共同违反治安管理行为本身应负的法律责任的基础上,予以适当从轻、减轻处罚。

第二章 处罚的种类和适用

三是对在违反治安管理行为中起辅助作用的行为人的处罚。起辅助作用，是指行为人不直接实施共同违反治安管理行为，而是为该行为的实施创造条件，辅助实施违反治安管理。对"起辅助作用"的行为人，应当在比照"起主要作用"的行为人对于共同违反治安管理行为本身应负的法律责任的基础上，予以适当减轻处罚或者不予处罚。

四是对在违反治安管理行为中所起作用相当的行为人的处罚。所起作用相当，是指行为人都直接实施了共同违反治安管理行为，且在整个违反治安管理过程中，行为人所起的作用大致相当。对"所起作用相当"的行为人，应当基于共同违反治安管理行为本身应负的法律责任，给予行为人相同或者相似的处罚。

本条第二款是关于教唆、胁迫、诱骗他人违反治安管理的如何处罚的规定。教唆、胁迫、诱骗他人违反治安管理的人与因受教唆、胁迫、诱骗而实施违反治安管理行为的人是共同违反治安管理，要按照其教唆、胁迫、诱骗的行为处罚，本法第二十二条还规定对这些人应当从重处罚。教唆，是指采用授意、劝说、挑拨、怂恿或者其他方法，故意唆使他人违反治安管理的行为。胁迫，是指采用暴力、威胁、逼迫等方法，迫使他人违反治安管理的行为。胁迫包括暴力胁迫和非暴力胁迫两种。前者如以伤害他人身体相威胁，后者如对他人进行精神上的强制。诱骗，是指采用引诱、欺骗等方法，使他人上当受骗而违反治安管理的行为。上述三种行为都必须是故意实施的，由于行为人的过失行为而引起他人违反治安管理的，则不是教唆、胁迫、诱骗。这三种行为，既有单独实施的，也有交叉实施的。行为人只要实施了其中一种行为，公安机关即可依法予以处罚。

对出于他人胁迫或者诱骗而违反治安管理的，本法第二十条明确规定，从轻、减轻或者不予处罚。但是，对出于他人教唆而违反治安管理的，本法没有明确规定如何处罚。要具体问题具体分析，根据案件的不同情况区别对待，对情节特别轻微的，应当按照本法第二十条的规定，从轻、减轻或者不予处罚。

以案说法

赵某飞诉某市公安局行政处罚案

山西省高级人民法院认为：《治安管理处罚法》第十七条第一款规定，共同违反治安管理的，根据违反治安管理行为人在违反治安管理行为中所起的作用，分别处罚。因此，公安机关实施治安管理处罚应当符合比例原则，综合考虑各违反治安管理行为人所起的作用，作出比例适当的处罚。《行政诉讼法》第七十七条第一款规定，行政处罚明显不当，或者其他行政行为涉及对款额的确定、认定确有错误的，人民法院可以判决变更。二审法院根据赵某飞在该事件中所起的作用，对比其他两位行为人的处罚结果认为对赵某飞处罚过重，判决变更符合法律规定。

【案号】山西省高级人民法院（2017）晋行申310号

第十八条 【单位违法行为的处罚】

单位违反治安管理的，对其直接负责的主管人员和其他直接责任人员依照本法的规定处罚。其他法律、行政法规对同一行为规定给予单位处罚的，依照其规定处罚。

说 明

本条内容没有修订。

对照法条

治安管理处罚法（2012）	治安管理处罚法（2025）
第十八条　单位违反治安管理的，对其直接负责的主管人员和其他直接责任人员依照本法的规定处罚。其他法律、行政法规对同一行为规定给予单位处罚的，依照其规定处罚。	第十八条　单位违反治安管理的，对其直接负责的主管人员和其他直接责任人员依照本法的规定处罚。其他法律、行政法规对同一行为规定给予单位处罚的，依照其规定处罚。

条文释义

本条是关于单位违反治安管理的处罚规定。

单位违反治安管理是区别于自然人违反治安管理的一种违法形态，是指单位为违反治安管理行为的主体。本条规定的"单位"，包括公司、企业、事业单位、机关、团体。

单位违反治安管理具有以下两个基本特征：

一是主体包括公司、企业、事业单位、机关、团体。

二是必须是在单位意志支配下，由单位成员实施的违反治安管理行为，即单位作为一个整体，一个"拟制"的人违反治安管理。单位违反治安管理必须经单位集体研究决定或者由其负责人员决定实施，这是单位整体违反治安管理意志的体现形式。

（1）关于依照本法处罚单位的直接责任人员问题。构成直接责任人员，应当符合以下四个条件：一是必须是单位的人员；二是必须亲自实施了具体单位违反治安管理行为;三是对自己所实施的单位违反治安管理行为的事实情况在主观上存在明知;四是在单位违反治安管理行为的实施过程中起重要作用。

(2) 关于依照其他有关法律处罚单位问题。单位违反治安管理,也可能同时违反了其他法律、行政法规。在这种情况下,对单位直接负责的主管人员和其他直接责任人员,应当按照本法给予治安管理处罚,而不能依照其他法律、行政法规处罚;对单位,则应当依照其他法律、行政法规给予处罚。如何定性一个违法行为是单位违反治安管理还是自然人违反治安管理,一般来讲有两个界限:一是单位违法是由单位领导集体决定或者单位的主管领导决定,并组织有关人员实施的,而自然人违法则是由个人决定实施的,即使是个人打着单位的旗号或者以单位名义实施的,也是自然人违法;二是单位违法一般是出于为单位的利益或目的,非法利益归单位所有,而自然人违法则一般是出于个人的目的。

以案说法

陆某诉某市公安局行政处罚案

宁夏回族自治区高级人民法院认为:宁夏某商贸有限公司分别于2015年7月3日、7月11日、11月27日从湖南省平江县某烟花鞭炮有限公司大量购进烟花爆竹,未向县级以上人民政府安全监督管理部门申请,即违规储存在租用的简易库房内。某市公安局作出给予陆某行政拘留十日的行政处罚决定。公安机关在作出案涉行政处罚决定时超过法定期限确有不当,但并未影响商贸公司的实体权利,且生效的(2019)宁刑再4号刑事裁定亦认定陆某非法储存烟花爆竹的行为属行政违法行为,某市公安局作出的案涉行政处罚决定并无不当。

【案号】宁夏回族自治区高级人民法院（2020）宁行申138号

陈某艺诉某市公安局行政处罚案

福建省高级人民法院认为：本案系陈某艺与厦门市某新城业主委员会之间的租赁合同纠纷所引发，厦门市某新城业主委员会试图通过断电方式迫使陈某华缴纳租金，陈某艺作为厦门市某新城业主委员会主任，以指示小区电梯维保工剪断电线等方式对报刊亭断电两次。某市公安局根据查明的事实，综合考虑涉案违法行为的特征、情节、后果及社会危害等因素，依照《治安管理处罚法》第十八条的规定对其作出行政处罚，认定事实清楚、适用法律正确。

【案号】福建省高级人民法院（2017）闽行申519号

关联规定

《公安机关执行〈中华人民共和国治安管理处罚法〉有关问题的解释》（2020年7月21日修改）

四、关于对单位违反治安管理的处罚问题。《治安管理处罚法》第十八条规定，"单位违反治安管理的，对其直接负责的主管人员和其他直接责任人员依照本法的规定处罚。其他法律、行政法规对同一行为规定给予单位处罚的，依照其规定处罚"，并在第六十五条规定可以吊销公安机关发放的许可证。对单位实施《治安管理处罚法》第三章所规定的违反治安管理行为的，应当依法对其直接负责的主管人员和其他直接责任人员予以治安管理处罚；其他法律、行政法规对同一行为明确规定由公安机关给予单位警告、罚款、没收违法所得、没收非法财物等处罚，或者采取责令其限期停业整顿、停业整顿、取缔等强制措施的，应当依照其规定办理。对被依法吊销许可证的单位,应当同时依法收缴非法财物、追缴违法所得。参照刑法的规定,单位是指公司、企业、事业单位、机关、团体。

> **第十九条　【为免受不法侵害而采取的制止行为】**
> 为了免受正在进行的不法侵害而采取的制止行为,造成损害的,不属于违反治安管理行为,不受处罚;制止行为明显超过必要限度,造成较大损害的,依法给予处罚,但是应当减轻处罚;情节较轻的,不予处罚。

说　明

本条是新增条款。

立法中,有的常委会组成人员、地方、单位、专家学者和社会公众提出,为保护公民合法权益,维护社会公平正义,有必要在本法中明确公民对不法侵害行为有权采取防卫性措施。宪法和法律委员会经研究,建议增加一条规定,"为了免受正在进行的不法侵害而采取的制止行为,造成损害的,不属于违反治安管理行为,明显超过必要限度,造成不应有的损害的,应当减轻或者免除处罚。"[①]

修订草案三次审议稿第十九条对制止不法侵害行为的责任问题

[①] 2024年6月25日,全国人民代表大会宪法和法律委员会关于《中华人民共和国治安管理处罚法(修订草案)》修改情况的汇报,载中国人大网,http://www.npc.gov.cn/npc/c2/c30834/202506/t20250627_446248.html,最后访问时间2025年6月27日。

作了规定。有的常委委员建议进一步明确规定，制止不法侵害行为不受处罚，同时进一步完善本条文字表述。宪法和法律委员会经研究，建议采纳上述意见，将本条修改为，"为了免受正在进行的不法侵害而采取的制止行为，造成损害的，不属于违反治安管理行为，不受处罚；制止行为明显超过必要限度，造成较大损害的，依法给予处罚，但是应当减轻处罚；情节较轻的，不予处罚。"[1]

条文释义

治安管理法律制度经过多年的实施及实践积累，在这次修订草案稿中增加了正当防卫的规定，在治安秩序管理及其处罚领域确立并捍卫了"法不能向不法让步"的法治精神。

"保护公民合法权益"，一方面应当包含通过制定法律制度以及执法机关对法律规范的实施和执行对公民合法权益给予保护，另一方面应当包含对公民通过行使正当防卫权利来制止不法侵害伤害自身权益的保护。2020年9月3日，《最高人民法院、最高人民检察院、公安部关于依法适用正当防卫制度的指导意见》中就明确指出了"正当防卫是法律赋予公民的权利"，要"维护公民的正当防卫权利"。2022年12月22日印发的《最高人民检察院、公安部关于依法妥善办理轻伤害案件的指导意见》指出，"因琐事发生争执，双方均不能保持克制而引发打斗，对于过错的一方先动手且手段明显过激，或者一方先动手，在对方努力避免冲突的情况下仍继续侵害，还击一方造成对方伤害的，一般应当认定为正当防卫"。

---

[1] 2024年6月26日，全国人民代表大会宪法和法律委员会关于《中华人民共和国治安管理处罚法（修订草案三次审议稿）》修改意见的报告，载中国人大网，http：//www.npc.gov.cn/npc/c2/c30834/202506/t20250627_446249.html，最后访问时间2025年6月27日。

"为了免受正在进行的不法侵害而采取的制止行为"属于各部门法都应当普遍予以认可和保护的权利,对其属于正当防卫而造成的损害,刑事和民事法律都规定了不承担相应法律责任,因此本次治安管理处罚法修订增加该条款。

正当防卫的构成要件主要有以下五方面:

一是存在不法侵害行为,存在现实的法益侵害性。所谓不法侵害,是指对法律保护的国家、公共利益、本人或者他人的人身、财产和其他权利进行的侵害。根据《最高人民法院、最高人民检察院、公安部关于依法适用正当防卫制度的指导意见》第五条规定,"不法侵害既包括侵犯生命、健康权利的行为,也包括侵犯人身自由、公私财产等权利的行为;既包括犯罪行为,也包括违法行为。不应将不法侵害不当限缩为暴力侵害或者犯罪行为"。故不能以是否发生犯罪行为来判断正当防卫是否成立;只要有不法侵害发生,就能实施正当防卫。

二是不法侵害正在进行。表现为不法侵害已经发生且尚未结束,具有现实的紧迫性和危险性。如果不法侵害尚未发生或者已经结束,则不能进行"假想防卫",被侵害人不能在事后采取自力救济来惩罚侵害人,应依法请求国家公权力机关来补救自己的权益。

对于如何判断"不法侵害正在进行",《最高人民法院、最高人民检察院、公安部关于依法适用正当防卫制度的指导意见》第六条规定:"对于不法侵害是否已经开始或者结束,应当立足防卫人在防卫时所处情境,按照社会公众的一般认知,依法作出合乎情理的判断,不能苛求防卫人。对于防卫人因为恐慌、紧张等心理,对不法侵害是否已经开始或者结束产生错误认识的,应当根据主客观相统一原则,依法作出妥当处理。"

三是主观上具有防卫意图。因遭受不法侵害而进行防卫的人,必须认识到不法侵害正在进行，出于保护合法权益免受不法侵害而采取防卫行为。如果"事先挑拨、故意挑逗他人对自己进行侵害，然后以制止违法侵害为名对他人加以侵害"，即"防卫挑拨"，则不具备制止不法侵害的防卫意图，是以防卫之名行不法侵害之实的违法行为，故《公安机关执行〈中华人民共和国治安管理处罚法〉有关问题的解释（二）》、《最高人民法院、最高人民检察院、公安部关于依法适用正当防卫制度的指导意见》第六条和《最高人民检察院、公安部关于依法妥善办理轻伤害案件的指导意见》第九条，均将这类行为明确排除在正当防卫之外。

四是防卫行为针对的是不法侵害人。不法侵害来自侵害行为实施者，只有针对不法侵害者本人实施正当防卫，才能达到制止、阻却不法侵害行为持续发生的正当防卫目的。故正当防卫强调必须针对不法侵害者本人实施，不能侵害无关的第三者；对于多人共同实施不法侵害的，既可以针对直接实施不法侵害的人进行防卫，也可以针对在现场共同实施不法侵害的人进行防卫。

五是防卫没有超过必要限度。防卫行为给不法侵害人造成的损害是有效制止不法侵害所必须，防卫与不法侵害行为的强度和损害结果基本相当；防卫与不法侵害相差悬殊明显过激，或者防卫明显超过必要限度造成重大损害的，是防卫过当，依法应承担一定的法律责任。

相比刑事领域，治安执法领域往往漠视对正当防卫的认定，甚至认为治安案件中不存在正当防卫。这些认识上的偏颇、错误主要表现在以下五个方面：

一是面对不法侵害，认为当事人请求公安机关处置为唯一合法途径。一些执法人员认为允许当事人自己制止违法行为，会助长逞凶斗狠的不良风气，妨碍社会稳定、和谐。执法者应当充分认识公民进行正当防卫的合法性及必要性，依法认定正当防卫，维护公民的合法权益。

二是认为正当防卫必须以发生暴力侵害或者犯罪行为为前提。正当防卫是防卫人在遭受不法侵害的紧急情况下，对侵害人实施的一种反击行为，它伴随着不法侵害的进行而产生，这种不法侵害是违法还是犯罪行为，是事后根据侵害行为的性质、情节、危害后果等进行综合评判的；在当时的紧急情况下，即使防卫人精通法律，也往往难以辨明侵害行为的性质、危害后果，难以判断是违法还是犯罪行为，因此不能以是否发生犯罪行为来判断正当防卫是否成立；只要有不法侵害发生，就能实施正当防卫。

三是认为只要"还手"就属于互殴。有的执法人员认为正当防卫仅限于被动防御、消极避让对方的不法侵害，如果"还手"，采取"还击"对方的制止行为，就不能认定为正当防卫。实践中，很少有单纯的被动防御行为，以还击的方式制止不法侵害是非常必要的。在自身遭受不法侵害的危急情况下，反击行为往往都是下意识的，苛求被侵害人只能被动防御而不能进行还击，往往无法维护被侵害人的合法权益，也有悖正当防卫制度设计的初衷。事实上，被动防御行为和反击行为即便是事后都很难区分，更不要说在当时的危急情况下。在面对不法侵害时，被侵害人既可以退避、逃离，也可以防御、抵抗，既可以对抗、攻击，也可以反击、追击，只要没有超出防卫限度并达到免受侵害的目的，都应被法律所支持，因此，不能因被侵害人"还手"就简单认定为双方互殴。

四是认为只要造成对方身体伤害就得处罚。正当防卫的防卫行为与违法行为一样都可能造成伤害后果，因此不能简单以行为是否造成伤害后果、伤害后果的大小作为是否给予处罚的标准。应当在对事件起因、殴打经过、伤害部位和后果等进行认真调查取证的基础上,全面进行分析考量,切实防止"唯结果论""谁伤谁有理谁闹谁有理"的错误做法,坚决捍卫"法不能向不法让步"的法治精神。

五是认为不法侵害人必须有完全行为能力。对"熊孩子"、精神病人等没有完全行为能力的人实施不法侵害,被侵害人不能实施正当防卫,这种观点是片面的。《最高人民法院、最高人民检察院、公安部关于依法适用正当防卫制度的指导意见》第五条明确规定:"成年人对于未成年人正在实施的针对其他未成年人的不法侵害,应当劝阻、制止;劝阻、制止无效的,可以实行防卫。"第七条规定:"明知侵害人是无刑事责任能力人或者限制刑事责任能力人的,应当尽量使用其他方式避免或者制止侵害;没有其他方式可以避免、制止不法侵害,或者不法侵害严重危及人身安全的,可以进行反击。"

以 案 说 法

龚某俊诉某市公安局不履行法定职责案

广东省高级人民法院认为:事发当天,龚某俊与张某琪因为工作产生矛盾,龚某俊看到张某琪驾车回来时,首先向张某琪车上吐口水挑衅引发涉案冲突。在二人冲突的过程中,龚某俊首先掴张某琪脸部,继而张某琪才进行反抗。在民警现场处理双方纠纷时,也是龚某俊先向张某琪投掷烟头,张某琪才用腿踢龚某俊。从以上事实可知,涉案冲突是龚某俊挑衅并首先对张某琪殴打引起的,张某琪是为了免受龚某俊正在进行的违反治安管理行为的侵害而采取的制止违法侵害行为,不属于违反治安管理行为。故某市公安局认定张某琪对龚某俊的反抗行为为正当防卫,且未超过必要限度,不予行政处罚,符合上述规定,不存在不履行法定职责的情形。

【案号】广东省高级人民法院(2017)粤行申1238号

杜某诉某市公安局行政处罚案

山西省高级人民法院经审查认为:互相斗殴的行为不同于正当防卫行为,属于应当接受治安管理处罚的违法行为。二者的区别在于,正当防卫是以制止正在进行的不法侵害为目的,而互相斗殴是以给对方身体造成伤害为目的。本案中,当事人询问笔录、现场监控视频等证据均证明苗某与杜某发生争执后,双方均实施了致使矛盾升级的挑衅行为和意图伤害对方身体的违法行为。杜某行为并非为了制止对方的不法侵害,其关于自己系正当防卫、不应被行政处罚的主张,没有事实与法律依据。

【案号】山西省高级人民法院(2020)晋行申311号

胡某莹诉某市公安局行政处罚案

北京市第一中级人民法院认为:《公安机关执行〈中华人民共和国治安管理处罚法〉有关问题的解释(二)》的规定实际上是对正当防卫在治安管理处罚中的运用,即受害人为了制止正在进行的违反治安管理行为而伤害了违法行为人,只要不是事先挑拨、故意挑逗他人对自己进行侵害,且损害在必要限度内,受害人的伤害行为即属于正当防卫,不应受到治安管理处罚。故公安机关在对相关当事人进行处罚时,不能仅看损害后果,还应综合考虑案件的形成原因和损害发生的过程。

本案中,虽然在本次纠纷之前,胡某莹夫妇因家庭琐事已有矛盾,但该矛盾并不必然引发本次纠纷。本次纠纷产生的直接原因是胡某科先骂胡某莹,故胡某科对引发本次纠纷负有直接责任。胡某莹因胡某科谩骂自己而用手机拍摄视频留取证据,该行为并不违法。胡某莹在第一轮抢夺手机未果后报警,胡某科在明知胡某莹已经报警，且不会逃离现场的情况下，应当等待民警出警处理，但胡某科却再次使用暴力抢夺胡某莹的手机，后胡某丹亦参与其中，该私力救济行为不具有必要性及正当性。本次纠纷的发生，胡某科、胡某丹存在明显过错，胡某科应负主要责任、胡某丹负次要责任、胡某莹没有责任。胡某莹在倒地后，长时间被身材较为高大的胡某丹骑在身上，同时又被胡某科按住，且胡某丹、胡某科均存在殴打胡某莹的行为。胡某莹在本人正遭受暴力侵害且无法挣脱的情况下，将触及自己面部的胡某丹右手指咬伤，其目的是制止正在进行的不法侵害，且该行为对胡某丹的损害并未超过必要限度。故胡某莹咬伤胡某丹手指的行为，属于正当防卫，不应受到治安管理处罚。

【案号】 北京市第一中级人民法院（2021）京01行终96号

郭某兰诉某县公安局行政处罚案

广西壮族自治区南宁市中级人民法院经审理认为：防卫行为与相互斗殴具有外观上的相似性，准确区分两者要坚持主客观相统一原则，通过综合考量案发起因、对冲突升级是否有过错、是否使用或者准备使用凶器、是否采用明显不相当的暴力、是否纠集他人参与打斗等客观情节，准确判断行为人的主观意图和行为性质。因琐事发生争执，双方均不能保持克制而引发打斗，对于有过错的一方先动手且手段明显过激，或者一方先动手，在对方努力避免冲突的情况下仍继续侵害的，还击一方的行为一般应当认定为正当防卫。判断原告行为是否成立正当防卫，可以从以下三个方面进行分析：

首先，从整个事件的起因来看，原告并无过错。其次，从冲突的升级来看，第三人存在明显过错，其引发了此次冲突且造成了此次冲突的升级。最后，原告行为属于面对当前紧急威胁的合理反应，且其反应的手段亦在适度的范围内。其目的是自卫，而非主动寻求对他人造成过度伤害。实际上，该行为也未导致对方遭受严重伤害，符合合理的防卫目标。

【案号】广西壮族自治区南宁市中级人民法院（2023）桂01行终248号

关联规定

《最高人民法院 最高人民检察院 公安部关于依法适用正当防卫制度的指导意见》（2020年9月3日）（正文略）

《关于依法妥善办理轻伤害案件的指导意见》（2022年12月22日）（正文略）

《公安机关执行〈中华人民共和国治安管理处罚法〉有关问题的解释》（2020年7月21日修改）

一、关于治安案件中的正当防卫和未遂问题

对于正当防卫行为，不予处罚。但防卫超过必要限度的，应当酌情减轻或者不予处罚。

对于未遂行为，应当比照既遂从轻、减轻或者不予处罚；对于预备和中止行为，不予处罚。

《公安机关执行〈中华人民共和国治安管理处罚法〉有关问题的解释（二）》（2007年1月26日）

一、关于制止违反治安管理行为的法律责任问题

为了免受正在进行的违反治安管理行为的侵害而采取的制止违法侵害行为，不属于违反治安管理行为。但对事先挑拨、故意挑逗他人对自己进行侵害，然后以制止违法侵害为名对他人加以侵害的行为，以及互相斗殴的行为，应当予以治安管理处罚。

> **第二十条　【从轻、减轻或者不予处罚的情形】**
> 违反治安管理有下列情形之一的,从轻、减轻或者不予处罚:
> （一）情节轻微的;
> （二）主动消除或者减轻违法后果的;
> （三）取得被侵害人谅解的;
> （四）出于他人胁迫或者诱骗的;
> （五）主动投案,向公安机关如实陈述自己的违法行为的;
> （六）有立功表现的。

说　明

本条有重大修改。

本条增加了"从轻"这一处罚幅度,将情节从"特别轻微"修改为"轻微"。

将原来第二项的交集改为并集关系,即无论是"主动消除或者减轻违法后果的"还是"取得被侵害人谅解的"都适用从轻、减轻或者不予处罚,而原有规定是两者必须同时具备方可。

《行政处罚法》第三十三条第一款规定,"初次违法且危害后果轻微并及时改正的,可以不予行政处罚"。"初次违法",是指行为人第一次实施公安行政违法行为。对行为人虽不是第一次实施公安行政违法行为,但具有下列情形之一的,视为"初次违法":

（一）此前行为已过法定追究时效的;

（二）本次行为距此前行为被依法处理之日已超过二年的；

（三）本次行为与此前行为不属于同一种类违法行为的。同一种类违法行为，是指同为违反治安管理行为、同为违反道路交通安全管理行为等。行为人有两种以上行为的，分别在不同法律规制的范围内确定初次违法。

对照法条

治安管理处罚法（2012）	治安管理处罚法（2025）
第十九条　违反治安管理有下列情形之一的，**减轻**处罚或者不予处罚： （一）情节**特别**轻微的； （二）主动消除或者减轻违法后果，**并**取得被侵害人谅解的； （三）出于他人胁迫或者诱骗的； （四）主动投案，向公安机关如实陈述自己的违法行为的； （五）有立功表现的。	第二十条　违反治安管理有下列情形之一的，**从轻、减轻**或者不予处罚： （一）情节轻微的； （二）主动消除或者减轻违法后果的； （三）取得被侵害人谅解的； （四）出于他人胁迫或者诱骗的； （五）主动投案，向公安机关如实陈述自己的违法行为的； （六）有立功表现的。

条文释义

本条是关于违反治安管理应当从轻、减轻或者不予处罚的情形的规定。

免予处罚是指行政机关依照法律、法规的规定，考虑到有法定的特殊情况，对本应给予处罚的违法行为人免除对其适用行政处罚。其与不予处罚的规定有本质的区别。

不予处罚是针对违法事实不构成行政处罚意义的违法，本不应该处罚而不对行为人进行处罚的情况；而免予处罚是针对违法事实已构成行政违法而只是由于考虑到有特殊情况，如情节显著轻微等，不再科处行政处罚的情况。

从轻处罚，是指行政机关在法定的处罚方式和处罚幅度内，对行政违法行为人在几种可能的处罚方式内选择较低的处罚方式，或者在一种处罚方式下在允许的幅度内选择幅度的较低限进行处罚。

减轻处罚，是指行政机关在法定的处罚方式和处罚幅度最低限以下，对违法行为人适用行政处罚。在处罚的程度上，它介于从轻处罚和免除处罚之间。具体地说，减轻处罚有两种情况，一种情况是行政机关在法定的处罚方式下对违法者实施处罚，另一种情况是行政机关在法定的处罚幅度最低限以下实施处罚。

本条规定主要是考虑到行为人的行为特征、行为后果、社会危害等客观因素，主要有以下几种情形：

1. 情节轻微的。《行政处罚法》第三十三条第一款规定，"违法行为轻微并及时改正，没有造成危害后果的，不予行政处罚"。公安机关认定"违法行为轻微"，应当结合违法行为的性质、情节、主观过错等因素综合考量。具有下列情形之一的，一般可以认定为"违法行为轻微"：（1）为对个人处警告或者50元以下罚款的违反道路交通安全管理行为；（2）对个人处警告或者500元以下罚款的违反出境入境管理行为；（3）为对个人处警告或者500元以下罚款的其他公安行政违法行为；（4）为对法人或者非法人组织处警告或者3000元以下罚款的公安行政违法行为；（5）主观过错较小的；（6）涉案金额较小，或者违法所得金额较小、没有违法所得的；（7）其他违法行为轻微的情形。

2. 主动消除或者减轻违法后果的。违法行为一般都会有危害社会的后果，行为人及时、主动地消除或者减轻违法后果，不仅对社会的危害小了，而且也表明行为人主观上意识到了自己的错误，有悔改的表现。

3. 取得被侵害人谅解的。对于行为人违反治安管理有被侵害人的情况，应当积极取得被侵害人的谅解，这样有利于消除矛盾，增进社会和谐，促进构建和谐社会。2022 年 12 月 22 日《最高人民检察院、公安部关于依法妥善办理轻伤害案件的指导意见》明确，对犯罪嫌疑人自愿认罪认罚，愿意积极赔偿，并提供了担保，但因被害人赔偿请求明显不合理，未能达成和解谅解的，一般不影响对符合条件的犯罪嫌疑人依法作出不起诉决定。

4. 出于他人胁迫或者诱骗的。本条规定的"胁迫"和"诱骗"的含义与本法第十七条规定的含义是相同的。

5. 主动投案，向公安机关如实陈述自己的违法行为的。要同时符合两个条件：一是违法行为人主动投案。所谓"主动投案"，是指违法行为人在其违法行为尚未被公安机关发现以前，或者公安机关虽已发现但尚不知道行为人的，或者是虽已掌握违法事实和违法行为人但尚未追查之前，违法行为人出于悔过、惧怕处罚、亲友教育等原因，自己主动到公安机关承认违法行为并自愿接受处理的。实践中，下列情形都是属于主动投案：违法行为人在异地向公安机关投案的；由于自身行动不便而委托他人代为投案的；在公安机关未掌握其违法行为时，因受到盘查、教育而主动交代违法行为的；等等。不论行为人出于何种原因、以何种形式，主动投案的实质是违法行为人主动到公安机关接受处理。二是违法行为人要向公安机关如实陈述自己的违法行为。行为人主动投案以后，必须如实陈述其违法行为，包括具体的时间、地点、当事人以及作案手段等。如果有些细节或者事实，行为人确实记不清了或者记错了，只要不是有意隐瞒，基本事实和主要情节如实说清楚了，还是应当认定为如实陈述了违法行为。

6. 有立功表现的。这里规定的"立功表现",主要是指违法行为人在实施违法行为后,有揭发其他违法犯罪事实、阻止他人的违法犯罪活动以及有其他突出贡献的等情况。

实务问答

当事人的行为已经构成情节较重情形的,可否再适用《治安管理处罚法》第二十条的规定减轻或者不予处罚?

是否同时适用上述条文应当根据具体情形把握。从三个层次说明:

第一,"情节较重情形"与"减轻或者不予处罚情形"并不矛盾。《治安管理处罚法》第二十条规定中除第一项"情形轻微的"属于从情节角度判断是否减轻或者不予处罚外,其他五项均系以违法行为人是否存在所涉具体情形为标准,主要以主观意识状态为导向。这与《治安管理处罚法》其他法条所指的"已经构成情节较重情形的"以结果为导向,并不矛盾。

第二,本条第一项"情节轻微的"情形,与其他四项是并列关系。只要符合其中一项,均可以减轻或者不予处罚。"情节较重情形"与"减轻或者不予处罚情形"适用范围不同,存在同时适用的可能。"情节较重情形"体现和分散在治安管理处罚法的多个条文。"情节较重情形"与《治安管理处罚法》第二十条第二项到第六项的考量标准不同,前者更倾向于违法行为的严重性、客观性,后者则更多是以违法行为人主观状态性及其行为后果为标准。"情节较重情形"与"减轻或者不予处罚情形"之间适用情形不同,相互之间并不冲突,可以同时适用。

第三，公安机关同时适用上述规定的，人民法院应当依法予以支持。实践中，有的违法行为构成了法定的情节较重情形，但行为人在行为当时或者其后存在《治安管理处罚法》第二十条第二项至第五项规定的减轻或者不予处罚情形，公安机关可以依法权衡该行为的社会危害性与减轻、不予处罚的教育引导价值，综合考虑后作出相应判断。在这种情况下，公安机关权衡维护社会治安秩序、保障公共安全，教育与处罚相结合作出处罚决定，更有利于公安机关依法履行治安管理职责，维护社会治安秩序，人民法院应当依法予以支持。

以案说法

任某明诉某市公安局行政处罚案

南昌铁路运输中级法院认为：对"情节轻微"的判断，应当从违法行为人违反治安管理行为时的年龄、身份，对违反治安管理行为所持态度，违反治安管理的目的、动机，采用的手段，造成的后果，认错的态度，改正的情况，造成的影响等方面进行综合考量。本案综合考虑刘某明与任某明在事发时均年满六十周岁，纠纷起因系邻里纠纷，在本案过程中刘某明主动配合调查，如实陈述违法行为，且致伤系二人推搡过程中造成，刘某明违法行为属情节轻微。因本案事实也符合殴打、伤害六十周岁以上的人的违法情节较重情形，故某市公安局对刘某明减轻处罚，处五日拘留符合规定。

【案号】南昌铁路运输中级法院（2022）赣71行终447号

周某华诉某市公安局行政处罚案

江苏省泰州市中级人民法院认为：周某华认为其系被诱骗参与赌博，但现有证据除了其自身的陈述外，并无其他证据予以佐证，故此上诉理由依法不能成立，本院不予采信。

【案号】 江苏省泰州市中级人民法院（2015）泰中行终字第00128号

叶某法诉某市公安局行政处罚案

浙江省温州市中级人民法院认为：林某瑶在案发后主动到某派出所投案并如实陈述自己的违法行为，且本院（2014）浙温行终字第113号行政判决对林某瑶主动投案的事实已作出认定。某公安分局据此认定林某瑶主动投案自首，并结合其过错程度、违法情节等因素，决定对林某瑶不予处罚，认定事实清楚，适用法律正确。

【案号】 浙江省温州市中级人民法院（2015）浙温行终字第95号

马某霞诉某市公安局行政处罚案

甘肃省定西市中级人民法院认为：案涉《不予行政处罚决定书》适用了《治安管理处罚法》第二十条的规定，但该条中规定了六项不同的情形，在适用法律时并未具体适用到项，属适用法律错误。

【案号】 甘肃省定西市中级人民法院（2014）定中行终字第31号

曾某荣诉某县公安局行政处罚案

邵阳市中级人民法院认为：行政行为的合法性有广义和狭义之分，如果作狭义理解，不与法律明文规定明显冲突即为合法；如果作广义理解，只有全面符合法律精神、法律原则和法律规则，才是合法且正当的。基于合法性司法审查之公平正义标准，人民法院对行政行为的合法性审查，应当取广义的理解，即明显不合乎法律明文规定的当然认定为不合法，虽然与法律规定不冲突，但明显不正当的，亦应认定为不合法。本案中，曾某荣非法运输烟花爆竹事实成立，某县公安局决定对曾某荣拘留七日符合规定，鉴于双方的实质争议非仅限于行政处罚是否合乎法律规定，故不仅应当，而且有必要对某县公安局所作行政处罚决定的正当性予以审查认定。行政行为的正当性要求行政行为在程序和实体上、在结果和感受上都是正当的，应当符合比例原则、平等原则和程序正义标准，行政行为违反其中之一，则可以认定为"明显不当"。其中，比例原则是指行政处罚的结果与行政目的具有一致性，不存在违背行政目的的情形；平等原则是指平等对待行政相对人，即"一视同仁"；程序正义标准是指不仅不违反法定程序，而且行政行为实施的全过程合乎情理，让相对人感受正当。纵观本案某县公安局实施行政处罚的过程和结果，虽然总体上并无明显违反《治安管理处罚法》和《行政处罚法》的情形，但用平等原则和程序正义标准来衡量，尚存在以下"明显不当"：

其一，未全面调查核实违法事实即处罚。《公安机关办理行政案件程序规定》第二十七条规定，"公安机关必须依照法定程序，收集能够证实违法嫌疑人是否违法、违法情节轻重的证据"；第一百五十九条规定："违法行为人有下列情形之一的，应当从轻、减轻处罚或者不予行政处罚：……（二）受他人胁迫或者诱骗的。"上述规定要求，公安机关在办理治安行政案件时，应当坚持以事实为依据、以法律为准绳，全面调查包括对违法行为人有利的证据在内的案件事实，审慎把握包括对违法行为人从宽处理在内的量罚尺度，确保事实清楚、量罚适当。在曾某荣以被骗已报警的情况下，某县公安局治安大队应当对此进行调查核实，而某县公安局治安大队既未对涉案金某进行询问，也未作进一步的调查核实，不仅违反上述法律精神，而且可能对曾某荣的处罚结果带来不利影响，明显不当。

其二，实施行政处罚的过程正当性不足。公安机关在接受举报时，应当及时、如实、准确将举报人基本信息、举报内容等登记在案，举报人要求保密的，应当在受案登记时注明，作为判断行政处罚程序启动正当性的重要依据。其中保密的范围应仅限于包括被举报人在内的社会公众，人民法院基于履行司法审查监督职责的需要，有权在审理案件必要时知悉包括举报人基本信息在内的报案详情，公安机关在诉讼中应当应人民法院的要求向审判人员如实提供，借口保密拒不提供实情的，是对人民法院审判权的不尊重，客观上妨害人民法院对行政行为正当性的全面审查判断，即使出自对保密规则的误读，亦应当承担由此带来的不利诉讼后果。本案《受案登记表》填写于2019年6月24日，属于事实上的办案在前、登记在后，且登记的案件来源不清、举报人信息不明，报案内容的记载有将处罚决定认定的事实"粘贴"的痕迹，不能反映举报的真实情况，不符合上述法律规定的要求。曾某荣在诉讼中述称本案来源于"金某诈骗不成后举报"、某市公安局涉嫌"钓鱼执法"，某市公安局并未就此提出抗辩。在本院询问该局主办民警刘某时，刘某陈述与举报人相识，但未如实提供举报人的基本信息和收缴烟花爆竹后的处理情况供本院审查，结合该局现场跟踪查获涉案烟花爆竹的过程，本院难以就曾某荣的主张作出否定性评价，无从确信某市公安局行政处罚过程的正当性，应当作为行政处罚程序不正当认定。

其三，有悖平等原则。公安机关实施行政处罚不仅必须严格执行法律的规定，而且应当遵循平等原则，公平对待相对人，不得选择执法，不得因人而异、厚此薄彼。从查证的事实看，曾某荣作为卖方、金某作为买方，二人共同实施了非法买卖、运输烟花爆竹的行为，公安机关应当依照上述法律规定对二人立案查处，并给予相应处罚。至于公安机关对二人的行为是定性为非法买卖还是非法运输或者非法买卖、运输，是适用《治安管理处罚法》还是适用《烟花爆竹安全管理条例》决定对二人给予何种处罚或者同时适用予以并罚，只要不违反公平正义的法律原则，就属于公安机关行使行政处罚自由裁量权的范围，人民法院应予以尊重。某县公安局以非法运输烟花爆竹对本行政案件定性，仅对曾某荣给予处罚，对同案非法行为人金某既未立案查处，亦未说明任何正当理由，不能排除选择性、差别执法的合理怀疑。曾某荣提出的关于金某未受到任何处理、对其处罚不公的主张源自普通人的感受，合乎情理，本院予以采纳。故可以认定某县公安局对曾某荣所作行政处罚决定有违行政处罚的平等原则，存在明显不当。

其四，关于附加收缴涉案烟花爆竹的法律适用评价。某县公安局行政处罚决定书主文并未载明对涉案烟花爆竹的处理内容，但以附件形式对涉案烟花爆竹予以收缴。曾某荣就此上诉主张涉案烟花爆竹系合法生产，不属于非法财物，收缴缺乏法律依据。根据行政处罚决定书所附《收缴物品清单》，某县公安局收缴涉案烟花爆竹适用的是《治安管理处罚法》条款，原文规定为："办理治安案件所查获的毒品、淫秽物品等违禁品，赌具、赌资，吸食、注射毒品的用具以及直接用于实施违反治安管理行为的本人所有的工具，应当收缴，按照规定处理。"从上述文义上不难理解，公安机关在办理治安行政案件中收缴的财物限于违禁品、用具、工具三类；根据该条文对违禁品的列举，这里规定的违禁品应当理解为"法律禁止制造、买卖、储存、运输的物品"。烟花爆竹属于特许生产、运输、经营的民用商品，显然与毒品、淫秽物品不可等同，依法应当不在治安行政处罚随案收缴之列；对非法运输的烟花爆竹，公安机关应当适用《烟花爆竹安全管理条例》第三十六条第二款的规定予以没收。就收缴适用技术而言，某县公安局未将收缴财物在处罚决定主文中载明，仅以附清单形式实施收缴，既不符合现行法律规定，也不可取。

【案号】邵阳市中级人民法院（2020）湘05行终66号

第二章 处罚的种类和适用

关 联 规 定

《公安机关执行〈中华人民共和国治安管理处罚法〉有关问题的解释（二）》（2007年1月26日）

二、关于未达目的违反治安管理行为的法律责任问题

行为人为实施违反治安管理行为准备工具、制造条件的，不予处罚。

行为人自动放弃实施违反治安管理行为或者自动有效地防止违反治安管理行为结果发生，没有造成损害的，不予处罚；造成损害的，应当减轻处罚。

行为人已经着手实施违反治安管理行为，但由于本人意志以外的原因而未得逞的，应当从轻处罚、减轻处罚或者不予处罚。

四、关于减轻处罚的适用问题

违反治安管理行为人具有《治安管理处罚法》第十二条、第十四条、第十九条减轻处罚情节的，按下列规定适用：

（一）法定处罚种类只有一种，在该法定处罚种类的幅度以下减轻处罚；

（二）法定处罚种类只有一种，在该法定处罚种类的幅度以下无法再减轻处罚的，不予处罚；

（三）规定拘留并处罚款的，在法定处罚幅度以下单独或者同时减轻拘留和罚款，或者在法定处罚幅度内单处拘留；

（四）规定拘留可以并处罚款的，在拘留的法定处罚幅度以下减轻处罚；在拘留的法定处罚幅度以下无法再减轻处罚的，不予处罚。

《最高人民法院关于处理自首和立功具体应用法律若干问题的解释》（1998年4月6日）（正文略）

> **第二十一条　【认错认罚从宽处理】**
> 违反治安管理行为人自愿向公安机关如实陈述自己的违法行为，承认违法事实，愿意接受处罚的，可以依法从宽处理。

说明

本条是新增条款。

"认错认罚从宽"制度在《治安管理处罚法》中的引入，是为了应对实际需要和理论基础的结合，提高行政处罚的效率和公平性。

条文释义

2018年公安部修订《公安机关办理行政案件程序规定》，增加快速办理程序，适用于认错认罚的案件，并可从宽处理。这不仅提升了行政效率，还被其他行政领域如海关和网信部门采纳。该制度不仅包含实体上的自愿认错和坦白等要素，还包括相应的程序规定。

公安机关在处理行政案件时，依据《行政处罚法》和《治安管理处罚法》的规定，需全面、客观、公正地执行职权调查原则，包括主动调查、自主调查、全面调查三个方面。但并不排除当事人与公安机关之间的合作。事实上，当事人有义务协助公安机关的调查。现代行政任务的复杂性要求当事人从被动转为主动协助公安机关，这一转变符合公私合作治理的理念，推动了行政关系从传统的"权力—负担"模式向"协商—合作"模式的演变。这种合作模式体现了公安机关与当事人之间的互动、协商和互惠,标志着公共治理向全面公私合作治理的转变。

在行政处罚实践中,虽然依然坚守法定主义原则,即处罚必须严格依法进行,但已经逐渐融入便宜主义的思想,赋予公安机关一定的裁量权。这种便宜主义倾向旨在提高行政效率和防止违法行为的重复,强调在执行处罚时考虑行政成本和社会效益,从而在坚持法定主义的基础上,为公安机关的裁量权行使提供了理论和实践空间。

"认错认罚从宽"制度的实体规定要求违法行为人自愿向公安机关如实陈述自己的违法行为并承认违法事实,从而可能获得从宽处理。"认错"意味着行为人自愿且在具备完全认识能力的状态下承认其行为的违法性。这一阶段要求当事人在没有法律强制或行政压力的情况下主动放弃免予不利陈述的权利。这种自愿性可能源自内心的自我认知或为获得处罚减轻的机会。"认罚"则是指当事人愿意接受因违法行为而产生的法律后果。"从宽"是指在当事人自愿认错并认罚的情况下,法律允许对其进行从宽处理,以此促进法律的教育和预防功能。

公安机关将该制度定位为治安处罚领域的一般适用制度,并与快速办理程序相关联,体现为通过简化取证方式和审核审批手续等措施来加速处理。公安机关在实践中通过行使程序裁量权来实现程序加速,如简化取证、审批流程及调整处罚决定的时限,以在保证程序公正的前提下提高行政效率。

以案说法

许某勇诉某派出所行政处罚案

重庆市第五中级人民法院认为:本案中,许某勇明知民警正在执行职务，不仅不听从民警传唤，而且在抗拒传唤过程中将一名民警摔倒在地，其阻碍民警执行职务的行为非常明显，本应依法受到处罚。鉴于许志勇在派出所接受询问过程中，表示认识到了自己的违法行为，且出具书面保证承认了错误，在取得被摔倒民警谅解的情况下，某派出所未对其作出行政处罚决定，是对其从宽处理。

【案号】重庆市第五中级人民法院（2018）渝05行终702号

> **第二十二条　【从重处罚的情形】**
> 违反治安管理有下列情形之一的，从重处罚：
> （一）有较严重后果的；
> （二）教唆、胁迫、诱骗他人违反治安管理的；
> （三）对报案人、控告人、举报人、证人打击报复的；
> （四）一年以内曾受过治安管理处罚的。

说　明

本条第四项进行了修订，从原来的六个月提高到一年。

对照法条

治安管理处罚法（2012）	治安管理处罚法（2025）
第二十条　违反治安管理有下列情形之一的，从重处罚： （一）有较严重后果的；	第二十二条　违反治安管理有下列情形之一的，从重处罚： （一）有较严重后果的；

续表

治安管理处罚法（2012）	治安管理处罚法（2025）
（二）教唆、胁迫、诱骗他人违反治安管理的； （三）对报案人、控告人、举报人、证人打击报复的； （四）六个月内曾受过治安管理处罚的。	（二）教唆、胁迫、诱骗他人违反治安管理的； （三）对报案人、控告人、举报人、证人打击报复的； （四）**一年以内曾受过治安管理处罚的。**

条文释义

本条是关于违反治安管理从重处罚的情形的规定。

本条规定的几种应当从重处罚的情形，都是违反治安管理行为的性质比较恶劣、情节比较严重、社会危害较大的情形。本条规定的"从重处罚"，是指公安机关根据行为人违反治安管理的行为确定应当给予的治安管理处罚，在这一档处罚幅度内给予较重或者最重的处罚。本条规定从重处罚的情形主要有：

1. 有较严重后果的。本条规定的"较严重后果"，是指违反治安管理的行为造成了比较严重的现实危害后果。违反治安管理造成的后果越严重，其社会危害性越大，应当予以从重处罚。

2. 教唆、胁迫、诱骗他人违反治安管理的。教唆、胁迫、诱骗他人违反治安管理的人，不但自己有违反治安管理的故意，而且还采取教唆、胁迫、诱骗等手段，使原本没有违反治安管理故意的人成为危害社会的违法行为人，这些人的主观恶性很大，必须予以从重处罚，以教育公民更好地维护社会治安秩序。

3. 对报案人、控告人、举报人、证人打击报复的。本条规定的"报案人"，是指向司法机关报告发现的违法犯罪事实或者违法犯罪嫌疑人的人，也包括违法犯罪行为的被害人。"控告人"，是指被害人及其近亲属或其诉讼代理人，他们对侵害被害人合法权益的违法犯罪行为向司法机关报告，要求追究侵害人法律责任。"举报人"，是指当事人以外向司法机关检举、揭发、报告违法犯罪事实或者违法犯罪嫌疑人的其他知情人。"证人"，是指知道案件全部或者部分真实情况，以自己的证言作为证据揭露违法犯罪行为的人。这里规定的"打击报复"的形式是多样的，既包括对报案人、控告人、举报人、证人的人身、财产的损害，也包括对他们精神上的折磨，如进行暴力伤害、利用职权辞退以及当众侮辱等。报案人、控告人、举报人、证人都是在维护自己的合法权利或者运用自己的合法权利揭露违法犯罪，这既是公民的权利，也是公民的责任，有利于打击违法犯罪行为、维护社会的治安秩序。

4. 一年以内曾受过治安管理处罚的。曾经受过治安管理处罚，在一年以内又违反治安管理的，属于屡教不改，应当从重处罚。原《治安管理处罚条例》规定，对屡教不改的，可以从重处罚，但对哪些情况属于屡教不改规定得不明确，本条进行了明确规定，便于实践中公安机关的认定和适用法律。本次法律修订从原来的六个月延长至一年，对一年以内曾受过治安管理处罚的从重处罚。

以案说法

徐某超诉某市公安局行政处罚案

河北省石家庄市中级人民法院认为：治安管理处罚必须以事实为依据，遵守法定程序，与违反治安管理行为的性质、情节以及社会危害程度相当。《治安管理处罚法》第二十二条第（一）项规定，违反治安管理有较严重后果的，从重处罚。本案中，某市公安局对徐某超作出的行政处罚适用上述规定，认定其结伙殴打他人，后果严重，但该局认定上述后果严重情节的证据明显不足，其作出的行政处罚应属事实不清；且存在调查在前，立案在后，程序违反法律规定，有失执法公正。

【案号】河北省石家庄市中级人民法院（2019）冀01行终433号

郭某壹诉某市公安局行政处罚案

山东省济南市中级人民法院认为：本案中，郭某壹于2018年4月7日殴打他人情节虽然较轻，但因其曾于2018年2月3日扰乱选举秩序被公安机关处以二百元罚款，故某市公安局给予行政拘留七日并处罚款三百元的行政处罚符合法律规定。

【案号】山东省济南市中级人民法院（2019）鲁01行终320号

高某如诉某市人民政府行政复议案

广东省高级人民法院认为：高某如在案供述等证据材料表明高某明经常去信访举报高某如有违规违纪行为、高某如涉嫌打击报复高某明，某市公安局未对此进行调查核实，可能影响对高某如违法行为的情节认定、法律适用及案件处罚结果，故某市人民政府收到高某明递交的行政复议申请后，经立案受理、通知、审查，认定涉案行政处罚决定存在事实不清，决定撤销该行政处罚决定行为，责令某市公安局对高某如的行为重新调查并作出处理，并无不当。

【案号】广东省高级人民法院（2016）粤行终1325号

何某杨诉某县公安局行政处罚案

湖南省永州市中级人民法院认为：某县公安局虽于2017年12月27日作出某县公安局（治）决字〔2017〕2682号处罚决定书，但没有实际执行。此种情形不宜认定何某杨"六个月内曾受过治安管理行政处罚"。某县公安局在行政处罚告知笔录中也没有告知何某杨拟适用《治安管理处罚法》第二十二条第（四）项的规定对其从重处罚。在此情况下，某县公安局直接适用该规定对何某杨从重处罚，属适用法律错误。

【案号】湖南省永州市中级人民法院（2019）湘11行终12号

> **第二十三条　【不执行行政拘留处罚的情形与例外】**
>
> 违反治安管理行为人有下列情形之一，依照本法应当给予行政拘留处罚的，不执行行政拘留处罚：
>
> （一）已满十四周岁不满十六周岁的；
>
> （二）已满十六周岁不满十八周岁，初次违反治安管理的；
>
> （三）七十周岁以上的；
>
> （四）怀孕或者哺乳自己不满一周岁婴儿的。
>
> 前款第一项、第二项、第三项规定的行为人违反治安管理情节严重、影响恶劣的，或者第一项、第三项规定的行为人在一年以内二次以上违反治安管理的，不受前款规定的限制。

说　明

本条增加了第二款可以执行行政拘留处罚的情形。

第二章　处罚的种类和适用

对照法条

治安管理处罚法（2012）	治安管理处罚法（2025）
第二十一条　违反治安管理行为人有下列情形之一，依照本法应当给予行政拘留处罚的，不执行行政拘留处罚： （一）已满十四周岁不满十六周岁的； （二）已满十六周岁不满十八周岁，初次违反治安管理的； （三）七十周岁以上的； （四）怀孕或者哺乳自己不满一周岁婴儿的。	第二十三条　违反治安管理行为人有下列情形之一，依照本法应当给予行政拘留处罚的，不执行行政拘留处罚： （一）已满十四周岁不满十六周岁的； （二）已满十六周岁不满十八周岁，初次违反治安管理的； （三）七十周岁以上的； （四）怀孕或者哺乳自己不满一周岁婴儿的。 前款第一项、第二项、第三项规定的行为人违反治安管理情节严重、影响恶劣的，或者第一项、第三项规定的行为人在一年以内二次以上违反治安管理的，不受前款规定的限制。

条文释义

本条是关于不执行行政拘留处罚的规定。

本条是2005年立法时新增加的条款，本次修订增加了第二款。行政拘留是公安机关强制将违反治安管理行为人关押在专门的处所，暂时剥夺其人身自由的最严厉的治安管理处罚。人身自由是公民的基本权利。本条第一款包括四个方面的内容：

首先，第一项所规定的对"已满十四周岁不满十六周岁的"人不执行行政拘留处罚，侧重的是对未成年人的保护，是出于对未成年人的保护和责任承担能力上的考虑。参照《最高人民法院关于审理未成年人刑事案件具体应用法律若干问题的解释》（法释〔2006〕1号）第二条的规定，"周岁"，按照公历的年、月、日计算，从周岁生日的第二天起算。

其次，第二项所规定的对"已满十六周岁不满十八周岁，初次违反治安管理的"人不执行行政拘留处罚，同样是基于对未成年人的保护。《行政处罚法》第三十三条第一款规定，"初次违法且危害后果轻微并及时改正的，可以不予行政处罚"。"初次违法"，是指行为人第一次实施公安行政违法行为。对行为人虽不是第一次实施公安行政违法行为，但具有下列情形之一的，视为"初次违法"：（一）此前行为已过法定追究时效的；（二）本次行为距此前行为被依法处理之日已超过二年的；（三）本次行为与此前行为不属于同一种类违法行为的。同一种类违法行为，是指同为违反治安管理行为、同为违反道路交通安全管理行为。行为人有两种以上行为的，分别在不同法律规制的范围内确定初次违法。

《公安机关办理行政案件程序规定》对"初次违反治安管理"的除外情形已经作了明确界定。具有下列情形之一的，不属于"初次违反治安管理"：（一）曾违反治安管理，虽未被公安机关发现或者查处，但仍在法定追究时效内的；（二）曾因不满十六周岁违反治安管理，不执行行政拘留的；（三）曾违反治安管理，经公安机关调解结案的；（四）曾被收容教养的；（五）曾因实施扰乱公共秩序，妨害公共安全，侵犯人身权利、财产权利，妨害社会管理的行为被人民法院判处刑罚或者免除刑事处罚的。

再次，根据第三项的规定，对"七十周岁以上的"人不执行行政拘留处罚。这一规定主要是出于人道主义的考虑。责任承担的方式是多样的，对七十周岁以上的人违反治安管理行为不执行行政拘留处罚，并不意味着免除其责任，还可以对其执行其他更为合适的处罚方式。

最后，第四项规定的"怀孕或者哺乳自己不满一周岁婴儿的"也是出于人道主义的考虑。本项规定中的"哺乳自己不满一周岁的婴儿"指的是哺乳未满一周岁的婴儿的哺乳期。

《公安机关办理行政案件程序规定》第一百六十四条第四项规定的"孕妇或者正在哺乳自己婴儿的妇女"和《治安管理处罚法》第二十一条第四项规定的"怀孕或者哺乳自己不满一周岁婴儿的"不一致。参照《最高人民法院关于审理拐卖妇女儿童犯罪案件具体应用法律若干问题的解释》（法释〔2016〕28号）第九条的规定，儿童，是指不满十四周岁的人。其中，不满一周岁的为婴儿，一周岁以上不满六周岁的为幼儿。需要特别注意的是，关于"孕妇或者正在哺乳自己婴儿的妇女"的规定既是为了保护哺乳期妇女的权益，更是为了保护婴儿的健康成长。因此，这里的"婴儿"不仅包括违法行为人亲生的婴儿，也包括其收养的婴儿。但是，要注意这里的"收养"是指法律意义上的收养。

对以上四种对象的违反治安管理行为，公安机关根据本法的有关规定应当给予其行政拘留处罚的，仍然可以裁定予以行政拘留处罚，只是该行政拘留不实际执行。"给予行政拘留处罚"体现的是对行为人所实施的违反治安管理行为的否定性评价，不实际执行表明对上述四种对象的特殊保护。

本条第二款明确，已满十四周岁不满十八周岁、七十周岁以上的行为人违反治安管理情节严重、影响恶劣的，或者已满十四周岁不满十六周岁、七十周岁以上的行为人，一年内二次以上违反治安管理的，可以执行行政拘留处罚。

关联规定

《公安机关执行〈中华人民共和国治安管理处罚法〉有关问题的解释》（2020 年 7 月 21 日修改）

五、关于不执行行政拘留处罚问题。依法作出行政拘留处罚决定，但不投送拘留所执行。被处罚人居住地公安派出所应当会同被处罚人所在单位、学校、家庭、居（村）民委员会、未成年人保护组织和有关社会团体进行帮教。上述未成年人、老年人的年龄、怀孕或者哺乳自己不满一周岁婴儿的妇女的情况，以其实施违反治安管理行为或者正要执行行政拘留时的实际情况确定，即违反治安管理行为人在实施违反治安管理行为时具有上述情形之一的，或者执行行政拘留时符合上述情形之一的，均不再投送拘留所执行行政拘留。

第二十四条　【未成年人矫治教育等措施】
对依照本法第十二条规定不予处罚或者依照本法第二十三条规定不执行行政拘留处罚的未成年人，公安机关依照《中华人民共和国预防未成年人犯罪法》的规定采取相应矫治教育等措施。

说　明

本条是新增条款。

立法中，有的常委委员、部门、地方和社会公众提出，当前未成年人违法犯罪的形势严峻，现行的治安管理处罚措施不足以教育和惩戒违法的未成年人，建议本法与预防未成年人犯罪法规定的相关矫治教育措施做好衔接。宪法和法律委员会经研究，建议增加规定，对依法不予处罚或者不执行行政拘留处罚的未成年人，公安机关应当"依照《中华人民共和国预防未成年人犯罪法》的规定采取相应矫治教育措施。"①

专门矫治教育是对罪错未成年人实施的分级干预措施。2019年12月28日《全国人民代表大会常务委员会关于废止有关收容教育法律规定和制度的决定》废止了收容教育制度。其后，《刑法修正案（十一）》对《刑法》第十七条进行了修正，修正后的第十七条第五款规定："因不满十六周岁不予刑事处罚的，责令其父母或者其他监护人加以管教；在必要的时候，依法进行专门矫治教育。"

2021年6月1日起施行的《预防未成年人犯罪法》第四十五条第一款规定："未成年人实施刑法规定的行为、因不满法定刑事责任年龄不予刑事处罚的，经专门教育指导委员会评估同意，教育行政部门会同公安机关可以决定对其进行专门矫治教育。"同时，该法第六条第一款明确规定："国家加强专门学校建设，对有严重不良行为的未成年人进行专门教育。专门教育是国民教育体系的组成部分，是对有严重不良行为的未成年人进行教育和矫治的重要保护处分措施。"

实施专门矫治教育需要依赖专门学校或特殊的管理场所。专门学校也即原来的工读学校，经过数十年发展，为消除社会误解、解

---

① 2024年6月25日，全国人民代表大会宪法和法律委员会关于《中华人民共和国治安管理处罚法（修订草案）》修改情况的汇报，载中国人大网，http://www.npc.gov.cn/npc/c2/c30834/202506/t20250627_446248.html，最后访问时间2025年6月27日。

除家长的后顾之忧和保护未成年人隐私,2012 年修正的《未成年人保护法》将"工读学校"改为"专门学校"。《中国青年报》此前报道,最高检数据显示,截至 2022 年 5 月,全国共有专门学校 110 余所,有 9 个省份尚无专门学校。

关 联 规 定

《刑法》(2023 年 12 月 29 日修正)

第三十七条 对于犯罪情节轻微不需要判处刑罚的,可以免予刑事处罚,但是可以根据案件的不同情况,予以训诫或者责令具结悔过、赔礼道歉、赔偿损失,或者由主管部门予以行政处罚或者行政处分。

《预防未成年人犯罪法》(2020 年 12 月 26 日修正)

第四十三条 对有严重不良行为的未成年人,未成年人的父母或者其他监护人、所在学校无力管教或者管教无效的,可以向教育行政部门提出申请,经专门教育指导委员会评估同意后,由教育行政部门决定送入专门学校接受专门教育。

第四十四条 未成年人有下列情形之一的,经专门教育指导委员会评估同意,教育行政部门会同公安机关可以决定将其送入专门学校接受专门教育:

(一) 实施严重危害社会的行为,情节恶劣或者造成严重后果;

(二) 多次实施严重危害社会的行为;

(三) 拒不接受或者配合本法第四十一条规定的矫治教育措施;

(四) 法律、行政法规规定的其他情形。

第四十五条 未成年人实施刑法规定的行为、因不满法定刑事责任年龄不予刑事处罚的,经专门教育指导委员会评估同意,教育

第二章　处罚的种类和适用

行政部门会同公安机关可以决定对其进行专门矫治教育。

省级人民政府应当结合本地的实际情况，至少确定一所专门学校按照分校区、分班级等方式设置专门场所，对前款规定的未成年人进行专门矫治教育。

前款规定的专门场所实行闭环管理，公安机关、司法行政部门负责未成年人的矫治工作，教育行政部门承担未成年人的教育工作。

第四十六条　专门学校应当在每个学期适时提请专门教育指导委员会对接受专门教育的未成年学生的情况进行评估。对经评估适合转回普通学校就读的，专门教育指导委员会应当向原决定机关提出书面建议，由原决定机关决定是否将未成年学生转回普通学校就读。

原决定机关决定将未成年学生转回普通学校的，其原所在学校不得拒绝接收；因特殊情况，不适宜转回原所在学校的，由教育行政部门安排转学。

第四十七条　专门学校应当对接受专门教育的未成年人分级分类进行教育和矫治，有针对性地开展道德教育、法治教育、心理健康教育，并根据实际情况进行职业教育；对没有完成义务教育的未成年人，应当保证其继续接受义务教育。

专门学校的未成年学生的学籍保留在原学校，符合毕业条件的，原学校应当颁发毕业证书。

第四十八条　专门学校应当与接受专门教育的未成年人的父母或者其他监护人加强联系，定期向其反馈未成年人的矫治和教育情况，为父母或者其他监护人、亲属等看望未成年人提供便利。

第四十九条　未成年人及其父母或者其他监护人对本章规定的行政决定不服的，可以依法提起行政复议或者行政诉讼。

第五十九条 未成年人的犯罪记录依法被封存的,公安机关、人民检察院、人民法院和司法行政部门不得向任何单位或者个人提供,但司法机关因办案需要或者有关单位根据国家有关规定进行查询的除外。依法进行查询的单位和个人应当对相关记录信息予以保密。

未成年人接受专门矫治教育、专门教育的记录,以及被行政处罚、采取刑事强制措施和不起诉的记录,适用前款规定。

> **第二十五条 【追究时效】**
> 违反治安管理行为在六个月以内没有被公安机关发现的,不再处罚。
> 前款规定的期限,从违反治安管理行为发生之日起计算;违反治安管理行为有连续或者继续状态的,从行为终了之日起计算。

说 明

本条内容没有修订。

对照法条

治安管理处罚法(2012)	治安管理处罚法(2025)
第二十二条 违反治安管理行为在六个月内没有被公安机关发现的,不再处罚。	第二十五条 违反治安管理行为在六个月**以内**没有被公安机关发现的,不再处罚。

续表

治安管理处罚法（2012）	治安管理处罚法（2025）
前款规定的期限，从违反治安管理行为发生之日起计算；违反治安管理行为有连续或者继续状态的，从行为终了之日起计算。	前款规定的期限，从违反治安管理行为发生之日起计算；违反治安管理行为有连续或者继续状态的，从行为终了之日起计算。

条文释义

本条是关于违反治安管理行为追究时效的规定。

本条第一款是关于追究时效期限的规定。所谓追究时效，是指追究违反治安管理行为人法律责任的有效期限。本条关于追究时效的规定，具有积极的现实意义。一方面，对于未过追究时效的违反治安管理行为，公安机关必须依法追究行为人的法律责任、给予治安管理处罚，体现了法律的尊严和执法的严肃性。另一方面，对于已过追究时效的违反治安管理行为，公安机关不再依法追究行为人的法律责任、给予治安管理处罚，体现了治安管理处罚教育与处罚相结合的原则。"没有被公安机关发现"，是指公安机关既没有通过自己的工作发现违反治安管理的事实，也没有接到报案人、控告人、举报人对这一违反治安管理事实的报案、控告、举报，同时，违反治安管理行为人也没有向公安机关主动投案。这里的"未被发现"，既包括违反治安管理行为没有被发现，也包括虽然发现了违反治安管理行为，但不知该行为是由何人实施的这两种情形。

本条第二款是关于追究时效期限的计算的规定。本款规定的追究时效的期限有两种起算情况：

第一，一般情况下，追究期限从行为发生之日起计算。"行为发生之日"是指违反治安管理行为完成或者停止之日。

第二,特殊情况下追究期限的起算时间有两种情形:

1. 违反治安管理行为处于连续状态的,从行为终了之日起计算。即违反治安管理行为人连续实施同一种违反治安管理行为的,时效期限从其最后一个行为施行完毕时开始计算。"连续状态"是指违反治安管理行为人在时间间隔较短的一定时期内,基于同一的或者概括的违法意图,连续实施数个性质相同的违反治安管理行为的情形。

2. 违反治安管理行为处于继续状态的,从行为终了之日起计算。即行为人所实施的违反治安管理行为在一定时间内处于持续状态的,时效期限自这种持续状态停止的时候开始计算。"继续状态"也就是持续状态,是指行为人实施的同一种违反治安管理行为在一定时期内处于接连不断的状态,没有停止和间断的现象。

需要特别注意的是:超过法定时限,公安机关不再启动调查程序,对被侵害人提出控告或者违法行为人自首的,公安机关应当不予立案。经过调查,发现违法行为已过追究时效的,应当作出终止调查。终止调查时,违法嫌疑人已被采取行政强制措施的,应当立即解除。

以 案 说 法

福建某发电设备有限公司诉某市公安局行政处罚案

福建省高级人民法院认为:违法行为已过追究时效是案件终止调查的法定情形之一,即公安机关在确认存在违法行为且已过追究时效的情况下即可终止调查,并不以违法行为相关事实的完全查清作为终止调查的必要条件。本案中,申请人系于2019年4月向某市公安局报案,后查明伪造、使用假公章的违法行为发生在2016

年8月1日之前，且未有证据证明存在连续、继续使用该假公章的违法行为。因此，该违法行为在申请人报案时，已经明显超过六个月的追究时效，符合终止调查的情形。

【案号】福建省高级人民法院（2020）闽行申567号

关联规定

《行政处罚法》（2021年1月22日修订）

第三十六条　违法行为在二年内未被发现的，不再给予行政处罚；涉及公民生命健康安全、金融安全且有危害后果的，上述期限延长至五年。法律另有规定的除外。

前款规定的期限，从违法行为发生之日起计算；违法行为有连续或者继续状态的，从行为终了之日起计算。

第三章 违反治安管理的行为和处罚

第一节 扰乱公共秩序的行为和处罚

第二十六条 【扰乱单位、公共场所、公共交通工具、选举等秩序】

有下列行为之一的,处警告或者五百元以下罚款;情节较重的,处五日以上十日以下拘留,可以并处一千元以下罚款:

(一)扰乱机关、团体、企业、事业单位秩序,致使工作、生产、营业、医疗、教学、科研不能正常进行,尚未造成严重损失的;

(二)扰乱车站、港口、码头、机场、商场、公园、展览馆或者其他公共场所秩序的;

(三)扰乱公共汽车、电车、城市轨道交通车辆、火车、船舶、航空器或者其他公共交通工具上的秩序的;

（四）非法拦截或者强登、扒乘机动车、船舶、航空器以及其他交通工具，影响交通工具正常行驶的；

（五）破坏依法进行的选举秩序的。

聚众实施前款行为的，对首要分子处十日以上十五日以下拘留，可以并处二千元以下罚款。

说 明

本条提高了罚款数额，并作了表述性修改。

对照法条

治安管理处罚法（2012）	治安管理处罚法（2025）
第二十三条　有下列行为之一的，处警告或者**二**百元以下罚款；情节较重的，处五日以上十日以下拘留，可以并处**五百**元以下罚款： （一）扰乱机关、团体、企业、事业单位秩序，致使工作、生产、营业、医疗、教学、科研不能正常进行，尚未造成严重损失的； （二）扰乱车站、港口、码头、机场、商场、公园、展览馆或者其他公共场所秩序的； （三）扰乱公共汽车、电车、火车、船舶、航空器或者其他公共交通工具上的秩序的；	第二十六条　有下列行为之一的，处警告或者**五**百元以下罚款；情节较重的，处五日以上十日以下拘留，可以并处**一千**元以下罚款： （一）扰乱机关、团体、企业、事业单位秩序，致使工作、生产、营业、医疗、教学、科研不能正常进行，尚未造成严重损失的； （二）扰乱车站、港口、码头、机场、商场、公园、展览馆或者其他公共场所秩序的； （三）扰乱公共汽车、电车、**城市轨道交通车辆**、火车、船舶、航空器或者其他公共交通工具上的秩序的；

续表

治安管理处罚法（2012）	治安管理处罚法（2025）
（四）非法拦截或者强登、扒乘机动车、船舶、航空器以及其他交通工具，影响交通工具正常行驶的； （五）破坏依法进行的选举秩序的。 聚众实施前款行为的，对首要分子处十日以上十五日以下拘留，可以并处一千元以下罚款。	（四）非法拦截或者强登、扒乘机动车、船舶、航空器以及其他交通工具，影响交通工具正常行驶的； （五）破坏依法进行的选举秩序的。 聚众实施前款行为的，对首要分子处十日以上十五日以下拘留，可以并处二千元以下罚款。

条文释义

本条是关于扰乱机关单位、公共场所、公共交通和选举秩序的行为及其处罚的规定。

本条第一款是关于扰乱机关单位、公共场所、公共交通和选举秩序等具体情形的规定。主要包括如下几种情形：

第一，扰乱机关、团体、企业、事业单位秩序，致使工作、生产、营业、医疗、教学、科研不能正常进行，尚未造成严重损失的。本项规定的是扰乱单位秩序的行为。扰乱是指造成秩序的混乱，具体表现为使单位秩序的有序性变为无序性。机关是指国家机关，包括立法机关、行政机关、司法机关和军事机关等；团体主要是指人民团体和社会团体；企业、事业单位是指所有的企业、事业单位。行为人扰乱单位秩序的具体手段是多种多样的，既可以是暴力性的扰乱，也可以是非暴力性的扰乱。

第二，扰乱车站、港口、码头、机场、商场、公园、展览馆或者其他公共场所秩序的。本项行为侵犯的客体是公共场所的秩序，侵犯的对象是公共场所。所谓"公共场所"，是指具有公共性的特点，对公众开放，供不特定的多数人出入、停留、使用的场所。

第三，扰乱公共汽车、电车、城市轨道交通车辆、火车、船舶、航空器或者其他公共交通工具上的秩序的。本项规定的是扰乱公共交通工具秩序的行为。公共交通工具，是指从事旅客运输的各种公共汽车、大、中型出租车、火车、轨道交通、轮船、飞机等，不含小型出租车。对虽不具有营业执照，但实际从事旅客运输的大、中型交通工具，以及单位班车、校车等交通工具，可以认定为公共交通工具。本项行为具有如下特征：扰乱公共交通工具秩序的行为侵犯的是公共交通工具上的秩序，而不是其他交通工具上的秩序，也不是交通管理秩序。公共交通工具是指正在运营的公共汽车、电车、城市轨道交通车辆、火车、船舶、航空器或者其他公共交通工具。

实践中，正确认定和处理扰乱公共交通工具上的秩序的行为应注意划清与扰乱单位秩序行为和扰乱公共场所秩序行为的界限。首先，行为侵犯的对象不同；其次，行为的表现形式不同，主要是行为实施的地点不同。

第四，非法拦截或者强登、扒乘机动车、船舶、航空器以及其他交通工具，影响交通工具正常行驶的。本项行为规定的是非法拦截、扒乘交通工具的行为。本项行为的侵犯对象包括机动车、船舶、航空器以及其他交通工具，不限于公共交通工具。本项行为与扰乱公共交通工具上的秩序的行为的区别在于，本项行为侧重于对交通行为本身的扰乱、妨碍，后者侧重于对交通工具秩序的扰乱；本项行为所针对的对象不限于公共交通工具，后者限于公共交通工具。

第五，破坏依法进行的选举秩序的。本项规定的是破坏选举秩序的行为。这里的选举是广义的法律规定的各类选举。所谓"依法进行的选举",是指依照《全国人民代表大会组织法》《全国人民代表大会和地方各级人民代表大会选举法》《地方各级人民代表大会和地方各级人民政府组织法》《中华人民共和国村民委员会组织法》《中华人民共和国城市居民委员会组织法》等法律、法规进行的选举活动。

本条第二款是关于聚众实施扰乱机关单位、公共场所、公共交通和选举秩序等行为的规定。所谓首要分子,主要是指在行为过程中起组织、策划、指挥作用的人。

以案说法

何某平诉某市公安局行政处罚案

郴州市中级人民法院认为:本案中,何某平在大坝左岸公路省道S205(中竹公路)挖一宽约一米、深约一米、长约五米的口子,并埋上直径四十厘米的水泥管,准备将大坝上游的水引至其所修建的山塘。后因公安机关的及时制止,何某平等人最终未引水成功。上述施工行为虽然给中竹公路造成一定的损坏,但因公安机关及时制止并未影响竹洞电站大坝的生产秩序。某市公安局提交的证据亦不能证明何某平的施工行为损坏了大坝坝基、影响了竹洞电站大坝的正常生产秩序、导致竹洞电站生产不能正常进行,并且达到了情节严重的情形。故某市公安局据此对何某平作出拘留五日的决定,属认定事实不清,适用法律不当。

【案号】郴州市中级人民法院(2019)湘10行终160号

段某诉某县公安局行政处罚案

甘肃省庆阳市中级人民法院认为:某县公安局以段某在便道上堆放大量黄土、妨碍交通工具正常行驶为由对其作出治安拘留五日的行政处罚,事实清楚,程序合法,但适用法律错误。根据《治安管理处罚法》第二十六条第一款第(四)项,本项规定的是非法拦截或者强登、扒乘交通工具的行为,表现为采用非法拦截或者强登、扒乘等方法影响机动车、船舶、航空器以及其他交通工具正常行驶。本案中,段某的行为直接妨害了道路的正常通行,其行为并不完全符合前述条款所规定的情形。因此,某县公安局的行政处罚定性不当,适用法律错误。

【案号】甘肃省庆阳市中级人民法院(2019)甘10行终27号

丁某诉某铁路公安局某公安处行政处罚案

上海市第三中级人民法院审理后认为:火车站候车厅和检票口属于供不特定人群停留、等候的公共场所,进入该场所的人员应当自觉遵守车站管理秩序,听从工作人员的指挥和安排。故意违反安检规定,不听从工作人员的现场指挥,造成公共秩序混乱的,属于《治安管理处罚法》第二十六条规定的"扰乱公共场所秩序"的行为。认定扰乱公共场所秩序"情节较重",可以从行为方式和危害结果等方面综合考虑。从行为方面看,采用推搡、拉扯等方式试图冲闯关卡,与工作人员发生肢体碰撞,手段和方式较为激烈的;从结果方面看,引起通道挤占、岗位瘫痪,导致车站秩序失控,社会影响恶劣的,应当认定为扰乱公共场所秩序"情节较重"的情形。

【案号】上海市第三中级人民法院(2019)沪03行终558号

关 联 规 定

《公安机关执行〈中华人民共和国治安管理处罚法〉有关问题的解释(二)》(2007年1月26日)

六、关于扰乱居(村)民委员会秩序和破坏居(村)民委员

会选举秩序行为的法律适用问题

对扰乱居（村）民委员会秩序的行为，应当根据其具体表现形式，如侮辱、诽谤、殴打他人、故意伤害、故意损毁财物等，依照《治安管理处罚法》的相关规定予以处罚。

对破坏居（村）民委员会选举秩序的行为，应当依照《治安管理处罚法》第二十三条第一款第五项的规定予以处罚。

第二十七条　【扰乱国家考试秩序】

在法律、行政法规规定的国家考试中，有下列行为之一，扰乱考试秩序的，处违法所得一倍以上五倍以下罚款，没有违法所得或者违法所得不足一千元的，处一千元以上三千元以下罚款；情节较重的，处五日以上十五日以下拘留：

（一）组织作弊的；

（二）为他人组织作弊提供作弊器材或者其他帮助的；

（三）为实施考试作弊行为，向他人非法出售、提供考试试题、答案的；

（四）代替他人或者让他人代替自己参加考试的。

说　明

本条是新增条款。

组织考试作弊是指在法律规定的国家考试中组织作弊的行为，

以及为组织作弊提供作弊器材或者其他帮助的行为。《刑法修正案（九）》增设组织考试作弊罪，其目的是严厉打击考试作弊行为，维护考试公平、公正的原则。

条文释义

组织考试作弊的行为，指在法律规定的国家考试中组织作弊的行为。可见，其构成要件有两个：一是"组织"，二是"作弊"。

"组织"，是指组织、指挥、策划进行考试作弊的行为，既包括构成违法集团的情况，也包括比较松散的团伙，还可以是个人组织他人进行作弊的情况。理论上认为，行为人为特定的应考人寻找替考者，而没有组织多人替考的，不应认为是本行为。

"法律规定的国家考试"，是指依照法律的明文规定所组织的考试。《公务员法》《法官法》《教育法》《高等教育法》《警察法》《教师法》《执业医师法》《注册会计师法》《道路交通安全法》《海关法》《动物防疫法》《旅游法》《证券投资基金法》《统计法》《公证法》等法律都规定了相关行业、部门的从业人员应当通过考试取得相应的资格或入职条件。法律规定的国家考试不限于由国家统一组织的考试。换言之，地方或者行业依照法律规定组织的考试，也属于法律规定的国家考试。例如，国家公务员考试与地方公务员考试，均属于法律规定的国家考试。又如，机动车驾驶执照的考试也属于法律规定的国家考试。

2012年修订的《国家教育考试违规处理办法》第六条规定："考生违背考试公平、公正原则，在考试过程中有下列行为之一的，应当认定为考试作弊：（一）携带与考试内容相关的材料或者存储有与考试内容相关资料的电子设备参加考试的；（二）抄袭或者协助他人抄袭试题答案或者与考试内容相关的资料的；（三）抢夺、窃取他人试卷、答卷或者胁迫他人为自己抄袭提供方便的；（四）携带具有发送或者接收信息功能的设备的；（五）由他人冒名代替参加考试的；（六）故意销毁试卷、答卷或者考试材料的；（七）在答卷上填写与本人身份不符的姓名、考号等信息的；（八）传、接物品或者交换试卷、答卷、草稿纸的；（九）其他以不正当手段获得或者试图获得试题答案、考试成绩的行为。"

以案说法

上海市崇明区人民检察院诉张某杰等组织考试作弊案

裁判要旨：组织考试作弊罪中的"考试"是指法律规定的国家考试，这里的"法律"应当限缩解释为全国人大及其常委会制定的法律。若某部法律未对国家考试作出直接规定，但明确规定由相关国家机关制定有关制度，且相关国家机关据此制定了行政法规或部门规章对国家考试作出规定，则该考试仍应认定为法律规定的国家考试。在该考试中组织作弊的，应依法以组织考试作弊罪追究刑事责任。

【案号】《刑事审判参考》第1441号

武某俊诉云南某大学行政处罚案

昆明市中级人民法院认为：对于被诉处分决定的基本事实，即"武某俊在参加学校《计算机组成原理与系统结构》课程期末考试时，将相关学习资料word文档存储于手机上并将手机带入考场。在考试中，武某俊使用手机偷看、抄袭学习资料时被监考老师当场查获"，已有充分证据证实且当事人均无争议。

本案争议焦点在于被诉处分决定的法律适用方面，即武某俊的作弊行为是否属于教育部规章《普通高等学校学生管理规定》（教育部令第41号）第五十二条第四项规定的"使用通讯设备作弊"，以及云南某大学对其开除学籍适用法律是否正确。

首先，对何谓"使用通讯设备作弊"，本案当事人存在"使用通讯设备的通讯功能作弊"与"不限于使用通讯设备的通讯功能作弊，使用其他功能作弊亦是使用通讯设备作弊"两种理解，仅凭文义难以判断，需以其他法律解释方法寻求共识。法院注意到，《普通高等学校学生管理规定》有1990年1月20日起施行的国家教委令第7号、2005年9月1日起施行的教育部令第21号、2017年9月1日起施行的教育部令第41号三个版本，而关于使用通讯设备作弊的规定首次出现于2005年2月4日通过、当年9月1日起施行的教育部令第21号第五十四条第四项"学生有下列情形之一，学校可以给予开除学籍处分……（四）由他人代替考试、替他人参加考试、组织作弊、使用通讯设备作弊及其他作弊行为严重的"。然而，在2005年该规章制定前，作为常见通讯设备的手机，其功能主要是通话、短信、联系人存储等，具有拍照功能尚且是少数（首款可拍照国产手机诺基亚7650在2002年才出现）；此时开启智能手机时代的初代iPhone（2007年）、iPhone3G（2008年）和首款搭载安卓系统的手机T-mobile G1（2008年）还未出现，手机的外接存储和应用程序尚未发展普及，远达不到将txt、word、ppt、pdf等文件在手机上普遍存储使用的程度。据此，在2005年《普通高等学校学生管理规定》首次对"使用通讯设备作弊"作出规定时，可合理推断将"使用通讯设备存储和查看学习资料作弊"规定为"使用通讯设备作弊"不会是立法者的主流认知，对教育部令第21号所称"使用通讯设备作弊"，在立法背景下只宜理解为使用通讯设备的通讯功能作弊。之后，2017年修订施行的《普通高等学校学生管理规定》第五十二条第（四）项承继了"使用通讯设备作弊"的规定，且将原条款修订为"使用通讯设备或其他器材作弊"。此处的其他器材只可能是通讯器材，否则无理由并列规定，而通讯器材与非通讯器材的区别自然是通讯功能，此种修订可强化对"使用通讯设备或其他器材的'通讯功能'作弊"的理解，又因规章修订时未作出特别规定，并无理由认为2017年的修订已改变2005年立法关于"使用通讯设备作弊"的原意。

其次，体系化解释和基于立法目的的解释有助于法律规则的准确适用，《普通高等学校学生管理规定》第五十二条第（四）项列举了"代替他人或者让他人代替自己参加考试""组织作弊""使用通讯设备或其他器材作弊""向他人出售考试试题或答案牟取利益"等严重作弊或扰乱考试秩序的违法行为类型，均规定可给予开除学籍处分。因前述行为被规定于同一规章条款且规定了同种法律责任，故有理由认为列举的违法行为之间存在性质或危害后果的共性。对此法院认为，该规章条款所列举的替考、组织作弊、出售试题或答案均存在两人以上参与、主体之间交互传递信息的特征，违法行为均具有共谋性、群体性乃至组织性。故对此类行为处以最严重的处分，符合对共谋性、群体性、组织性违法犯罪活动予以从重打击的通行执法、司法政策。此种认知，也可由同属教育考试领域的其他立法例印证：教育部《国家教育考试违规处理办法》第九条第三款、第十二条，即明确对"替考、组织团伙作弊、向考场外发送传递试题信息、使用相关设备接收信息实施作弊、为作弊组织者提供试题信息答案及相应设备等参与团伙作弊行为"处以开除学籍或者解聘等学校管理权限内的最严厉处分，而对其他考试作弊类型则不然。回到本案争议的"使用通讯设备作弊"，只有将其理解为"使用通讯设备的通讯功能作弊"，方能与规章同条款其他作弊行为体现的"两人以上参与、主体之间交互传递信息、共谋性、群体性、组织性"等特征相一致,对其处以开除学籍的最严厉处分方才符合《行政处罚法》所要求的"处罚与违法行为的事实、性质、情节以及社会危害程度相当"的原则。

基于上述评析,就本案争议的可引发开除学籍处分的"使用通讯设备作弊",应理解为"使用通讯设备的通讯功能作弊",方才符合教育部规章条款的原意与目的。武某俊将相关学习资料存储于手机上并将手机带入考场,在考试中偷看、抄袭学习资料。因是学校开设课程的期末考试,修读该课程的学生均应参加,武某俊并无使用手机通讯功能作弊的便利,也无已查证的使用手机通讯功能作弊的事实,无共谋和主体之间的信息交互,作弊方式与携带含有考试相关内容的书本、纸条等更为类似。云南某大学认定上诉人武某俊符合《云南某大学学生违纪处分办法》中"使用通讯设备作弊"的规定并作出开除学籍的处分决定,属行为定性错误,与教育部规章规定不符,已超出高校行使自主管理权进行裁量的合理范围,对被诉处分决定应予撤销。

【案号】昆明市中级人民法院(2020)云01行终12号

樊某松诉某市公安局行政处罚案

北京市房山区人民法院认为:原告确存在多次使用他人身份证替考的行为,对此事实各方当事人均无异议。本案的争议焦点在于,原告的行为是否属于冒用他人居民身份证的范畴,原告主张身份证权利人授权其使用身份证,其行为不构成冒用。本院认为,身份证权利人是否同意原告使用身份证,不影响对原告冒用行为的认定。从客观表现上看,原告存在使用非本人身份证冒充他人替考的行为,被告认定原告冒用他人居民身份证,并无不当。

【案号】北京市房山区人民法院(2020)京0111行初101号

关联规定

《最高人民法院 最高人民检察院关于办理组织考试作弊等刑事案件适用法律若干问题的解释》（2019年9月2日）

第一条 刑法第二百八十四条之一规定的"法律规定的国家考试"，仅限于全国人民代表大会及其常务委员会制定的法律所规定的考试。

根据有关法律规定，下列考试属于"法律规定的国家考试"：

（一）普通高等学校招生考试、研究生招生考试、高等教育自学考试、成人高等学校招生考试等国家教育考试；

（二）中央和地方公务员录用考试；

（三）国家统一法律职业资格考试、国家教师资格考试、注册会计师全国统一考试、会计专业技术资格考试、资产评估师资格考试、医师资格考试、执业药师职业资格考试、注册建筑师考试、建造师执业资格考试等专业技术资格考试；

（四）其他依照法律由中央或者地方主管部门以及行业组织的国家考试。

前款规定的考试涉及的特殊类型招生、特殊技能测试、面试等考试，属于"法律规定的国家考试"。

《最高人民法院关于审理走私、非法经营、非法使用兴奋剂刑事案件适用法律若干问题的解释》（2019年11月12日）

第四条 在普通高等学校招生、公务员录用等法律规定的国家考试涉及的体育、体能测试等体育运动中，组织考生非法使用兴奋剂的，应当依照刑法第二百八十四条之一的规定，以组织考试作弊罪定罪处罚。

明知他人实施前款犯罪而为其提供兴奋剂的，依照前款的规定定罪处罚。

第二十八条 【扰乱大型群众性活动秩序】

有下列行为之一,扰乱体育、文化等大型群众性活动秩序的,处警告或者五百元以下罚款;情节严重的,处五日以上十日以下拘留,可以并处一千元以下罚款:

(一)强行进入场内的;

(二)违反规定,在场内燃放烟花爆竹或者其他物品的;

(三)展示侮辱性标语、条幅等物品的;

(四)围攻裁判员、运动员或者其他工作人员的;

(五)向场内投掷杂物,不听制止的;

(六)扰乱大型群众性活动秩序的其他行为。

因扰乱体育比赛、文艺演出活动秩序被处以拘留处罚的,可以同时责令其六个月至一年以内不得进入体育场馆、演出场馆观看同类比赛、演出;违反规定进入体育场馆、演出场馆的,强行带离现场,可以处五日以下拘留或者一千元以下罚款。

说 明

本条增加了罚款数额,并作了一些表述性修改。

对照法条

治安管理处罚法（2012）	治安管理处罚法（2025）
第二十四条 有下列行为之一，扰乱文化、体育等大型群众性活动秩序的，处警告或者二百元以下罚款；情节严重的，处五日以上十日以下拘留，可以并处五百元以下罚款： （一）强行进入场内的； （二）违反规定，在场内燃放烟花爆竹或者其他物品的； （三）展示侮辱性标语、条幅等物品的； （四）围攻裁判员、运动员或者其他工作人员的； （五）向场内投掷杂物，不听制止的； （六）扰乱大型群众性活动秩序的其他行为。 因扰乱体育比赛秩序被处以拘留处罚的，可以同时责令其十二个月内不得进入体育场馆观看同类比赛；违反规定进入体育场馆的，强行带离现场。	第二十八条 有下列行为之一，扰乱体育、文化等大型群众性活动秩序的，处警告或者五百元以下罚款；情节严重的，处五日以上十日以下拘留，可以并处一千元以下罚款： （一）强行进入场内的； （二）违反规定，在场内燃放烟花爆竹或者其他物品的； （三）展示侮辱性标语、条幅等物品的； （四）围攻裁判员、运动员或者其他工作人员的； （五）向场内投掷杂物，不听制止的； （六）扰乱大型群众性活动秩序的其他行为。 因扰乱体育比赛、**文艺演出活动**秩序被处以拘留处罚的，可以同时责令其六个月**至一年**以内不得进入体育场馆、**演出场馆**观看同类比赛、**演出**；违反规定进入体育场馆、**演出场馆**的，强行带离现场，**可以处五日以下拘留或者一千元以下罚款**。

条文释义

本条是关于扰乱体育、文化等大型群众性活动秩序的行为及其处罚的规定。

大型群众性活动,是指法人或者其他组织面向社会公众举办的每场次预计参加人数达到1000人以上的体育比赛、演唱会、音乐会、展览、展销、游园、灯会、庙会、花会、焰火晚会、人才招聘会、彩票开奖等活动,不包含影剧院、音乐厅、公园、娱乐场所等在其日常业务范围内举办的活动。

根据1999年11月18日公安部颁布的《群众性文化体育活动治安管理办法》的规定,群众性文化体育活动的范围包括在公园、风景游览区、游乐园、广场、体育场(馆)、展览馆、俱乐部、公共道路、居民生活区等公共场所举办的:(一)演唱会、音乐会等文艺活动;(二)游园、灯会、花会、龙舟会等民间传统活动;(三)体育比赛、民间竞技、健身气功等群众性体育活动;(四)在影剧场(院)举办其经营范围之外的活动;(五)其他群众性文化体育活动。

《群众性文化体育活动治安管理办法》对人数较多的大型群众性文化体育活动实行行政许可制度。根据该办法的规定,群众性文化体育活动的参加人数在二百人以上三千人以下的,由县级公安机关许可;人数在三千人以上的,由地(市)级公安机关许可;跨地区的群众性文化体育活动,由共同的上一级公安机关许可。在《行政许可法》实施之后,国务院对全国的行政许可项目进行了清理,颁布了《国务院对确需保留的行政审批项目设定行政许可的决定》,保留了公安机关对大型群众性文化体育活动的安全许可。

本条第一款是关于扰乱体育、文化等大型群众性活动秩序具体情形的规定。主要包括如下几种情形:

(一)强行进入场内的。这主要是针对有封闭活动场所的大型活动所作的规定。这里的"强行进入场内",是指不符合主办方等有关方面确定的入场条件而强行进入场内的情形。大型活动通常是在有限的时间和特定的空间内举行的，主办方等有关方面会设定一定的条件，确定与其他参与者之间的权利义务关系，并确定入场的条件及凭证，没有此类凭证的即不得入场。

（二）违反规定，在场内燃放烟花爆竹或者其他物品的。在特定的时间和地点禁止燃放烟花爆竹，对于保护环境、维护人民的正常生活秩序，都是十分有利的，各地对于燃放烟花爆竹都有特定的规定。根据本项规定，在场内燃放烟花爆竹或者其他物品的，应当符合大型活动所在地的地方性法规以及赛事组织者关于燃放的具体规定。

（三）展示侮辱性标语、条幅等物品的。为了活跃气氛，表达自己对参赛选手的支持、对赛事的喜爱等，文化、体育活动等大型活动的参与者通常会在大型活动的现场悬挂各种标语、条幅等物品，有时赛事的组织者也会悬挂标语、条幅。但在大型活动的举办场所不应当展示侮辱性标语、条幅等物品，这既是对他人的尊重，也是赛场文明的重要内容。

（四）围攻裁判员、运动员或者其他工作人员的。裁判员、运动员或者其他工作人员是大型活动的主要参与者，其人身安全应该得到有效保障，这也是维护正常的大型活动秩序必不可少的要求。这里的"围攻"是指众人包围、攻击他人的行为。

（五）向场内投掷杂物，不听制止的。在大型活动的进行过程中，有的参与者可能会基于各种动机往场内投掷杂物，如表达对裁判员的不满、不满意某球员的表现等。对于向场内投掷杂物的行为，赛事的组织者和在现场维持秩序的人员应当及时制止。对于不听制止的，应当根据本法的规定予以处理。

（六）扰乱大型群众性活动秩序的其他行为。指其他妨碍大型群众性活动的秩序，扰乱大型群众性活动正常进行的行为，如不听制止，跳入场内追逐裁判员、运动员等行为。

本条第二款是针对因扰乱体育比赛、文艺演出活动秩序被处以拘留处罚的人所作的特别规定。对因扰乱体育比赛文艺演出活动秩序被处以拘留处罚的，可以同时责令其六个月至一年以内不得进入体育场馆观、演讲场馆看同类比赛、演出；违反规定进入体育场馆、演讲场馆的，强行带离现场，可以处五日以下拘留或者一千元以下罚款。法律作这样的规定，主要是为了避免体育场馆内秩序受已有"捣乱"记录的人的破坏，使体育比赛能够正常进行。

第二十九条 【以虚构事实、投放虚假危险物质，扬言危害公共安全方式扰乱公共秩序】

有下列行为之一的，处五日以上十日以下拘留，可以并处一千元以下罚款；情节较轻的，处五日以下拘留或者一千元以下罚款：

（一）故意散布谣言，谎报险情、疫情、灾情、警情或者以其他方法故意扰乱公共秩序的；

（二）投放虚假的爆炸性、毒害性、放射性、腐蚀性物质或者传染病病原体等危险物质扰乱公共秩序的；

（三）扬言实施放火、爆炸、投放危险物质等危害公共安全犯罪行为扰乱公共秩序的。

说 明

本条提高了罚款数额，并作了一些表述性修改。

对照法条

治安管理处罚法（2012）	治安管理处罚法（2025）
第二十五条　有下列行为之一的，处五日以上十日以下拘留，可以并处<u>五百</u>元以下罚款；情节较轻的，处五日以下拘留或者<u>五百</u>元以下罚款： （一）散布谣言，谎报险情、疫情、警情或者以其他方法故意扰乱公共秩序的； （二）投放虚假的爆炸性、毒害性、放射性、腐蚀性物质或者传染病病原体等危险物质扰乱公共秩序的； （三）扬言实施放火、爆炸、投放危险物质扰乱公共秩序的。	第二十九条　有下列行为之一的，处五日以上十日以下拘留，可以并处**一千**元以下罚款；情节较轻的，处五日以下拘留或者**一千**元以下罚款： （一）**故意**散布谣言，谎报险情、疫情、**灾情**、警情或者以其他方法故意扰乱公共秩序的； （二）投放虚假的爆炸性、毒害性、放射性、腐蚀性物质或者传染病病原体等危险物质扰乱公共秩序的； （三）扬言实施放火、爆炸、投放危险物质**等危害公共安全犯罪行为**扰乱公共秩序的。

条文释义

本条是关于故意散布谣言，谎报险情、疫情、灾情、警情，投放虚假的危险物质和散布恐怖信息等扰乱公共秩序的行为及其处罚的规定。

投放虚假炭疽菌病毒的行为虽然在客观上不能造成炭疽病的传播，但会造成一定范围内的社会恐慌，扰乱社会公共秩序。因此，2001年12月29日《刑法修正案（三）》修正了相关规定。在制定《治安管理处罚法》过程中，与《刑法修正案（三）》作了衔接，规定对投放虚假的危险物质扰乱公共秩序，尚不够刑事处罚的，应当给予治安管理处罚。

本条规定的违反治安管理行为包括如下三个方面的内容：

一是故意散布谣言,谎报险情、疫情、灾情、警情或者以其他方法故意扰乱公共秩序的行为。本项规定的行为在主观上是出于故意,是为了扰乱社会公共秩序而散布谣言,谎报险情、疫情、灾情、警情。如果行为人主观上不是出于故意,则不构成违反治安管理行为。如对道听途说信以为真或者由于认识判断上的失误而出于责任心向有关部门报错险情、疫情、灾情、警情的,不能视为违反治安管理的行为。此外,还应当明确,无论行为人是否实现扰乱公共秩序的目的,都不影响对本项规定的行为的认定。本项规定的行为在客观方面表现为散布谣言,谎报险情、疫情、灾情、警情或者以其他方法故意扰乱公共秩序,尚不够刑事处罚的行为。所谓"散布谣言",是指捏造并散布没有事实根据的谎言,迷惑不明真相的群众,扰乱社会公共秩序的行为。"谎报险情、疫情、灾情、警情",是指编造火灾、水灾、地质灾害以及其他危险情况和传染病传播的情况以及有违法犯罪行为发生或者明知是虚假的险情、疫情、灾情、警情,向有关部门报告的行为。

二是投放虚假的危险物质的行为。指明知是虚假的危险物质而以邮寄、放置等方式将虚假的类似于爆炸性、毒害性、放射性、腐蚀性物质或者传染病病原体等物质置于他人或者公众面前或者周围的行为。由于这种行为不可能实际造成爆炸、毒害、放射性、传染性疾病的传播等后果,不致危害公共安全,因此属于扰乱公共秩序行为。所谓"危险物质",是指具有爆炸性、毒害性、放射性、腐蚀性的物质和传染病病原体等物质。具体来说,所谓"爆炸性物质",是指在受到摩擦、撞击、震动、高温或者其他因素的激发下,能产生激烈的化学反应,瞬间产生大量的气体和热量并伴有光和声等效应,使周围空气压力急剧上升,发生爆炸的物品,如各种炸药、雷管、导火索、黑火药、烟火剂、民用信号弹和烟花爆竹等。"毒害性物质"是指少量进入人体即能使肌体受到损害或者破坏其正常的生理机能，使其产生暂时或者永久性的病理状态，甚至导致肌体死亡的物质，包括化学性毒物、生物性毒物和微生物类毒物。"放射性物质"是指能放射出射线的物质。某些元素和它们的化合物结构不稳定，衰变时能从原子核中放射出肉眼看不见的、有穿透性的粒子射线。"腐蚀性物质"是指硫酸、盐酸等能够严重毁坏其他物品以及人身的物品。"传染病病原体"是指能在人体或者动物体内生长、繁殖，通过空气、饮食、接触等方式传播，对人体健康造成危害的传染病菌种和毒种。

三是散布恐怖信息的行为。指扬言实施放火、爆炸、投放危险物质等危害公共安全犯罪扰乱公共秩序的行为。本类行为在客观方面表现为扬言实施放火、爆炸、投放危险物质等危害公共安全犯罪行为。"放火"是指故意纵火焚烧公私财物，严重危害公共安全的行为；"爆炸"是指故意引起爆炸物爆炸，危害公共安全的行为；"投放危险物质"是指向公共饮用水源、食品或者公共场所、设施或者其他场所投放能够致人死亡或者严重危害人体健康的毒害性、放射性、传染病病原体等物质的行为。所谓"扬言实施"，是指以公开表达的方式使人相信其将实施上述行为。构成本类行为并非没有程度的要求，除了扬言实施放火、爆炸、投放危险物质之外，客观上还要求该行为达到扰乱正常的公共秩序的程度。

第三十条 【寻衅滋事】

有下列行为之一的，处五日以上十日以下拘留或者一千元以下罚款；情节较重的，处十日以上十五日以下拘留，可以并处二千元以下罚款：

第三章　违反治安管理的行为和处罚

> （一）结伙斗殴或者随意殴打他人的；
> （二）追逐、拦截他人的；
> （三）强拿硬要或者任意损毁、占用公私财物的；
> （四）其他无故侵扰他人、扰乱社会秩序的寻衅滋事行为。

说　明

本条提高了罚款数额，第一款第一项增加"随意殴打他人"的规定。

《刑法》第二百九十三条将寻衅滋事划分为四种行为类型，即"随意殴打他人""追逐、拦截、辱骂、恐吓他人""强拿硬要或者任意损毁、占用公私财物"和"在公共场所起哄闹事"。

对照法条

治安管理处罚法（2012）	治安管理处罚法（2025）
第二十六条　有下列行为之一的，处五日以上十日以下拘留，可以并处五百元以下罚款；情节较重的，处十日以上十五日以下拘留，可以并处一千元以下罚款： （一）结伙斗殴的； （二）追逐、拦截他人的； （三）强拿硬要或者任意损毁、占用公私财物的； （四）其他寻衅滋事行为。	第三十条　有下列行为之一的，处五日以上十日以下拘留或者一千元以下罚款；情节较重的，处十日以上十五日以下拘留，可以并处二千元以下罚款： （一）结伙斗殴或者随意殴打他人的； （二）追逐、拦截他人的； （三）强拿硬要或者任意损毁、占用公私财物的；

续表

治安管理处罚法（2012）	治安管理处罚法（2025）
	（四）其他**无故侵扰他人、扰乱社会秩序的**寻衅滋事行为。

条文释义

本条是关于寻衅滋事行为及其处罚的规定。

所谓寻衅滋事行为，是指在公共场所无事生非，起哄闹事，肆意挑衅，横行霸道，聚众斗殴，破坏公共秩序，尚未造成严重后果的行为。

寻衅滋事的动机一般不是完全为了某种个人的利害冲突，也不是单纯为了取得某种物质利益，而是企图通过实施寻衅滋事行为来寻求刺激或者追求某种卑鄙欲念的满足。行为人是为了填补精神上的空虚，或者为寻求精神刺激、发泄对社会的不满，或是为了在某一地区称王称霸、显示威风，为了哥们儿义气进行报复等。寻衅滋事行为多发生在公共场所（也有一些发生在偏僻隐蔽的地方），常常给公民的人身、人格或公私财产造成损害，但其一般侵犯的并不是特定的人身、人格或公私财产，而主要是指向公共秩序，向整个社会挑战，蔑视社会主义道德和法制。

根据本条规定，寻衅滋事行为主要表现为如下几种形式：

第一，结伙斗殴或者随意殴打他人。一般是指出于私仇宿怨、争霸一方或者其他动机而以结成团伙的方式打群架。"随意殴打他人"，通常是指在没有任何合理理由或微小琐事的情况下，对他人进行无理的攻击或殴打行为。这种行为往往具有突发性、无理性和随意性。从实践看，在寻衅滋事罪的四种表现形式中，"随意殴打他人"占绝对比重。

第二,追逐、拦截他人。指出于取乐、寻求精神刺激等不健康动机,无故无理追赶、拦挡他人,以及追逐、拦截异性等。

第三,强拿硬要或者任意损毁、占用公私财物。指以蛮不讲理的流氓手段,强行索要市场、商店的商品以及他人的财物,或者随心所欲损坏、毁灭、占用公私财物。

第四,其他寻衅滋事行为。指上述行为以外的其他无故侵扰他人、扰乱社会秩序的寻衅滋事行为。

以案说法

海某拉诉某县公安局行政处罚案

新疆维吾尔自治区伊犁哈萨克自治州塔城地区中级人民法院认为:《公安机关执行〈中华人民共和国治安管理处罚法〉有关问题的解释(二)》第八条规定,《中华人民共和国治安管理处罚法》中规定的"结伙"是指两人(含两人)以上,仅对人数作出解释。从字面意思上讲,"结伙"应指纠集多人,结成团伙,存在主观故意。故结伙殴打他人既应符合人数在两人(含两人)以上共同实施违法行为的客观标准,又应符合行为人之间经意思联络、沟通达成共同违法行为故意的主观裁量标准。本案中,海某拉及案外人为姐弟三人,事发现场为三人经营的服装店,事发前三人就在现场,事发起因是试衣时双方发生争执,进而引起肢体冲突。本案事发突然,海某拉及案外人事前并无殴打上诉人的预谋和意思联络,也无为实施殴打上诉人而进行人员纠集的行为,故不构成"结伙"。

【案号】新疆维吾尔自治区伊犁哈萨克自治州塔城地区中级人民法院(2018)新42行终1号

郭某荣诉某县公安局行政处罚案

山西省晋中市中级人民法院认为：郭某荣通过村委会会议方式决定在现为旺岭煤业公司修建的通行道路上栽种林木并做了具体安排，随后部分村民在旺岭煤业公司通行道路上实施了挖坑栽树行为，客观上导致去旺岭煤业公司的车辆无法正常通行，影响该公司正常运转。某县公安局对郭某荣作出十五日行政拘留的处罚决定依据的是《治安管理处罚法》第三十条第三项。某县公安局认定郭某荣情节较重，但没有提供其情节较重的证据，也未能提供现场执法记录证据，且当庭也认可没有相关证据。因此，某县公安局适用从重条款对郭某荣作出行政处罚决定，依据不足，依法应予变更。

【案号】山西省晋中市中级人民法院（2019）晋07行终32号

王某明诉某旗公安局行政处罚案

内蒙古自治区赤峰市中级人民法院认为：所谓寻衅滋事行为，是指行为人结伙斗殴，追逐、拦截他人，强拿硬要或者任意损毁、占用公私财物等破坏公共秩序尚未造成严重后果的行为。本案中，王某明在高力板村委会与陈家洼子林场之间存在争议的土地上耕种，但耕种的亩数根据现有证据无法确定，且在某旗公安局对王某明的《行政处罚告知笔录》中，王某明明确表示"我提出陈述申辩，我有承包合同"，并在《询问笔录》中说明"合同在某法院压着呢"。综观全案，此份承包合同是确定王某明行为是否违法，以及违法程度轻重的关键证据，但某旗公安局并没有对此份合同予以核查，对王某明的申辩事由未作出复核，属于作出行政行为违反法定程序。

【案号】内蒙古自治区赤峰市中级人民法院（2016）内04行终1号

关联规定

《公安机关执行〈中华人民共和国治安管理处罚法〉有关问题的解释（二）》（2007年1月26日）

八、关于"结伙"、"多次"、"多人"的认定问题

《治安管理处罚法》中规定的"结伙"是指两人（含两人）以上；"多次"是指三次（含三次）以上；"多人"是指三人（含三人）以上。

《最高人民法院 最高人民检察院关于办理寻衅滋事刑事案件适用法律若干问题的解释》（2013年7月15日）

第一条　行为人为寻求刺激、发泄情绪、逞强耍横等，无事生非，实施刑法第二百九十三条规定的行为的，应当认定为"寻衅滋事"。

行为人因日常生活中的偶发矛盾纠纷，借故生非，实施刑法第二百九十三条规定的行为的，应当认定为"寻衅滋事"，但矛盾系由被害人故意引发或者被害人对矛盾激化负有主要责任的除外。

行为人因婚恋、家庭、邻里、债务等纠纷，实施殴打、辱骂、恐吓他人或者损毁、占用他人财物等行为的，一般不认定为"寻衅滋事"，但经有关部门批评制止或者处理处罚后，继续实施前列行为，破坏社会秩序的除外。

第二条　随意殴打他人，破坏社会秩序，具有下列情形之一的，应当认定为刑法第二百九十三条第一款第一项规定的"情节恶劣"：

（一）致一人以上轻伤或者二人以上轻微伤的；

（二）引起他人精神失常、自杀等严重后果的；

（三）多次随意殴打他人的；

（四）持凶器随意殴打他人的；

（五）随意殴打精神病人、残疾人、流浪乞讨人员、老年人、孕妇、未成年人，造成恶劣社会影响的；

（六）在公共场所随意殴打他人，造成公共场所秩序严重混乱的；

（七）其他情节恶劣的情形。

第三条 追逐、拦截、辱骂、恐吓他人，破坏社会秩序，具有下列情形之一的，应当认定为刑法第二百九十三条第一款第二项规定的"情节恶劣"：

（一）多次追逐、拦截、辱骂、恐吓他人，造成恶劣社会影响的；

（二）持凶器追逐、拦截、辱骂、恐吓他人的；

（三）追逐、拦截、辱骂、恐吓精神病人、残疾人、流浪乞讨人员、老年人、孕妇、未成年人，造成恶劣社会影响的；

（四）引起他人精神失常、自杀等严重后果的；

（五）严重影响他人的工作、生活、生产、经营的；

（六）其他情节恶劣的情形。

第四条 强拿硬要或者任意损毁、占用公私财物，破坏社会秩序，具有下列情形之一的，应当认定为刑法第二百九十三条第一款第三项规定的"情节严重"：

（一）强拿硬要公私财物价值一千元以上，或者任意损毁、占用公私财物价值二千元以上的；

（二）多次强拿硬要或者任意损毁、占用公私财物，造成恶劣社会影响的；

（三）强拿硬要或者任意损毁、占用精神病人、残疾人、流浪乞讨人员、老年人、孕妇、未成年人的财物，造成恶劣社会影响的；

（四）引起他人精神失常、自杀等严重后果的；

（五）严重影响他人的工作、生活、生产、经营的；

（六）其他情节严重的情形。

第五条 在车站、码头、机场、医院、商场、公园、影剧院、展览会、运动场或者其他公共场所起哄闹事，应当根据公共场所的性质、公共活动的重要程度、公共场所的人数、起哄闹事的时间、公共场所受影响的范围与程度等因素，综合判断是否"造成公共场所秩序严重混乱"。

第六条 纠集他人三次以上实施寻衅滋事犯罪，未经处理的，应当依照刑法第二百九十三条第二款的规定处罚。

第七条 实施寻衅滋事行为，同时符合寻衅滋事罪和故意杀人罪、故意伤害罪、故意毁坏财物罪、敲诈勒索罪、抢夺罪、抢劫罪等罪的构成要件的，依照处罚较重的犯罪定罪处罚。

第八条 行为人认罪、悔罪，积极赔偿被害人损失或者取得被害人谅解的，可以从轻处罚；犯罪情节轻微的，可以不起诉或者免予刑事处罚。

第三十一条 【邪教、会道门及相关非法活动】

有下列行为之一的，处十日以上十五日以下拘留，可以并处二千元以下罚款；情节较轻的，处五日以上十日以下拘留，可以并处一千元以下罚款：

（一）组织、教唆、胁迫、诱骗、煽动他人从事邪教活动、会道门活动、非法的宗教活动或者利用邪教组织、会道门、迷信活动，扰乱社会秩序、损害他人身体健康的；

（二）冒用宗教、气功名义进行扰乱社会秩序、损害他人身体健康活动的；
　　（三）制作、传播宣扬邪教、会道门内容的物品、信息、资料的。

说 明

本条提高了罚款数额，增加了第三项规定，并作了一些表述性修改。

对照法条

治安管理处罚法（2012）	治安管理处罚法（2025）
第二十七条 有下列行为之一的，处十日以上十五日以下拘留，可以并处一千元以下罚款；情节较轻的，处五日以上十日以下拘留，可以并处五百元以下罚款： （一）组织、教唆、胁迫、诱骗、煽动他人从事邪教、会道门活动或者利用邪教、会道门、迷信活动，扰乱社会秩序、损害他人身体健康的； （二）冒用宗教、气功名义进行扰乱社会秩序、损害他人身体健康活动的。	第三十一条 有下列行为之一的，处十日以上十五日以下拘留，可以并处二千元以下罚款；情节较轻的，处五日以上十日以下拘留，可以并处一千元以下罚款： （一）组织、教唆、胁迫、诱骗、煽动他人从事邪教**活动**、会道门活动、**非法的宗教活动**或者利用邪教**组织**、会道门、迷信活动，扰乱社会秩序、损害他人身体健康的； （二）冒用宗教、气功名义进行扰乱社会秩序、损害他人身体健康活动的； （三）制作、传播宣扬邪教、会道门内容的物品、信息、资料的。

关 联 规 定

《最高人民法院 最高人民检察院关于办理组织、利用邪教组织破坏法律实施等刑事案件适用法律若干问题的解释》(2017年1月25日)

第二条 组织、利用邪教组织,破坏国家法律、行政法规实施,具有下列情形之一的,应当依照刑法第三百条第一款的规定,处三年以上七年以下有期徒刑,并处罚金:

(一)建立邪教组织,或者邪教组织被取缔后又恢复、另行建立邪教组织的;

(二)聚众包围、冲击、强占、哄闹国家机关、企业事业单位或者公共场所、宗教活动场所,扰乱社会秩序的;

(三)非法举行集会、游行、示威,扰乱社会秩序的;

(四)使用暴力、胁迫或者以其他方法强迫他人加入或者阻止他人退出邪教组织的;

(五)组织、煽动、蒙骗成员或者他人不履行法定义务的;

(六)使用"伪基站""黑广播"等无线电台(站)或者无线电频率宣扬邪教的;

(七)曾因从事邪教活动被追究刑事责任或者二年内受过行政处罚,又从事邪教活动的;

(八)发展邪教组织成员五十人以上的;

(九)敛取钱财或者造成经济损失一百万元以上的;

(十)以货币为载体宣扬邪教,数量在五百张(枚)以上的;

(十一)制作、传播邪教宣传品,达到下列数量标准之一的:

1. 传单、喷图、图片、标语、报纸一千份(张)以上的;
2. 书籍、刊物二百五十册以上的;
3. 录音带、录像带等音像制品二百五十盒(张)以上的;

4. 标识、标志物二百五十件以上的;

5. 光盘、U盘、储存卡、移动硬盘等移动存储介质一百个以上的;

6. 横幅、条幅五十条(个)以上的。

(十二)利用通讯信息网络宣扬邪教,具有下列情形之一的:

1. 制作、传播宣扬邪教的电子图片、文章二百张(篇)以上,电子书籍、刊物、音视频五十册(个)以上,或者电子文档五百万字符以上、电子音视频二百五十分钟以上的;

2. 编发信息、拨打电话一千条(次)以上的;

3. 利用在线人数累计达到一千以上的聊天室,或者利用群组成员、关注人员等账号数累计一千以上的通讯群组、微信、微博等社交网络宣扬邪教的;

4. 邪教信息实际被点击、浏览数达到五千次以上的。

(十三)其他情节严重的情形。

第三十二条 【扰乱无线电管理秩序】

违反国家规定,有下列行为之一的,处五日以上十日以下拘留;情节严重的,处十日以上十五日以下拘留:

(一)故意干扰无线电业务正常进行的;

(二)对正常运行的无线电台(站)产生有害干扰,经有关主管部门指出后,拒不采取有效措施消除的;

(三)未经批准设置无线电广播电台、通信基站等无线电台(站)的,或者非法使用、占用无线电频率,从事违法活动的。

第三章　违反治安管理的行为和处罚

说　明

本条内容有较大修订。

立法中有的常委委员、全国人大代表、部门、地方、单位和社会公众提出，对于违反无线电管理、违规飞行"无人机"、侵害公民个人信息、行业经营者不按规定登记信息、违反规定产生社会生活噪声等行为，有关法律、行政法规等规定了法律责任，建议本法根据过罚相当原则，完善处罚层次，与其他有关处罚规定做好衔接。宪法和法律委员会经研究，建议对于上述违法行为，在原来只规定了拘留处罚的基础上，增加警告、罚款处罚方式。[①]

对照法条

治安管理处罚法（2012）	治安管理处罚法（2025）
第二十八条　违反国家规定，故意干扰无线电业务正常进行的，或者对正常运行的无线电台（站）产生有害干扰，经有关主管部门指出后，拒不采取有效措施消除的，处五日以上十日以下拘留；情节严重的，处十日以上十五日以下拘留。	第三十二条　违反国家规定，有下列行为之一的，处五日以上十日以下拘留；情节严重的，处十日以上十五日以下拘留： （一）故意干扰无线电业务正常进行的； （二）对正常运行的无线电台（站）产生有害干扰，经有关主管部门指出后，拒不采取有效措施消除的； （三）未经批准设置无线电广播电台、通信基站等无线电台（站）的，或者非法使用、占用无线电频率，从事违法活动的。

---

① 2024年6月25日，全国人民代表大会宪法和法律委员会关于《中华人民共和国治安管理处罚法（修订草案）》修改情况的汇报，载中国人大网，http://www.npc.gov.cn/npc/c2/c30834/202506/t20250627_446248.html，最后访问时间2025年6月27日。

条文释义

近年来，故意干扰无线电业务的行为频繁发生，如对政府、军队通信系统的干扰，对防汛、防火、气象等系统的干扰，对铁路、交通、电力、电信、广播、电视等系统的干扰，甚至发生恶意干扰民航无线电专用频率的事件。我国《刑法》虽然规定了扰乱无线电通讯管理秩序罪，但据国家无线电管理部门介绍，由于《刑法》设定的构罪条件比较高，目前扰乱无线电通讯管理秩序罪的判例较少。大量干扰无线电业务的违法行为得不到应有的惩处，而有关行政法规的行政处罚又起不到震慑和教育作用。因此，制定《治安管理处罚法》时增加了干扰无线电业务的违反治安管理行为。

关联规定

《最高人民法院 最高人民检察院关于办理扰乱无线电通讯管理秩序等刑事案件适用法律若干问题的解释》（2017年7月1日）

第一条 具有下列情形之一的，应当认定为刑法第二百八十八条第一款规定的"擅自设置、使用无线电台（站），或者擅自使用无线电频率，干扰无线电通讯秩序"：

（一）未经批准设置无线电广播电台（以下简称"黑广播"），非法使用广播电视专用频段的频率的；

（二）未经批准设置通信基站（以下简称"伪基站"），强行向不特定用户发送信息，非法使用公众移动通信频率的；

（三）未经批准使用卫星无线电频率的；

（四）非法设置、使用无线电干扰器的；

（五）其他擅自设置、使用无线电台（站），或者擅自使用无线电频率，干扰无线电通讯秩序的情形。

第三十三条 【危害计算机信息系统安全】

有下列行为之一,造成危害的,处五日以下拘留;情节较重的,处五日以上十五日以下拘留:

(一)违反国家规定,侵入计算机信息系统或者采用其他技术手段,获取计算机信息系统中存储、处理或者传输的数据,或者对计算机信息系统实施非法控制的;

(二)违反国家规定,对计算机信息系统功能进行删除、修改、增加、干扰的;

(三)违反国家规定,对计算机信息系统中存储、处理、传输的数据和应用程序进行删除、修改、增加的;

(四)故意制作、传播计算机病毒等破坏性程序的;

(五)提供专门用于侵入、非法控制计算机信息系统的程序、工具,或者明知他人实施侵入、非法控制计算机信息系统的违法犯罪行为而为其提供程序、工具的。

说 明

本条有较大修订。

对照法条

治安管理处罚法（2012）	治安管理处罚法（2025）
第二十九条 有下列行为之一的，处五日以下拘留；情节较重的，处五日以上十日以下拘留： （一）违反国家规定，侵入计算机信息系统，造成危害的； （二）违反国家规定，对计算机信息系统功能进行删除、修改、增加、干扰，造成计算机信息系统不能正常运行的； （三）违反国家规定，对计算机信息系统中存储、处理、传输的数据和应用程序进行删除、修改、增加的； （四）故意制作、传播计算机病毒等破坏性程序，影响计算机信息系统正常运行的。	第三十三条 有下列行为之一，**造成危害的**，处五日以下拘留；情节较重的，处五日以上十五日以下拘留： （一）违反国家规定，侵入计算机信息系统**或者采用其他技术手段，获取计算机信息系统中存储、处理或者传输的数据，或者对计算机信息系统实施非法控制的**； （二）违反国家规定，对计算机信息系统功能进行删除、修改、增加、干扰的； （三）违反国家规定，对计算机信息系统中存储、处理、传输的数据和应用程序进行删除、修改、增加的； （四）故意制作、传播计算机病毒等破坏性程序的； **（五）提供专门用于侵入、非法控制计算机信息系统的程序、工具，或者明知他人实施侵入、非法控制计算机信息系统的违法犯罪行为而为其提供程序、工具的。**

条文释义

本条是关于侵入计算机信息系统、破坏计算机信息系统功能、破坏计算机信息系统数据和应用程序、故意制作、传播破坏性程序的行为及其处罚的规定。

本条规定的违反治安管理行为主要包括以下五个方面的内容：

第一项是关于侵入计算机信息系统行为的规定。其中的"违反国家规定"，是指违反国家关于保护计算机安全的有关规定，目前主要是指违反《计算机信息系统安全保护条例》的规定。根据本项规定，仅仅侵入计算机信息系统本身并不构成违反治安管理行为，还必须造成一定的危害。

第二项是关于破坏计算机信息系统功能的行为的规定。根据本项规定，破坏计算机信息系统功能的行为，是指违反国家规定，对计算机信息系统功能进行删除、修改、增加、干扰，造成计算机信息系统不能正常运行的行为。"计算机信息系统功能"，是指在计算机中，按照一定的应用目标和规则对信息进行采集、加工、存储、传输和检索的功用和能力；"删除"，是指将原有的计算机信息系统功能除去，使之不能正常运转；"修改"，是指对原有的计算机信息功能进行改动，使之不能正常运转；"增加"，是指在计算机信息系统中增加某种功能，致使原有的功能受到影响或者破坏，无法正常运转；"干扰"，是指用删除、修改、增加以外的其他方法，破坏计算机信息系统功能，使其不能正常运行。

第三项是关于破坏计算机信息系统数据和应用程序的行为的规定。根据本项规定，这一行为是指违反国家规定，对计算机信息系统中存储、处理、传输的数据和应用程序进行删除、修改、增加的行为。"计算机信息系统中存储、处理、传输的数据"，是指在计算机信息系统中实际处理的一切文字、符号、声音、图像等内容有意义的组合；所谓"计算机程序"，是指为了得到某种结果而可以由计算机等具有信息处理能力的装置执行的代码化指令序列，或者可被自动转换成代码化指令序列的符号化指令序列或者符号化语句序列;"计算机应用程序",是用户使用数据库的一种方式,是用户按数据库授予的子模式的逻辑结构,书写对数据进行操作和运算的程序;"删除操作",是指将计算机信息系统中存储、处理、传输的数据和应用程序的全部或者部分删去;"修改操作",是指对上述数据和应用程序进行改动;"增加操作",是指在计算机信息系统中增加新的数据和应用程序。

第四项是关于故意制作、传播破坏性程序行为的规定。根据本项规定,这一行为是指故意制作、传播计算机病毒等破坏性程序,影响计算机信息系统正常运行的行为。这里的"故意制作",是指通过计算机,编制、设计针对计算机信息系统的破坏性程序的行为;"故意传播",是指通过计算机信息系统(含网络),直接输入、输出破坏性程序,或者将已输入破坏性程序的软件派送、散发、销售的行为;"计算机破坏性程序",是指隐藏在可执行程序或数据文件中,在计算机内部运行的一种干扰程序,这种破坏性程序的典型是计算机病毒。"计算机病毒",是指编制或者在计算机程序中插入的破坏计算机功能或者毁坏数据,影响计算机使用,并能自我复制的一组计算机指令或者程序代码。所谓"影响计算机信息系统正常运行",是指计算机病毒等破坏性程序发作后,导致原有的计算机信息系统和应用程序不能正常运行。

第五项是关于帮助行为的规定。帮助行为是指行为人明知他人在实施违法行为,而为其提供帮助行为,为他人的违法行为起到了实质性帮助。如提供专门用于侵入、非法控制计算机信息系统的程序、工具,或者明知他人实施侵入、非法控制计算机信息系统的违法犯罪行为而为其提供程序、工具的。

> **第三十四条 【组织、领导传销活动，胁迫、诱骗他人参加传销活动】**
>
> 组织、领导传销活动的，处十日以上十五日以下拘留；情节较轻的，处五日以上十日以下拘留。
>
> 胁迫、诱骗他人参加传销活动的，处五日以上十日以下拘留；情节较重的，处十日以上十五日以下拘留。

说 明

本条是新增条款。

近年来，以"拉人头"、收取"入门费"等方式组织传销的违法犯罪活动时有发生，严重扰乱社会秩序，影响社会稳定。在司法实践中，对这类案件主要是根据实施传销行为的不同情况，分别按照非法经营、诈骗、集资诈骗等犯罪追究刑事责任，并没作出专门的规定。原国务院法制办、公安部、原国家工商总局等部门提出，为更有利于打击组织传销的犯罪，应当在《刑法》中对组织、领导实施传销行为的犯罪作出专门规定。

为此，2009年2月28日《刑法修正案（七）》新增第二百二十四条之一，规定："组织、领导以推销商品、提供服务等经营活动为名，要求参加者以缴纳费用或者购买商品、服务等方式获得加入资格，并按照一定顺序组成层级，直接或者间接以发展人员的数量作为计酬或者返利依据，引诱、胁迫参加者继续发展他人参加，骗取财物，扰乱经济社会秩序的传销活动的，处五年以下有期徒刑或者拘役，并处罚金；情节严重的，处五年以上有期徒刑，并处罚金。"

为适应刑法修正，这次《治安管理处罚法》修订时增加了本条款。

关联规定

《最高人民法院 最高人民检察院 公安部关于办理组织领导传销活动刑事案件适用法律若干问题的意见》（2013年11月14日）

一、关于传销组织层级及人数的认定问题

以推销商品、提供服务等经营活动为名，要求参加者以缴纳费用或者购买商品、服务等方式获得加入资格，并按照一定顺序组成层级，直接或者间接以发展人员的数量作为计酬或者返利依据，引诱、胁迫参加者继续发展他人参加，骗取财物，扰乱经济社会秩序的传销组织，其组织内部参与传销活动人员在三十人以上且层级在三级以上的，应当对组织者、领导者追究刑事责任。

组织、领导多个传销组织，单个或者多个组织中的层级已达三级以上的，可将在各个组织中发展的人数合并计算。

组织者、领导者形式上脱离原传销组织后，继续从原传销组织获取报酬或者返利的，原传销组织在其脱离后发展人员的层级数和人数，应当计算为其发展的层级数和人数。

办理组织、领导传销活动刑事案件中，确因客观条件的限制无法逐一收集参与传销活动人员的言词证据的，可以结合依法收集并查证属实的缴纳、支付费用及计酬、返利记录，视听资料，传销人员关系图，银行账户交易记录，互联网电子数据，鉴定意见等证据，综合认定参与传销的人数、层级数等犯罪事实。

二、关于传销活动有关人员的认定和处理问题

下列人员可以认定为传销活动的组织者、领导者：

（一）在传销活动中起发起、策划、操纵作用的人员；

（二）在传销活动中承担管理、协调等职责的人员；

（三）在传销活动中承担宣传、培训等职责的人员；

（四）曾因组织、领导传销活动受过刑事处罚，或者一年以内因组织、领导传销活动受过行政处罚，又直接或者间接发展参与传销活动人员在十五人以上且层级在三级以上的人员；

（五）其他对传销活动的实施、传销组织的建立、扩大等起关键作用的人员。

以单位名义实施组织、领导传销活动犯罪的，对于受单位指派，仅从事劳务性工作的人员，一般不予追究刑事责任。

三、关于"骗取财物"的认定问题

传销活动的组织者、领导者采取编造、歪曲国家政策，虚构、夸大经营、投资、服务项目及盈利前景，掩饰计酬、返利真实来源或者其他欺诈手段，实施刑法第二百二十四条之一规定的行为，从参与传销活动人员缴纳的费用或者购买商品、服务的费用中非法获利的，应当认定为骗取财物。参与传销活动人员是否认为被骗，不影响骗取财物的认定。

四、关于"情节严重"的认定问题

对符合本意见第一条第一款规定的传销组织的组织者、领导者，具有下列情形之一的，应当认定为刑法第二百二十四条之一规定的"情节严重"：

（一）组织、领导的参与传销活动人员累计达一百二十人以上的；

（二）直接或者间接收取参与传销活动人员缴纳的传销资金数

额累计达二百五十万元以上的；

（三）曾因组织、领导传销活动受过刑事处罚，或者一年以内因组织、领导传销活动受过行政处罚，又直接或者间接发展参与传销活动人员累计达六十人以上的；

（四）造成参与传销活动人员精神失常、自杀等严重后果的；

（五）造成其他严重后果或者恶劣社会影响的。

五、关于"团队计酬"行为的处理问题

传销活动的组织者或者领导者通过发展人员，要求传销活动的被发展人员发展其他人员加入，形成上下线关系，并以下线的销售业绩为依据计算和给付上线报酬，牟取非法利益的，是"团队计酬"式传销活动。

以销售商品为目的、以销售业绩为计酬依据的单纯的"团队计酬"式传销活动，不作为犯罪处理。形式上采取"团队计酬"方式，但实质上属于"以发展人员的数量作为计酬或者返利依据"的传销活动，应当依照刑法第二百二十四条之一的规定，以组织、领导传销活动罪定罪处罚。

六、关于罪名的适用问题

以非法占有为目的，组织、领导传销活动，同时构成组织、领导传销活动罪和集资诈骗罪的，依照处罚较重的规定定罪处罚。

犯组织、领导传销活动罪，并实施故意伤害、非法拘禁、敲诈勒索、妨害公务、聚众扰乱社会秩序、聚众冲击国家机关、聚众扰乱公共场所秩序、交通秩序等行为，构成犯罪的，依照数罪并罚的规定处罚。

七、其他问题

本意见所称"以上"、"以内"，包括本数。

本意见所称"层级"和"级"，系指组织者、领导者与参与传销活动人员之间的上下线关系层次，而非组织者、领导者在传销组织中的身份等级。

对传销组织内部人数和层级数的计算，以及对组织者、领导者直接或者间接发展参与传销活动人员人数和层级数的计算，包括组织者、领导者本人及其本层级在内。

第三十五条　【扰乱国家重要活动、亵渎英雄烈士、宣扬美化侵略战争或行为】

有下列行为之一的，处五日以上十日以下拘留或者一千元以上三千元以下罚款；情节较重的，处十日以上十五日以下拘留，可以并处五千元以下罚款：

（一）在国家举行庆祝、纪念、缅怀、公祭等重要活动的场所及周边管控区域，故意从事与活动主题和氛围相违背的行为，不听劝阻，造成不良社会影响的；

（二）在英雄烈士纪念设施保护范围内从事有损纪念英雄烈士环境和氛围的活动，不听劝阻的，或者侵占、破坏、污损英雄烈士纪念设施的；

（三）以侮辱、诽谤或者其他方式侵害英雄烈士的姓名、肖像、名誉、荣誉，损害社会公共利益的；

（四）亵渎、否定英雄烈士事迹和精神，或者制作、传播、散布宣扬、美化侵略战争、侵略行为的言论或者图片、音视频等物品，扰乱公共秩序的；

> （五）在公共场所或者强制他人在公共场所穿着、佩戴宣扬、美化侵略战争、侵略行为的服饰、标志，不听劝阻，造成不良社会影响的。

说 明

本条是新增条款。

修订草案第三十四条对"在公共场所或者强制他人在公共场所穿着、佩戴有损中华民族精神、伤害中华民族感情的服饰、标志""制作、传播、宣扬、散布有损中华民族精神、伤害中华民族感情的物品或者言论"等行为规定了治安管理处罚。立法中有的常委委员、全国人大代表、部门、地方、单位、专家学者和社会公众提出，"有损中华民族精神""伤害中华民族感情"等表述，主观色彩较强，各有各的理解，其含义在立法上不易界定、在执法中不易把握，担心执法中会损害公众的正当权益和正常生活。宪法和法律委员会经研究，综合考虑各种因素和执法需要，建议不再使用"有损中华民族精神""伤害中华民族感情"的表述。[1]

关联规定

《爱国主义教育法》（2023 年 10 月 24 日公布）

第二十七条 国家通过功勋荣誉表彰制度，褒奖在强国建设、

---

[1] 2024 年 6 月 25 日，全国人民代表大会宪法和法律委员会关于《中华人民共和国治安管理处罚法（修订草案）》修改情况的汇报，载中国人大网，http://www.npc.gov.cn/npc/c2/c30834/202506/t20250627_446248.html，最后访问时间 2025 年 6 月 27 日。

民族复兴中做出突出贡献的人士，弘扬以爱国主义为核心的民族精神和以改革创新为核心的时代精神。

第二十八条 在中国人民抗日战争胜利纪念日、烈士纪念日、南京大屠杀死难者国家公祭日和其他重要纪念日，县级以上人民政府应当组织开展纪念活动，举行敬献花篮、瞻仰纪念设施、祭扫烈士墓、公祭等纪念仪式。

第二十九条 在春节、元宵节、清明节、端午节、中秋节和元旦、国际妇女节、国际劳动节、青年节、国际儿童节、中国农民丰收节及其他重要节日，组织开展各具特色的民俗文化活动、纪念庆祝活动，增进家国情怀。

第三十条 组织举办重大庆祝、纪念活动和大型文化体育活动、展览会，应当依法举行庄严、隆重的升挂国旗、奏唱国歌仪式。

依法公开举行宪法宣誓、军人和预备役人员服役宣誓等仪式时，应当在宣誓场所悬挂国旗、奏唱国歌，誓词应当体现爱国主义精神。

《英雄烈士保护法》（2018年4月27日公布）

第五条 每年9月30日为烈士纪念日，国家在首都北京天安门广场人民英雄纪念碑前举行纪念仪式，缅怀英雄烈士。

县级以上地方人民政府、军队有关部门应当在烈士纪念日举行纪念活动。

举行英雄烈士纪念活动，邀请英雄烈士遗属代表参加。

第六条 在清明节和重要纪念日，机关、团体、乡村、社区、学校、企业事业单位和军队有关单位根据实际情况，组织开展英雄烈士纪念活动。

第七条 国家建立并保护英雄烈士纪念设施，纪念、缅怀英雄烈士。

矗立在首都北京天安门广场的人民英雄纪念碑，是近代以来中国人民和中华民族争取民族独立解放、人民自由幸福和国家繁荣富强精神的象征，是国家和人民纪念、缅怀英雄烈士的永久性纪念设施。

人民英雄纪念碑及其名称、碑题、碑文、浮雕、图形、标志等受法律保护。

第八条 县级以上人民政府应当将英雄烈士纪念设施建设和保护纳入国民经济和社会发展规划、城乡规划，加强对英雄烈士纪念设施的保护和管理；对具有重要纪念意义、教育意义的英雄烈士纪念设施依照《中华人民共和国文物保护法》的规定，核定公布为文物保护单位。

中央财政对革命老区、民族地区、边疆地区、贫困地区英雄烈士纪念设施的修缮保护，应当按照国家规定予以补助。

第十条 英雄烈士纪念设施保护单位应当健全服务和管理工作规范，方便瞻仰、悼念英雄烈士，保持英雄烈士纪念设施庄严、肃穆、清净的环境和氛围。

任何组织和个人不得在英雄烈士纪念设施保护范围内从事有损纪念英雄烈士环境和氛围的活动，不得侵占英雄烈士纪念设施保护范围内的土地和设施，不得破坏、污损英雄烈士纪念设施。

第二十二条 禁止歪曲、丑化、亵渎、否定英雄烈士事迹和精神。

英雄烈士的姓名、肖像、名誉、荣誉受法律保护。任何组织和个人不得在公共场所、互联网或者利用广播电视、电影、出版物等，以侮辱、诽谤或者其他方式侵害英雄烈士的姓名、肖像、名誉、荣誉。任何组织和个人不得将英雄烈士的姓名、肖像用于或者变相用于商标、商业广告，损害英雄烈士的名誉、荣誉。

公安、文化、新闻出版、广播电视、电影、网信、市场监督管理、负责英雄烈士保护工作的部门发现前款规定行为的,应当依法及时处理。

第二十三条 网信和电信、公安等有关部门在对网络信息进行依法监督管理工作中,发现发布或者传输以侮辱、诽谤或者其他方式侵害英雄烈士的姓名、肖像、名誉、荣誉的信息的,应当要求网络运营者停止传输,采取消除等处置措施和其他必要措施;对来源于中华人民共和国境外的上述信息,应当通知有关机构采取技术措施和其他必要措施阻断传播。

网络运营者发现其用户发布前款规定的信息的,应当立即停止传输该信息,采取消除等处置措施,防止信息扩散,保存有关记录,并向有关主管部门报告。网络运营者未采取停止传输、消除等处置措施的,依照《中华人民共和国网络安全法》的规定处罚。

第二十六条 以侮辱、诽谤或者其他方式侵害英雄烈士的姓名、肖像、名誉、荣誉,损害社会公共利益的,依法承担民事责任;构成违反治安管理行为的,由公安机关依法给予治安管理处罚;构成犯罪的,依法追究刑事责任。

第二十七条 在英雄烈士纪念设施保护范围内从事有损纪念英雄烈士环境和氛围的活动的,纪念设施保护单位应当及时劝阻;不听劝阻的,由县级以上地方人民政府负责英雄烈士保护工作的部门、文物主管部门按照职责规定给予批评教育,责令改正;构成违反治安管理行为的,由公安机关依法给予治安管理处罚。

亵渎、否定英雄烈士事迹和精神,宣扬、美化侵略战争和侵略行为,寻衅滋事,扰乱公共秩序,构成违反治安管理行为的,由公安机关依法给予治安管理处罚;构成犯罪的,依法追究刑事责任。

第二十八条 侵占、破坏、污损英雄烈士纪念设施的,由县级以上人民政府负责英雄烈士保护工作的部门责令改正；造成损失的，依法承担民事责任；被侵占、破坏、污损的纪念设施属于文物保护单位的，依照《中华人民共和国文物保护法》的规定处罚；构成违反治安管理行为的，由公安机关依法给予治安管理处罚；构成犯罪的，依法追究刑事责任。

第二节　妨害公共安全的行为和处罚

> **第三十六条　【非法从事与危险物质相关活动】**
> 违反国家规定，制造、买卖、储存、运输、邮寄、携带、使用、提供、处置爆炸性、毒害性、放射性、腐蚀性物质或者传染病病原体等危险物质的，处十日以上十五日以下拘留；情节较轻的，处五日以上十日以下拘留。

说　明

本条内容无修订。

对照法条

治安管理处罚法（2012）	治安管理处罚法（2025）
第三十条　违反国家规定，制造、买卖、储存、运输、邮寄、携带、	第三十六条　违反国家规定，制造、买卖、储存、运输、邮寄、携带、

续表

治安管理处罚法（2012）	治安管理处罚法（2025）
使用、提供、处置爆炸性、毒害性、放射性、腐蚀性物质或者传染病病原体等危险物质的，处十日以上十五日以下拘留；情节较轻的，处五日以上十日以下拘留。	使用、提供、处置爆炸性、毒害性、放射性、腐蚀性物质或者传染病病原体等危险物质的，处十日以上十五日以下拘留；情节较轻的，处五日以上十日以下拘留。

条文释义

本条是关于违反危险物质管理的行为及其处罚的规定。

根据本条的规定，违反危险物质管理的行为，主要是指违反国家有关规定，制造、买卖、储存、运输、邮寄、携带、使用、提供、处置爆炸性、毒害性、放射性、腐蚀性物质或者传染病病原体等危险物质的行为。此类行为受到处罚的前提条件是违反了"国家规定"，具有社会危害性。这里的"国家规定"，主要是指与危险物质的制造、买卖、储存、运输、使用、进出口以及其他管理的有关法律、行政法规，如《枪支管理法》《传染病防治法》《民用爆炸物品安全管理条例》《危险化学品安全管理条例》等。对于危险物质的制造、买卖、储存、运输、邮寄、携带、使用、提供和处置，我国已有明确的规定。但由于经济技术水平的限制，人类至今还不可能将危险物质完全消灭在生产过程中或者将产生的危险物质全部回收利用。对无法用尽的危险物质进行最终处理、处置，是对危险物质实施无害于环境管理的最后措施。

为了有效控制危险物质污染环境、危害公共安全，近年来我国陆续通过了一些法律、法规、规章及相应的规范性文件，对危险物质的处置予以严格规范，在对危险物质管理过程中，若违反法律、行政法规的具体规定，就构成本条所规定的"违反国家规定"。

这里的"非法制造"，是指行为人违反国家规定，私自以各种方法生产爆炸性、毒害性、放射性、腐蚀性物质或者传染病病原体等危险物质的行为。"非法买卖"，是指行为人非法购买或者出售爆炸性、毒害性、放射性、腐蚀性物质或者传染病病原体等危险物质的行为。"非法储存"，是指明知是他人非法制造、买卖、运输、邮寄的上述危险物品而为其存放的行为。这里所说的"运输"与"邮寄"的主要区别是运输方式的不同，前者要通过一定的交通工具来完成，而后者是通过邮政系统完成的。"非法携带"，是指行为人违反国家有关规定，随身携带上述危险物质进入公共场所或者乘坐公共交通工具的行为。"非法使用"，是指行为人违反国家有关规定、擅自使用的行为。"非法提供"主要是指非法出借、进出口或者赠与危险物质的行为。这里的"处置"，是指将危险物质焚烧和用其他改变危险物质的物理、化学、生物特性的方法，达到减少已产生的危险物质数量、缩小危险物质体积、减少或者消除其危险成分的活动，或者将危险物质最终置于符合环境保护规定要求的填埋场的活动。如将放射性废物在处置设施中放置、封闭等。

第三十七条　【危险物质被盗抢、丢失不报告】
爆炸性、毒害性、放射性、腐蚀性物质或者传染病病原体等危险物质被盗、被抢或者丢失，未按规定报告的，处五日以下拘留；故意隐瞒不报的，处五日以上十日以下拘留。

说　明

本条内容无修订。

对照法条

治安管理处罚法（2012）	治安管理处罚法（2025）
第三十一条　爆炸性、毒害性、放射性、腐蚀性物质或者传染病病原体等危险物质被盗、被抢或者丢失，未按规定报告的，处五日以下拘留；故意隐瞒不报的，处五日以上十日以下拘留。	第三十七条　爆炸性、毒害性、放射性、腐蚀性物质或者传染病病原体等危险物质被盗、被抢或者丢失，未按规定报告的，处五日以下拘留；故意隐瞒不报的，处五日以上十日以下拘留。

条文释义

本条是关于危险物质被盗、被抢或者丢失，未按规定报告或者隐瞒不报的行为的规定。

爆炸性、毒害性、放射性、腐蚀性物质或者传染病病原体等危险物质被盗、被抢或者丢失，流入社会会给人民群众的生命和财产安全带来很大的隐患，有的单位或个人所有的危险物质被盗、被抢或者丢失后，怕承担责任，不按照规定向公安机关报告，甚至隐瞒不报，这是一种较为严重的危害公共安全行为，除了依照相关法规给予处罚外，还必须给予限制人身自由的处罚。本法对这类行为直接给予拘留处罚，以示惩戒；同时，还可以依照其他法规由有关主管部门给予罚款以及其他行政处罚。

我国对爆炸性、毒害性、放射性、腐蚀性物质和传染病病原体等危险物质实行严格的管理制度，从生产许可、操作规程、储存运输、使用操作、最终处置等各个环节严格把关，防止流入社会被不法分子利用，从而危及人民群众的生命健康和社会公共安全。实践中也曾发生过危险物质被盗、被抢甚至丢失的情形，引起了社会的不安，特别是有些放射性危险物质一旦流入社会，由于行为人不知情，会严重危及其自身和他人的生命健康与安全。

危险物质被盗、被抢或者丢失不报告的行为，主要是指爆炸性、毒害性、放射性、腐蚀性物质或者传染病病原体等危险物质被盗、被抢或者丢失，未按规定报告的行为。这里的"未按规定报告"中的"规定"，包括法律、法规、规章等的规定。

我国对危险物质的被盗、被抢或者丢失行为的发生，规定了相关单位或者责任人的报告义务。"未按规定报告"，是指有关单位或者个人，未按照规定的时间或者程序及时向主管部门或者本单位报告危险物质被盗、被抢或者丢失的情形。

"故意隐瞒不报"，是指发生危险物质被盗、被抢或者丢失后，隐瞒实际情况，而不如实报告的行为。这种行为的危害在于，隐瞒不报不仅掩盖危险物质被盗、被抢或者丢失的实情，而且往往使上级主管部门或者本单位失去了及时采取有关措施，找回危险物质或者防止危害结果发生或者扩大的最佳时机，因而有更大危害性。

第三十八条 【非法携带枪支、弹药、管制器具】

非法携带枪支、弹药或者弩、匕首等国家规定的管制器具的，处五日以下拘留，可以并处一千元以下罚款；情节较轻的，处警告或者五百元以下罚款。

> 非法携带枪支、弹药或者弩、匕首等国家规定的管制器具进入公共场所或者公共交通工具的,处五日以上十日以下拘留,可以并处一千元以下罚款。

说 明

本条罚则有提高。

对照法条

治安管理处罚法（2012）	治安管理处罚法（2025）
第三十二条　非法携带枪支、弹药或者弩、匕首等国家规定的管制器具的,处五日以下拘留,可以并处五百元以下罚款；情节较轻的,处警告或者二百元以下罚款。 非法携带枪支、弹药或者弩、匕首等国家规定的管制器具进入公共场所或者公共交通工具的,处五日以上十日以下拘留,可以并处五百元以下罚款。	第三十八条　非法携带枪支、弹药或者弩、匕首等国家规定的管制器具的,处五日以下拘留,可以并处一千元以下罚款；情节较轻的,处警告或者五百元以下罚款。 非法携带枪支、弹药或者弩、匕首等国家规定的管制器具进入公共场所或者公共交通工具的,处五日以上十日以下拘留,可以并处一千元以下罚款。

条文释义

本条是关于非法携带枪支、弹药或者弩、匕首等国家规定的管制器具妨害公共安全的规定。本条共分两款。

第一款是关于非法携带枪支、弹药或者管制器具的规定。

根据本款的规定,非法携带枪支、弹药或者管制器具的行为,主要是指行为人违反有关规定，非法携带枪支、弹药或者弩、匕首等国家规定的管制器具的行为。即行为人只要违反有关规定，非法携带枪支、弹药或者弩、匕首等国家规定的管制器具的，即构成本条规定的违法行为。该行为的主要特点是：行为人必须实施了非法携带枪支、弹药或者弩、匕首等国家规定的管制器具的行为。这里的"非法"，是指违反有关管制器具管理的法律、法规、规章及相关规范性文件的行为。如《枪支管理法》对可以佩带枪支的人员、配置枪支的单位以及枪支管理、使用等都作了明确的规定，违反这些规定携带枪支、弹药的即属于违法。

"管制器具"，是指弩、管制刀具、电击器以及以火药为动力的射钉器、射网器等国家规定对社会治安秩序和公共安全构成危害，对公民合法权益和人身安全构成威胁，需要实施特别管理的物品。

《公安部对部分刀具实行管制的暂行规定》第三条第一款规定："匕首，除中国人民解放军和人民警察作为武器、警械配备的以外，专业狩猎人员和地质、勘探等野外作业人员必须持有的，须由县以上主管单位出具证明，经县级以上公安机关批准，发给《匕首佩带证》，方准持有佩带。"第九条规定："严禁任何单位和个人非法制造、销售和贩卖匕首、三棱刀、弹簧刀等属于管制范围内的各种刀具。严禁非法携带上述刀具进入车站、码头、机场、公园、商场、影剧院、展览馆或其它公共场所和乘坐火车、汽车、轮船、飞机。"

第二款是关于非法携带枪支、弹药或者弩、匕首等国家规定的管制器具进入公共场所或者公共交通工具的规定。

本款规定的行为具有以下特点：一是行为人具有非法携带枪支、弹药或者管制器具的行为。二是必须非法携带枪支、弹药或者弩、匕首等国家规定的管制器具进入公共场所或者公共交通工具。

根据公安部《关于对少数民族人员佩带刀具乘坐火车如何处理问题的批复》的规定，少数民族人员只能在民族自治地区佩带、销售和使用藏刀、腰刀、靴刀等民族刀具；在非民族自治地区，只要少数民族人员所携带的刀具属于管制刀具范围，公安机关就应当严格按照相应规定予以管理。少数民族人员违反《铁路法》和《铁路运输安全保护条例》携带管制刀具进入车站、乘坐火车的，由公安机关依法予以没收，但在本少数民族自治地区携带具有特殊纪念意义或者比较珍贵的民族刀具进入车站的，可以由携带人交其亲友带回或者交由车站派出所暂时保存并出具相应手续，携带人返回时领回；对不服从管理，构成违反治安管理行为的，依法予以治安处罚；构成犯罪的，依法追究其刑事责任。

以案说法

汪某福诉某县公安局行政处罚案

福建省泉州市中级人民法院认为：出具《涉案管制刀具确认书》的前提系当事人对办案单位初判为管制刀具无异议，并以当事人在《涉案管制刀具确认书》上的签名作为无异议的确认要件，若当事人对判定结果有异议，办案单位应委托县级以上公安机关治安部门作出认定，而不得自行作出认定，否则即剥夺了当事人提出重新认定申请的权利。本案《涉案管制刀具确认书》中的案件当事人签名处并未有签名，而是注明："汪某福拒绝在确认书上签名、捺印。"因此，在汪某福对《涉案管制刀具确认书》中确认本案小刀为管制刀具存在异议时，办案单位自行作出的该确认书因违反上述规定不具有证据效力,不能作为认定本案事实的依据。显然,某县公安局直接依据《涉案管制刀具确认书》确认本案小刀属管制刀具,进而以构成非法携带管制器具为由对汪某福处以行政拘留二日,收缴黑色小刀1把,事实不清,主要证据不足,依法应予撤销。

【案号】福建省泉州市中级人民法院(2018)闽05行终112号

陈某国诉某市公安局行政处罚案

安徽省高级人民法院认为:由于法律(法规)不可能事无巨细规范到社会关系的各个方面,为了提高行政效率,弥补法律(法规)不足,国家赋予行政机关在法律(法规)规定的幅度和范围内享有一定选择余地的处置权力,这种权力即所谓的行政自由裁量权。行政自由裁量权是行政权的重要组成部分,也是现代行政的必然要求,但任何自由裁量权都要在自由裁量的范围内公正地去行使,而不是按照个人的观点行事,要按照依法行政的比例原则去行事,而不是随心所欲。关于何为"情节较轻"问题,《治安管理处罚法》第三十八条第一款没有明文规定,给行政机关一定的裁量空间,由于该裁量空间较为宽泛、模糊,实践中难以操作,容易产生分歧。为正确把握公安机关行政处罚裁量问题,安徽省公安厅专门印发《安徽省公安机关行政处罚裁量权基准》(皖公通〔2015〕47号),供全省公安系统遵照执行。案发当日陈某国在王某幸毫无防备的情况下去打其头部并持管制刀具追赶,致王身体受到伤害。某市公安局按照"情节较轻"对陈某国处罚,该行政处罚裁量权行使具有随意性,不符合比例原则的要求,亦不符合《安徽省公安机关行政处罚裁量权基准》的规定。

【案号】安徽省高级人民法院(2019)皖行终727号

第三十九条 【盗窃、损毁重要公共设施，妨碍国（边）境标志、界线走向管理】

有下列行为之一的，处十日以上十五日以下拘留；情节较轻的，处五日以下拘留：

（一）盗窃、损毁油气管道设施、电力电信设施、广播电视设施、水利工程设施、公共供水设施、公路及附属设施或者水文监测、测量、气象测报、生态环境监测、地质监测、地震监测等公共设施，危及公共安全的；

（二）移动、损毁国家边境的界碑、界桩以及其他边境标志、边境设施或者领土、领海基点标志设施的；

（三）非法进行影响国（边）界线走向的活动或者修建有碍国（边）境管理的设施的。

说 明

本条内容增加了情节较轻情形，并作了一些表述性修改。

对照法条

治安管理处罚法（2012）	治安管理处罚法（2025）
第三十三条 有下列行为之一的，处十日以上十五日以下拘留： （一）盗窃、损毁油气管道设施、电力电信设施、广播电视设施、水利	第三十九条 有下列行为之一的，处十日以上十五日以下拘留；**情节较轻的，处五日以下拘留**： （一）盗窃、损毁油气管道设施、

续表

治安管理处罚法（2012）	治安管理处罚法（2025）
防汛工程设施或者水文监测、测量、气象测报、环境监测、地质监测、地震监测等公共设施的； （二）移动、损毁国家边境的界碑、界桩以及其他边境标志、边境设施或者领土、领海标志设施的； （三）非法进行影响国（边）界线走向的活动或者修建有碍国（边）境管理的设施的。	电力电信设施、广播电视设施、水利工程设施、**公共供水设施、公路及附属设施**或者水文监测、测量、气象测报、**生态**环境监测、地质监测、地震监测等公共设施，**危及公共安全**的； （二）移动、损毁国家边境的界碑、界桩以及其他边境标志、边境设施或者领土、领海**基点**标志设施的； （三）非法进行影响国（边）界线走向的活动或者修建有碍国（边）境管理的设施的。

条文释义

本条是关于盗窃、损毁公共设施、影响国（边）境管理设施的行为的规定，共分三项。

第一项是关于盗窃、损毁公共设施的行为。

公共设施是为国民经济运行、产业发展、居民生活提供交通、通讯、能源、水务、教育、医疗、文化体育等公共性服务的设施。在现实生活中，盗窃、损毁公共设施的行为时有发生，如盗窃电力设施，这些违法行为严重影响了公共设施的正常运转和公共安全，必须给予相应的法律处罚。这里的"盗窃"，是指以非法占有为目的，采用秘密窃取等手段获取，尚不够刑事处罚的行为。"损毁"是指行为人出于故意或者过失损毁公私财物的行为。

根据《石油天然气管道保护条例》的规定，"管道设施"是指境内输送石油、天然气的管道及其附属设施。根据《电力设施保护条例》的规定，"电力设施"包括已建或在建的电力设施（包括发电设施、变电设施和电力线路设施及其有关辅助设施）。根据《广播电视设施保护条例》的规定，"广播电视设施"包括广播电视台、站（包括有线广播电视台、站）和广播电视传输网的设施。根据《防洪法》及相关法规的规定，"水利工程设施"主要由国有水利工程设施和集体所有的水利工程设施组成。"公共供水设施"，是指自来水供水企业向单位和居民的生活、生产和其他各项建设提供用水的公共供水管道及其附属设施。"公路及附属设施"，包括公路桥梁、公路隧道和公路渡口及附属设施。"水文监测、测量设施"，是指水利、电力、气象、海洋、农林等部门用于测算水位、流量等数据的水文站、雨量站等设施。"气象测报设施"，是指气象探测设施、气象信息专用传输设施、大型气象专用技术装备等气象仪器、设施、标志。"地震监测设施"，是指地震监测台网的监测设施、设备、仪器和其他依照国务院地震行政主管部门的规定设立的地震监测设施、设备、仪器。

第二项是关于移动、损毁国家边境的界碑、界桩以及其他边境标志、边境设施或者领土、领海基点标志设施行为的规定。

界碑、界桩以及其他边境标志是我国领土范围的重要标志，标志着我国的主权和领土完整，事关国家权益，因此，世界各国无不对此非常重视，甚至为了界碑、界桩不惜发动战争。我国法律对国家边境的界碑、界桩以及其他边境标志予以明确的保护，在制定《治安管理处罚法》的过程中，考虑到现实生活中，许多移动、损毁国家边境的界碑、界桩以及其他边境标志、边境设施或者领土、领海基点标志设施的行为尚不构成犯罪，无须予以刑事处罚，而给予罚款处罚有些偏轻，因此，本法对这类违法行为及处罚作出明确的规定。

"移动、损毁"，是指将界碑、界桩以及其他边境标志、边境设施或者领土、领海标志设施砸毁、拆除、挖掉、盗走、移动或者改变其原样等，从而使其失去原有的意义和作用的行为。"国家边境的界碑、界桩"，是指我国政府与邻国按照条约规定或者历史上实际形成的管辖范围，在陆地接壤地区埋设的指示边境分界及走向的标志物。界碑和界桩没有实质的区别，只是形状不同。"领土"指一个国家主权管辖下的区域，包括领陆（陆地）、领水（水域及其底土）和领空（领陆和领水上空）等。"领水"包括内水和领海。"内水"指国家领陆内以及领海基线（沿海国划定其领海外部界线的起算线）向陆地一面的水域，指河流、湖泊、内海、封闭性海湾和港口等泊船处。"领空"指隶属于国家主权的领陆和领水上空，一般指领陆和领水上面的大气空间。"领海"，指沿海主权所及的与其海岸或内水相邻接的一定范围的海域。

第三项是关于非法进行影响国（边）界线走向的活动或者修建有碍国（边）境管理设施的行为的规定。

根据本条的规定，非法进行影响国（边）界线走向的活动或者修建有碍国（边）境管理设施的行为，主要是指行为人的行为已经影响了国（边）界线走向，如在临近国（边）界线附近挖沙、耕种、采伐树木，客观上改变了国（边）界规定的路线或者方向，或者其修建的设施影响了国（边）境管理，如在靠近国（边）境位置修建房屋、挖鱼塘等，从而妨碍国家对国（边）境的管理。

第四十条 【妨害航空器飞行安全，妨害公共交通工具行驶安全】

盗窃、损坏、擅自移动使用中的航空设施，或者强行进入航空器驾驶舱的，处十日以上十五日以下拘留。

第三章 违反治安管理的行为和处罚

在使用中的航空器上使用可能影响导航系统正常功能的器具、工具，不听劝阻的，处五日以下拘留或者一千元以下罚款。

盗窃、损坏、擅自移动使用中的其他公共交通工具设施、设备，或者以抢控驾驶操纵装置、拉扯、殴打驾驶人员等方式，干扰公共交通工具正常行驶的，处五日以下拘留或者一千元以下罚款；情节较重的，处五日以上十日以下拘留。

说　明

本条提高了第二款的罚则，增加了第三款规定。

对照法条

治安管理处罚法（2012）	治安管理处罚法（2025）
第三十四条　盗窃、损坏、擅自移动使用中的航空设施，或者强行进入航空器驾驶舱的，处十日以上十五日以下拘留。 在使用中的航空器上使用可能影响导航系统正常功能的器具、工具，不听劝阻的，处五日以下拘留或者<u>五百元</u>以下罚款。	第四十条　盗窃、损坏、擅自移动使用中的航空设施，或者强行进入航空器驾驶舱的，处十日以上十五日以下拘留。 在使用中的航空器上使用可能影响导航系统正常功能的器具、工具，不听劝阻的，处五日以下拘留或者一千元以下罚款。 盗窃、损坏、擅自移动使用中的其他公共交通工具设施、设备，或者以抢控驾驶操纵装置、拉扯、殴打驾

· 177 ·

续表

治安管理处罚法（2012）	治安管理处罚法（2025）
	驶人员等方式，干扰公共交通工具正常行驶的，处五日以下拘留或者一千元以下罚款；情节较重的，处五日以上十日以下拘留。

条文释义

本条是关于对妨害航空器飞行安全、妨害公共交通工具行驶安全行为及其处罚的规定，共分三款。

第一款是关于盗窃、损坏、擅自移动航空设施，或者强行进入航空器驾驶舱的规定。

近年来，盗窃、损坏航空设施的违法行为时有发生，甚至还发生过乘客强行进入航空器驾驶舱的行为，这些行为严重影响了航空设施的正常运转和航空器飞行的安全。因此，制定本法时对此作了专门的规定。

根据本条的规定，盗窃、损坏、擅自移动航空设施的行为，是指行为人盗窃、损坏、擅自移动使用中的航空设施的行为。这类违反治安管理行为的对象是使用中的航空设施。"盗窃"，是指行为人以非法占有为目的，秘密窃取航空设施的行为。"损坏"，是指行为人出于故意的心理，实施不当的行为，从而致使有关航空设施的功能失去或者部分失去效能的行为。"擅自移动"，是指行为人未经允许，而根据自己的意愿，将有关的航空设施移走、改变方向的行为。实践中，"航空设施"，通常包括飞行区设施，如跑道、升降带、跑道端安全地区、滑行道系统、机坪、目视助航系统设施、机场围界及巡场路、净空障碍物限制等设施；空中交通管理系统，如航管、通信、导航、气象等设施；以及其他与飞行安全有关的各类设施。

强行进入航空器驾驶舱的行为，是指航空器上的非机组人员不听劝阻，执意进入航空器驾驶舱的行为。为了保证驾驶航空器不受任何干扰，驾驶舱与乘务舱、行李舱是分离的。而强行闯入驾驶舱的行为对航空器的正常运行危害特别大，容易干扰航空器驾驶员对航空器的操控，从而影响航空器的正常驾驶，需要予以相应的法律制裁。这里的"航空器"，主要是民用航空器，即除用于执行军事、海关、警察飞行任务外的民航客机、运输机等。

第二款是关于在使用中的航空器上使用可能影响导航系统正常功能的器具、工具，不听劝阻的规定。

在使用中的航空器上使用可能影响导航系统正常功能的器具、工具的行为，主要是指在使用中的航空器上经乘务人员劝阻，仍坚持自己的意愿，故意使用可能影响航空飞行安全的航空器上禁止使用的器具、工具，如移动电话、游戏机等。构成该项违反治安管理行为的条件如下：一是行为人持主观故意心态，即明知在使用中的航空器中使用可能影响导航系统正常功能的器具、工具会危及航空器飞行安全，仍积极从事该行为。二是行为人必须是在使用中的航空器上使用上述器具、工具。"使用中的航空器上"，是指正处于运营状态的航空器，如正在空中飞行的客机。如果该航空器不属于使用中，而是维修保养过程中，或者尚未投入使用，则不构成妨害航空器飞行安全行为。三是该项违反治安管理行为侵犯的客体是公共安全。因本条所规定的这类行为容易干扰航空器上无线电业务的正常进行和航空器的飞行安全，所以其侵犯的客体属于公共安全，即不特定多数人的生命、财产安全及其他重大公共利益。这里的"可能影响导航系统正常功能的器具、工具"，是指一些由于其本身属性，一旦在使用中的航空器上使用可能会对航空器导航系统的正常操作产生一定的影响的电子设备，如移动电话。

第三款是关于盗窃、损坏、擅自移动使用中的其他公共交通工具设施、设备，或者以抢控驾驶操纵装置、拉扯、殴打驾驶人员等方式妨碍公共交通工具驾驶的规定。"公共交通工具"，是指正在运行的公共汽车、电车、火车、船舶、航空器或者其他公共交通工具，而不是指停放在库内或停留在车站、码头待用的公共交通工具。盗窃、损坏、擅自移动使用中的其他公共交通工具设施、设备影响交通秩序和安全，是指交通工具与行人在交通线路上安全顺利通行的规则和安全。抢控驾驶操纵装置，包括使用暴力夺取汽车方向盘、非法控制车辆等行为，其是指行为人实施抢夺方向盘、变速杆等驾驶操纵装置的行为，意图取代驾驶人员的控制，使交通工具按照自己的意志转向、停止或者行驶。拉扯、殴打驾驶人员，指对驾驶人员使用暴力或拉扯行为，干扰其正常驾驶操作。这种行为会导致驾驶人员分心或无法正常操控车辆，从而危及公共安全。近年来，公共交通工具安全事故频发引起了国家立法机构的重视，2020年12月26日通过的《刑法修正案（十一）》增设妨害安全驾驶罪，《刑法》第一百三十三条之二规定：对行驶中的公共交通工具的驾驶人员使用暴力或者抢控驾驶操纵装置，干扰公共交通工具正常行驶，危及公共安全的，处一年以下有期徒刑、拘役或者管制，并处或者单处罚金。为配合刑法修改，本条增设了第三款规定。

第三章 违反治安管理的行为和处罚

第四十一条 【妨害铁路、城市轨道交通运行安全】

有下列行为之一的,处五日以上十日以下拘留,可以并处一千元以下罚款;情节较轻的,处五日以下拘留或者一千元以下罚款:

(一) 盗窃、损毁、擅自移动铁路、城市轨道交通设施、设备、机车车辆配件或者安全标志的;

(二) 在铁路、城市轨道交通线路上放置障碍物,或者故意向列车投掷物品的;

(三) 在铁路、城市轨道交通线路、桥梁、隧道、涵洞处挖掘坑穴、采石取沙的;

(四) 在铁路、城市轨道交通线路上私设道口或者平交过道的。

说 明

本条增加了"城市轨道交通"规定。城市轨道交通是现代城市交通系统的重要组成部分,是城市公共交通系统的骨干。我国城市轨道交通对提升城市公共交通供给质量和效率、缓解城市交通拥堵、引导优化城市空间结构布局、改善城市环境起到了重要作用,基于此,本次修订增加了这一方面的规定。

对照法条

治安管理处罚法（2012）	治安管理处罚法（2025）
第三十五条　有下列行为之一的，处五日以上十日以下拘留，可以并处五百元以下罚款；情节较轻的，处五日以下拘留或者五百元以下罚款： （一）盗窃、损毁或者擅自移动铁路设施、设备、机车车辆配件或者安全标志的； （二）在铁路线路上放置障碍物，或者故意向列车投掷物品的； （三）在铁路线路、桥梁、涵洞处挖掘坑穴、采石取沙的； （四）在铁路线路上私设道口或者平交过道的。	第四十一条　有下列行为之一的，处五日以上十日以下拘留，可以并处一千元以下罚款；情节较轻的，处五日以下拘留或者一千元以下罚款： （一）盗窃、损毁、擅自移动铁路、**城市轨道交通**设施、设备、机车车辆配件或者安全标志的； （二）在铁路、**城市轨道交通**线路上放置障碍物，或者故意向列车投掷物品的； （三）在铁路、**城市轨道交通**线路、桥梁、**隧道**、涵洞处挖掘坑穴、采石取沙的； （四）在铁路、**城市轨道交通**线路上私设道口或者平交过道的。

条文释义

本条是关于妨害铁路、城市轨道交通运行安全的行为及其处罚的规定。治安管理处罚法草案在征求有关部门意见时，铁道部门反映，危害铁路运输生产安全的治安案件突出，特别是拆盗、损毁及擅自移动铁路设施、设备，摆放障碍，击打列车，私设道口等违法活动，给铁路行车和旅客生命财产安全造成了极大威胁。为保障列车的行车安全、惩治影响行车安全的违法行为，本法增加了本条规定的违反治安管理行为，共分四项。

第三章　违反治安管理的行为和处罚

一是盗窃、损毁、擅自移动铁路、城市轨道交通设施、设备、机车车辆配件或者安全标志的。对此，《铁路运输安全保护条例》已有相应的规定。这里的"铁路设施、设备"，是指构成铁路路网的固定设施、设备，包括线路、桥涵、站场、电力系统、通信信号系统等，如信号机抗流变压器、铁路信号接线盒、钢轨扣件等。"机车车辆配件"，是指蒸汽、内燃、电力机车车轴、油罐车底架、各类机车轮对、主变压器、受电弓、电机座等零部件。

二是在铁路、城市轨道交通线路上放置障碍物，或者故意向列车投掷物品的。在铁路、城市轨道交通线路上放置障碍物，轻则延误列车，重则造成车毁人亡的事故。障碍物包括石头、木头等物品。在实践中应当注意的是，本行为是行为犯，只要有在铁路、城市轨道交通线路上放置障碍物，或者故意向列车投掷物品的行为，就构成本行为。

三是在铁路、城市轨道交通线路、桥梁、隧道、涵洞处挖掘坑穴、采石取沙的。铁路路基与线路是铁路运行安全的最重要基础。根据本条的规定，构成本项违反治安管理行为的主观心态既包括故意，也包括过失。至于挖掘坑穴、采石取沙的目的如何，不影响本行为的构成。

四是在铁路、城市轨道交通线路上私设道口或者平交过道的。实践中，设道口或者平交过道，往往要依据铁路线路两侧居民数量、聚集区情况、生产生活的实际、地形地势等因素综合确定。在铁路、城市轨道交通线路上私设道口或者平交过道，既会威胁铁路运行安全，也会危及过往机动车、非机动车和行人的生命安全，必须予以相应的惩处。

第四十二条 【妨害列车行车安全】

擅自进入铁路、城市轨道交通防护网或者火车、城市轨道交通列车来临时在铁路、城市轨道交通线路上行走坐卧，抢越铁路、城市轨道，影响行车安全的，处警告或者五百元以下罚款。

说 明

本条修订增加了"城市轨道交通"内容，提高了罚则。

对照法条

治安管理处罚法（2012）	治安管理处罚法（2025）
第三十六条 擅自进入铁路防护网或者火车来临时在铁路线路上行走坐卧、抢越铁路，影响行车安全的，处警告或者二百元以下罚款。	第四十二条 擅自进入铁路、**城市轨道交通**防护网或者火车、**城市轨道交通列车**来临时在铁路、**城市轨道交通线路**上行走坐卧，抢越铁路、**城市轨道**，影响行车安全的，处警告或者五百元以下罚款。

条文释义

本条是关于妨害火车、城市轨道交通行车安全的行为及其处罚的规定。

原《治安管理处罚条例》没有规定影响火车行车安全的行为。为了保障火车行车安全，避免公民的人身权利遭受不必要的损失及火车行车事故的发生，《治安管理处罚法》对该项违反治安管理行为作出了明确规定。

根据本条的规定，妨害火车、城市轨道交通行车安全的行为主要有以下三种情形：一是擅自进入铁路、城市轨道交通防护网。即行为人明知铁路、城市轨道交通防护网对保障火车行车安全的重要性，是禁止进入的，但为了个人便利，未经铁路工作人员的允许而进入。二是火车、城市轨道交通列车来临时在铁路线路上行走坐卧，影响行车安全的。这种行为的发生有的是出于某种目的，如自杀、劳资纠纷、居民拆迁等，也有的是无意实施，即行为人的主观心理可能是故意，也可能是过失。三是火车、城市轨道交通列车来临时抢越铁路，影响行车安全的。这种行为属于妨害火车、城市轨道交通行车安全的最常见的类型。行为人往往心存侥幸，认为自己能抢在火车到达前穿过线路，但火车、城市轨道交通列车的速度超出行为人的想象，许多火车、城市轨道交通事故皆由此发生。

要注意的是，本行为处罚的对象是擅自进入铁路、城市轨道交通防护网或者在火车、城市轨道交通列车来临时在铁路线上行走坐卧、抢越铁路的行为人，火车、城市轨道交通列车没有来临时，在铁路线上行走坐卧的，则不应处罚，但发现此行为须对其予以劝阻，铁路主管部门工作人员可以对其批评教育。

第四十三条 【擅自安装使用电网、道路施工妨碍行人安全、破坏道路施工安全设施、破坏公共设施、违反规定升放升空物体、高空抛物】

有下列行为之一的，处五日以下拘留或者一千元以下罚款；情节严重的，处十日以上十五日以下拘留，可以并处一千元以下罚款：

（一）未经批准，安装、使用电网的，或者安装、使用电网不符合安全规定的；

（二）在车辆、行人通行的地方施工，对沟井坎穴不设覆盖物、防围和警示标志的，或者故意损毁、移动覆盖物、防围和警示标志的；

（三）盗窃、损毁路面井盖、照明等公共设施的；

（四）违反有关法律法规规定，升放携带明火的升空物体，有发生火灾事故危险，不听劝阻的；

（五）从建筑物或者其他高空抛掷物品，有危害他人人身安全、公私财产安全或者公共安全危险的。

说 明

本条增加了升放携带明火的升空物体、高空抛掷物品行为的处罚，罚则亦有提高。

对照法条

治安管理处罚法（2012）	治安管理处罚法（2025）
第三十七条 有下列行为之一的，处五日以下拘留或者五百元以下罚款；情节严重的，处五日以上十日以下拘留，可以并处五百元以下罚款：	第四十三条 有下列行为之一的，处五日以下拘留或者一千元以下罚款；情节严重的，处十日以上十五日以下拘留，可以并处一千元以下罚款：

续表

治安管理处罚法（2012）	治安管理处罚法（2025）
（一）未经批准，安装、使用电网的，或者安装、使用电网不符合安全规定的； （二）在车辆、行人通行的地方施工，对沟井坎穴不设覆盖物、防围和警示标志的，或者故意损毁、移动覆盖物、防围和警示标志的； （三）盗窃、损毁路面井盖、照明等公共设施的。	（一）未经批准，安装、使用电网的，或者安装、使用电网不符合安全规定的； （二）在车辆、行人通行的地方施工，对沟井坎穴不设覆盖物、防围和警示标志的，或者故意损毁、移动覆盖物、防围和警示标志的； （三）盗窃、损毁路面井盖、照明等公共设施的； （四）违反有关法律法规规定，升放携带明火的升空物体，有发生火灾事故危险，不听劝阻的； （五）从建筑物或者其他高空抛掷物品，有危害他人人身安全、公私财产安全或者公共安全危险的。

条文释义

本条是关于擅自安装使用电网、道路施工妨碍行人安全、破坏道路施工安全设施、破坏公共设施、违反规定升放携带明火的升空物体和高空抛掷物品的行为及其处罚的规定。本条共列举了五种行为。

一是未经批准，安装、使用电网的，或者安装、使用电网不符合安全规定的。"安装、使用电网不符合安全规定"，是指虽经过批准，但安装、使用电网不符合安全规定的行为。"安全规定"，是指警示装置、保险设备、电压标准等安全要求。

二是在车辆、行人通行的地方施工，对沟井坎穴不设覆盖物、防围和警示标志的，或者故意损毁、移动覆盖物、防围和警示标志的。根据本款的规定，道路施工妨碍行人安全，是指在车辆、行人通行的地方施工，施工单位对沟井坎穴不设覆盖物、防围和警示标志的行为。破坏道路施工安全设施，是指行为人故意损毁、移动覆盖物、防围和警示标志的行为。这里的"覆盖物、防围"，是指在道路施工中为了防止非机动车、行人跌落或者机动车损毁，用于遮拦开凿挖掘的沟井坎穴所设置的铁板、帆布、毡布、护栏、塑料布等。"警示标志"，是指警示灯、旗帜、标志杆、警告牌等。

三是盗窃、损毁路面井盖、照明等公共设施的。这里的"路面井盖"，包括自来水井盖、污水井盖，也包括电信井盖等。此外，"等公共设施"，还包括邮筒、公用电话亭等。如果行为人盗窃公共设施的数额较大，但尚不构成刑事犯罪，应当以本法盗窃行为的规定予以相应的处罚，因盗窃行为的处罚重于本项规定。

四是违反有关法律法规规定，升放携带明火的升空物体，有发生火灾事故危险，不听劝阻的。"孔明灯"，是指以固体酒精或者其他可燃物为燃料，利用冷热气流对流形成动力使其上升的物品，又称天灯、许愿灯、祈天灯，属高空明火飞行物。其升空后滞空时间长、火焰温度高且不能控制，极易引发火灾事故。"孔明灯"燃放升空后对建筑物、森林、高压电线、加油站以及飞机起降等都构成威胁，存在严重的安全隐患，极易引发重特大安全事故和火灾事故。

五是从建筑物或者其他高空抛掷物品，有危害他人人身安全、公私财产安全或者公共安全危险的。为切实维护人民群众"头顶上的安全"，保障人民安居乐业，维护社会公平正义，《刑法》第二百九十一条之二规定，从建筑物或者其他高空抛掷物品，情节严重的，处一年以下有期徒刑、拘役或者管制，并处或者单处罚金。有前款行为，同时构成其他犯罪的，依照处罚较重的规定定罪处罚。为了配合刑法的修正，增设了该条款。实践中应注意，根据《最高人民法院关于依法妥善审理高空抛物、坠物案件的意见》第五条规定：准确认定高空抛物犯罪。对于高空抛物行为，应当根据行为人的动机、抛物场所、抛掷物的情况以及造成的后果等因素，全面考量行为的社会危害程度，准确判断行为性质，正确适用罪名，准确裁量刑罚。

以案说法

梅某赞诉某县公安局行政处罚案

河南省高级人民法院认为：梅某赞对其私拉电网的行为予以承认，否认的是该行为与第三人受伤之间的因果关系。梅某赞客观上实施了私拉电网的行为，某县公安局依照上述规定对其破坏公共道路安全的行为进行处罚并无不当，至于违法行为是否对第三人造成损害及造成何等程度的损害均不阻却该行为的违法性。

【案号】 河南省高级人民法院（2020）豫行申643号

第四十四条 【举办大型活动违反安全规定】

举办体育、文化等大型群众性活动，违反有关规定，有发生安全事故危险，经公安机关责令改正而拒不改正或者无法改正的，责令停止活动，立即疏散；对其直接负责的主管人员和其他直接责任人员处五日以上十日以下拘留，并处一千元以上三千元以下罚款；情节较重的，处十日以上十五日以下拘留，并处三千元以上五千元以下罚款，可以同时责令六个月至一年以内不得举办大型群众性活动。

说 明

本条内容有修订。

对照法条

治安管理处罚法（2012）	治安管理处罚法（2025）
第三十八条 举办文化、体育等大型群众性活动，违反有关规定，有发生安全事故危险的，责令停止活动，立即疏散；对组织者处五日以上十日以下拘留，并处二百元以上五百元以下罚款；情节较轻的，处五日以下拘留或者五百元以下罚款。	第四十四条 举办体育、文化等大型群众性活动，违反有关规定，有发生安全事故危险，经公安机关责令改正而拒不改正或者无法改正的，责令停止活动，立即疏散；对其直接负责的主管人员和其他直接责任人员处五日以上十日以下拘留，并处一千元以上三千元以下罚款；情节较重的，处十日以上十五日以下拘留，并处三千元以上五千元以下罚款，可以同时责令六个月至一年以内不得举办大型群众性活动。

条文释义

本条是关于举办大型活动违反有关规定的行为及其处罚的规定。

《大型群众性活动安全管理条例》是目前通行全国的关于群体性文化体育活动的规定。根据该条例的规定，大型群众性活动是指法人或者其他组织面向社会公众举办的每场次预计参加人数达到1000人以上的下列活动：（一）体育比赛活动；（二）演唱会、音乐会等文艺演出活动；（三）展览、展销等活动；（四）游园、灯会、庙会、花会、焰火晚会等活动；（五）人才招聘会、现场开奖的彩票销售等活动。影剧院、音乐厅、公园、娱乐场所等在其日常业务范围内举办的活动，不适用本条例的规定。

举办大型群众性活动不符合有关规定的行为，是指举办大型活动违反有关规定，有发生安全事故危险的行为。这里的"有关规定"是广义的，包括大型群众性活动未经许可，不符合有关的安全规定等内容（例如参加者大大超出场地人员的核定容量），没有迅速疏散人员的应急预案等存在严重安全隐患，不符合举办大型活动的安全要求，可能危及参加者人身财产安全等情况。大型群众性活动的组织者或举办单位及负责人，应在公安机关的协助和指导下，拟订安全方案，落实安全措施。

本条处罚的前提是"经公安机关责令改正而拒不改正或者无法改正"，责任主体是直接负责的主管人员和其他直接责任人员。

实务问答

如何认定"有发生安全事故危险"？

需要注意的是，构成本行为还需要"有发生安全事故危险"。实践中，这种危险应当是一种现实可能性，对于是否"有发生安全事故危险"，应当由公安机关依据相应的证据推定。以举办文化、体育等大型群众性活动，违反有关安全许可规定为例，公安机关无须待其正式举办活动时，再认定"有发生安全事故危险"，只要有证据证明，如该项活动举办的场地与预计容纳的人数（发放的门票情况）不符合核定人员的有关规定，即可以"有发生安全事故危险"责令其停止活动。这里的"停止活动"，包括相关的宣传、推广、卖票等情形，并可对直接负责的主管人员和其他直接责任人员依法予以治安管理处罚。

以案说法

詹某樑诉某市公安局行政处罚案

莆田市城厢区人民法院认为：本案中，根据主办方与承办方签订的《世界巡回演唱会安全协议书》，明确"谁主办、谁负责"的原则，由主办方对活动期间出现的非承办方原因发生的各类安全问题及事故承担全部责任，并负责组织实施现场安全工作。且根据相关询问笔录，可确认演出当晚主办方法定代表人詹某樑负责现场指挥和统筹，综上认定詹某樑为本次演唱会的组织者之一。主办方及承办方福建某文化传媒有限公司在公安机关不予许可情况下仍然举办演唱会，违反了公安机关对大型群众性活动实行安全许可制度的规定，存在发生安全事故的危险。某市公安局作出的行政处罚，事实清楚，适用法律正确。

【案号】莆田市城厢区人民法院（2017）闽0302行初7号

第四十五条　【公共活动场所违反安全规定】

旅馆、饭店、影剧院、娱乐场、体育场馆、展览馆或者其他供社会公众活动的场所违反安全规定，致使该场所有发生安全事故危险，经公安机关责令改正而拒不改正的，对其直接负责的主管人员和其他直接责任人员处五日以下拘留；情节较重的，处五日以上十日以下拘留。

说　明

本条内容有较大修订。

对照法条

治安管理处罚法（2012）	治安管理处罚法（2025）
第三十九条　旅馆、饭店、影剧院、娱乐场、运动场、展览馆或者其他供社会公众活动的场所的经营管理人员，违反安全规定，致使该场所有发生安全事故危险，经公安机关责令改正，拒不改正的，处五日以下拘留。	第四十五条　旅馆、饭店、影剧院、娱乐场、体育场馆、展览馆或者其他供社会公众活动的场所违反安全规定，致使该场所有发生安全事故危险，经公安机关责令改正而拒不改正的，对其直接负责的主管人员和其他直接责任人员处五日以下拘留；情节较重的，处五日以上十日以下拘留。

条文释义

本条是关于公共活动场所违反安全规定的行为及其处罚的规定。

旅馆、饭店、影剧院、娱乐场、体育场馆、展览馆或者其他供社会公众活动的场所，是供大众进行消费、娱乐、休闲、运动和大型活动的场所。公共活动场所违反安全规定的行为具有以下特征：一是旅馆、饭店、影剧院、娱乐场、体育场馆、展览馆或者其他供社会公众活动的场所违反安全规定，致使该场所有发生安全事故危险的。这里的"违反安全规定"，是指违反国家或者各级人民政府和有关主管部门制定的各种关于安全管理的规章制度。"有发生安全事故危险"，是指因供社会公众活动的场所违反安全规定，有发生重特大火灾等重大事故的危险,从而危及不特定多数人的生命、健康和财产安全。二是旅馆、饭店、影剧院、娱乐场、体育场馆、展览馆或者其他供社会公众活动的场所的经营管理人员,明知该场所违反安全规定,有发生安全事故危险,并经公安机关责令改正,但拒不提出整改措施予以改正的。这是区分是否违法的重要界限,如果针对公安机关的责令改正通知,这些供社会公众活动的场所能够及时采取相应的整改措施并予以改正,则不在本条调整范围内。这里的"责令改正",主要是指公安机关通过下达整改通知书等书面通知,要求违反安全规定的社会公众场所采取措施消除事故危险。另外,本条增加了从重情节的规定。

> **第四十六条 【违规飞行民用无人驾驶航空器、航空运动器材或者升空物体妨害空域管理】**
>
> 违反有关法律法规关于飞行空域管理规定,飞行民用无人驾驶航空器、航空运动器材,或者升放无人驾驶自由气球、系留气球等升空物体,情节较重的,处五日以上十日以下拘留。
>
> 飞行、升放前款规定的物体非法穿越国(边)境的,处十日以上十五日以下拘留。

说 明

本条是新增条款。

立法中,有的常委委员、全国人大代表、部门、地方、单位和

第三章　违反治安管理的行为和处罚

社会公众提出，对于违反无线电管理、违规飞行"无人机"、侵害公民个人信息、行业经营者不按规定登记信息、违反规定产生社会生活噪声等行为，有关法律、行政法规等规定了法律责任，建议本法根据过罚相当原则，完善处罚层次，与其他有关处罚规定做好衔接。宪法和法律委员会经研究，建议对于上述违法行为，在原来只规定了拘留处罚的基础上，增加警告、罚款处罚方式。①

关联规定

《民用无人驾驶航空器系统空中交通管理办法》（2016年9月21日）

第一条　为了加强对民用无人驾驶航空器飞行活动的管理，规范其空中交通管理工作，依据《中华人民共和国民用航空法》、《中华人民共和国飞行基本规则》、《通用航空飞行管制条例》和《民用航空空中交通管理规则》，制定本办法。

第二条　本办法适用于依法在航路航线、进近（终端）和机场管制地带等民用航空使用空域范围内或者对以上空域内运行存在影响的民用无人驾驶航空器系统活动的空中交通管理工作。

第五条　在本办法第二条规定的民用航空使用空域范围内开展民用无人驾驶航空器系统飞行活动，除满足以下全部条件的情况外，应通过地区管理局评审：

（一）机场净空保护区以外；

（二）民用无人驾驶航空器最大起飞重量小于或等于7千克；

---

① 2024年6月25日，全国人民代表大会宪法和法律委员会关于《中华人民共和国治安管理处罚法（修订草案）》修改情况的汇报，载中国人大网，http://www.npc.gov.cn/npc/c2/c30834/202506/t20250627_446248.html，最后访问时间2025年6月27日。

（三）在视距内飞行，且天气条件不影响持续可见无人驾驶航空器；

（四）在昼间飞行；

（五）飞行速度不大于120千米/小时；

（六）民用无人驾驶航空器符合适航管理相关要求；

（七）驾驶员符合相关资质要求；

（八）在进行飞行前驾驶员完成对民用无人驾驶航空器系统的检查；

（九）不得对飞行活动以外的其他方面造成影响，包括地面人员、设施、环境安全和社会治安等。

（十）运营人应确保其飞行活动持续符合以上条件。

第三节 侵犯人身权利、财产权利的行为和处罚

第四十七条 【组织、胁迫、诱骗进行恐怖表演，强迫劳动，非法限制人身自由，非法侵入住宅，非法搜查人身】

有下列行为之一的，处十日以上十五日以下拘留，并处一千元以上二千元以下罚款；情节较轻的，处五日以上十日以下拘留，并处一千元以下罚款：

（一）组织、胁迫、诱骗不满十六周岁的人或者残疾人进行恐怖、残忍表演的；

（二）以暴力、威胁或者其他手段强迫他人劳动的；

> （三）非法限制他人人身自由、非法侵入他人住宅或者非法搜查他人身体的。

说 明

本条罚则有所提高。

对照法条

治安管理处罚法（2012）	治安管理处罚法（2025）
第四十条 有下列行为之一的，处十日以上十五日以下拘留，并处五百元以上一千元以下罚款；情节较轻的，处五日以上十日以下拘留，并处二百元以上五百元以下罚款： （一）组织、胁迫、诱骗不满十六周岁的人或者残疾人进行恐怖、残忍表演的； （二）以暴力、威胁或者其他手段强迫他人劳动的； （三）非法限制他人人身自由、非法侵入他人住宅或者非法搜查他人身体的。	第四十七条 有下列行为之一的，处十日以上十五日以下拘留，并处一千元以上二千元以下罚款；情节较轻的，处五日以上十日以下拘留，并处一千元以下罚款： （一）组织、胁迫、诱骗不满十六周岁的人或者残疾人进行恐怖、残忍表演的； （二）以暴力、威胁或者其他手段强迫他人劳动的； （三）非法限制他人人身自由、非法侵入他人住宅或者非法搜查他人身体的。

条文释义

本条是关于组织、胁迫、诱骗进行恐怖表演，强迫劳动，非法限制他人人身自由，非法侵入他人住宅或者非法搜查他人身体的处罚规定，共分三项。

第一项是关于组织、胁迫、诱骗不满十六周岁的人或者残疾人进行恐怖、残忍表演的处罚规定。《营业性演出管理条例》规定，国家禁止举办表演方式恐怖、残忍，摧残演员身心健康的，利用人体缺陷或者以展示人体变异等方式招徕观众的演出活动。其行为特征表现为：第一，行为人必须实施了组织、胁迫、诱骗的行为。"组织"是指行为人通过纠集、控制或者以雇佣、招募等手段让不满十六周岁的人、残疾人表演恐怖、残忍节目的行为。"胁迫"是指行为人以立即实施暴力或其他有损身心健康的行为，如冻饿、罚跪等相要挟，逼迫不满十六周岁的人、残疾人按其要求表演恐怖、残忍节目的行为。"诱骗"是指行为人利用不满十六周岁的人年幼无知或亲属等其他人身依附关系，或者利用残疾人的自身弱点，以许愿、诱惑、欺骗等手段使不满十六周岁的人、残疾人按其要求表演恐怖、残忍节目的行为。

第二，组织、胁迫、诱骗的对象必须是不满十六周岁的人或者残疾人。根据《残疾人保障法》第二条的规定，"残疾人"是指在心理、生理、人体结构上，某种组织、功能丧失或者不正常，全部或者部分丧失以正常方式从事某种活动的能力的人。残疾人包括视力残疾、听力残疾、言语残疾、肢体残疾、智力残疾、精神残疾、多重残疾和其他残疾的人。

第三，组织、胁迫、诱骗不满十六周岁的人或者残疾人进行的是恐怖、残忍表演。这里所说的"恐怖"表演，是指营造凶杀、暴力等恐怖氛围的表演项目；"残忍"表演，是指对人的身体进行残酷折磨，以营造残忍氛围的表演项目。这些表演项目严重摧残了未满十六周岁的人和残疾人的身心健康，影响了他们身体的正常发育。

实践中，应当注意区分恐怖、残忍表演行为与一般杂技表演的界限。杂技表演虽然也有一些惊险、离奇的动作，但其宗旨是以科学、文明体现自身价值。而恐怖、残忍表演是以表现恐怖、暴力为内容，所追求的是感官刺激、恐怖气氛，并且这类表演大多缺乏必要的安全措施，极易发生危险。

第二项是关于以暴力、威胁或者其他手段强迫他人劳动的处罚规定。强迫他人劳动主要表现为：第一，行为人必须采用暴力、威胁或者其他手段。所谓"暴力"手段，是指行为人对他人人身实行殴打、捆绑等强制手段，使他人不得不按其要求进行劳动；"威胁"手段，是指行为人对他人实行恐吓、要挟等精神强制手段，如以人身伤害、毁坏财物、损害名誉等相要挟，使他人产生恐惧，不敢做真实的意思表示，而不得不按其要求进行劳动；"其他手段"，是指使用暴力、胁迫以外的使他人不敢抗拒、无法抗拒的强制手段，如禁止离厂、不让回家等。

第二，行为人实施了强迫他人劳动的行为。这种强迫他人劳动的行为，是指以暴力、威胁或者其他手段，且违背他人的主观意志，强迫他人进行劳动的行为。如果行为人并没有使用暴力、威胁或者其他手段强迫他人进行劳动，只是在工作中严格要求，或者劳动者自愿超时间、超负荷地工作，则不属于强迫他人劳动的违反治安管理行为。

第三项是关于非法限制他人人身自由、非法侵入他人住宅或者非法搜查他人身体的处罚规定。这里包括三种行为：第一，非法限制他人人身自由的行为。在我国，对逮捕、拘留、拘传等限制他人人身自由的强制措施有严格的法律规定，必须由专门机关按照法律规定程序进行。实践中应当注意的是，依据《刑事诉讼法》及有关法律的规定，公民对正在实施违法犯罪或者违法犯罪后被及时发觉的、通缉在案的、越狱逃跑的、正在被追捕的人有权立即扭送至司法机关。这种扭送行为,包括在途中实施的捆绑、扣留等行为,不能认为是非法限制他人人身自由的行为。

第二,非法侵入他人住宅的行为。这里的"非法侵入他人住宅",是指未经住宅主人同意,非法强行闯入他人住宅,或者无正当理由进入他人住宅,经住宅主人要求其退出仍拒不退出等行为。如果是事先征得住宅主人同意的,或者是司法工作人员为依法执行搜查、逮捕、拘留等任务而进入他人住宅的,或者依法对违法犯罪嫌疑人住所进行搜查、检查而进入他人住宅的,则不是非法侵入他人住宅。

第三,非法搜查他人身体的行为。这里的"非法搜查"有两层意思:一是指无权进行搜查的单位和个人,非法对他人身体进行搜查;二是指有搜查权的侦查人员,滥用职权,擅自决定对他人身体进行搜查或者搜查的程序和手续不符合法律规定。违反治安管理,非法搜查他人身体的行为,主要是指无权进行搜查的单位或者个人,非法对他人身体进行搜查的行为。

第四十八条 【组织、胁迫未成年人有偿陪侍】

组织、胁迫未成年人在不适宜未成年人活动的经营场所从事陪酒、陪唱等有偿陪侍活动的,处十日以上十五日以下拘留,并处五千元以下罚款;情节较轻的,处五日以下拘留或者五千元以下罚款。

说 明

本条是新增条款。

立法中，有的部门、地方和专家学者提出，实践中有的酒吧、歌厅等经营场所存在组织、胁迫未成年人从事陪酒陪唱等有偿陪侍的情况，危害未成年人身心健康，扰乱社会秩序，建议将这种行为纳入治安管理处罚。宪法和法律委员会经研究，建议采纳上述意见。①

关 联 规 定

《娱乐场所管理条例》（2020年11月29日修订）

第十四条 娱乐场所及其从业人员不得实施下列行为，不得为进入娱乐场所的人员实施下列行为提供条件：

（一）贩卖、提供毒品，或者组织、强迫、教唆、引诱、欺骗、容留他人吸食、注射毒品；

（二）组织、强迫、引诱、容留、介绍他人卖淫、嫖娼；

（三）制作、贩卖、传播淫秽物品；

（四）提供或者从事以营利为目的的陪侍；

（五）赌博；

（六）从事邪教、迷信活动；

（七）其他违法犯罪行为。

娱乐场所的从业人员不得吸食、注射毒品，不得卖淫、嫖娼；娱乐场所及其从业人员不得为进入娱乐场所的人员实施上述行为提供条件。

---

① 2025年6月24日，全国人民代表大会宪法和法律委员会关于《中华人民共和国治安管理处罚法（修订草案）》审议结果的报告，载中国人大网，http://www.npc.gov.cn/npc/c2/c30834/202506/t20250627_446251.html，最后访问时间2025年6月27日。

> **第四十九条　【胁迫、诱骗、利用他人乞讨，以滋扰他人的方式乞讨】**
>
> 胁迫、诱骗或者利用他人乞讨的，处十日以上十五日以下拘留，可以并处二千元以下罚款。
>
> 反复纠缠、强行讨要或者以其他滋扰他人的方式乞讨的，处五日以下拘留或者警告。

说明

本条罚则有所提高。

对照法条

治安管理处罚法（2012）	治安管理处罚法（2025）
第四十一条　胁迫、诱骗或者利用他人乞讨的，处十日以上十五日以下拘留，可以并处一千元以下罚款。 反复纠缠、强行讨要或者以其他滋扰他人的方式乞讨的，处五日以下拘留或者警告。	第四十九条　胁迫、诱骗或者利用他人乞讨的，处十日以上十五日以下拘留，可以并处二千元以下罚款。 反复纠缠、强行讨要或者以其他滋扰他人的方式乞讨的，处五日以下拘留或者警告。

条文释义

本条是关于胁迫、诱骗或者利用他人乞讨，或者以滋扰方式乞讨的处罚规定。

2003年6月，国务院出台《城市生活无着的流浪乞讨人员救助管理办法》，进一步规范了对城市的流浪乞讨人员救助管理，这

第三章　违反治安管理的行为和处罚

是我国救助管理制度的一项重大改革。

本条第一款是关于胁迫、诱骗或者利用他人乞讨的处罚规定。本款规定的违反治安管理行为表现为：

第一，行为人必须采用胁迫、诱骗或者利用的手段。所谓"胁迫"他人乞讨，是指行为人以立即实施暴力或其他有损身心健康的行为，如冻饿、罚跪等相要挟，逼迫他人进行乞讨的行为。"诱骗"他人乞讨，是指行为人利用他人的弱点或亲属等人身依附关系，或者以许愿、诱惑、欺骗等手段指使他人进行乞讨的行为。"利用"他人乞讨，是指行为人出于个人私利，使用各种手段让他人自愿地按其要求进行乞讨的行为。

第二，行为人实施了胁迫、诱骗或者利用他人乞讨，为自己牟取利益的行为。乞讨者进行乞讨并不是出于自愿，而是被行为人胁迫、诱骗或者利用；行为人胁迫、诱骗或者利用他人乞讨的目的是给自己牟取利益，将他人乞讨来的财物据为己有。这里的"乞讨"是指向他人乞求讨要食品、金钱和衣物等。

本条第二款是关于反复纠缠、强行讨要或者以其他滋扰他人的方式乞讨的处罚规定。实践中，有许多乞讨者在公共场所反复纠缠、强行讨要、滋扰他人，侵犯了他人的权利和正常生活。本款规定的违反治安管理行为表现为：行为人采用反复纠缠、强行讨要或者以其他滋扰他人的方式。

冒犯性乞讨行为，是指反复纠缠、强行讨要或者以其他滋扰他人的方式乞讨的行为。"反复纠缠"，是指乞讨人员向他人行乞遭拒绝后，仍采取阻拦、尾随等其他令人反感的方式继续乞讨钱财。"强行讨要"，是指以生拉硬拽、污言秽语等令人厌恶的方式乞讨钱财。"其他滋扰他人的方式"包括以强迫接受的方式卖花、卖唱、开车门、拎包等行为变相乞讨的。这类行为的主要表现是滋扰他人，不达到乞讨的目的则不放过。

第五十条 【恐吓、侮辱、诽谤、诬告陷害、打击报复证人、滋扰他人、侵犯隐私等侵犯人身权利行为】

有下列行为之一的，处五日以下拘留或者一千元以下罚款；情节较重的，处五日以上十日以下拘留，可以并处一千元以下罚款：

（一）写恐吓信或者以其他方法威胁他人人身安全的；

（二）公然侮辱他人或者捏造事实诽谤他人的；

（三）捏造事实诬告陷害他人，企图使他人受到刑事追究或者受到治安管理处罚的；

（四）对证人及其近亲属进行威胁、侮辱、殴打或者打击报复的；

（五）多次发送淫秽、侮辱、恐吓等信息或者采取滋扰、纠缠、跟踪等方法，干扰他人正常生活的；

（六）偷窥、偷拍、窃听、散布他人隐私的。

有前款第五项规定的滋扰、纠缠、跟踪行为的，除依照前款规定给予处罚外，经公安机关负责人批准，可以责令其一定期限内禁止接触被侵害人。对违反禁止接触规定的，处五日以上十日以下拘留，可以并处一千元以下罚款。

说 明

本条罚则有所提高。增加了第二款规定,并作了一些表述性修改。

对照法条

治安管理处罚法（2012）	治安管理处罚法（2025）
第四十二条 有下列行为之一的,处五日以下拘留或者五百元以下罚款;情节较重的,处五日以上十日以下拘留,可以并处五百元以下罚款: （一）写恐吓信或者以其他方法威胁他人人身安全的; （二）公然侮辱他人或者捏造事实诽谤他人的; （三）捏造事实诬告陷害他人,企图使他人受到刑事追究或者受到治安管理处罚的; （四）对证人及其近亲属进行威胁、侮辱、殴打或者打击报复的; （五）多次发送淫秽、侮辱、恐吓或者其他信息,干扰他人正常生活的; （六）偷窥、偷拍、窃听、散布他人隐私的。	第五十条 有下列行为之一的,处五日以下拘留或者一千元以下罚款;情节较重的,处五日以上十日以下拘留,可以并处一千元以下罚款: （一）写恐吓信或者以其他方法威胁他人人身安全的; （二）公然侮辱他人或者捏造事实诽谤他人的; （三）捏造事实诬告陷害他人,企图使他人受到刑事追究或者受到治安管理处罚的; （四）对证人及其近亲属进行威胁、侮辱、殴打或者打击报复的; （五）多次发送淫秽、侮辱、恐吓等信息或者采取滋扰、纠缠、跟踪等方法,干扰他人正常生活的; （六）偷窥、偷拍、窃听、散布他人隐私的。 有前款第五项规定的滋扰、纠缠、跟踪行为的,除依照前款规定给予处罚外,经公安机关负责人批准,可以责令其一定期限内禁止接触被侵

续表

治安管理处罚法（2012）	治安管理处罚法（2025）
	害人。对违反禁止接触规定的，处五日以上十日以下拘留，可以并处一千元以下罚款。

条文释义

本条是关于侵犯公民人身权利的处罚规定，共分六项。

第一项是关于写恐吓信或者以其他方法威胁他人人身安全的处罚规定。当然，除写恐吓信以外，还可采取其他方式威胁他人人身安全，如投寄恐吓物、子弹，夜晚向他人卧室的窗户扔砖头，携带管制刀具尾随他人等。其目的是使他人在内心产生恐惧，担忧自己或其家人、亲属的人身安全受到伤害。这种行为侵犯了他人的合法权益，应当受到处罚。

第二项是关于公然侮辱他人或者捏造事实诽谤他人的处罚规定。侮辱或者诽谤他人都是损害他人人格和名誉的行为，人格和名誉是公民的基本权利。本项规定了两种违反治安管理行为：

第一，侮辱他人的行为。该行为的主要特征是：（1）行为人实施了侮辱他人的行为。这里所说的"侮辱"，是指公然诋毁他人人格，破坏他人名誉。侮辱的方法可以是暴力，也可以是暴力以外的其他方法。（2）侮辱他人的行为必须是公然进行的。所谓"公然"，是指当众或者利用能够使多人听到或看到的方式，对他人进行侮辱。（3）侮辱他人的行为必须是明确地针对特定的人实施。如果不是针对特定的人，而是一般的谩骂等，则不属于本项规定的违反治安管理行为。

实践中应当注意把握违反治安管理行为的界限，要划清正当的舆论监督与文字侮辱的界限；划清正当的文字创作与贬损人格、破坏名誉的界限；划清当事人所在单位依职权对个人的政绩、品德等所作的考核、评价、审查行为与侮辱行为的界限；划清通过正当、合法的渠道向有关部门反映、举报、揭发不道德行为、违法行为、犯罪行为与侮辱行为的界限；划清出于善意的批评同恶意的侮辱行为的界限；等等。

第二，诽谤他人的行为。该行为的主要特征是：（1）行为人主观上是故意的，目的是损害他人的人格和名誉。（2）行为人实施了诽谤他人的行为。这里的"诽谤"，是指故意捏造事实，并且进行散布，损害他人人格和名誉。（3）行为人必须捏造事实，如果不是捏造事实，而是客观存在的事实，则不是诽谤的行为。所谓"捏造事实"，就是无中生有，凭空制造虚假的事实。（4）行为人必须将捏造的事实进行散布，且足以贬损他人人格和名誉。如果只是私下谈论不实事实，不属于诽谤行为。诽谤他人的形式可以是多种多样的，如使用言语文字，通过大字报、小字报、图画、报刊、图书、书信、网络等方法散布等。（5）诽谤行为必须是针对特定的人进行的，但不一定要指名道姓，只要从诽谤的内容知道是谁或者可以推断出或者明显地影射特定的人，就可以构成诽谤行为，如果行为人散布的事实没有特定的对象，不可能贬损某人的人格、名誉，就不能以诽谤行为论处。

实际执法中要注意区分诽谤他人的行为与民事侵权行为的界限，诽谤他人的行为散布的必须是捏造的虚假的事实，如果散布的是客观存在的事实，虽然有损于他人人格、名誉的，但不能构成诽谤他人的行为；而名誉侵权行为，即使所述的内容是真实的，但只要是法律禁止公开宣扬的，或者公开了将有损于他人人格、名誉，都属于名誉侵权行为，如泄露并宣扬他人隐私，给他人名誉造成不良影响的，属于侵害名誉权行为，不属于诽谤他人的行为。

第三项是关于诬告陷害他人的处罚规定。诬告陷害他人，是指捏造事实诬告陷害他人，企图使他人受到刑事追究或者受到治安管理处罚的行为。该行为的主要特征是：（1）行为人必须是捏造事实。如果不是捏造事实，而是客观存在的事实，则不属于诬告陷害他人的行为。（2）行为人必须是以企图使他人受到刑事追究或者受到治安管理处罚为目的，且足以使他人受到刑事追究或者受到治安管理处罚。如果只是以败坏他人名誉、阻止他人得到奖励或者升职等为目的，或者捏造的事实不足以使他人受到刑事追究或者受到治安管理处罚的，则不属于违反治安管理行为。（3）不仅捏造了他人的违法犯罪事实，而且意图使有关机关对所捏造事实进行追查。（4）行为必须有明确的对象，如果行为人只是捏造了某种违法犯罪事实向有关机关告发，并没有具体的告发对象，这种行为虽然也侵犯了司法机关的正常活动，但并未直接侵犯他人的人身权利，不属于诬告陷害他人的行为。（5）行为人必须是故意的。如果不是有意诬陷，而是错告，或者检举失实，则不属于诬告陷害他人的行为。

第四项是关于对证人及其近亲属进行威胁、侮辱、殴打或者打击报复的处罚规定。作证是公民的义务。该行为的主要特征是：（1）行为侵害的对象必须是证人及其近亲属。"证人"不仅包括刑事诉讼中的证人，也包括民事诉讼、行政诉讼中的证人以及行政执法活动中涉及的证人。根据《民法典》的规定，"近亲属"，是指配偶、父母、子女、兄弟姐妹、祖父母、外祖父母、孙子女、外孙子女。(2)行为人对证人及其近亲属实施威胁、侮辱、殴打或者打击报复的行为。"威胁"是指实行恐吓、要挟等精神强制手段，如以人身伤害、毁坏财物、损害名誉等相要挟，使人产生恐惧；"侮辱"是指公然诋毁证人及其近亲属人格，破坏其名誉；"殴打"是指采用拳打脚踢等方式打人；"打击报复"包括多种方式，如利用职权降薪、降职、辞退等。

第五项是关于发送淫秽、侮辱、恐吓等信息或者采取滋扰、纠缠、跟踪等方法，干扰他人正常生活的处罚规定。该行为的主要特征是：(1)行为人通过信件、电话、手机、网络等途径实施了多次发送淫秽、侮辱、恐吓等信息的行为。这里的"淫秽"信息，根据《刑法》的规定，是指具体描绘性行为或者露骨宣扬色情的、诲淫性的信息；"侮辱"信息，是指诋毁他人人格，破坏他人名誉的信息；"恐吓"信息，是指威胁或要挟他人，使他人精神受到恐慌的信息；"信息"既包括违法信息，如虚假广告、虚假中奖、倒卖违禁品等，也包括合法信息，如商品、服务广告等；"多次"一般是指三次以上。(2)行为人发送的信息或者采取滋扰、纠缠、跟踪等行为，必须是已经干扰了他人的正常生活，即行为人发送的信息足以使他人由于收到淫秽、侮辱、恐吓信息或者受到滋扰、纠缠、跟踪等行为，影响了正常的工作和生活。通常表现为：行为人反复、经常发送淫秽、侮辱、恐吓等信息或其滋扰、纠缠、跟踪等行为遭到斥责、拒绝后仍然不停，或者在夜间他人入睡以后发送、滋扰、纠缠、跟踪等情形。

第六项是关于偷窥、偷拍、窃听、散布他人隐私的处罚规定。该行为的主要特征是：(1)行为侵害的对象必须是他人的隐私。所谓"隐私",是指不愿意让他人知道的、属于个人的生活私密,如两性关系、生育能力等,一旦公开,将会给当事人的生活、工作带来心理压力。(2)行为人必须采用偷窥、偷拍、窃听、散布等手段。这里的"偷窥"他人隐私,是指对他人的隐私活动进行偷看的行为;"偷拍"他人隐私,是指对他人的隐私进行秘密摄录的行为;"窃听"他人隐私,是指对他人的谈话或者通话等进行偷听或者秘密录音的行为;"散布"他人隐私,是指以文字、语言或者其他手段将他人的隐私在社会或一定范围内加以传播的行为,包括口头散布,或者通过媒体、信函、短信、网络等书面方式散布。

对滋扰、纠缠、跟踪行为,危及他人人身安全的,经公安机关负责人批准,可以责令其一定期限内禁止接触被侵害人。2016年3月1日,《反家庭暴力法》正式施行,其中明确规定了当事人在特定情形下可以申请人身安全保护令,自此我国正式建立了人身安全保护令制度。《反家庭暴力法》第二十九条规定,人身安全保护令可以包括下列措施:(1)禁止被申请人实施家庭暴力;(2)禁止被申请人骚扰、跟踪、接触申请人及其相关近亲属;(3)责令被申请人迁出申请人住所;(4)保护申请人人身安全的其他措施。

以案说法

熊某坤诉某市公安局行政处罚案

湖北省黄冈市中级人民法院认为:2014年5月12日,熊某坤以发送手机短信的方式就其行为向陈某龙道歉,陈某龙手机短信回复"算了,酒后事情,可以理解。"此后,没有证据证实熊某坤对陈某龙实施了违反《治安管理处罚法》而应受到治安处罚的违法行为，且陈某龙于2014年6月22日向某市公安局陈述，"……到了5月9日白天，他就没有再骚扰我了……"，可视为熊某坤主动消除了违法后果。依照教育与处罚相结合的原则，熊某坤在本案中实施的行为应以批评教育为主，可不予处罚。

【案号】湖北省黄冈市中级人民法院（2015）鄂黄冈中行终字第00057号

肖某梅诉某县公安局行政处罚案

四川省巴中市中级人民法院认为：王某才发短信的行为虽然干扰了肖某梅的正常生活，但短信发送范围较窄，尚未造成严重后果，某县公安局给予王某才罚款200元的行政处罚适当。王某才虽有将肖某梅及他人锁在屋内的行为，但锁后不久即主动将锁打开，且肖某梅当时并不知晓而是事后听说，王某才的锁门行为未造成不良后果，该违法行为为情节轻微，公安机关对该行为不予处罚，无不妥之处。

【案号】四川省巴中市中级人民法院（2017）川19行终9号

李某栋诉某市公安局行政处罚案

海南省三亚市中级人民法院认为：本案中，李某栋是否具有公然侮辱他人的违法行为，应结合行为发生的原因、过程、后果以及公然侮辱他人违法行为的构成要件来认定。结合本案证据，事情是李某栋的私人物品被人随意丢弃，双方处理不当，引发言语冲突而致。在双方言语冲突过程中，即使李某栋有不当言辞，但其在主观上并没有公然侮辱他人人格尊严的故意，客观上也并不存在蓄意实施侮辱行为，以期待造成对方人格尊严受到损害的后果。故以李某栋有不当言辞为由，从而认定其构成公然侮辱他人的违法行为，主要证据不足，适用法律不当。

【案号】海南省三亚市中级人民法院（2019）琼02行终130号

于某宝诉某县公安局行政处罚案

黑龙江省双鸭山市中级人民法院认为：本案中，于某宝作为朝阳村主任，有接受人民监督的义务。李某波发现树木被盗伐，因被盗伐树木紧邻于某宝父亲的鱼池，且鱼池边有挖掘机挖掘痕迹、家中院内有树根，其根据以上线索向相关部门进行检举，并不属于捏造事实。

【案号】黑龙江省双鸭山市中级人民法院（2024）黑05行终16号

潘某民诉某派出所行政处罚案

广东省中山市中级人民法院认为：法律关于任何组织和个人合法获取了他人个人信息仍具有确保信息安全义务的规定，具体为"不得非法收集、使用、加工、传输他人个人信息，不得非法买卖、提供或者公开他人信息"。非法性是这些行为的前提，何某锋三人以提起民事诉讼的方式将其个人信息向特定群体公开，在该特定群体范围内该信息已不具有隐私性；潘某民在该特定群体范围内发布包含该个人隐私内容的诉讼信息，不具有非法性，并未违反"确保他人信息安全"的义务。

【案号】广东省中山市中级人民法院（2021）粤20行终223号

关 联 规 定

《公安机关执行〈中华人民共和国治安管理处罚法〉有关问题的解释》（2020年7月21日修改）

一、关于治安案件的调解问题。根据《治安管理处罚法》第9条的规定，对因民间纠纷引起的打架斗殴或者损毁他人财物以及其他违反治安管理行为，情节较轻的，公安机关应当本着化解矛盾纠纷、维护社会稳定、构建和谐社会的要求，依法尽量予以调解处理。特别是对因家庭、邻里、同事之间纠纷引起的违反治安管理行为，情节较轻，双方当事人愿意和解的，如制造噪声、发送信息、饲养动物干扰他人正常生活，放任动物恐吓他人、侮辱、诽谤、诬告陷害、侵犯隐私、偷开机动车等治安案件，公安机关都可以调解处理。同时，为确保调解取得良好效果，调解前应当及时依法做深入细致的调查取证工作，以查明事实、收集证据、分清责任。调解达成协议的，应当制作调解书，交双方当事人签字。

《民法典》（2020年5月28日公布）

第一千零四十五条 亲属包括配偶、血亲和姻亲。

配偶、父母、子女、兄弟姐妹、祖父母、外祖父母、孙子女、外孙子女为近亲属。

配偶、父母、子女和其他共同生活的近亲属为家庭成员。

第五十一条 【殴打他人、故意伤害他人身体】

殴打他人的，或者故意伤害他人身体的，处五日以上十日以下拘留，并处五百元以上一千元以下罚款；情节较轻的，处五日以下拘留或者一千元以下罚款。

有下列情形之一的，处十日以上十五日以下拘留，并处一千元以上二千元以下罚款：

（一）结伙殴打、伤害他人的；

（二）殴打、伤害残疾人、孕妇、不满十四周岁的人或者七十周岁以上的人的；

（三）多次殴打、伤害他人或者一次殴打、伤害多人的。

说 明

本条罚则有所提高,并将老人年龄提升至70岁。

对照法条

治安管理处罚法(2012)	治安管理处罚法(2025)
第四十三条 殴打他人的,或者故意伤害他人身体的,处五日以上十日以下拘留,并处二百元以上五百元以下罚款;情节较轻的,处五日以下拘留或者五百元以下罚款。 有下列情形之一的,处十日以上十五日以下拘留,并处五百元以上一千元以下罚款: (一)结伙殴打、伤害他人的; (二)殴打、伤害残疾人、孕妇、不满十四周岁的人或者六十周岁以上的人的; (三)多次殴打、伤害他人或者一次殴打、伤害多人的。	第五十一条 殴打他人的,或者故意伤害他人身体的,处五日以上十日以下拘留,并处五百元以上一千元以下罚款;情节较轻的,处五日以下拘留或者一千元以下罚款。 有下列情形之一的,处十日以上十五日以下拘留,并处一千元以上二千元以下罚款: (一)结伙殴打、伤害他人的; (二)殴打、伤害残疾人、孕妇、不满十四周岁的人或者七十周岁以上的人的; (三)多次殴打、伤害他人或者一次殴打、伤害多人的。

条文释义

本条是关于殴打他人或者故意伤害他人身体的处罚规定,共分两款。

第一款是关于殴打他人或者故意伤害他人身体的处罚规定。其行为表现为:第一,行为人必须是故意的,即行为人明知自己的行为会造成伤害他人身体健康的结果,而希望或放任这种结果的发生。第二,行为人实施了殴打他人或者故意伤害他人身体的行为。原《治安管理处罚条例》规定，殴打他人违反治安管理行为，必须是造成被侵害人轻微伤，达不到轻微伤的，无法予以治安管理处罚。将伤情作为治安管理处罚的法定条件，导致大量本应可以及时处理的明显不构成轻伤（故意伤害罪）的殴打他人行为，仍需作出轻微伤鉴定结论，才可以依法予以处罚，这不仅增加了行政成本，降低了行政效率，也因案件不能及时处理给当事人带来了很大的负担。依据本条规定，殴打他人属行为犯，即只要有证据证明行为人实施了殴打他人行为，不论其是否造成被侵害人受伤，即应当予以治安管理处罚。殴打的行为方式、行为地点和伤情轻重等，应当作为从轻或者从重处罚的情节予以考虑。

第二款对殴打、伤害他人情形作了加重处罚的规定。这里包括三项行为：（1）结伙殴打、伤害他人的行为。"结伙殴打、伤害他人"是比较常见的一种恃强凌弱行为，常表现为纠集多人对他人进行殴打。（2）殴打、伤害残疾人、孕妇、不满十四周岁的人或者七十周岁以上的人的行为。残疾人是在心理、生理、人体结构上，某种组织、功能丧失或者不正常，全部或者部分丧失以正常方式从事某种活动能力的人。残疾人包括视力残疾、听力残疾、言语残疾、肢体残疾、智力残疾、精神残疾、多重残疾和其他残疾的人。残疾人、孕妇、儿童和老人因心理或者身体存在不同程度的弱点，需要给予特殊的保护，对于殴打、伤害这类人员必须给予严厉的惩处。（3）多次殴打、伤害他人或者一次殴打、伤害多人的行为。该种行为是十分恶劣的，会给他人的身体和心理造成很大伤害，如果不给予严厉的处罚，将会助长其气焰，导致更大的社会危害性。这里的"多次"一般是指三次以上。

实践中，应当注意区分殴打他人与结伙斗殴的界限。殴打他人,是指一方的一人或几人殴打对方的一人或几人的行为,属于一种侵犯公民人身权利的行为;而结伙斗殴,是指成群结队、互相殴打的行为,是双方都有多人参加的扰乱公共秩序的行为。由于二者性质不同,决定了对这两种情况的处罚对象不同,一般而言,殴打他人只是单方的过错,应处罚打人者,而结伙斗殴则是双方都违反治安管理的行为,一般对双方行为人都要给予处罚。

治安管理处罚中,殴打、伤害七十周岁以上的人的,属于法定加重情节。然而,基于个案情况,从违法行为人年龄、身份、态度,违反治安管理的目的、动机,采用的手段,造成的后果,认错的态度,改正的情况等方面审慎考量,同时适用《治安管理处罚法》第二十条"违反治安管理情节轻微的,从轻、减轻处罚或者不予处罚"之规定对违法行为人进行量罚,更有利于体现行政处罚过罚相当原则,彰显行政处罚的教育意义。

以案说法

任某明诉某市公安局行政处罚案

南昌铁路运输中级法院认为:对"情节轻微"的判断,应当从违法行为人年龄、身份、态度,违反治安管理的目的、动机,采用的手段,造成的后果,认错的态度,改正的情况,造成的影响等方面进行综合考量。本案综合考虑刘某明与任某明在事发时均已年满60周岁,纠纷系邻里纠纷引发。在本案审理过程中,刘某明主动配合调查,如实陈述违法行为,且致伤原因系二人互相推搡,刘某明违法行为属情节轻微。因本案事实也符合《治安管理处罚法》规定的殴打、伤害六十周岁以上的人的违法情节较重情形,故某市公安局对刘某明减轻处罚，处五日拘留符合规定。

【案号】南昌铁路运输中级法院（2022）赣71行终447号

刘某萍诉某县公安局行政处罚案

辽宁省锦州市中级人民法院认为：本案中，原审第三人向消防部门举报，其对消防案件来说应是举报人，其向消防部门提供证据或陈述均是举报线索和举报材料用于证明其举报的事实，不能单独成为消防案件的证人，故认定原审第三人为证人适用法律错误。

【案号】辽宁省锦州市中级人民法院（2019）辽07行终62号

于某林诉某市公安局行政处罚案

北京市第一中级人民法院认为：行政处罚遵循过罚相当原则，于某林在此次互殴纠纷中的过错程度是对其进行行政处罚的重要考量因素。根据《治安管理处罚法》的规定，殴打或故意伤害他人身体违法行为的构成，要求违法行为人在主观上存在故意、在客观上实施了殴打或故意伤害他人身体的行为。结合在案证据，可以认定于某林对张某会进行了殴打，但本案证据显示张某会先手持棍状物敲击于某林头部，才进而导致后续的肢体冲突。由此可知，张某会不理智的击打行为是引发互殴纠纷的关键诱因。张某会对此次互殴纠纷的过错程度明显超过于某林的过错程度。

【案号】北京市第一中级人民法院（2020）京01行终544号

耿某平诉某市公安局行政处罚案

山西省高级人民法院认为：本案中，虽然从形式上看被害人冯某锁已经年满七十周岁，耿某平的违法行为具有"殴打、伤害七十周岁以上的人"的加重处罚情节。但是，综合全案事实来看，被害人冯某锁系在双方厮打过程中受到的伤害，且双方争执的起因也在其一方，冯某锁作为受害人也具有一定的过错。同时，耿某平也属于七十周岁以上的人，其违法行为的性质不符合加重处罚情节的立法本意，属于情节较轻的情形。某市公安局对耿某平伤害他人身体的违法行为进行处理时，应遵循过罚相当原则，依法作出处罚。

【案号】 山西省高级人民法院（2020）晋行申52号

杨某梅诉某派出所行政处罚案

天津市高级人民法院认为：首先，立法本意是保护七十周岁以上老人的合法权益，本案中，三人在打架时均已年满七十周岁，若简单适用该条款可能导致三位老人均受到十日以上十五日以下拘留并处罚款的处罚，其结果不仅不利于化解矛盾，且不符合该条款的立法本意。其次，本案系邻里纠纷，社会危害性较小，且未造成严重后果，处罚过轻的观点法院不予支持。

【案号】 天津市高级人民法院（2020）津行申93号

关联规定

《公安机关执行〈中华人民共和国治安管理处罚法〉有关问题的解释（二）》（2007年1月26日）

七、关于殴打、伤害特定对象的处罚问题

对违反《治安管理处罚法》第四十三条第二款第二项规定行为的处罚，不要求行为人主观上必须明知殴打、伤害的对象为残疾人、孕妇、不满十四周岁的人或者六十周岁以上的人。

八、关于"结伙"、"多次"、"多人"的认定问题

《治安管理处罚法》中规定的"结伙"是指两人（含两人）以上；"多次"是指三次（含三次）以上；"多人"是指三人（含三人）以上。

《最高人民检察院 公安部关于依法妥善办理轻伤害案件的指导意见》（2022 年 12 月 22 日）

（七）准确区分罪与非罪。对被害人出现伤害后果的，人民检察院、公安机关判断犯罪嫌疑人是否构成故意伤害罪时，应当在全面审查案件事实、证据的基础上，根据双方的主观方面和客观行为准确认定，避免"唯结果论""谁受伤谁有理"。如果犯罪嫌疑人只是与被害人发生轻微推搡、拉扯的，或者为摆脱被害人拉扯或者控制而实施甩手、后退等应急、防御行为的，不宜认定为刑法意义上的故意伤害行为。

（八）准确区分寻衅滋事罪与故意伤害罪。对出现被害人轻伤后果的案件，人民检察院、公安机关要全面分析案件性质，查明案件发生起因、犯罪嫌疑人的动机、是否有涉黑涉恶或者其他严重情节等，依法准确定性，不能简单化办案，一概机械认定为故意伤害罪。犯罪嫌疑人无事生非、借故生非，随意殴打他人的，属于"寻衅滋事"，构成犯罪的，应当以寻衅滋事罪依法从严惩处。

（九）准确区分正当防卫与互殴型故意伤害。人民检察院、公安机关要坚持主客观相统一的原则，综合考察案发起因、对冲突升级是否有过错、是否使用或者准备使用凶器、是否采用明显不相当的暴力、是否纠集他人参与打斗等客观情节，准确判断犯罪嫌疑人的主观意图和行为性质。因琐事发生争执，双方均不能保持克制而引发打斗，对于过错的一方先动手且手段明显过激，或者一方先动手，在对方努力避免冲突的情况下仍继续侵害，还击一方造成对方伤害的，一般应当认定为正当防卫。故意挑拨对方实施不法侵害，借机伤害对方的，一般不认定为正当防卫。

第五十二条 【猥亵他人、故意裸露隐私部位】

猥亵他人的,处五日以上十日以下拘留;猥亵精神病人、智力残疾人、不满十四周岁的人或者有其他严重情节的,处十日以上十五日以下拘留。

在公共场所故意裸露身体隐私部位的,处警告或者五百元以下罚款;情节恶劣的,处五日以上十日以下拘留。

说 明

本条罚则有所提高,并分成二款,同时作了一些表述性修改。

对照法条

治安管理处罚法(2012)	治安管理处罚法(2025)
第四十四条 猥亵他人的,或者在公共场所故意裸露身体,情节恶劣的,处五日以上十日以下拘留;猥亵智力残疾人、精神病人、不满十四周岁的人或者有其他严重情节的,处十日以上十五日以下拘留。	第五十二条 猥亵他人的,处五日以上十日以下拘留;猥亵精神病人、**智力残疾人**、不满十四周岁的人或者有其他严重情节的,处十日以上十五日以下拘留。 在公共场所故意裸露身体隐私部位的,处警告或者五百元以下罚款;情节恶劣的,处五日以上十日以下拘留。

第三章 违反治安管理的行为和处罚

条文释义

本条主要是关于猥亵他人和在公共场所故意裸露身体的行为处罚规定。

本条第一款作了两种不同的处罚规定：

第一，猥亵他人的行为。这里规定了两种违反治安管理行为：一是猥亵他人的行为。猥亵他人，是指以强制或者非强制的方法，违背对方意志，实施的正常性接触以外的能够满足行为人淫秽下流欲望的行为，主要包括以抠摸、指奸、鸡奸等淫秽下流的手段对他人身体的性接触行为。如果行为人只是追逐、堵截他人，或者向他人身上泼洒腐蚀物、涂抹污物，或者用下流的语言辱骂他人等，则不属于猥亵他人。二是行为人必须是故意实施猥亵他人的行为，其动机通常表现在为了刺激、满足行为人或者第三人的性欲的倾向，必须具有违背他人意志的特征，如果对方对于行为人的猥亵行为表示同意，则不是猥亵他人的行为。

根据本条规定，被猥亵的对象既可以是女性，也可以是男性；既可以是对同性的猥亵，也可以是对异性的猥亵。如果双方之间出于自愿，则属于违背社会道德的行为。行为人的目的是寻求刺激、满足自己的性欲或者挑起他人的性欲。

第二，猥亵精神病人、智力残疾人、不满十四周岁的人或者有其他严重情节的行为。这是针对特殊群体所作的特别规定。根据中国残联制定的《中国残疾人实用评定标准》的规定，智力残疾分为四级：智商小于20者为一级智力残疾（重度残疾）；智商在20至34者为二级智力残疾（重度残疾）；智商在35至49者为三级智力残疾（中度残疾）；智商在50至69者为四级智力残疾（轻度残疾）。"精神病人"，是指神经活动失调，不能辨认或者控制自己行为的人，包括完全丧失辨认或者控制自己行为的精神病人、间歇性精神病人和尚未完全丧失辨认或者控制自己行为的精神病人。"其他严重情节"包括猥亵孕妇，或者在众人面前猥亵他人，或者猥亵行为给他人精神上造成伤害，或者猥亵行为在社会上造成恶劣影响等。

实践中应当注意划清以下两个方面的界限：一是要区分猥亵他人与侮辱他人的界限。猥亵具有更为明显的性内容，是一种非自然的行为，只能通过身体动作实施；而侮辱一般不直接表现为性行为，且既可以用身体动作实施，也可以用语言进行。二是要区分猥亵他人与对他人表示"亲昵"行为的界限。猥亵他人是出于行为人淫秽下流的欲望，往往对他人的身体或者思想、认识造成伤害或者不良影响，其行为一般为当地的风俗、习惯所不容；而对他人表示"亲昵"的行为，一般表现为出于喜爱或爱护对方而作出的亲昵动作，如亲吻或拥抱未成年人等。

本条第二款是关于对在公共场所裸露身体隐私部位的处罚规定。

行为人必须是在公共场所故意裸露身体隐私部位。这里的"公共场所"主要是指公众进行公开活动的场所，如商店、影剧院、体育场、公共交通工具、街道等场所。"裸露身体"，不仅包括赤裸全身，也包括比较常见的赤裸下身或者暴露隐私部位，或者女性赤裸上身等情形。

应当注意的是，一般在公共场所故意实施裸露身体处警告或者五百元以下罚款。构成情节恶劣的，如多次实施此行为，引起众人围观，群众意见很大、社会影响恶劣等，则处五日以上十日以下拘留。

第三章　违反治安管理的行为和处罚

> **以案说法**

王某岩诉某市公安局行政处罚案

广州铁路运输中级法院认为：被诉处罚决定认定王某岩对黄某仪实施猥亵行为主要的证据是现场视频记录、黄某仪个人陈述以及晚会另一主持人张某的证人证言。张某与黄某仪是同事关系，其证言属于与一方当事人有利害关系的证人证言，因此黄某仪的陈述及张某证言所证明的事实须有其他证据佐证。而对于黄某仪及张某所述上诉人实施的抓胸行为，现场视频记录仅能从单一视角展现事发情况，且综观整个视频资料，没有发现王某岩存在抓胸行为的确切记录，在此情况下，海珠公安分局并没有对当时在场的观众及其他工作人员进行询问，因此，认定王某岩存在猥亵行为的事实依据不充分。

当然，王某岩作为嘉宾参加公司举办的年会晚宴，其主动上台与主持人合影本无不可，但应保持礼貌克制。根据现场视频记录以及王某岩的自述，其在晚宴安排节目演出的空档期间，乘着酒意，走上舞台拦住黄某仪并搂住其腰部强行要求合影。从现有证据材料看，虽然王某岩构成猥亵的事实依据不充分，但由于王某岩的身材高大并在事发前大量饮酒，其酒后行为显然粗暴鲁莽，其不当行为显然对黄某仪造成了不当滋扰，应当进行深刻反省，并向黄某仪作诚挚赔礼道歉，造成损失的还应予以赔偿。综上，认定王某岩存在猥亵行为的事实依据不充分。

【案号】广州铁路运输中级法院（2017）粤71行终2103号

李某悦诉某铁路公安处行政处罚案

辽宁省高级人民法院认为：本案中，李某悦因对某县公安局民警查验其身份证及车票的行为不满，在大虎山站候车室内两次把裤子脱至大腿根部，故意裸露下体，造成旅客围观的事实。某公安处依据法律规定对其作出行政拘留七日的治安处罚决定并无不当。

【案号】辽宁省高级人民法院（2021）辽行申107号

仝某某诉某市公安局行政处罚案

安徽省高级人民法院认为：仝某某在接受公安机关第一次询问时陈述是"右手拿着听诊器从（患者）胸罩的上面插到乳房的右下边，感觉到手背碰到了其右侧乳房，接着手就被（患者）打掉了，并认为这是正常操作，碰到乳房不可避免"；在接受公安机关第二次询问时陈述是"在用听诊器对女性做肺部检查时，在涉及女性乳房等隐私部位时，需要告知女性患者并需要女性第三人在场，但当天没有护士在场，也没有告知王某某检查会涉及乳房等隐私部位，并承认是其失误，认为这违反了相关医学行业准则和行为规范。"

因此，可以认为，明知在给女性检查涉及乳房等私密部位时需要提前告知并征得患者同意，且须有女性第三人陪同，在对王某某进行肺部听诊检查过程中用手触碰其乳房，能够认定其主观上具有猥亵的故意。

【案号】安徽省高级人民法院（2020）皖行申775号

第五十三条　【虐待家庭成员、虐待被监护人和被看护人、遗弃被扶养人】

有下列行为之一的，处五日以下拘留或者警告；情节较重的，处五日以上十日以下拘留，可以并处一千元以下罚款：

（一）虐待家庭成员，被虐待人或者其监护人要求处理的；
　　（二）对未成年人、老年人、患病的人、残疾人等负有监护、看护职责的人虐待被监护、看护的人的；
　　（三）遗弃没有独立生活能力的被扶养人的。

说　明

　　本条罚则有所提高，并增加了第二项规定，并作了一些表述性修改。

　　立法中，根据审议意见，对修订草案三次审议稿作了表述性修改：将第五十三条第一项中"被虐待人"修改为"被虐待人或者其监护人"。[①]

　　《刑法修正案（九）》新增设的虐待被监护、看护人罪的主体，主要是对未成年人、老年人、患病的人、残疾人等负有监护、看护职责的学校（含幼儿园等育婴机构）、养老院、医院、福利院等单位中负有监护、看护职责的人员以及直接负责的主管人员和其他直接责任人员，并在客观上表现为行为人实施了虐待被监护、看护的人，情节恶劣的行为。

　　近年来，幼儿园老师虐待小朋友、福利院工作人员虐待老人的事件时有发生，从媒体曝光的视频来看，虐待手段残忍，情节极其恶劣，对儿童、老年人等被监护人、被看护人的心理造成严重的伤

[①] 2024年6月26日，全国人民代表大会宪法和法律委员会关于《中华人民共和国治安管理处罚法（修订草案三次审议稿）》修改意见的报告，载中国人大网，http://www.npc.gov.cn/npc/c2/c30834/202506/t20250627_446249.html，最后访问时间2025年6月27日。

害。然而，受害人往往由于伤情构不成轻伤，达不到故意伤害罪的立案追诉标准，无法追究施暴人的刑事责任。《刑法》第二百六十条规定的虐待罪仅限于家庭成员之间，且如果未达到被害人重伤、死亡的结果，属于告诉才处理的犯罪。虐待被监护、看护人罪弥补了这一法律漏洞，将非家庭成员之间的虐待行为纳入《刑法》保护的范围，加强了对弱势群体权益的保障。

对照法条

治安管理处罚法（2012）	治安管理处罚法（2025）
第四十五条　有下列行为之一的，处五日以下拘留或者警告： （一）虐待家庭成员，被虐待人要求处理的； （二）遗弃没有独立生活能力的被扶养人的。	第五十三条　有下列行为之一的，处五日以下拘留或者警告；**情节较重的，处五日以上十日以下拘留，可以并处一千元以下罚款**： （一）虐待家庭成员，被虐待人**或者其监护人**要求处理的； （二）**对未成年人、老年人、患病的人、残疾人等负有监护、看护职责的人虐待被监护、看护的人的；** （三）遗弃没有独立生活能力的被扶养人的。

条文释义

本条是关于虐待家庭成员或者遗弃没有独立生活能力的被扶养人的处罚规定，共分三项。

第一项是关于虐待家庭成员的处罚规定。该行为的主要特征为：（1）必须是在家庭成员之间发生，且相互之间存在一定的亲属关系或者扶养关系。非家庭成员，不能成为本行为的主体。（2）行为人实施了虐待家庭成员的行为，其手段是多种多样的，如殴打、谩骂、捆绑、冻饿、侮辱、有病不给医、强迫超体力劳动、限制自由等。(3) 必须是被虐待人要求处理的。只有被虐待人或者其他监护人向公安机关提出控告要求公安机关处理的，公安机关才能够予以处罚；对于被虐待人没有提出控告的，公安机关不能主动给予行为人处罚。被虐待人的亲属、朋友以及邻里提出要求给予处罚的，公安机关也不能给予处罚。法律这样规定主要考虑到行为人和被虐待人之间具有特定的亲属关系和经济关系，他们生活在同一个家庭中，在多数情况下，被虐待人或是年幼或是丧失劳动能力，他们需要行为人在生活和精神上的照顾。一旦行为人被处罚，被虐待人可能会失去经济来源，生活就会陷入困境，而且被虐待人向公安机关告发行为人，往往也只是希望政府对行为人进行批评、教育，使其改正错误，而不是希望对其给予处罚。

实践中，应当注意划清虐待家庭成员与父母管教子女不当的界限。虐待家庭成员是经常性地对家庭成员进行肉体或精神上的折磨；而日常生活中父母为管教子女而采取的打骂等方式，不能作为虐待行为进行处罚，因为在这种情况下，父母主观上多出于望子成龙的好意，不具有折磨、伤害子女的故意，只是管教方法不当。当然，对于这种不当的管教行为也应予以谴责与制止。

第二项是对未成年人、老年人、患病的人、残疾人等负有监护、看护职责的人虐待被监护、看护的人的处罚规定。

第三项是关于遗弃没有独立生活能力的被扶养人的处罚规定。该行为的主要特征为：(1) 行为人遗弃的对象必须是没有独立生活能力的被扶养人。这里所说的"没有独立生活能力"是指不具备或者丧失劳动能力，无生活来源而需要他人照顾等情况，包括年老、年幼、患病或者其他没有独立生活能力的人。行为人对没有独立生活能力的被扶养人,依法负有在经济、生活等方面予以供给、照顾、帮助,以维护其正常的生活的义务。(2)行为人实施了遗弃的行为。这里的"遗弃"是指对于年老、年幼、患病或者其他没有独立生活能力的人,负有扶养义务而拒绝扶养的行为。由于行为人不履行自己的法定义务,可能使被扶养人得不到经济上的保障或者生活上的必要照顾和帮助,生命和健康受到较为严重的威胁和损害。当然,行为人必须是负有扶养义务的人,如果对没有独立生活能力的人不负有扶养义务,就不存在拒绝扶养的问题。

以案说法

陈某某、刘某某故意伤害、虐待案

裁判要点:1.与父(母)的未婚同居者处于较为稳定的共同生活状态的未成年人,应当认定为《刑法》第二百六十条规定的"家庭成员"。

2.在经常性的虐待过程中,行为人对被害人实施严重暴力,主观上希望或者放任、客观上造成被害人轻伤以上后果的,应当认定为故意伤害罪;如果将该伤害行为独立评价后,其他虐待行为仍符合虐待罪构成要件的,应当以故意伤害罪与虐待罪数罪并罚。

3.对于故意伤害未成年人案件,认定是否符合《刑法》第二百三十四条第二款规定的以特别残忍手段致人重伤造成"严重残疾",应当综合考量残疾等级、数量、所涉部位等情节,以及伤害后果对未成年人正在发育的身心所造成的严重影响等因素,依法准确作出判断。

【案号】最高人民法院指导性案例226号

江某红诉某派出所不履行法定职责案

河北省邯郸市中级人民法院认为:遗弃行为主要有以下表现,

一是将需要扶养的人移至危险场所;二是将需要扶养的人遗留在危险场所;三是离开需要扶养的人,使应当受其扶养的人得不到扶养;四是阻碍需要扶养的人接近扶养人;五是不提供扶助,不给予必要照料;等等。本案中,江某红认为李某云有遗弃其父的行为,但是依据某派出所对相关人员的调查,只能证实李某云父亲患病期间主要由其女儿照顾等,不能证实李某云有上述遗弃行为。故江某红的报案没有违法事实。

【案号】河北省邯郸市中级人民法院(2020)冀04行终110号

李某岗诉某县公安局行政处罚案

陕西省延安市中级人民法院认为:本案中,李某岗的妻子张某梅于2017年5月离家出走,孩子放暑假后,李某岗将三个孩子送至岳父张某昌家中,交由孩子的外公照顾,自己外出寻妻。后三个孩子被其外公送至村委会,并非李某岗将三个孩子送至村委会拒绝抚养,也未造成三个孩子出现严重后果,且李某岗外出寻妻期间托人给孩子捎去衣服和课本,现三个孩子也由其抚养,故某县公安局对李某岗作出拘留五日的行政处罚,明显不当,依法应予变更。

【案号】陕西省延安市中级人民法院(2018)陕06行终42号

关联规定

《刑法》(2023年12月29日修正)

第二百六十条 虐待家庭成员,情节恶劣的,处二年以下有期徒刑、拘役或者管制。

犯前款罪,致使被害人重伤、死亡的,处二年以上七年以下有期徒刑。

第一款罪,告诉的才处理,但被害人没有能力告诉,或者因受到强制、威吓无法告诉的除外。

第二百六十条之一　对未成年人、老年人、患病的人、残疾人等负有监护、看护职责的人虐待被监护、看护的人,情节恶劣的,处三年以下有期徒刑或者拘役。

单位犯前款罪的,对单位判处罚金,并对其直接负责的主管人员和其他直接责任人员,依照前款的规定处罚。

有第一款行为,同时构成其他犯罪的,依照处罚较重的规定定罪处罚。

《最高人民法院关于审理走私、非法经营、非法使用兴奋剂刑事案件适用法律若干问题的解释》(2019年11月18日)

第三条　对未成年人、残疾人负有监护、看护职责的人组织未成年人、残疾人在体育运动中非法使用兴奋剂,具有下列情形之一的,应当认定为刑法第二百六十条之一规定的"情节恶劣",以虐待被监护、看护人罪定罪处罚:

(一)强迫未成年人、残疾人使用的;

(二)引诱、欺骗未成年人、残疾人长期使用的;

(三)其他严重损害未成年人、残疾人身心健康的情形。

第五十四条　【强迫交易】

强买强卖商品,强迫他人提供服务或者强迫他人接受服务的,处五日以上十日以下拘留,并处三千元以上五千元以下罚款;情节较轻的,处五日以下拘留或者一千元以下罚款。

说　明

本条罚则有所提高。

对照法条

治安管理处罚法（2012）	治安管理处罚法（2025）
第四十六条　强买强卖商品，强迫他人提供服务或者强迫他人接受服务的，处五日以上十日以下拘留，并处二百元以上五百元以下罚款；情节较轻的，处五日以下拘留或者五百元以下罚款。	第五十四条　强买强卖商品，强迫他人提供服务或者强迫他人接受服务的，处五日以上十日以下拘留，并处三千元以上五千元以下罚款；情节较轻的，处五日以下拘留或者一千元以下罚款。

条文释义

本条是关于强买强卖商品，强迫他人提供服务或者强迫他人接受服务的处罚规定。

接受或者提供商品与服务本质上是一种民事行为，也可以是一种合同关系，在这种活动中双方当事人是以平等的身份出现，因而这种交易应当建立在平等、自愿、等价有偿的基础上。

本条规定的强迫交易行为具有以下特征：第一，该行为不仅破坏了公平自由竞争的市场秩序，也侵害了被强迫交易人的合法权益。第二，行为人一般是通过暴力或者以暴力相威胁或者其他强制力，使他人不敢或者不能抗拒，是在违背对方意志的条件下以不公平的价格，如低价买高价卖、低价享受服务、高价提供服务，这是该行为显著的特征。第三，行为人实施了强买强卖商品、强迫他人提供服务或强迫他人接受服务的行为。这里所说的"强买强卖商品"是指在商品交易中违反法律、法规和商品交易规则,不顾交易对方是否同意,强行买进或者强行卖出的行为。"强迫他人提供服务"主要是指行为人在享受服务消费时,不遵守公平自愿的原则,不顾提供服务方是否同意,强迫对方提供某种服务的行为。"强迫他人接受服务"主要是指餐饮业、旅馆业、娱乐业、美容服务业、维修业等服务性质的行业在营业中,违反法律、法规和商业道德及公平自愿的原则,不顾消费者是否同意,强迫其接受服务的行为。

实践执法中,应当注意一般交易纠纷与强迫交易行为的区别。强迫交易行为,是以非法手段实施强买强卖商品、强迫他人提供服务或者强迫他人接受服务的行为,行为人使用非法手段是为了达成不公平的交易,行为与不公平交易之间具有因果关系。如果在交易过程中双方当事人因为商品的质量、数量、计量器具、价格以及运送方式等发生冲突,则属于一般交易纠纷。

以案说法

王某鑫诉某市公安局行政处罚案

山东省淄博市中级人民法院认为:强迫交易行为客观方面表现为以暴力、威胁手段强买强卖商品,强迫他人提供服务或者强迫他人接受服务的,尚不构成刑事处罚的行为。暴力是指行为人对被侵害人的身体实行强制或者殴打,如强拉硬拽、捆绑、围困、伤害等,致使被侵害人不能或者不敢抗拒,不得不购买或卖出商品,或者不得不接受或提供服务。威胁,是指交易一方对另一方实行精神上的强制,如以实施暴力相恐吓或者以损害名誉相要挟,致使被侵害人出于恐惧不得不购买或出售商品,或者不得不接受或提供服务。本案中,王某鑫提交的证据并不能证明刘某南实施了符合上述强迫交易情形的行为。

【案号】山东省淄博市中级人民法院（2020）鲁03行终184号

苏某玲诉某县公安局行政处罚案

河南省周口市中级人民法院认为：本案中，公安机关提供的"被害人"的询问笔录并未明确显示被要求缴纳费用就是强迫其继续接受苏某玲提供物业服务，某县公安局也未提供充分证据证明苏某玲在国旺公司入驻该小区后存在继续进行物业服务的事实，并且国旺公司入驻该小区之前小区物业处于"瘫痪"状态，虽然苏某玲等人曾收取七八十户七八百元的卫生费，但是，如果缴纳10元卫生费是经大多数业主针对小区物业"瘫痪"共同商定的临时性措施，少数业主也应当遵守；在物业公司入驻后，对此前已经实际接受清扫卫生服务的业主予以收取10元费用，也具有一定的合理性。公安机关在未对上述情况进行查证的情况下，就以"苏某玲等人强行共收取业主七八十户每户10元钱卫生费，共计七八百元"为由对其作出处罚决定，显属事实不清、主要证据不足，依法应当予以撤销。

【案号】河南省周口市中级人民法院（2018）豫16行终283号

关联规定

《消费者权益保护法》（2013年10月25日修正）

第七条 消费者在购买、使用商品和接受服务时享有人身、财产安全不受损害的权利。

消费者有权要求经营者提供的商品和服务，符合保障人身、财产安全的要求。

第八条 消费者享有知悉其购买、使用的商品或者接受的服务的真实情况的权利。

· 233 ·

消费者有权根据商品或者服务的不同情况，要求经营者提供商品的价格、产地、生产者、用途、性能、规格、等级、主要成份、生产日期、有效期限、检验合格证明、使用方法说明书、售后服务，或者服务的内容、规格、费用等有关情况。

第九条 消费者享有自主选择商品或者服务的权利。

消费者有权自主选择提供商品或者服务的经营者，自主选择商品品种或者服务方式，自主决定购买或者不购买任何一种商品、接受或者不接受任何一项服务。

消费者在自主选择商品或者服务时，有权进行比较、鉴别和挑选。

第十条 消费者享有公平交易的权利。

消费者在购买商品或者接受服务时，有权获得质量保障、价格合理、计量正确等公平交易条件，有权拒绝经营者的强制交易行为。

第十一条 消费者因购买、使用商品或者接受服务受到人身、财产损害的，享有依法获得赔偿的权利。

第十二条 消费者享有依法成立维护自身合法权益的社会组织的权利。

第十三条 消费者享有获得有关消费和消费者权益保护方面的知识的权利。

消费者应当努力掌握所需商品或者服务的知识和使用技能，正确使用商品，提高自我保护意识。

第十四条 消费者在购买、使用商品和接受服务时，享有人格尊严、民族风俗习惯得到尊重的权利，享有个人信息依法得到保护的权利。

第十五条 消费者享有对商品和服务以及保护消费者权益工作进行监督的权利。

消费者有权检举、控告侵害消费者权益的行为和国家机关及其工作人员在保护消费者权益工作中的违法失职行为，有权对保护消费者权益工作提出批评、建议。

《零售商供应商公平交易管理办法》（2006年7月13日）（正文略）

第五十五条　【煽动民族仇恨、民族歧视，刊载民族歧视、侮辱内容】

煽动民族仇恨、民族歧视，或者在出版物、信息网络中刊载民族歧视、侮辱内容的，处十日以上十五日以下拘留，可以并处三千元以下罚款；情节较轻的，处五日以下拘留或者三千元以下罚款。

说　明

本条罚则有所提高，同时增加了情节较轻的规定，并作了一些表述性修改。

对照法条

治安管理处罚法（2012）	治安管理处罚法（2025）
第四十七条　煽动民族仇恨、民族歧视，或者在出版物、计算机信息网络中刊载民族歧视、侮辱内容的，处十日以上十五日以下拘留，可以并处一千元以下罚款。	第五十五条　煽动民族仇恨、民族歧视，或者在出版物、信息网络中刊载民族歧视、侮辱内容的，处十日以上十五日以下拘留，可以并处三千元以下罚款；情节较轻的，处五日以下拘留或者三千元以下罚款。

条文释义

本条是关于煽动民族仇恨、民族歧视，刊载民族歧视、侮辱内容的处罚规定。

本条规定了两种违反治安管理行为：

一是煽动民族仇恨、民族歧视的行为。该行为的主要特征为：（1）行为人实施了煽动各民族之间的仇恨，宣扬民族歧视的行为。这里所说的"煽动"，是指以激起民族之间的仇恨、歧视为目的，公然以语言、文字等方式诱惑、鼓动群众的行为。"民族仇恨"，是指基于民族的来源、历史、风俗习惯等的不同而产生的民族间的相互敌对、仇视的状况。"民族歧视"，是指基于民族的来源、历史、风俗习惯等的不同，引发民族间相互排斥、限制、损害民族平等地位的状况。（2）行为人必须是故意的，即行为人明知自己的行为会在不同民族之间制造民族仇恨、民族歧视，从而实施其煽动行为。对于那些不懂民族政策，不了解民族心理、风俗及社会发展状况，或者工作中的渎职，造成损害民族关系的结果，引起民族间的仇恨和歧视的行为，不属于本条规定的违反治安管理行为。

二是在出版物、信息网络中刊载民族歧视、侮辱内容的行为。该行为的主要特征为：（1）行为人必须在出版物、信息网络中刊载民族歧视、侮辱的内容。这里所说的"出版物"，主要是指报纸、期刊、图书、音像制品和电子出版物等。（2）刊载的必须是民族歧视、侮辱的内容。这里所说的"民族歧视、侮辱的内容"，是指针对民族的来源、历史、风俗习惯等进行贬低、污蔑、嘲讽、辱骂以及其他歧视、侮辱的行为。（3）必须是故意实施的行为。

第三章　违反治安管理的行为和处罚

> **第五十六条　【出售或者提供个人信息】**
>
> 违反国家有关规定，向他人出售或者提供个人信息的，处十日以上十五日以下拘留；情节较轻的，处五日以下拘留。
>
> 窃取或者以其他方法非法获取个人信息的，依照前款的规定处罚。

说　明

本条是新增条款。

立法中，有的常委委员、全国人大代表、部门、地方、单位和社会公众提出，对于违反无线电管理、违规飞行"无人机"、侵害公民个人信息、行业经营者不按规定登记信息、违反规定产生社会生活噪声等行为，有关法律、行政法规等规定了法律责任，建议本法根据过罚相当原则，完善处罚层次，与其他有关处罚规定做好衔接。宪法和法律委员会经研究，建议对于上述违法行为，在原来只规定了拘留处罚的基础上，增加警告、罚款处罚方式。[1]

《刑法修正案（九）》将《刑法》第二百五十三条之一修改为："违反国家有关规定，向他人出售或者提供公民个人信息，情节严重的，处三年以下有期徒刑或者拘役，并处或者单处罚金；情节特别严重的，处三年以上七年以下有期徒刑，并处罚金。违反国家有关规定，将在履行职责或者提供服务过程中获得的公民个人信

---

[1] 2024年6月25日，全国人民代表大会宪法和法律委员会关于《中华人民共和国治安管理处罚法（修订草案）》修改情况的汇报，载中国人大网，http://www.npc.gov.cn/npc/c2/c30834/202506/t20250627_446248.html，最后访问时间2025年6月27日。

息，出售或者提供给他人的，依照前款的规定从重处罚。窃取或者以其他方法非法获取公民个人信息的，依照第一款的规定处罚。单位犯前三款罪的，对单位判处罚金，并对其直接负责的主管人员和其他直接责任人员，依照各该款的规定处罚。"

泄露公民个人信息，是指国家机关或者金融、电信、交通、教育、医疗等单位及其工作人员泄露在履行职责或者提供服务过程中获得的居民身份证记载的公民个人信息，尚不够刑事处罚的行为。

（1）本行为侵犯的客体是国家对居民身份证的管理制度和公民个人隐私权。（2）本行为在客观方面表现为泄露在履行职责或者提供服务过程中获得的居民身份证记载的公民个人信息，尚不够刑事处罚的行为。（3）本行为的主体是特殊主体，即国家机关或者金融、电信、交通、教育、医疗等单位及其工作人员。（4）本行为在主观方面既可以是故意，也可以是过失。

关 联 规 定

《刑法》（2023年12月29日修正）

第二百五十三条 邮政工作人员私自开拆或者隐匿、毁弃邮件、电报的，处二年以下有期徒刑或者拘役。

犯前款罪而窃取财物的，依照本法第二百六十四条的规定定罪从重处罚。

第二百五十三条之一 违反国家有关规定，向他人出售或者提供公民个人信息，情节严重的，处三年以下有期徒刑或者拘役，并处或者单处罚金；情节特别严重的，处三年以上七年以下有期徒刑，并处罚金。

违反国家有关规定，将在履行职责或者提供服务过程中获得的公民个人信息，出售或者提供给他人的，依照前款的规定从重处罚。

窃取或者以其他方法非法获取公民个人信息的，依照第一款的规定处罚。

单位犯前三款罪的，对单位判处罚金，并对其直接负责的主管人员和其他直接责任人员，依照各该款的规定处罚。

《个人信息保护法》（2021年8月20日公布）

第三条 在中华人民共和国境内处理自然人个人信息的活动，适用本法。

在中华人民共和国境外处理中华人民共和国境内自然人个人信息的活动，有下列情形之一的，也适用本法：

（一）以向境内自然人提供产品或者服务为目的；

（二）分析、评估境内自然人的行为；

（三）法律、行政法规规定的其他情形。

第四条 个人信息是以电子或者其他方式记录的与已识别或者可识别的自然人有关的各种信息，不包括匿名化处理后的信息。

个人信息的处理包括个人信息的收集、存储、使用、加工、传输、提供、公开、删除等。

第五条 处理个人信息应当遵循合法、正当、必要和诚信原则，不得通过误导、欺诈、胁迫等方式处理个人信息。

第六条 处理个人信息应当具有明确、合理的目的，并应当与处理目的直接相关，采取对个人权益影响最小的方式。

收集个人信息，应当限于实现处理目的的最小范围，不得过度收集个人信息。

第七条 处理个人信息应当遵循公开、透明原则，公开个人信息处理规则，明示处理的目的、方式和范围。

第八条 处理个人信息应当保证个人信息的质量，避免因个人信息不准确、不完整对个人权益造成不利影响。

第九条 个人信息处理者应当对其个人信息处理活动负责,并采取必要措施保障所处理的个人信息的安全。

第十条 任何组织、个人不得非法收集、使用、加工、传输他人个人信息,不得非法买卖、提供或者公开他人个人信息;不得从事危害国家安全、公共利益的个人信息处理活动。

《最高人民法院、最高人民检察院关于办理侵犯公民个人信息刑事案件适用法律若干问题的解释》(2017年5月8日)(正文略)

第五十七条 【侵犯通信自由】

冒领、隐匿、毁弃、倒卖、私自开拆或者非法检查他人邮件、快件的,处警告或者一千元以下罚款;情节较重的,处五日以上十日以下拘留。

说 明

本条罚则有所提高,并作了一些表述性修改。

对照法条

治安管理处罚法(2012)	治安管理处罚法(2025)
第四十八条 冒领、隐匿、毁弃、私自开拆或者非法检查他人邮件的,处五日以下拘留或者五百元以下罚款。	第五十七条 冒领、隐匿、毁弃、**倒卖**、私自开拆或者非法检查他人邮件、**快件**的,处**警告或者一千元以下罚款**;情节较重的,处五日以上十日以下拘留。

条文释义

本条是关于侵犯通信自由的处罚规定。

我国一贯重视保障公民通信自由的权利,《宪法》第四十条明确规定,"中华人民共和国公民的通信自由和通信秘密受法律的保护"。本条规定了冒领、隐匿、毁弃、倒卖、私自开拆或者非法检查他人邮件、快件等侵犯公民通信自由的违反治安管理行为,该行为主要有以下特征:

第一,侵犯了公民的通信自由。通信自由作为公民享有的民主权利之一,包括通信自由和通信秘密两个方面。其中"通信自由"是指公民有权把邮件交付邮政部门投递或者在网上发送电子邮件,任何人不得非法冒领、隐匿、倒卖和毁弃,这是公民与他人进行的正当通信的自由。"通信秘密"是指公民按照规定封缄的邮件或者在网上发送的电子邮件,除投寄人、收件人以外,任何单位和个人不得私自开拆或者非法检查以知悉其内容,这是公民为自己的邮件保守秘密,不受非法干涉和侵犯的权利,是公民个人写给他人信件、电报,或发送的电子邮件,或投递的包裹,其内容不经投寄人或收件人同意不得公开的权利。这里并不要求邮件中写有秘密事项,私自开拆或者非法检查他人邮件本身就侵犯了公民的通信秘密的权利,使公民邮件的内容有可能被公开化,从而无密可保。行为侵犯的对象是公民的邮件。其中"邮件"包括电报、信函、包裹、邮寄汇款,或者通过专用网或者互联网发送的电子邮件。根据国务院《快递暂行条例》规定,信件、包裹、印刷品以及其他寄递物品统称快件。

第二,行为人实施了冒领、隐匿、毁弃、倒卖、私自开拆或者非法检查的行为。所谓"冒领",是指假冒他人名义领取邮件、快件的行为;"隐匿"是指将他人投寄的邮件、快件秘密隐藏起来,使收件人无法查收的行为;"毁弃"是指将他人的邮件、快件予以丢弃、撕毁、焚毁等,致使他人无法查收的行为;"私自开拆"是指违反国家有关规定,未经投寄人或者收件人的同意,私自开拆他人邮件、快件的行为;"非法检查"是指违反国家有关规定,擅自检查他人邮件、快件的行为。如果行为人误将他人的邮件、快件当作自己的邮件、快件拿走,或者误将他人的邮件、快件当作自己的而拆开,或因疏忽大意丢失他人邮件、快件等行为,不属于本条规定的违反治安管理行为。

第五十八条 【盗窃、诈骗、哄抢、抢夺、敲诈勒索】

盗窃、诈骗、哄抢、抢夺或者敲诈勒索的,处五日以上十日以下拘留或者二千元以下罚款;情节较重的,处十日以上十五日以下拘留,可以并处三千元以下罚款。

说 明

本条罚则有所提高。另外,将故意损毁公私财物分立出来,单列一条,并作了一些表述性修改。

对照法条

治安管理处罚法（2012）	治安管理处罚法（2025）
第四十九条 盗窃、诈骗、哄抢、抢夺、敲诈勒索或者故意损毁公私财物的，处五日以上十日以下拘留，可以并处五百元以下罚款；情节较重的，处十日以上十五日以下拘留，可以并处一千元以下罚款。	**第五十八条** 盗窃、诈骗、哄抢、抢夺或者敲诈勒索的，处五日以上十日以下拘留或者二千元以下罚款；情节较重的，处十日以上十五日以下拘留，可以并处三千元以下罚款。

条文释义

本条是关于盗窃、诈骗、哄抢、抢夺、敲诈勒索的行为及其处罚规定。

本条规定了以下几种违反治安管理的行为：

一是盗窃。构成盗窃行为必须具备以下条件：（1）行为人具有非法占有公私财物的目的。行为人如果没有非法占有公私财物的目的，如将他人的财物误认为是自己的而占用的，或者明知是他人财物不问自取，用后立即归还的，不属于盗窃行为。（2）行为人实施了秘密窃取的行为。"秘密窃取"，是指行为人采取自认为不为财物的所有者、保管者或者使用者发觉的方法，暗中将财物取走的行为。秘密窃取具有以下特征：①在取得财物的过程中没有被发现，在别人不知晓的情况下进行的。如果被他人发现阻止，而强行拿走的，则不是秘密窃取，构成抢劫。②财物的所有人、保管人、使用人没有发觉，即使被其他人发觉的，也是秘密窃取。③行为人自认为没有被财物的所有人、保管人、使用人发觉。如果在取得财物过程中，事实上已为被害人发觉，但被害人由于恐惧等原因未加以阻止，行为人也不知道被发觉，而把财物取走的，仍是秘密窃取。秘密窃取的表现形式有三种：①将可移动的财物，秘密转移至行为人的控制之下，并且脱离财物所有人或持有人的控制范围。②通过传输系统非法使用和消耗。如盗窃电力、煤气、天然气等。③以牟利为目的，盗接他人通信线路、复制他人电信码号，或者明知是盗接、复制的电信码号所用的设备、设施而使用。（3）行为侵犯的对象是公私财物。一般是动产，但不动产上的附着物可以与不动产分离的，如山上的林木、田地的农作物，涉及建筑物上的门窗等也可以成为本行为侵犯的对象。电力、煤气、天然气等无形财物也可以成为本行为侵犯的对象。盗用他人长途电话账号、码号造成损失的，也按盗窃行为处理。公私财物具有以下特征：①能够被人们所控制和占有。不能被人们控制的阳光、空气、风力等不能成为本行为侵犯的对象。但随着科学的发展，某些无形物也能为人类所控制，如煤气、天然气、电力等，可以成为本行为侵犯的对象。②具有一定的经济价值。这种经济价值是客观存在的，可以用货币来衡量，如金银首饰、有价证券等。③能够被移动。所有有价值的动产和不动产上的附着物都能成为盗窃的对象。房屋被盗卖，非所有人处理所有权，买卖关系无效，一般不按盗窃而按民事房地产纠纷处理。④他人的财物，即他人占有、使用，在他人控制之下的财物。⑤盗窃自己家里或者近亲属的财物，一般可不按盗窃处理。

二是诈骗。诈骗行为的主要特征是：行为人实施了以虚构事实或隐瞒真相的欺骗方法，使财物所有人、管理人产生错觉，信以为真，从而似乎"自愿地"交出财物的行为。虚构事实指捏造不存在的事实，骗取被侵害人的信任，虚构的事实可以是部分虚构，也可以是全部虚构。隐瞒真相指对财物所有人、管理人掩盖客观存在的某种事实，以此哄骗其交出财物。在上述情况下，财物所有人、管理人由于受骗，不了解事实真相，表面上看是"自愿地"交出财物，实质上是违反其本意的。

三是哄抢。哄抢行为具有以下特征：（1）行为人明知是国家、集体、公民所有的财物，出于非法占有的目的，一哄而上，乘乱或者乘危急抢走公私财物的。至于行为人的动机则是多种多样的，有的是出于泄愤报复，有的出于眼红忌妒，有的是出于占便宜的心理，等等。（2）参与哄抢的人数较多。（3）行为人采取哄闹、滋扰或者其他手段，公然夺取公私财物的行为。这一行为具有公然性，哄抢者并不刻意掩饰、隐瞒其哄抢行为，而是公开实施，造成公私财物的所有人、保管人无法阻止、无力阻止而乱拿乱抢的状态，如趁交通拥挤、秩序混乱、自然灾害等发生之际进行哄抢。

四是抢夺。抢夺行为的主要特征是：（1）行为人必须是故意的，以非法占有公私财物。如果行为人不以非法占有财物为目的，而是为了戏弄他人取乐夺取他人财物的行为，如把他人的头巾、帽子等物抢了就跑，逗引他人追赶，事后归还等，则不属于抢夺行为。（2）行为人实施了乘人不备，公然夺取他人财物的行为。所谓公然夺取公私财物，一般理解为行为人当着公私财物所有人或者保管人的面，乘其不备，公开夺取其财物。情节较轻，是指：①抢夺财物的数额较小；②抢夺的不是银行、邮局、国家珍贵文物、军用物资、救灾、救济款物；③抢夺的对象不是外宾等。

五是敲诈勒索。敲诈勒索行为必须符合以下条件：（1）行为人必须使用威胁或者要挟的方法勒索财物，这是敲诈勒索最主要的特征。威胁或者要挟，是指通过对公私财物所有人、保管人及其亲属实行精神上的强制，使其在心理上产生恐惧或者压力，不得已而交出财物。威胁或者要挟的内容可能涉及被侵害人诸多方面的利益，包括合法与非法利益，如以将对被侵害人及其亲友的人身实施暴力相威胁,以将毁坏被侵害人人格、名誉相威胁,以将毁坏财物相威胁,以揭发被侵害人的隐私或弱点相威胁,以栽赃陷害相威胁,等等。威胁或者要挟的形式可以是书面的,也可以是口头的,还可以通过第三者转达;可以是明示,也可以是暗示。(2)行为人必须具有非法占有他人财物的目的,如果是其他目的,如债权人为讨债而威胁债务人的,则不属于敲诈勒索行为。

以案说法

付某生诉某市人民政府行政复议案

河北省高级人民法院认为:"以非法占有为目的"与"秘密窃取"是认定盗窃行为的基本要素。本案中,付某生将楼道内手机拿走并未归还的行为是否构成盗窃,该行为的定性问题是对其进行刑事或行政处罚的前提性基础事实。某市公安局作出的行政处罚决定认定的事实是,"付某生在鑫源国际B座12层楼道内将受害人罗某鑫一个手包盗走,包内有蓝色魅族魅蓝牌手机一部,经丛台区价格鉴证中心鉴定,被盗手机价值692元"。即该行政处罚决定将付某生的行为认定为盗窃,进而依据相关法律条款对其进行行政处罚。某市人民政府作为行政复议机关应当对该行政处罚决定进行全面审查,并在行政复议决定书中说明作出行政复议决定的理由及依据。某市人民政府作出的行政复议决定,在付某生对行政处罚认定其行为为盗窃等基本事实存有较大争议的情况下,并未对行政处罚决定将付某生行为认定为盗窃的基本事实、相关证据进行分析认定,而仅认定"申请人(付某生)违法行为存在",并未说明相应的理由及依据,显属认定事实不清、主要证据不充分。

【案号】河北省高级人民法院(2017)冀行终373号

关联规定

《最高人民法院、最高人民检察院关于办理盗窃刑事案件适用法律若干问题的解释》（2013年4月4日）

第四条　盗窃的数额，按照下列方法认定：

（一）被盗财物有有效价格证明的，根据有效价格证明认定；无有效价格证明，或者根据价格证明认定盗窃数额明显不合理的，应当按照有关规定委托估价机构估价；

（二）盗窃外币的，按照盗窃时中国外汇交易中心或者中国人民银行授权机构公布的人民币对该货币的中间价折合成人民币计算；中国外汇交易中心或者中国人民银行授权机构未公布汇率中间价的外币，按照盗窃时境内银行人民币对该货币的中间价折算成人民币，或者该货币在境内银行、国际外汇市场对美元汇率，与人民币对美元汇率中间价进行套算；

（三）盗窃电力、燃气、自来水等财物，盗窃数量能够查实的，按照查实的数量计算盗窃数额；盗窃数量无法查实的，以盗窃前六个月月均正常用量减去盗窃后计量仪表显示的月均用量推算盗窃数额；盗窃前正常使用不足六个月的，按照正常使用期间的月均用量减去盗窃后计量仪表显示的月均用量推算盗窃数额；

（四）明知是盗接他人通信线路、复制他人电信码号的电信设备、设施而使用的，按照合法用户为其支付的费用认定盗窃数额；无法直接确认的，以合法用户的电信设备、设施被盗接、复制后的月缴费额减去被盗接、复制前六个月的月均电话费推算盗窃数额；合法用户使用电信设备、设施不足六个月的，按照实际使用的月均电话费推算盗窃数额；

（五）盗接他人通信线路、复制他人电信码号出售的，按照销

· 247 ·

赃数额认定盗窃数额。

盗窃行为给失主造成的损失大于盗窃数额的，损失数额可以作为量刑情节考虑。

第五条 盗窃有价支付凭证、有价证券、有价票证的，按照下列方法认定盗窃数额：

（一）盗窃不记名、不挂失的有价支付凭证、有价证券、有价票证的，应当按票面数额和盗窃时应得的孳息、奖金或者奖品等可得收益一并计算盗窃数额；

（二）盗窃记名的有价支付凭证、有价证券、有价票证，已经兑现的，按照兑现部分的财物价值计算盗窃数额；没有兑现，但失主无法通过挂失、补领、补办手续等方式避免损失的，按照给失主造成的实际损失计算盗窃数额。

第七条 盗窃公私财物数额较大，行为人认罪、悔罪、退赃、退赔，且具有下列情形之一，情节轻微的，可以不起诉或者免予刑事处罚；必要时，由有关部门予以行政处罚：

（一）具有法定从宽处罚情节的；

（二）没有参与分赃或者获赃较少且不是主犯的；

（三）被害人谅解的；

（四）其他情节轻微、危害不大的。

第八条 偷拿家庭成员或者近亲属的财物，获得谅解的，一般可不认为是犯罪；追究刑事责任的，应当酌情从宽。

《最高人民法院、最高人民检察院关于办理敲诈勒索刑事案件适用法律若干问题的解释》（2013年4月23日）

第五条 敲诈勒索数额较大，行为人认罪、悔罪、退赃、退赔，并具有下列情形之一的，可以认定为犯罪情节轻微，不起诉或者免予刑事处罚，由有关部门依法予以行政处罚：

（一）具有法定从宽处罚情节的；

（二）没有参与分赃或者获赃较少且不是主犯的；

（三）被害人谅解的；

（四）其他情节轻微、危害不大的。

第六条 敲诈勒索近亲属的财物，获得谅解的，一般不认为是犯罪；认定为犯罪的，应当酌情从宽处理。

被害人对敲诈勒索的发生存在过错的，根据被害人过错程度和案件其他情况，可以对行为人酌情从宽处理；情节显著轻微危害不大的，不认为是犯罪。

《被盗财物价格认定规则》（2020年11月5日）（正文略）

第五十九条 【故意损毁公私财物】

故意损毁公私财物的，处五日以下拘留或者一千元以下罚款；情节较重的，处五日以上十日以下拘留，可以并处三千元以下罚款。

说 明

本条内容系从原第四十九条"盗窃、诈骗、哄抢、抢夺、敲诈勒索或者故意损毁公私财物"的规定中单独分立出来的条款。

对照法条

治安管理处罚法（2012）	治安管理处罚法（2025）
第四十九条 盗窃、诈骗、哄抢、	第五十九条 故意损毁公私财物

续表

治安管理处罚法（2012）	治安管理处罚法（2025）
抢夺、敲诈勒索或者故意损毁公私财物的，处五日以上十日以下拘留，可以并处五百元以下罚款；情节较重的，处十日以上十五日以下拘留，可以并处一千元以下罚款。	的，处五日以下拘留或者一千元以下罚款；情节较重的，处五日以上十日以下拘留，可以并处三千元以下罚款。

条文释义

故意损毁公私财物行为具有以下特征：（1）行为人必须是故意，即具有损毁公私财物的目的，不是为了非法获取财物，而是将财物毁坏，行为人的动机各种各样，一般是出于报复心理。（2）行为人实施了故意损毁公私财物的行为。"损毁"包括损坏和毁灭。"损坏"是指使物品部分丧失价值和使用价值。"毁灭"是指用焚烧、摔砸等方法使物品全部丧失其价值和使用价值。（3）行为侵犯的是公私财物所有权关系，侵犯对象是公私财物。但是对于破坏某些特定的公私财物，则侵犯了其他客体，不能以损毁公私财物的行为予以处罚，如故意损毁使用中的交通设备、交通工具、管道煤气、易燃易爆设备，危害公共安全的，不属于损毁公私财物的行为。

故意损毁公私财物主观目的仅为毁损财物，侵犯的客体也就是财产的所有权，没有对社会管理秩序造成破坏。而寻衅滋事的动机多是基于某种扭曲心理，为发泄负面情绪而对不特定的对象实施的行为。行为人针对特定的人和物实施报复，主观上并没有寻求精神刺激、填补精神空虚、发泄不良情绪等一般的寻衅滋事罪所要求的心态，不宜认定为寻衅滋事。

以案说法

李某明诉某市公安局行政处罚案

河南省安阳市中级人民法院认为：本案中处罚的主要理由是，认为李某明擅自更换了房门锁芯，造成常某帆等五户房门丧失原有的功能，五户损失900余元。但对于上述五套房屋，不但常某帆等五户与某房地产开发有限公司分别签订了商品房预售合同，而且李某明也与某房地产开发有限公司签订了房屋认购协议及相应补充约定，且李某明于2012年6月4日向安阳仲裁委员会针对其与某房地产开发有限公司办理本案所涉的五套房屋商品房预售合同备案手续纠纷申请仲裁，并缴纳了50000元仲裁费。安阳仲裁委员会两次向安阳市处置非法集资联席会议办公室发出《商品房买卖合同纠纷仲裁案能否受理的征询函》，函件均载明该仲裁委员会已于2012年6月4日收到了李某明的两份仲裁申请，申请事项符合受理条件。某市公安局在安阳仲裁委员会针对李某明的申请事项作出相应法律文书前，认定李某明更换上述五套房屋的房门锁芯的行为构成故意损毁公私财物，属认定事实不清、主要证据不足。

【案号】河南省安阳市中级人民法院（2014）安中行终字第66号

孙某发诉某县公安局行政处罚案

湖南省邵阳市中级人民法院认为：孙某发在孙某晖的纠集下，参与2019年3月5日22时许砸毁李某军修建厕所的行为，具有违法性。但是，综观全案，李某军的厕所修建在距离其家百米外的孙氏家族坟山前，厕所占地权属有争议，且损失不大，本院对本案中起主要作用的孙某晖治安行政处罚案件予以维持，孙某发系在孙某晖纠集下参与，情节特别轻微。为化解相邻矛盾，打击面不宜过宽，对孙某发可不予处罚。

【案号】 湖南省邵阳市中级人民法院（2019）湘05行终250号

张某亚诉某县公安局行政处罚案

辽宁省大连市中级人民法院认为：具体到本案，《关于联想电脑、惠普多功能打印机等价格认定结论书》中对惠普多功能打印机表述为"正常使用无维修记录""更换"，即关于惠普多功能打印机的分析说明与价格认定结论不统一；且有歧义存在，即是否仅仅"上盖摔坏"了的"打印机"更换价值为720元/台。村委会提供的《12·16沙尖村委会被砸物品清单》中惠普多功能打印机合计1200元，与价格认定结论书价值为720元/台存在矛盾。办案人民警察应当对鉴定意见进行审查，但其在审查中没有履行审慎义务，在采信价格上尺度不统一。

本院注意到证人证言关于物品被毁损、毁坏程度缺乏证实。行政机关在审核证据上未注重证据间的衔接关系，忽视了各证据证明力方向的不一致性，未能形成完整的证据链，以致证据证明力不充分，未排除上诉人提出的合理怀疑，导致关于认定价格高低的事实不清。因为物品被毁损价值多寡直接与毁财类的治安处罚情节轻重具有直接关系，情节轻重适用法律不同，故行政处罚决定中主要证据依据不足，量罚不当。

【案号】 辽宁省大连市中级人民法院（2020）辽02行终185号

李某霞诉某派出所行政处罚案

山东省高级人民法院认为：自力救济相对于公力救济而言，是指合法权利人为保护自身合法权利，在情况紧急而又不能及时请求国家机关救助的条件下，依靠自身力量而实施、保障自身合法权利的实现、免受不法侵害行为造成损失的自力行为。该自力行为应当为法律和社会公德所认可，并且应当与侵害行为的严重程度、紧迫性相契合。自力救济的行使范围、方式、原则和限度等受法律的严格限制。只有当合法权利受到侵害，来不及请求公力救济，若不及时采取自救行为，事后权利无法或难以实现，且采取自救的方式恰当、不超过必要的限度时方可实施。本案中，第三人马某军修建院墙的行为影响了李某霞的正常通行，但没有侵害的紧迫性和人身、财产重大损害的不可逆转性，并未达到需要李某霞采取自力救济的紧迫程度。李某霞可以采取向有关部门举报或者提起排除妨碍民事诉讼等救济途径，其直接推倒案涉院墙的行为于法无据。

【案号】山东省高级人民法院（2020）鲁行终 1598 号

某村委会诉某市公安局不予处罚案

河南省安阳市中级人民法院裁判认为："现代法律以禁止私力救济为原则"，一个健康、有序的社会，通过法律来化解矛盾，解决纠纷是基本手段，如果村委会想终止与原告签订的合同，应当通过合法途径解决，即寻求公力救济，而不应采取自行拆除彩虹桥、激化矛盾的行为。并且，民事责任和治安行政法律责任是不同性质的法律责任，两种责任不能相互代替。本案确系履行协议引发的民间纠纷，根据《治安管理处罚法》规定，如果经公安机关调解处理或者当事人自行和解，被告可不予处罚。但本案并未经调解处理或者当事人自行和解，被告不予行政处罚，有违治安管理处罚法规定。

本案中，被告在受理案件前即调查取证，违反了上述规定，也属程序违法。

【案号】河南省安阳市中级人民法院（2019）豫 05 行终 203 号

曾某诉某市公安局行政处罚案

福建省高级人民法院认为：第三人曾某作为涉案房屋共有权人之一，其实施敲破涉案房屋一楼入户门的内外双层玻璃并用铁链锁住的行为方式虽有不当，但其目的是行使其作为房屋共有权人的权益，而非以损毁他人财物为目的。

【案号】福建省高级人民法院（2017）闽行申362号

> **第六十条　【对学生欺凌的处理】**
>
> 以殴打、侮辱、恐吓等方式实施学生欺凌，违反治安管理的，公安机关应当依照本法、《中华人民共和国预防未成年人犯罪法》的规定，给予治安管理处罚、采取相应矫治教育等措施。
>
> 学校违反有关法律法规规定，明知发生严重的学生欺凌或者明知发生其他侵害未成年学生的犯罪，不按规定报告或者处置的，责令改正，对其直接负责的主管人员和其他直接责任人员，建议有关部门依法予以处分。

说　明

本条是新增条款。

立法中，有的常委委员、部门、地方和社会公众提出，当前未成年人违法犯罪的形势严峻，现行的治安管理处罚措施不足以教育和惩戒违法的未成年人，建议本法与预防未成年人犯罪法规定的相关矫治教育措施做好衔接。宪法和法律委员会经研究，建议增加规定，对依法不予处罚或者不执行行政拘留处罚的未成年人，公安机关应当"依照《中华人民共和国预防未成年人犯罪法》的规定采取相应矫治教育措施"。①

根据审议意见，对修订草案三次审议稿作了表述性修改：将第六十条第一款中"实施学生欺凌，有殴打、侮辱、恐吓等行为"修改为"以殴打、侮辱、恐吓等方式实施学生欺凌"。②

这里的学校，是指普通中小学、特殊教育学校、中等职业学校、专门学校。学生欺凌，是指发生在学生之间，一方蓄意或者恶意通过肢体、语言及网络等手段实施欺压、侮辱，造成另一方人身伤害、财产损失或者精神损害的行为。包括：（1）在班级等集体中实施歧视、孤立、排挤的；（2）对特定学生进行恐吓、谩骂、讥讽的；（3）索要财物的；（4）毁损、污损特定学生的文具、衣物的；（5）实施殴打、体罚或变相体罚、污损身体等行为的；（6）记录、录制、散布实施欺凌过程的文字、音频、视频等信息的；（7）其他欺凌行为。

在实际工作中，要严格划清学生欺凌与学生间打闹嬉戏的界限，正确合理处理。

关 联 规 定

最高人民检察院 国家监察委员会 教育部 公安部 民政部 司法部 国家卫生健康委员会 中国共产主义青年团中央委员会 中华全国妇女联合会《关于建立侵害未成年人案件强制报告制度的意见（试行）》（2020 年 5 月 7 日）

第二条 侵害未成年人案件强制报告，是指国家机关、法律法

---

① 2024 年 6 月 25 日，全国人民代表大会宪法和法律委员会关于《中华人民共和国治安管理处罚法（修订草案）》修改情况的汇报，载中国人大网，http://www.npc.gov.cn/npc/c2/c30834/202506/t20250627_446248.html，最后访问时间 2025 年 6 月 27 日。

② 2024 年 6 月 26 日，全国人民代表大会宪法和法律委员会关于《中华人民共和国治安管理处罚法（修订草案三次审议稿）》修改意见的报告，载中国人大网，http://www.npc.gov.cn/npc/c2/c30834/202506/t20250627_446249.html，最后访问时间 2025 年 6 月 27 日。

规授权行使公权力的各类组织及法律规定的公职人员,密切接触未成年人行业的各类组织及其从业人员,在工作中发现未成年人遭受或者疑似遭受不法侵害以及面临不法侵害危险的,应当立即向公安机关报案或举报。

第三条 本意见所称密切接触未成年人行业的各类组织,是指依法对未成年人负有教育、看护、医疗、救助、监护等特殊职责,或者虽不负有特殊职责但具有密切接触未成年人条件的企事业单位、基层群众性自治组织、社会组织。主要包括:居(村)民委员会;中小学校、幼儿园、校外培训机构、未成年人校外活动场所等教育机构及校车服务提供者;托儿所等托育服务机构;医院、妇幼保健院、急救中心、诊所等医疗机构;儿童福利机构、救助管理机构、未成年人救助保护机构、社会工作服务机构;旅店、宾馆等。

第四条 本意见所称在工作中发现未成年人遭受或者疑似遭受不法侵害以及面临不法侵害危险的情况包括:

(一)未成年人的生殖器官或隐私部位遭受或疑似遭受非正常损伤的;

(二)不满十四周岁的女性未成年人遭受或疑似遭受性侵害、怀孕、流产的;

(三)十四周岁以上女性未成年人遭受或疑似遭受性侵害所致怀孕、流产的;

(四)未成年人身体存在多处损伤、严重营养不良、意识不清,存在或疑似存在受到家庭暴力、欺凌、虐待、殴打或者被人麻醉等情形的;

(五)未成年人因自杀、自残、工伤、中毒、被人麻醉、殴打等非正常原因导致伤残、死亡情形的;

(六)未成年人被遗弃或长期处于无人照料状态的;

(七) 发现未成年人来源不明、失踪或者被拐卖、收买的；

(八) 发现未成年人被组织乞讨的；

(九) 其他严重侵害未成年人身心健康的情形或未成年人正在面临不法侵害危险的。

第五条 根据本意见规定情形向公安机关报案或举报的，应按照主管行政机关要求报告备案。

第六条 具备先期核实条件的相关单位、机构、组织及人员，可以对未成年人疑似遭受不法侵害的情况进行初步核实，并在报案或举报时将相关材料一并提交公安机关。

第七条 医疗机构及其从业人员在收治遭受或疑似遭受人身、精神损害的未成年人时，应当保持高度警惕，按规定书写、记录和保存相关病历资料。

第八条 公安机关接到疑似侵害未成年人权益的报案或举报后，应当立即接受，问明案件初步情况，并制作笔录。根据案件的具体情况，涉嫌违反治安管理的，依法受案审查；涉嫌犯罪的，依法立案侦查。对不属于自己管辖的，及时移送有管辖权的公安机关。

第九条 公安机关侦查未成年人被侵害案件，应当依照法定程序，及时、全面收集固定证据。对于严重侵害未成年人的暴力犯罪案件、社会高度关注的重大、敏感案件，公安机关、人民检察院应当加强办案中的协商、沟通与配合。

公安机关、人民检察院依法向报案人员或者单位调取指控犯罪所需要的处理记录、监控资料、证人证言等证据时，相关单位及其工作人员应当积极予以协助配合，并按照有关规定全面提供。

第十条 公安机关应当在受案或者立案后三日内向报案单位反馈案件进展，并在移送审查起诉前告知报案单位。

第十一条 人民检察院应当切实加强对侵害未成年人案件的立

案监督。认为公安机关应当立案而不立案的,应当要求公安机关说明不立案的理由。认为不立案理由不能成立的,应当通知公安机关立案,公安机关接到通知后应当立即立案。

第十二条 公安机关、人民检察院发现未成年人需要保护救助的,应当委托或者联合民政部门或共青团、妇联等群团组织,对未成年人及其家庭实施必要的经济救助、医疗救治、心理干预、调查评估等保护措施。未成年被害人生活特别困难的,司法机关应当及时启动司法救助。

公安机关、人民检察院发现未成年人父母或者其他监护人不依法履行监护职责,或者侵害未成年人合法权益的,应当予以训诫或者责令其接受家庭教育指导。经教育仍不改正,情节严重的,应当依法依规予以惩处。

公安机关、妇联、居民委员会、村民委员会、救助管理机构、未成年人救助保护机构发现未成年人遭受家庭暴力或面临家庭暴力的现实危险,可以依法向人民法院代为申请人身安全保护令。

第十三条 公安机关、人民检察院和司法行政机关及教育、民政、卫生健康等主管行政机关应当对报案人的信息予以保密。违法窃取、泄露报告事项、报告受理情况以及报告人信息的,依法依规予以严惩。

第十四条 相关单位、组织及其工作人员应当注意保护未成年人隐私,对于涉案未成年人身份、案情等信息资料予以严格保密,严禁通过互联网或者以其他方式进行传播。私自传播的,依法给予治安处罚或追究其刑事责任。

第十五条 依法保障相关单位及其工作人员履行强制报告责任,对根据规定报告侵害未成年人案件而引发的纠纷,报告人不予承担相应法律责任;对于干扰、阻碍报告的组织或个人,依法追究法律责任。

第十六条 负有报告义务的单位及其工作人员未履行报告职责，造成严重后果的，由其主管行政机关或者本单位依法对直接负责的主管人员或者其他直接责任人员给予相应处分；构成犯罪的，依法追究刑事责任。相关单位或者单位主管人员阻止工作人员报告的，予以从重处罚。

第十七条 对于行使公权力的公职人员长期不重视强制报告工作，不按规定落实强制报告制度要求的，根据其情节、后果等情况，监察委员会应当依法对相关单位和失职失责人员进行问责，对涉嫌职务违法犯罪的依法调查处理。

第四节 妨害社会管理的行为和处罚

第六十一条 【阻碍依法执行公务】

有下列行为之一的，处警告或者五百元以下罚款；情节严重的，处五日以上十日以下拘留，可以并处一千元以下罚款：

（一）拒不执行人民政府在紧急状态情况下依法发布的决定、命令的；

（二）阻碍国家机关工作人员依法执行职务的；

（三）阻碍执行紧急任务的消防车、救护车、工程抢险车、警车或者执行上述紧急任务的专用船舶通行的；

(四）强行冲闯公安机关设置的警戒带、警戒区或者检查点的。

阻碍人民警察依法执行职务的，从重处罚。

说明

本条罚则有提高，并作了一些表述性修改。

对照法条

治安管理处罚法（2012）	治安管理处罚法（2025）
第五十条　有下列行为之一的，处警告或者二百元以下罚款；情节严重的，处五日以上十日以下拘留，可以并处五百元以下罚款： （一）拒不执行人民政府在紧急状态情况下依法发布的决定、命令的； （二）阻碍国家机关工作人员依法执行职务的； （三）阻碍执行紧急任务的消防车、救护车、工程抢险车、警车等车辆通行的； （四）强行冲闯公安机关设置的警戒带、警戒区的。 阻碍人民警察依法执行职务的，从重处罚。	第六十一条　有下列行为之一的，处警告或者**五百元以下罚款**；情节严重的，处五日以上十日以下拘留，可以并处**一千元以下罚款**： （一）拒不执行人民政府在紧急状态情况下依法发布的决定、命令的； （二）阻碍国家机关工作人员依法执行职务的； （三）阻碍执行紧急任务的消防车、救护车、工程抢险车、警车**或者执行上述紧急任务的专用船舶**通行的； （四）强行冲闯公安机关设置的警戒带、警戒区**或者检查点**的。 阻碍人民警察依法执行职务的，从重处罚。

第三章 违反治安管理的行为和处罚

条文释义

本条是关于对拒不执行政府在紧急状态情况下依法发布的决定、命令的和阻碍执行公务的行为的处罚规定，共分两款。

第一款对四种行为作了规定。

一是拒不执行人民政府在紧急状态情况下依法发布的决定、命令。抗拒，是指拒不执行，包括作为或不作为的方式。人民政府，是指乡、镇以上各级人民政府。2004年全国人大把《宪法》中的"戒严"修改为"紧急状态"。戒严和紧急状态是一个小概念和大概念的关系，后者可以涵盖前者，前者是后者的一个内容。

《突发事件应对法》第二条第一款规定："本法所称突发事件，是指突然发生，造成或者可能造成严重社会危害，需要采取应急处置措施予以应对的自然灾害、事故灾难、公共卫生事件和社会安全事件。"

只有同时具备了上述两个方面的条件，才是本项所要处罚的行为。如果决定、命令不是人民政府在紧急状态下发布，而是在一般情况下发布的，则不属于本项规定的应当处罚的行为。

二是阻碍国家机关工作人员依法执行职务。本项规定的行为在客观上具备以下三个特征：（1）必须实施了阻碍行为。这里规定的"阻碍"，是指行为人以各种方法和手段，实施的阻挠、妨碍行为。（2）阻碍的行为对象必须是国家机关工作人员。（3）必须是依法执行职务的行为。这里规定的"依法执行职务"，是指国家机关工作人员依照法律、法规规定所进行的职务行为。如果阻碍的不是国家机关工作人员的职务活动，或者不是依法执行的职务活动，则都不是本项所规定的行为。

三是阻碍执行紧急任务的消防车、救护车、工程抢险车、警

· 261 ·

车、专用船舶等通行。本项规定的行为必须符合以下三个特征：（1）实施了阻碍车辆、专用船舶通行的行为。这里规定的"阻碍"，是指行为人以各种方法和手段，实施的阻挠、妨碍车辆通行的行为。（2）阻碍通行的对象是消防车、救护车、工程抢险车、警车、专用船舶等。这些车辆、专用船舶都是担负着特殊使命的特种通行工具，其所担负的任务，都直接涉及公民、集体和国家的财产和生命安全。（3）执行紧急任务的车辆、专用船舶。上述特种车辆、专用船舶必须严格按照规定的用途和条件使用。如果上述特种车辆、专用船舶不是在执行紧急任务，只是执行一般的公务活动，甚至是私事，尽管其属于特种车辆、专用船舶，也不属于本项所要处罚的行为范畴。

四是强行冲闯公安机关设置的警戒带、警戒区或者检查点。本项规定的行为必须符合以下两个特征：（1）实施了强行冲闯行为。也就是行为人明知道路上设置了警戒带、警戒区或者检查点，不准非执行任务的车辆通行，却不听劝阻，强行通过。（2）冲闯的对象是由公安机关设置的警戒带、警戒区或者检查点。所谓"警戒带"，是指公安机关按照规定装备，用于依法履行职责在特定场所设置进入范围的专用标志物。"警戒区"，是指公安机关按照规定，在一些特定地方，划定一定的区域限定部分人员出入的地区。"检查点"是指公安机关为了保障社会治安秩序和公共安全，在特定地点设置的检查站点。这些检查点通常用于对过往人员、车辆和物品进行安全检查，以识别和排除潜在的安全隐患。非公安机关设置，而是由一些单位自行设置的所谓"警戒带""警戒区""检查点"不属于本项规定的行为。

第二款是对阻碍人民警察依法执行职务的行为从重处罚的规定。

这一规定是对人民警察执行职务的特殊保护。本款对阻碍人民警察依法执行职务的行为，规定在第一款规定的处罚幅度内从重处罚。适用这一款的规定有两个条件：一是行为人阻碍的对象必须是人民警察。阻碍其他执行机关执行职务的行为，适用其他相应条款的规定。二是人民警察必须是在依法执行职务。如果人民警察的行为违反了法律的规定，或者其行为根本就不是执行职务的活动，则不受本款的保护。

以案说法

李某章诉某县公安局行政处罚案

云南省楚雄彝族自治州中级人民法院认为：县公安局认定李某章当场辱骂并用手殴打民警苏某明，构成阻碍国家机关工作人员依法执行职务情形。经本院审查在案证据，李某章称"你们穿着猫皮就了不起"及用手弹开民警的手，均是在民警处理完交通事故之后的言行；民警的伤也仅有禄丰县医院住院部的诊断证明而无其他检查或治疗单据，且李某章右手拇指及手臂也有外伤。虽然李某章在民警处理交通事故时有不当言语，以及在民警指向其时用手弹开民警的手，但该言行尚不足以构成阻碍人民警察依法执行职务情形，且民警在处理交通事故时，也存在执法用语不规范问题。故县公安局认定上述言行构成阻碍人民警察依法执行职务情形，主要证据不足，依法应当予以撤销。

【案号】云南省楚雄彝族自治州中级人民法院（2019）云23行终54号

罗某亮诉某铁路公安处行政处罚案

广西壮族自治区高级人民法院认为：本案中，罗某亮在乘坐列车期间，以大吵大闹、言语辱骂的方式阻碍列车乘警执行职务，已构成前述规定的阻碍人民警察执行职务并应从重处罚的情形。根据前述规定，"阻碍人民警察依法执行职务"的行为本身就已构成应当"从重处罚"的情形，本案查明，罗某亮以大吵大闹、言语辱骂方式阻碍乘警执法，持续时间长，已严重阻碍乘警执法及影响该列车车厢公共秩序。

【案号】广西壮族自治区高级人民法院（2023）桂行申993号

石某财诉某县公安局行政处罚案

陕西省榆林市中级人民法院认为：现场拍摄视频显示，在某县公安局干警出示身份证件后，石某财虽然对干警身份证件的真伪提出口头质疑，但并未实施实质性的阻碍公务执行行为，且石某财在现场曾两次提出由其亲自带领干警进行拍摄取证。故此，某县公安局在法定期限内提举的现场拍摄视频等证据不足以证明石某财存在阻止某县公安局干警执行公务的事实，该局对石某财作出的行政处罚决定主要证据不足。

【案号】陕西省榆林市中级人民法院（2021）陕08行终12号

明某某诉某市公安局行政处罚案

宁夏固原市原州区人民法院认为：原告的行为是否符合应当从重处罚的情形。首先，原告作为报案人，有权要求处警民警处理其与宾馆老板之间因登记住宿发生的纠纷，被告处警后认为原告存在辱骂处警民警及阻碍执行职务的情形，但被告提交的证据无法证明存在上述情形。原告被戴手铐后，大声要求处警民警出示警察证，依据《公安机关执法细则》中关于执法证件使用的规定，原告要求出示警察证，即使处警人员身着公安民警制式服装并佩戴人民警察标志，也应当将证件打开出示，故原告要求出示警察证的行为不属于阻碍执行职务的情形。

其次，从办案程序看，被告对该起行政案件采用的是快速办理程序，但本案中，原告自始至终不认可自己存在违法行为，按照规定不应当使用快速办理程序，被告亦未征得原告的同意即使用快速办理程序。被告在对原告作出行政处罚决定前应当履行处罚前告知程序。被告辩称其依据快速办理程序进行了口头告知，原告对此不予认可，故案涉行政处罚违反法定程序。

【案号】宁夏固原市原州区人民法院（2023）宁0402行初199号
张某伟诉某市公安局行政处罚案

山西省高级人民法院认为：该条款规定的所谓"紧急状态"，是指发生或者即将发生特别重大突发事件，需要国家机关行使紧急权力予以控制、消除其社会危害和威胁时，有关国家机关按照宪法、法律规定的权限决定并宣布局部地区或者全国实行的一种临时性的严重危急状态。《某市人民政府关于严厉打击非法违法开采矿产资源行为的通告》显然不属于人民政府在紧急状态下发布的决定、命令。

【案号】山西省高级人民法院（2020）晋行申118号
黎某宏诉某县公安局行政处罚案

湖南省邵阳县人民法院认为：公安机关依法对行政相对人实施行政处罚时，应遵循过罚相当原则行使自由裁量权，实施行政处罚必须以事实为依据，与违法行为的事实、性质、情节以及社会危害程度相当。本案中原告黎某宏讲民警王某书一句"哈哈歹歹"的事实，双方均无争议。从视频资料中可以看出，公安民警王某书携带辅警先于原告来到施工现场，到场后听取各方人员的诉求，周围群众都清楚王某书的警察身份，应认定王某书及辅警们系依法执行职务。在公安机关出警制止相邻纠纷升级恶化时，纠纷各方及旁观人员均应当支持和配合，这是公民应尽的义务。原告作为纠纷一方人员的亲弟弟，本身也是法律工作者，在被告工作人员现场劝解、制止近一个小时后赶到现场时，本应主动配合公安人员做好其亲属不得采取以阻工方式解决纠纷的工作，而原告到场后有帮腔扩大事态的言行，并出言不逊，侮辱执法人员人格，其行为具有违法性。鉴于事发后，原告配合传唤并承认自己发表不当言论，经批评教育后有认错情形，被告可给予警告或者罚款的行政处罚。而被告决定对原告行政拘留五日，系明显处罚不当。

【案号】湖南邵阳县人民法院（2019）湘0523行初55号

> **第六十二条　【招摇撞骗】**
> 冒充国家机关工作人员招摇撞骗的，处十日以上十五日以下拘留，可以并处一千元以下罚款；情节较轻的，处五日以上十日以下拘留。
> 冒充军警人员招摇撞骗的，从重处罚。
> 盗用、冒用个人、组织的身份、名义或者以其他虚假身份招摇撞骗的，处五日以下拘留或者一千元以下罚款；情节较重的，处五日以上十日以下拘留，可以并处一千元以下罚款。

说　明

本条罚则有所提高，并将"以其他虚假身份招摇撞骗"的行为分立出来，单列一款，并修正为"盗用、冒用个人、组织的身份、名义或者以其他虚假身份招摇撞骗的"行为。

对照法条

治安管理处罚法（2012）	治安管理处罚法（2025）
第五十一条　冒充国家机关工作人员或者以其他虚假身份招摇撞骗的，处五日以上十日以下拘留，可以并处五百元以下罚款；情节较轻的，处五日以下拘留或者五百元以下罚款。 冒充军警人员招摇撞骗的，从重处罚。	第六十二条　冒充国家机关工作人员招摇撞骗的，处十日以上十五日以下拘留，可以并处一千元以下罚款；情节较轻的，处五日以上十日以下拘留。 冒充军警人员招摇撞骗的，从重处罚。 盗用、冒用个人、组织的身份、名义或者以其他虚假身份招摇撞骗的，处五日以下拘留或者一千元以下罚款；情节较重的，处五日以上十日以下拘留，可以并处一千元以下罚款。

条文释义

本条是关于对冒充国家机关工作人员和其他人员招摇撞骗行为的处罚的规定。本条分为三款。

第一款是对冒充一般国家机关工作人员进行招摇撞骗行为的处罚规定。

根据本款的规定，必须同时符合以下几个条件：

一是必须有"冒充国家机关工作人员"行为。这里规定的"冒充国家机关工作人员"，是指非国家机关工作人员假冒国家机关工作人员的身份、地位，或者某一国家机关工作人员冒用其他国家机关工作人员的身份、地位的行为。

二是行为人必须实施了招摇撞骗行为。这里规定的"招摇撞骗"行为，其行为特征就是侵犯的是国家机关的威信和公信力以及社会的正常秩序。尽管行为人的招摇撞骗行为也可能是骗取财物，但由于行为人采用的是冒充国家机关工作人员的手段，致使人民群众误以为这些违法行为是国家机关工作人员所为，因而直接破坏了国家机关的形象、威信，扰乱了社会公共秩序。这既是其行为的本质特征，也是其行为最实质的危害所在。

三是其违法行为的目的是谋取非法利益。非法利益包括物质利益和非物质利益，如政治待遇、经济利益或者荣誉称号等。如果行为人冒充国家机关工作人员是为了给被侵害人造成一种心理上的威胁，使之不敢反抗，其目的是抢劫、强奸的，则构成抢劫罪和强奸罪。

第二款是关于冒充军警人员招摇撞骗的行为，从重给予治安管理处罚的规定。有必要对人民警察和人民解放军的形象和威信给予特别保护，这与《刑法》规定的精神也是相一致的。

招摇撞骗行为与诈骗行为的主要区别是：①侵犯的客体不同。招摇撞骗行为侵犯的客体主要是国家机关的威信及其正常活动；诈骗行为侵犯的客体仅限于公私财物的所有权。②客观方面不同。招摇撞骗的客观方面表现为冒充国家机关工作人员和以其他虚假的身份进行招摇撞骗；诈骗行为则是编造虚假理由或者隐瞒事实真相来骗取公私财物。③主观方面不同。招摇撞骗行为的主观目的是追求非法利益，包括非法占有公私财物，也包括骗取其他非法利益；诈骗行为的主观目的只是非法占有公私财物。

第三款是对盗用、冒用个人、组织的身份名义或者以其他虚假身份招摇撞骗的行为的处罚规定。这里规定的"以其他虚假身份"，是指假冒除国家机关工作人员以外的人员的身份，如冒充律师、记者、教授、高干子弟、企业家等。

第六十三条 【伪造、变造、买卖、出租、出借公文、证件、证明文件、印章，伪造、变造、倒卖有价票证、船舶户牌】

有下列行为之一的，处十日以上十五日以下拘留，可以并处五千元以下罚款；情节较轻的，处五日以上十日以下拘留，可以并处三千元以下罚款：

（一）伪造、变造或者买卖国家机关、人民团体、企业、事业单位或者其他组织的公文、证件、证明文件、印章的；

（二）出租、出借国家机关、人民团体、企业、事业单位或者其他组织的公文、证件、证明文件、印章供他人非法使用的；

（三）买卖或者使用伪造、变造的国家机关、人民团体、企业、事业单位或者其他组织的公文、证件、证明文件、印章的；

（四）伪造、变造或者倒卖车票、船票、航空客票、文艺演出票、体育比赛入场券或者其他有价票证、凭证的；

（五）伪造、变造船舶户牌，买卖或者使用伪造、变造的船舶户牌，或者涂改船舶发动机号码的。

说 明

本条罚则有所提高，增加了第二项规定，并作了一些表述性修改。

对照法条

治安管理处罚法（2012）	治安管理处罚法（2025）
第五十二条　有下列行为之一的，处十日以上十五日以下拘留，可以并处一千元以下罚款；情节较轻的，处五日以上十日以下拘留，可以并处五百元以下罚款： （一）伪造、变造或者买卖国家机关、人民团体、企业、事业单位或者其他组织的公文、证件、证明文件、印章的； （二）买卖或者使用伪造、变造的国家机关、人民团体、企业、事业单位或者其他组织的公文、证件、证明文件的； （三）伪造、变造、倒卖车票、船票、航空客票、文艺演出票、体育比赛入场券或者其他有价票证、凭证的； （四）伪造、变造船舶户牌，买卖或者使用伪造、变造的船舶户牌，或者涂改船舶发动机号码的。	第六十三条　有下列行为之一的，处十日以上十五日以下拘留，可以并处**五千元**以下罚款；情节较轻的，处五日以上十日以下拘留，可以并处**三千元**以下罚款： （一）伪造、变造或者买卖国家机关、人民团体、企业、事业单位或者其他组织的公文、证件、证明文件、印章的； （二）**出租、出借国家机关、人民团体、企业、事业单位或者其他组织的公文、证件、证明文件、印章供他人非法使用的；** （三）买卖或者使用伪造、变造的国家机关、人民团体、企业、事业单位或者其他组织的公文、证件、证明文件、**印章**的； （四）伪造、变造**或者**倒卖车票、船票、航空客票、文艺演出票、体育比赛入场券或者其他有价票证、凭证的； （五）伪造、变造船舶户牌，买卖或者使用伪造、变造的船舶户牌，或者涂改船舶发动机号码的。

第三章 违反治安管理的行为和处罚

条文释义

本条是关于对伪造、变造或者出租、出借、买卖国家机关等单位的公文、证件、证明文件、印章、有价票证、凭证、船舶户牌等行为的处罚规定。

本条规定了五项应当受到处罚的行为。

第一项规定的处罚行为是伪造、变造或者买卖国家机关、人民团体、企业、事业单位或者其他组织的公文、证件、证明文件、印章的行为。这里规定的"伪造",是指无制作权的人,冒用有关机关、团体等单位的名义,非法制作国家机关、人民团体、企业、事业单位或者其他组织的公文、证件、证明文件、印章的行为。"变造",是指用涂改、擦消、拼接等方法,对真实的公文、证件、证明文件、印章进行改制,变更其原来真实内容的行为。"买卖",是指为了特定目的,非法购买或者销售国家机关、人民团体、企业、事业单位或者其他组织的公文、证件、证明文件、印章的行为。

本条规定的"公文",是指国家机关、人民团体、企业、事业单位或者其他组织在其职权内,以其名义制作的用于指示工作、处理问题或者联系事务的各种书面文件,如决定、命令、决议、指示、通知、报告、信函、电文等。这里规定的"证件",是指国家机关、人民团体、企业、事业单位和其他组织制作颁发的用于证明身份、权利、义务关系或者有关事实的凭证,主要包括证件、证书。这里规定的"证明文件",是指由国家机关、人民团体、企业、事业单位和其他组织开具的证明其身份的文书等,如介绍信。这里规定的"印章",是指刻有国家机关、人民团体、企业、事业单位或者其他组织名称的公章或者有特殊用途的专用章。另外,需说明的是，本项规定的"公文、证件、证明文件、印章"都是指真实、有效的公文、证件、证明文件、印章。

第二项规定的处罚行为是出租、出借国家机关、人民团体、企业、事业单位或者其他组织的公文、证件、证明文件、印章供他人非法使用的行为。公文、证件、证明文件、印章具有专有性，应禁止出租、出借供他人非法使用。

第三项规定的处罚行为是买卖或者使用伪造、变造的国家机关、人民团体、企业、事业单位或者其他组织的公文、证件、证明文件、印章的行为。

第四项规定的处罚行为是伪造、变造、倒卖车票、船票、航空客票、文艺演出票、体育比赛入场券或者其他有价票证、凭证的行为。这里所说的"其他有价票证、凭证"，是指类似于车票、船票、航空客票、文艺演出票、体育比赛入场券的，代表一定数额现金的证明票据，如各种营业性质的展览的入场券等。

第五项规定的处罚行为是伪造、变造船舶户牌，买卖或者使用伪造、变造的船舶户牌，或者涂改船舶发动机号码的行为。这里规定的"船舶"，是指各类排水或者非排水的船、艇、筏、水上飞行器、潜水器、移动式平台以及其他水上移动装置。

以案说法

徐某燕诉某县公安局行政处罚案

浙江省台州市中级人民法院认为：本案中，徐某燕明知其微信朋友提取住房公积金的方式不合法，仍然为徐某星与其微信朋友牵线搭桥，最终在其微信朋友伪造的文件帮助下徐某星以不法手段骗取住房公积金8万元，故徐某燕与案外人徐某星的行为构成买卖、使用伪造的证明文件的共同违反治安管理行为。

【案号】浙江省台州市中级人民法院（2019）浙10行终245号

张某诉某县公安局行政处罚案

辽宁省辽阳市中级人民法院认为：本案中，张某提出其变造保险单的行为发生在2020年12月8日，距离公安机关发现变造保单已经超过六个月，不应再处罚的主张，由于该变造保险单持续贯穿于人民法院审理的相关民事案件的全过程，应认定该违反治安管理的行为有连续或者继续状态，追诉期应当从行为终了之日起计算，故不符合公安机关未在六个月内发现的情形。

【案号】辽宁省辽阳市中级人民法院（2023）辽10行终217号

李某正诉某市公安局行政处罚案

河北省高级人民法院经审查认为：李某正将在推荐单位栏盖有遵化市村民委员会公章的空白授权委托书原件彩色复印后，在该复印件上填写相关委托内容，以此方式制作遵化市村民委员会的证明文件，并在某市工业和信息化局信访接待窗口使用，该行为违法。

【案号】河北省高级人民法院（2020）冀行申114号

第六十四条　【船舶擅自进入、停靠国家禁止、限制进入的水域或者岛屿】

船舶擅自进入、停靠国家禁止、限制进入的水域或者岛屿的，对船舶负责人及有关责任人员处一千元以上二千元以下罚款；情节严重的，处五日以下拘留，可以并处二千元以下罚款。

说 明

本条罚则有所提高,并作了一些表述性修改。

对照法条

治安管理处罚法(2012)	治安管理处罚法(2025)
第五十三条 船舶擅自进入、停靠国家禁止、限制进入的水域或者岛屿的,对船舶负责人及有关责任人员处五百元以上一千元以下罚款;情节严重的,处五日以下拘留,并处五百元以上一千元以下罚款。	第六十四条 船舶擅自进入、停靠国家禁止、限制进入的水域或者岛屿的,对船舶负责人及有关责任人员处一千元以上二千元以下罚款;情节严重的,处五日以下拘留,可以并处二千元以下罚款。

条文释义

本条是关于对船舶擅自进入、停靠国家禁止、限制进入的水域或者岛屿行为的处罚规定。

国家禁止或者限制进入的水域或岛屿一般是指国家的海军军事基地或者用于其他专门用途的水域和岛屿,船舶擅自进入禁止或者限制进入的水域或岛屿将会导致泄露国家的军事秘密,妨害国家对专门用途水域、岛屿的管理。公安部于1999年8月20日颁布,并自2000年5月1日起施行的《沿海船舶边防治安管理规定》对各类船舶的管理作了明确规定。

本条规定的船舶,是指在我国领海海域内或者内水水域停泊、航行和从事生产作业的各类船舶。我国军用船舶、公务执法船舶及国家另有规定的除外。擅自进入、停靠国家禁止、限制进入的水域或者岛屿,是指违反国家有关的管理规定,没有获得批准和许可而擅自驶入或者停泊在国家禁止、限制进入的水域或者岛屿。因避险及其他不可抗力的原因而进入或者停靠禁止、限制进入的水域或者岛屿，在原因消除后立即离开，抵港后及时向公安边防部门报告的，不构成本行为。船舶负责人是指船长或者船主，其他有关责任人员是指其他负责具体驾驶船舶的操作人员，如大副、轮机长等。"情节严重"，是指擅自进入、停靠国家禁止、限制进入的水域或者岛屿，经管理人员要求驶离后，仍拒不驶离或者多次进入、停靠国家禁止、限制进入的水域或者岛屿等情形。

第六十五条 【违反社会组织管理和擅自经营特许行业】

有下列行为之一的，处十日以上十五日以下拘留，可以并处五千元以下罚款；情节较轻的，处五日以上十日以下拘留或者一千元以上三千元以下罚款：

（一）违反国家规定，未经注册登记，以社会团体、基金会、社会服务机构等社会组织名义进行活动，被取缔后，仍进行活动的；

（二）被依法撤销登记或者吊销登记证书的社会团体、基金会、社会服务机构等社会组织，仍以原社会组织名义进行活动的；

（三）未经许可，擅自经营按照国家规定需要由公安机关许可的行业的。

有前款第三项行为的，予以取缔。被取缔一年以内

> 又实施的，处十日以上十五日以下拘留，并处三千元以上五千元以下罚款。
>
> 取得公安机关许可的经营者，违反国家有关管理规定，情节严重的，公安机关可以吊销许可证件。

说 明

本条罚则有所提高，并作了一些表述性修改。

对照法条

治安管理处罚法（2012）	治安管理处罚法（2025）
第五十四条 有下列行为之一的，处十日以上十五日以下拘留，并处五百元以上一千元以下罚款；情节较轻的，处五日以下拘留或者五百元以下罚款： （一）违反国家规定，未经注册登记，以社会团体名义进行活动，被取缔后，仍进行活动的； （二）被依法撤销登记的社会团体，仍以社会团体名义进行活动的； （三）未经许可，擅自经营按照国家规定需要由公安机关许可的行业的。 有前款第三项行为的，予以取缔。 取得公安机关许可的经营者，违反国家有关管理规定，情节严重的，公安机关可以吊销许可证。	第六十五条 有下列行为之一的，处十日以上十五日以下拘留，**可以并处**五千元以下罚款；情节较轻的，处五日以上十日以下拘留或者一千元以上三千元以下罚款： （一）违反国家规定，未经注册登记，以社会团体、**基金会、社会服务机构等社会组织**名义进行活动，被取缔后，仍进行活动的； （二）被依法撤销登记**或者吊销登记证书**的社会团体、**基金会、社会服务机构等社会组织**，仍以原社会组织名义进行活动的； （三）未经许可，擅自经营按照国家规定需要由公安机关许可的行业的。

续表

治安管理处罚法（2012）	治安管理处罚法（2025）
	有前款第三项行为的，予以取缔。被取缔一年以内又实施的，处十日以上十五日以下拘留，并处三千元以上五千元以下罚款。 取得公安机关许可的经营者，违反国家有关管理规定，情节严重的，公安机关可以吊销许可证件。

条文释义

本条是对违反国家对社会团体的设立、活动以及有关特种行业经营机构的设立、管理等方面的规定的行为予以治安处罚的规定，共分三款。

根据本条第一款的规定，本款处罚的行为包括三个方面的内容：

第一项规定的行为依据的是1998年10月25日国务院施行、2016年2月6日修订的《社会团体登记管理条例》。社会团体是指中国公民自愿组成，为实现共同意愿按照其章程开展活动的非营利性社会组织。成立社会团体，应当经其业务主管单位审查同意，并依照规定进行登记。国务院民政部门和县级以上地方各级人民政府民政部门是本级人民政府的社会团体登记管理机关，成立社会团体要符合法律规定的具体条件和程序。只有依照上述规定的内容和程序，经批准后方能以社会团体的名义开展活动。

构成本项规定的违反治安管理行为，需同时具备以下两个条件：（1）必须是违反国家规定的行为。这里所说的国家规定主要是指国务院颁布的《社会团体登记管理条例》的有关规定。（2）必须是未经注册，以社会团体名义进行活动，被取缔后仍进行活动的行为。这一规定包含两层意思：一是违法行为人未经注册，擅自以社会团体名义进行活动的行为。二是在被国家有关部门取缔后，仍进行活动的行为。

第二项是对被依法撤销登记的社会团体，仍以社会团体的名义进行活动的行为的处罚。根据《社会团体登记管理条例》的规定，这一行为是指社团在当初成立时，依法进行过社团登记，但社团在开展活动中，严重违反了国家关于社团管理的规定，受到有关主管部门予以撤销登记的处罚，但违法行为人在被撤销登记后仍然以社团名义进行活动。这种行为的实质与不进行社团登记就擅自开展活动对社会造成的危害是一样的，都应受到惩处。

第三项是对违反国家关于审批、许可方面的有关规定，擅自经营按照国家规定需要由公安机关许可的行业的行为的处罚。国家对以上行业实行的许可证制度，不是一般的行政许可，而是特许，是具有法律意义的治安行政行为。申请经营以上行业的，须经所在地县级以上人民政府公安机关批准，领取许可证后，向市场监督管理部门申请登记，领取营业执照，方可开业。

第二款规定了取缔程序。对未经许可，擅自经营按照国家规定需要由公安机关许可的行业的，予以取缔。这里的"按照国家规定需要由公安机关许可的行业"，是指按照有关法律、行政法规和国务院决定的有关规定，需要由公安机关许可的旅馆业、公章刻制业、保安培训业等行业。取缔应当由违反治安管理行为发生地的县级以上公安机关作出决定，按照《治安管理处罚法》的有关规定采取相应的措施，如责令停止相关经营活动、进入无证经营场所进行检查、扣押与案件有关的需要作为证据的物品等。在取缔的同时，

第三章　违反治安管理的行为和处罚

应当依法收缴非法财物、追缴违法所得。

第三款规定了吊销许可证件的行政处罚，属于行政处罚中的资格罚，具体指行政机关依法取消违反行政管理秩序主体的许可证件，剥夺其从事特定活动的权利。其核心特征是通过剥夺或限制被处罚人的特定资格来实现惩戒目的。作为仅次于限制人身自由的严厉处罚措施，主要适用于严重违反行政管理秩序的行为，例如企业违法经营、个人多次违规执业等场景。根据《行政处罚法》第十二条的规定，吊销许可证件的处罚只能由法律或行政法规设定，地方性法规无权创设此类处罚。行政机关必须严格履行告知义务、听取陈述申辩、制作书面处罚决定书等程序。若未遵循《行政处罚法》第三十一条至第四十二条的程序规定，可能导致处罚无效。

以 案 说 法

刘某英诉某旗公安局行政处罚案

内蒙古自治区阿拉善盟中级人民法院认为：《宗教事务条例》第四十三条规定："擅自设立宗教活动场所的……由宗教事务部门予以取缔……有违反治安管理行为的，依法给予治安管理处罚。"2011年8月18日，刘某英在家中进行基督教家庭聚会，经相关部门劝散无果后，阿拉善左旗宗教局依据《宗教事务条例》取缔以多人为首组织、私设的基督教聚会点，并将决定送达上诉人。同时该决定已严格限制以上人员在不符合《宗教事务条例》规定的活动场所进行宗教活动。2014年1月至9月，其多次在某镇进行基督教聚会，该行为违反了《宗教事务条例》的相关规定，扰乱了本地区宗教活动秩序，妨害了宗教部门对宗教事务的管理，应予以处罚。

【案号】内蒙古自治区阿拉善盟中级人民法院（2015）阿行终字第7号

三亚某酒店管理有限公司诉某市公安局行政处罚案

三亚市城郊人民法院认为：根据《旅馆业治安管理办法》第四条第二款的规定："经批准开业的旅馆，如有歇业、转业、合并、迁移、改变名称等情况，应当在市场监管部门办理变更登记后3日内，向当地的县、市公安局、公安分局备案。"涉案三亚某酒店管理有限公司已经批准开业，原告经营涉案酒店期间，以及李某珍承包经营涉案酒店过程中，一直都以酒店的名称对外经营，其间未发生歇业、转业、合并、迁移、改变名称等《旅馆业治安管理办法》第四条规定的，应当在市场监管部门办理变更登记后3日内向当地公安机关备案的情形。根据《旅馆业治安管理办法》第四条的规定，承包经营并不属于必须在市场监管部门办理变更登记和在当地公安机关备案的情形。被诉行政处罚决定以原告在涉案酒店承包经营后未到市场监管部门办理变更登记，未向特种行业许可证发证机关备案，违反《旅馆业治安管理办法》的规定，证据不足，缺乏事实根据。并且，被诉行政处罚决定认定原告违反《旅馆业治安管理办法》的有关规定，只引用名称《旅馆业治安管理办法》，没有引用具体条文，给当事人依法维权和法院依法审查造成了障碍，已构成了适用法律不当，应认定被诉行政处罚决定适用法律错误。

【案号】三亚市城郊人民法院（2018）琼0271行初字246号

关联规定

《社会团体登记管理条例》（2016年2月6日）（正文略）

> **第六十六条　【煽动、策划非法集会、游行、示威】**
> 煽动、策划非法集会、游行、示威，不听劝阻的，处十日以上十五日以下拘留。

说　明

本条内容无修订。

对照法条

治安管理处罚法（2012）	治安管理处罚法（2025）
第五十五条　煽动、策划非法集会、游行、示威，不听劝阻的，处十日以上十五日以下拘留。	第六十六条　煽动、策划非法集会、游行、示威，不听劝阻的，处十日以上十五日以下拘留。

条文释义

本条是对煽动、策划非法集会、游行、示威的行为的处罚规定。

本行为是2005年《治安管理处罚法》增加的违反治安管理行为。本行为在客观方面表现为煽动、策划非法集会、游行、示威，不听劝阻。我国《宪法》第三十五条规定，公民有言论、出版、集会、结社、游行、示威的自由。但公民在行使集会、结社、游行、示威的自由的同时，不得损害国家、社会、集体的利益和其他公民的合法权利和自由。集会，是指聚集于露天公共场所，发表意见、表达意愿的活动。游行，是指在公共道路、露天公共场所列队行进、表达共同意愿的活动。示威，是指在露天公共场所或者公共道路上以集会、游行、静坐等方式，表达要求、抗议或者支持、声援等共同意愿的活动。非法集会、游行、示威，是指未依照法律规定申请或者申请未获许可，或者未按照主管机关许可的时间、地点、路线而进行的扰乱社会秩序的集会、游行、示威活动。煽动，是指行为人通过过激的语言、文字等方式煽动、鼓动不明真相的群众参加非法集会、游行、示威活动，既包括在社会上进行煽动，也包括在互联网上进行煽动。策划，是指行为人出谋划策，图谋组织非法集会、游行、示威，以期达到非法目的。根据《集会游行示威法》的规定，举行集会、游行、示威，必须依照法律规定向主管机关提出申请并获得许可。在认定本行为时要注意，行为人是否为"不听劝阻的"，这是能否适用本条处罚的前提。对于那些被国家有关机关制止后，主动停止自己行为，避免了其不法行为带来的社会危害后果的，根据本条的这一规定，不适用治安管理处罚。

在适用本条规定时，要注意处罚的对象仅限于煽动、策划非法集会、游行、示威的组织者或者发起人。对于一般的参加者，不应处罚。

以案说法

黄某务诉某市公安局行政处罚案

广东省汕尾市中级人民法院认为：公安部对《中华人民共和国治安管理处罚法》的煽动、策划行为阶段作了明确的解释，"煽动、策划非法集会、游行、示威行为包括两种情形：一是煽动、策划的非法集会、游行、示威行为还在酝酿之中，还未真正实施非法集会、游行、示威行为；二是煽动、策划的非法集会、游行、示威行为已经付诸行动"。因此，黄某务提出其不是红坎村的村民，只是

第三章　违反治安管理的行为和处罚

为集会准备工具、制造条件，未违反《治安管理处罚法》的规定，某市公安局作出行政处罚决定适用法律错误的上诉理由不能成立，本院不予支持。

【案号】广东省汕尾市中级人民法院（2014）汕尾中法行终字第18号

肖某杰诉某派出所行政处罚案

辽宁省灯塔市人民法院审理认为：《集会游行示威法》第二条："在中华人民共和国境内举行集会、游行、示威，均适用本法。本法所称集会，是指聚集于露天公共场所，发表意见、表达意愿的活动……"本案中，肖某杰等人聚集在某饭店，但饭店非露天公共场所，某派出所作出的行政处罚决定书认定事实的主要证据不足、适用法律错误，应予撤销。

【案号】辽宁省灯塔市人民法院（2020）辽1081行初77号

关联规定

《集会游行示威法》（2009年8月27日）（正文略）

第六十七条　【旅馆业工作人员违反治安管理规定】
从事旅馆业经营活动不按规定登记住宿人员姓名、有效身份证件种类和号码等信息的，或者为身份不明、拒绝登记身份信息的人提供住宿服务的，对其直接负责的主管人员和其他直接责任人员处五百元以上一千元以下罚款；情节较轻的，处警告或者五百元以下罚款。

> 实施前款行为，妨害反恐怖主义工作进行，违反《中华人民共和国反恐怖主义法》规定的，依照其规定处罚。
>
> 从事旅馆业经营活动有下列行为之一的，对其直接负责的主管人员和其他直接责任人员处一千元以上三千元以下罚款；情节严重的，处五日以下拘留，可以并处三千元以上五千元以下罚款：
>
> （一）明知住宿人员违反规定将危险物质带入住宿区域，不予制止的；
>
> （二）明知住宿人员是犯罪嫌疑人员或者被公安机关通缉的人员，不向公安机关报告的；
>
> （三）明知住宿人员利用旅馆实施犯罪活动，不向公安机关报告的。

说 明

本条有重大修订。

立法中，有的部门、地方、专家学者和社会公众提出，本法和反恐怖主义法均对提供住宿服务未按规定登记、查验住宿人员身份信息规定了处罚，建议进一步明确适用，对日常工作中发现不履行治安防范责任的行为适用本法规定给予处罚，反恐怖主义法应当适用于妨害反恐怖主义工作的行为。宪法和法律委员会经研究，建议采纳上述意见。①

---

① 2025年6月24日，全国人民代表大会宪法和法律委员会关于《中华人民共和国治安管理处罚法（修订草案）》审议结果的报告，载中国人大网，http://www.npc.gov.cn/npc/c2/c30834/202506/t20250627_446251.html，最后访问时间2025年6月27日。

第三章　违反治安管理的行为和处罚

立法中，有的常委委员、全国人大代表、部门、地方、单位和社会公众提出，对于违反无线电管理、违规飞行"无人机"、侵害公民个人信息、行业经营者不按规定登记信息、违反规定产生社会生活噪声等行为，有关法律、行政法规等规定了法律责任，建议本法根据过罚相当原则，完善处罚层次，与其他有关处罚规定做好衔接。宪法和法律委员会经研究，建议对于上述违法行为，在原来只规定了拘留处罚的基础上，增加警告、罚款处罚方式。①

对照法条

治安管理处罚法（2012）	治安管理处罚法（2025）
第五十六条　旅馆业的工作人员对住宿的旅客不按规定登记姓名、身份证件种类和号码，或者明知住宿的旅客将危险物质带入旅馆，不予制止的，处二百元以上五百元以下罚款。 旅馆业的工作人员明知住宿的旅客是犯罪嫌疑人员或者被公安机关通缉的人员，不向公安机关报告的，处二百元以上五百元以下罚款；情节严重的，处五日以下拘留，可以并处五百元以下罚款。	第六十七条　从事旅馆业经营活动不按规定登记住宿人员姓名、有效身份证件种类和号码等信息的，或者为身份不明、拒绝登记身份信息的人提供住宿服务的，对其直接负责的主管人员和其他直接责任人员处五百元以上一千元以下罚款；情节较轻的，处警告或者五百元以下罚款。 实施前款行为，妨害反恐怖主义工作进行，违反《中华人民共和国反恐怖主义法》规定的，依照其规定处罚。 从事旅馆业经营活动有下列行为之一的，对其直接负责的主管人员和其他直接责任人员处一千元以上三千元以下罚款；情节严重的，处五日以

---

①　2024年6月25日，全国人民代表大会宪法和法律委员会关于《中华人民共和国治安管理处罚法（修订草案）》修改情况的汇报，载中国人大网，http://www.npc.gov.cn/npc/c2/c30834/202506/t20250627_446248.html，最后访问时间2025年6月27日。

· 285 ·

续表

治安管理处罚法（2012）	治安管理处罚法（2025）
	下拘留，可以并处三千元以上五千元以下罚款： （一）明知住宿人员违反规定将危险物质带入**住宿区域**，不予制止的； （二）明知**住宿人员**是犯罪嫌疑人员或者被公安机关通缉的人员，不向公安机关报告的； （三）**明知住宿人员利用旅馆实施犯罪活动，不向公安机关报告的。**

条文释义

本条是关于对从事旅馆业经营活动违反有关旅馆经营管理规定的行为的处罚规定。本条共分三款。

《旅馆业治安管理办法》第二条规定，凡经营接待旅客住宿的旅馆、饭店、宾馆、招待所、客货栈、车马店、浴池等，不论是国营、集体经营，还是合伙经营、个体经营、外商投资经营，不论是专营还是兼营，不论是常年经营，还是季节性经营，都必须遵守本办法。

第一款对从事旅馆业经营活动中有下列两种违反旅馆经营管理规定的行为，规定了治安管理处罚：

一是对住宿的旅客不按规定登记住宿人员姓名、有效身份证件种类和号码等信息的。根据本条这一项的规定，旅馆业工作人员对住宿的旅客的登记，必须按照国家有关规定进行。旅馆对其接待旅客住宿进行登记时，应当查验旅客的身份证件，按规定的项目如实登记旅客的姓名、有效身份证件种类和号码。接待境外旅客住宿，应当在二十四小时内向公安机关报送住宿登记表。

二是为身份不明、拒绝登记身份信息的人提供住宿服务的。《旅馆业治安管理办法》规定，旅馆接待旅客住宿必须登记。登记时，应当查验旅客的有效身份证件，按规定的项目如实登记。也就是说，法律、法规授权旅馆业的工作人员，对住宿其旅馆的旅客查验身份证件，并如实登记。同时，查验旅客身份证件等信息也是旅馆业工作人员的法律责任，其有义务查验旅客的身份证件等信息，并如实登记。如果为身份不明、拒绝登记身份信息的人提供住宿服务，即未履行其义务，应当承担法律责任。

2021年6月1日，公安部根据新修订的《未成年人保护法》等法律法规，对旅馆经营者接待未成年人入住提出"五必须"规定，即：1.必须查验入住未成年人身份，并如实登记报送相关信息；2.必须询问未成年人父母或者其他监护人的联系方式，并记录备查；3.必须询问同住人员身份关系等情况，并记录备查；4.必须加强安全巡查和访客管理，预防针对未成年人的不法侵害；5.必须立即向公安机关报告可疑情况，并及时联系未成年人的父母或其他监护人，同时采取相应安全保护措施，以切实防范在旅馆中侵害未成年人案件的发生，保护未成年人身心健康。

本条第二款明确，对日常工作中发现不履行治安防范责任的行为适用本法规定给予处罚，反恐怖主义法应当适用于妨害反恐怖主义工作的行为。

第三款对从事旅馆业经营活动的三种不作为行为，规定了处罚。

《旅馆业治安管理办法》第十一条规定，严禁旅客将易燃、易爆、剧毒、腐蚀性和放射性等危险物品带入旅馆。也就是说，法律、法规授权旅馆业的工作人员，对住宿其旅馆的旅客将危险物质

·287·

带入旅馆的行为，有权加以制止。本项规定对旅馆业工作人员的法律责任要求是明确的，即（1）主观上必须是明知，要求旅馆业工作人员对旅客携带的危险物质必须是明确知道的，而不仅是怀疑有危险物质，或者估计可能有危险物质；（2）旅馆业工作人员在明知住宿旅客将危险物质带入旅馆不加制止。在实践中要注意的是，旅馆业经营者的发现和制止义务应仅限于从外观上很明显就能判断出携带的是危险物质的情形，如包装上标明是危险物质。对于旅客将危险物质隐藏在其他行李或物品内，从外观上发现不了的，则不构成本行为。法律没有赋予旅馆业工作人员检查旅客行李的权利和义务。

其中，明知住宿旅客携带有危险物质而不制止；明知住宿旅客是违法犯罪嫌疑人员或者被公安机关通缉的人员而不向公安机关报告；明知住宿人员利用旅馆实施犯罪、违反治安管理行为而不向公安机关报告的，行为人主观方面应是故意。明知，是指知道或应当知道。过失的不构成违反治安管理行为。

以案说法

朱某东诉某市公安局行政处罚案

广州铁路运输中级法院认为：本案争议焦点在于，上诉人开办的"花城小调"是民宿还是旅馆业，以及由此衍生的行政处罚主要证据是否充分、适用法律是否正确的问题。

2017年11月1日起施行的《广东省旅游条例》第二十一条第一款规定："城镇和乡村居民可以利用自己拥有所有权或者使用权的住宅或者其他条件开办民宿旅游经营，为旅游者休闲度假、体验当地人文、自然景观和风俗文化等提供住宿、餐饮服务。"案涉房屋是上诉人合法拥有使用权的房屋，符合《条例》规定的开办民宿旅游经营的基础条件，尽管上诉人实际开办"花城小调"的时间早于该《条例》的出台，但符合国家鼓励发展共享经济的基本政策。

《中华人民共和国旅游行业标准——旅游民宿基本要求与评价》（LB/T 065-2017）规定，"……3 术语和定义　3.1 旅游民宿 homestay inn　利用当地闲置资源，民宿主人参与接待，为游客提供体验当地自然、文化与生产生活方式的小型住宿设施……5 基本要求……5.4 经营应依法取得当地政府要求的相关证照，满足公安机关治安消防相关要求……7 环境和设施　7.3 单幢建筑客房数量应不超过14间（套）……"上诉人利用闲置的住房资源，通过与知名文化企业合作，为游客提供具有特殊文化氛围的小型住宿设施，并与游客通过网络深入沟通、交流，实现了"民宿主人参与接待"；其经营的"花城小调"提供给游客的11间房屋，均符合上述有关民宿的行业标准。

《广东省旅游条例》第二十一条第三款规定，"城镇和乡村居民开办民宿旅游经营的具体管理办法，由省人民政府根据本省实际制定"。但是，直至本案审理期间，相关的具体管理办法仍未出台。民宿作为新兴产业，在其产生和发展过程中必然会出现诸多问题，在二审庭审过程中，被上诉人承认当前对于民宿、日租房的行政管理规定存在缺位情况，实践中如何区分和界定旅馆业、民宿、日租房，确属行政执法中的难点。但是，行政机关的执法活动应服从和服务于国家经济和社会发展的大局，鼓励和扶持新兴产业的发展，如果囿于旧的管理思路和管理模式，机械执法，必然会挫伤社会公众发展新兴产业的积极性。传统的旅馆业，确实具有接待不特定的客人住宿、收取租金、有专人负责接待等特征，但在民宿甚至日租房已经出现并蓬勃发展的今天,上述特征已经属于传统旅馆业以及民宿、日租房等经营方式的共性特征,而不是区分上述不同经营方式的个性特征。被上诉人仅依据上述共性特征来认定上诉人开办的"花城小调"不是民宿而是旅馆,主要证据不足且无充分法律依据。既然不能认定上诉人开办"花城小调"系经营旅馆业,被上诉人以上诉人未取得特种行业经营许可而经营旅馆业为由对上诉人作出行政处罚,属适用法律错误,依法应予以撤销。

退一步说,即使上诉人开办"花城小调"客观上确实构成经营旅馆业,被上诉人在上诉人并未逃避行政监管且受其他行政机关误导的情况下,未给予上诉人正确指引和改正机会即直接予以行政处罚,仍属明显不当。

《治安管理处罚法》之所以规定对擅自经营需公安机关许可的行业进行处罚,其原因在于违法者逃避了行政监管,从而导致社会治安隐患。上诉人在开办"花城小调"前,积极了解有关民宿旅游经营的政策法规,并通过12345(政务服务便民热线)进行咨询,得到"民宿不属于旅馆业,按日租房由街道管理"的答复后,即前往街道出租屋管理中心办理了出租屋登记,亦向辖区派出所进行申报,上诉人开办"花城小调"在当地已众所周知,且已纳入街道出租屋管理中心和辖区派出所的监管范围,没有任何证据证明上诉人存在逃避行政监管的主观意图和行为。关于以上咨询、登记、申报、接受监管的事实,上诉人在行政处罚程序中已向被上诉人进行陈述、申辩,且有相应证据予以证明。如果在此种情形下上诉人的行为仍然实质上构成违法经营旅馆业,亦是其他行政机关的错误指引误导上诉人而共同导致的结果,由此产生的法律后果完全由上诉人承担亦明显不公平。在相关政策法规鼓励发展民宿旅游经营、而现实中又确实缺乏具体管理办法的时候,对本案这种存有争议的经营行为启动行政处罚程序,应持相当谨慎的态度。被上诉人既然发现其他行政机关对上诉人作出了错误指引,亦应考虑上述实际情况,先给予上诉人正确的指引或者给予其改正的机会,而不是径行作出行政处罚。

【案号】广州铁路运输中级法院(2018)粤71行终309号

李某昊诉某市公安局行政处罚案

包头市九原区人民法院认为:本案中,李某昊作为海友酒店的临时工作人员,在酒店正式员工的指导下将已经上传到公安警务系统网的旅客李某某的身份信息登记于旅客登记簿,将付某某的身份信息登记于临时旅客登记簿,已经完成了相关的部分工作任务。事发后,李某昊积极配合某市公安局工作。某市公安局对李某昊进行了罚款二百元的行政处罚。在处罚过程中,被传唤人家属通知书上应当由李某昊的家属签名,但实际是由李某昊代其父李某某签署,并非李某某亲笔签名,属程序违法;李某昊的上班时间为早晨八点至下午五点,其无法预料也无法控制事发时登记的李某某没有住宿而没有登记的付某某却入住同一房间的事情发生,其已经按照酒店正式员工的指导将旅客李某某的身份信息登记至旅客登记簿,某市公安局对其处罚的事实不清,依据不足。

【案号】包头市九原区人民法院(2015)包九原行初字第69号

关联规定

《反恐怖主义法》(2018年4月27日修正)

第八十六条 电信、互联网、金融业务经营者、服务提供者未按规定对客户身份进行查验,或者对身份不明、拒绝身份查验的客户提供服务的,主管部门应当责令改正;拒不改正的,处二十万元以上五十万元以下罚款,并对其直接负责的主管人员和其他直接责任人员处十万元以下罚款;情节严重的,处五十万元以上罚款,并对其直接负责的主管人员和其他直接责任人员,处十万元以上五十万元以下罚款。

住宿、长途客运、机动车租赁等业务经营者、服务提供者有前款规定情形的,由主管部门处十万元以上五十万元以下罚款,并对其直接负责的主管人员和其他直接责任人员处十万元以下罚款。

《旅馆业治安管理办法》(2022年3月29日)(正文略)

第六十八条 【房屋出租人违反治安管理规定】

房屋出租人将房屋出租给身份不明、拒绝登记身份信息的人的,或者不按规定登记承租人姓名、有效身份证件种类和号码等信息的,处五百元以上一千元以下罚款;情节较轻的,处警告或者五百元以下罚款。

房屋出租人明知承租人利用出租房屋实施犯罪活动,不向公安机关报告的,处一千元以上三千元以下罚款;情节严重的,处五日以下拘留,可以并处三千元以上五千元以下罚款。

说 明

本条有较大修订。

对照法条

治安管理处罚法（2012）	治安管理处罚法（2025）
第五十七条　房屋出租人将房屋出租给**无身份证件的人居住**的，或者不按规定登记承租人姓名、身份证件种类和号码的，处**二百元**以上**五百元**以下罚款。 房屋出租人明知承租人利用出租房屋**进行**犯罪活动，不向公安机关报告的，处**二百元**以上**五百元**以下罚款；情节严重的，处五日以下拘留，可以并处**五百元**以下罚款。	第六十八条　房屋出租人将房屋出租给**身份不明、拒绝登记身份信息的人**的，或者不按规定登记承租人姓名、**有效**身份证件种类和号码**等信息**的，处五百元以上一千元以下罚款；情节较轻的，处警告或者五百元以下罚款。 房屋出租人明知承租人利用出租房屋**实施**犯罪活动，不向公安机关报告的，处一千元以上三千元以下罚款；情节严重的，处五日以下拘留，可以并处三千元以上五千元以下罚款。

条文释义

本条是对房屋出租人违反有关出租房屋管理规定行为的处罚规定，共分两款。

第一款对房屋出租人有下列严重违反国家有关规定，不认真履行其职责的行为规定了处罚：

一是将房屋出租给身份不明、拒绝登记身份信息的承租人。房屋出租人不得将房屋出租给身份不明、拒绝登记身份信息的承租人。同时，对房屋承租人也有明确要求，要求其在租赁房屋时，必须持有本人有效的居民身份证或者其他合法身份证件，方可承租他人住房。房屋出租人认真查验承租人的身份信息，是其了解承租人基本情况的一项基本要求，这既是其应当履行的社会责任，也是保障其房屋出租利益所需要的。

二是不按规定登记承租人姓名、有效身份证件种类和号码等信息的。这一行为与前面所规定的行为基本一致,将承租人的姓名、有效身份证件种类和号码进行登记,是房屋出租人的一项基本工作。掌握了解房屋承租人的基本情况,其中一个重要手段就是将承租人提供的身份证件种类进行登记,这是确认房屋承租人身份的一项基本工作,是房屋出租人应当履行的职责。

第二款对房屋出租人明知承租人利用出租房屋实施犯罪活动而不向公安机关报告的行为规定了处罚。根据本款的规定,对房屋出租人实行治安处罚的条件是:(1)出租人主观上必须是明知。房屋出租人对房屋承租人利用出租房屋进行的犯罪活动不知道的不属于本条规定的行为。(2)承租人利用出租人出租的房屋进行违法犯罪活动,如果承租人进行的犯罪活动不是在其承租的房屋里进行,而是在其他地点,房屋出租人没有报告,也不属于本条规定的处罚行为。(3)不向公安机关报告。发现承租人利用出租房屋进行犯罪活动,及时向公安机关报告,是房屋出租人应当履行的法定义务,违反该义务应当承担法律责任。

以 案 说 法

索某艳诉某市公安局行政处罚案

吉林市昌邑区人民法院认为:该条中的"犯罪活动"应认定为犯罪事实而非法院最终判决的犯罪,公民有义务向有权机关举报其知道的犯罪事实。索某艳在房屋出租之前在该屋内开过麻将馆,在将房屋出租时将其两台麻将机卖给了租户用于开麻将馆,并且索某艳现在居住的房屋和出租的房屋相邻,在公安机关的询问笔录和本院的庭审笔录中,索某艳均承认知道在承租屋内开麻将馆并收取费用长达一年多的事实,可以认定索某艳明知利用该出租房进行赌博犯罪活动,却没有依法向公安机关报告。

【案号】吉林市昌邑区人民法院(2014)昌行初字第14号

第三章　违反治安管理的行为和处罚

> **第六十九条　【娱乐场所和公章刻制、机动车修理行业经营者违反登记信息制度】**
>
> 娱乐场所和公章刻制、机动车修理、报废机动车回收行业经营者违反法律法规关于要求登记信息的规定，不登记信息的，处警告；拒不改正或者造成后果的，对其直接负责的主管人员和其他直接责任人员处五日以下拘留或者三千元以下罚款。

说　明

本条是新增条款，规定了娱乐场所和印章、旧货、机动车修理等行业经营者的登记信息报送公安机关义务，提供的信息应当真实、准确、完整，并配合开展公安机关信息核查工作，对拒不改正或者造成后果的，对其直接负责的主管人员和其他直接责任人员，处五日以下拘留或者三千元以下罚款。

关 联 规 定

《公安部关于公安机关执行〈人民警察法〉有关问题的解释》（1995年7月15日）

二、如何理解人民警察法第六条第（六）项关于特种行业管理的规定

人民警察法第六条第（六）项规定，公安机关的人民警察"对法律、法规规定的特种行业管理"。

依照这一规定，确定特种行业的依据是法律、法规。

目前列入特种行业的主要有：旅馆业、刻字业、印刷业、旧货业（包括废旧金属收购业、信托寄卖业、拍卖业）等。

> **第七十条 【非法安装、使用、提供窃听、窃照专用器材】**
> 非法安装、使用、提供窃听、窃照专用器材的，处五日以下拘留或者一千元以上三千元以下罚款；情节较重的，处五日以上十日以下拘留，并处三千元以上五千元以下罚款。

说 明

本条是新增条款。

关 联 规 定

《刑法》（2023年12月29日修正）

第二百八十四条 非法使用窃听、窃照专用器材，造成严重后果的，处二年以下有期徒刑、拘役或者管制。

《反间谍法》（2023年4月26日公布）

第十五条 任何个人和组织都不得非法生产、销售、持有、使用间谍活动特殊需要的专用间谍器材。专用间谍器材由国务院国家安全主管部门依照国家有关规定确认。

《反间谍法实施细则》（2017年11月22日公布）

第十八条 《反间谍法》第二十五条所称"专用间谍器材"，

是指进行间谍活动特殊需要的下列器材:

(一) 暗藏式窃听、窃照器材;

(二) 突发式收发报机、一次性密码本、密写工具;

(三) 用于获取情报的电子监听、截收器材;

(四) 其他专用间谍器材。

专用间谍器材的确认,由国务院国家安全主管部门负责。

第七十一条 【典当业、废旧物品收购业违反治安管理规定】

有下列行为之一的,处一千元以上三千元以下罚款;情节严重的,处五日以上十日以下拘留,并处一千元以上三千元以下罚款:

(一) 典当业工作人员承接典当的物品,不查验有关证明、不履行登记手续的,或者违反国家规定对明知是违法犯罪嫌疑人、赃物而不向公安机关报告的;

(二) 违反国家规定,收购铁路、油田、供电、电信、矿山、水利、测量和城市公用设施等废旧专用器材的;

(三) 收购公安机关通报寻查的赃物或者有赃物嫌疑的物品的;

(四) 收购国家禁止收购的其他物品的。

说 明

本条罚则有所提高，并作了一些表述性修改。

立法中根据审议意见，对修订草案三次审议稿作了表述性修改：将第七十一条第一项中"明知是违法犯罪嫌疑人、赃物，不向公安机关报告的"修改为"违反国家规定对明知是违法犯罪嫌疑人、赃物而不向公安机关报告的"。[①]

对照法条

治安管理处罚法（2012）	治安管理处罚法（2025）
第五十九条 有下列行为之一的，处**五百**元以上**一**千元以下罚款；情节严重的，处五日以上十日以下拘留，并处**五百**元以上**一**千元以下罚款： （一）典当业工作人员承接典当的物品，不查验有关证明、不履行登记手续，或者明知是违法犯罪嫌疑人、赃物，不向公安机关报告的； （二）违反国家规定，收购铁路、油田、供电、电信、矿山、水利、测量和城市公用设施等废旧专用器材的； （三）收购公安机关通报寻查的赃物或者有赃物嫌疑的物品的； （四）收购国家禁止收购的其他物品的。	第七十一条 有下列行为之一的，处**一千**元以上**三千**元以下罚款；情节严重的，处五日以上十日以下拘留，并处**一千**元以上**三千**元以下罚款： （一）典当业工作人员承接典当的物品，不查验有关证明、不履行登记手续**的**，或者**违反国家规定对**明知是违法犯罪嫌疑人、赃物**而**不向公安机关报告的； （二）违反国家规定，收购铁路、油田、供电、电信、矿山、水利、测量和城市公用设施等废旧专用器材的； （三）收购公安机关通报寻查的赃物或者有赃物嫌疑的物品的； （四）收购国家禁止收购的其他物品的。

---

① 2024年6月26日，全国人民代表大会宪法和法律委员会关于《中华人民共和国治安管理处罚法（修订草案三次审议稿）》修改意见的报告，载中国人大网，http：//www.npc.gov.cn/npc/c2/c30834/202506/t20250627_446249.html，最后访问时间2025年6月27日。

条文释义

本条是关于典当业、废旧金属收购业、废旧物品收购业违反治安管理行为及其处罚的规定。

典当行即历史上的当铺。其中"典当业工作人员"包括典当业经营者和典当业的其他工作人员。为了规范典当业的经营活动，商务部、公安部2005年4月1日颁行了《典当管理办法》。在承接典当物品时，不按规定查验有关证明、不履行登记手续的，就容易被违法犯罪分子利用，对社会治安带来不利影响，因此构成本条第一项的违反治安管理行为，应当受到处罚。

本条第二项对收购废旧专用器材作了规定。本项规定的铁路、油田、供电、电信、矿山、水利、测量和城市公用设施等废旧专用器材，主要是指生产性废旧金属。废旧金属收购业在收购上述生产性废旧金属时应当遵守国家规定。这里的国家规定主要是指法律、行政法规和有关规章的规定。

本条第三项规定，"收购公安机关通报寻查的赃物或者有赃物嫌疑的物品的"，这里的"公安机关通报寻查的赃物"，主要是指由于丢失物品的单位或者个人向公安机关报告，公安机关经过侦查确认并向废旧金属收购业、废旧物品收购业发出通报的物品。所谓"有赃物嫌疑的物品"，是指公安机关通报寻查的其他涉嫌被盗、被抢或被骗的赃物。另外，本项的规定也适用于废旧物品收购业收购公安机关通报寻查的赃物或者有赃物嫌疑的物品的行为。

本条第四项讲的"国家禁止收购的其他物品"，主要是指国家法律、行政法规、规章明令禁止收购的物品。

关联规定

《典当管理办法》(2005 年 2 月 9 日)(正文略)

《商务部 公安部关于贯彻实施〈典当管理办法〉的有关问题通知》(2005 年 5 月 17 日)

(三) 关于高级管理人员的范围。《办法》第十六条第(四)项规定的"其他高级管理人员",是指典当行的董事、监事、经理、财务负责人。对人户分离、在暂住地登记居住 6 个月以上的,除户籍所在地公安机关出具证明外,居住地公安机关应出具暂住期间有无故意犯罪记录的证明。

《再生资源回收管理办法》(2019 年 11 月 30 日)(正文略)

第七十二条　【妨害执法秩序、违反刑事监督管理规定】

有下列行为之一的,处五日以上十日以下拘留,可以并处一千元以下罚款;情节较轻的,处警告或者一千元以下罚款:

(一) 隐藏、转移、变卖、擅自使用或者损毁行政执法机关依法扣押、查封、冻结、扣留、先行登记保存的财物的;

(二) 伪造、隐匿、毁灭证据或者提供虚假证言、谎报案情,影响行政执法机关依法办案的;

(三) 明知是赃物而窝藏、转移或者代为销售的;

（四）被依法执行管制、剥夺政治权利或者在缓刑、暂予监外执行中的罪犯或者被依法采取刑事强制措施的人，有违反法律、行政法规或者国务院有关部门的监督管理规定的行为的。

说 明

本条提高了罚则，并作了一些表述性修改。

对照法条

治安管理处罚法（2012）	治安管理处罚法（2025）
第六十条　有下列行为之一的，处五日以上十日以下拘留，并处<u>二百元以上五百元以下</u>罚款： （一）隐藏、转移、变卖或者损毁行政执法机关依法扣押、查封、冻结的财物的； （二）伪造、隐匿、毁灭证据或者提供虚假证言、谎报案情，影响行政执法机关依法办案的； （三）明知是赃物而窝藏、转移或者代为销售的； （四）被依法执行管制、剥夺政治权利或者在缓刑、暂予监外执行中的罪犯或者被依法采取刑事强制措施的人，有违反法律、行政法规或者国务院有关部门的监督管理规定的行为。	第七十二条　有下列行为之一的，处五日以上十日以下拘留，**可以**并处**一千元以下**罚款；**情节较轻的，处警告或者一千元以下罚款**： （一）隐藏、转移、变卖、**擅自使用**或者损毁行政执法机关依法扣押、查封、冻结、**扣留、先行登记保存**的财物的； （二）伪造、隐匿、毁灭证据或者提供虚假证言、谎报案情，影响行政执法机关依法办案的； （三）明知是赃物而窝藏、转移或者代为销售的； （四）被依法执行管制、剥夺政治权利或者在缓刑、暂予监外执行中的罪犯或者被依法采取刑事强制措施

续表

治安管理处罚法（2012）	治安管理处罚法（2025）
	的人，有违反法律、行政法规或者国务院有关部门的监督管理规定的行为的。

条文释义

本条是关于妨害执法秩序的违反治安管理行为及其处罚的规定。本条共规定了四项行为。

第一项规定的妨害执法秩序的违反治安管理行为，其中"隐藏"是指将行政执法机关依法扣押、查封、冻结、扣留、先行登记保存的财物私自隐匿，躲避执法机关查处的行为；"转移"是指将扣押、查封、冻结、扣留、先行登记保存的财物私自转送他处以逃避处理的行为；"变卖"是指擅自将扣押、查封、扣留、先行登记保存的物品作价出卖的行为；"损毁"是指将扣押、查封、扣留、先行登记保存的财物故意损坏或毁坏的行为。

第二项规定的妨害执法秩序的行为是伪造、隐匿、毁灭证据或者提供虚假证言、谎报案情，影响行政执法机关依法办案的。需要指出的是，本项所列举的行为不仅发生在行政机关办理行政案件的时候，还包括公安机关在办理刑事案件的侦查阶段发生的上述行为。因为有时公安机关办理的刑事案件，经过侦查，最后不作为犯罪只按一般的治安案件予以处理。但是在公安机关侦查过程中有上述行为，妨害收集证据，尚未达到追究刑事责任程度的，也可以依照本法的规定予以治安处罚。所以本项规定的"影响行政执法机关依法办案"是广义的。其中，本项规定的"伪造、隐匿、毁灭证据"是指行为人为了逃避法律责任，捏造事实，制造假证据，或者对证据隐藏、销毁的行为。所谓"提供虚假证言、谎报案情"，是指行政执法机关在执法活动中，需要收集证据时，作为案件的证人或者当事人不如实作证而提供虚假证言或谎报案情，从而影响行政执法机关依法办案的行为。

第三项规定的妨害执法秩序的行为是明知是赃物而窝藏、转移或者代为销售的。本条规定的赃物主要是指由违法分子不法获得，并且需要由行政执法机关依法追查的财物，但也不排除刑事案件中司法机关需要依法追缴的赃物。由于实践中情况比较复杂，有些收购、窝藏赃物的情况数量少，属于初犯，一律追究刑事责任也不现实。根据《刑法》总则中关于情节显著轻微不构成犯罪的规定，可以不作为犯罪处理，给予治安管理处罚。

第四项规定的妨害执法秩序的行为是被依法执行管制、剥夺政治权利或者在缓刑、暂予监外执行中的犯罪或者被依法采取刑事强制措施的人，有违反法律、行政法规或者国务院公安部门的监督管理规定的行为的。本条是针对上述几种人妨害执法秩序行为的规定。这几种人都属于不完全限制人身自由，且在监外执行的犯罪分子或者未被羁押的犯罪嫌疑人。其中"被依法执行管制"，是指由人民法院依法判决被判处管制的犯罪分子。管制刑主要适用于那些犯罪情节较轻，放在社会上不致危害社会的犯罪分子。根据《刑法》规定，判处管制的犯罪分子交由公安机关执行。在被管制期间，犯罪分子必须遵守法律、行政法规，服从监督。如果犯罪分子在被依法管制期间有违反法律、行政法规或者国务院公安部门的监督管理规定的行为，就构成了本款规定的妨害执法秩序的行为。

"被依法采取刑事强制措施的人"，主要是指根据刑事诉讼法规定的，由人民法院、人民检察院和公安机关根据案件情况，对犯罪嫌疑人、被告人采取拘传、取保候审或者监视居住这几种强制措施的情形。如果犯罪嫌疑人在被拘传、取保候审或者监视居住期间，有违反法律、行政法规或者国务院公安部门的监督管理规定的行为就构成了本项规定的妨害执法秩序的行为。

以案说法

刘某如诉某县公安局行政处罚案

江苏省扬州市中级人民法院认为：本案中，刘某如为报复锦绣新都小区5幢"小孙"家，在没有确凿证据证明该户当晚有人赌博的情况下，向某县公安局指挥中心110接警台举报此处有人赌博，从而导致民警出警。刘某如的上述行为已构成谎报案情，浪费了有限的警力资源，影响了公安机关执法办案。

【案号】江苏省扬州市中级人民法院（2019）苏10行终30号

王某梅诉某市公安局行政处罚案

山西省运城市中级人民法院认为：某市公安局在受理董某荣被诈骗一案后，至今未查明案件事实也未对案件作出相应处理，且在未查实和认定诈骗案件责任主体的情况下，即以王某梅提供虚假证言为由对其处以治安处罚，没有事实基础与前提。

【案号】山西省运城市中级人民法院（2018）晋08行终29号

胡某和诉某县公安局行政处罚案

江西省上饶市中级人民法院认为：胡某和在某县公安局向其送达公安交通管理行政强制措施凭证后，不愿接受处理，擅自将被依法扣押的电动车推出放置亲戚家。公安机关虽提交了编号No：0002503号强制措施凭证作为交警部门依法扣留案涉车辆的事实依据，但该凭证展现的内容不能反映本案扣留车辆行为作出的经过，

第三章 违反治安管理的行为和处罚

不能体现扣留案涉车辆行为是否经过了送达交付、告知、听取意见等程序，且无其他证据证明该扣留车辆行为已经按照上述规定予以备案，也无法证实该强制措施凭证作出的时间。因此，以转移行政执法机关依法扣押的财物为由作出本案行政处罚决定，缺乏事实依据、适用法律不当。

结合本案查明的事实，胡某和在交警到达现场处理事故之前已被送往医院治疗，"当场向其宣布"的事实没有证据证实，原审判决认定交警部门向胡某和送达了案涉行政强制措施凭证事实不清、证据不足。

【案号】江西省上饶市中级人民法院（2021）赣11行终1号

关 联 规 定

《刑法》（2023年12月29日修正）

第三十八条 管制的期限，为三个月以上二年以下。

判处管制，可以根据犯罪情况，同时禁止犯罪分子在执行期间从事特定活动，进入特定区域、场所，接触特定的人。

对判处管制的犯罪分子，依法实行社区矫正。

违反第二款规定的禁止令的，由公安机关依照《中华人民共和国治安管理处罚法》的规定处罚。

第七十二条 对于被判处拘役、三年以下有期徒刑的犯罪分子，同时符合下列条件的，可以宣告缓刑，对其中不满十八周岁的人、怀孕的妇女和已满七十五周岁的人，应当宣告缓刑：

（一）犯罪情节较轻；

（二）有悔罪表现；

（三）没有再犯罪的危险；

（四）宣告缓刑对所居住社区没有重大不良影响。

宣告缓刑，可以根据犯罪情况，同时禁止犯罪分子在缓刑考验期限内从事特定活动，进入特定区域、场所，接触特定的人。

被宣告缓刑的犯罪分子，如果被判处附加刑，附加刑仍须执行。

第七十三条　【违反有关禁止性规定】

有下列行为之一的，处警告或者一千元以下罚款；情节较重的，处五日以上十日以下拘留，可以并处一千元以下罚款：

（一）违反人民法院刑事判决中的禁止令或者职业禁止决定的；

（二）拒不执行公安机关依照《中华人民共和国反家庭暴力法》、《中华人民共和国妇女权益保障法》出具的禁止家庭暴力告诫书、禁止性骚扰告诫书的；

（三）违反监察机关在监察工作中、司法机关在刑事诉讼中依法采取的禁止接触证人、鉴定人、被害人及其近亲属保护措施的。

说　明

本条是新增条款。

一是违反人民法院刑事判决中的禁止令或者职业禁止决定的。2015年11月施行的《刑法修正案（九）》专门增加了"从业禁止"处置措施。其中明确,"因利用职业便利实施犯罪,或者实施违背职业要求的特定义务的犯罪被判处刑罚的,人民法院可以根据犯罪情况和预防再犯罪的需要,禁止其自刑罚执行完毕之日或者假释之日起从事相关职业,期限为三年至五年"。"其他法律、行政法规对其从事相关职业另有禁止或者限制性规定的,从其规定",对特定人员从事特定职业作出限制性或者禁止性规定,应当确有必要,限于特定范围内;超出一定必要性和合理性,过于宽泛甚至随意规定从业限制或者从业禁止,则不符合《宪法》关于"公民有劳动的权利和义务"规定的原则和精神。

二是拒不执行禁止家庭暴力告诫书、禁止性骚扰告诫书的。家庭暴力,是指家庭成员之间以殴打、捆绑、残害、限制人身自由以及经常性谩骂、恐吓等方式实施的身体、精神等侵害行为。反对家庭暴力是国家、社会和每个家庭的共同责任。2016年3月1日颁布施行了新中国第一部《反家庭暴力法》,家暴告诫制度及人身保护令制度等多个亮点内容首次在该部法律中得以体现。家庭暴力告诫书是指家庭暴力情节较轻,依法不给予治安管理处罚的,公安机关决定对加害人给予告诫,禁止其实施家庭暴力而出具的法律文书。告诫书应当包括加害人的身份信息、家庭暴力的事实陈述、禁止加害人实施家庭暴力等内容。《妇女权益保障法》第二十三条明确规定,禁止违背妇女意愿,以言语、文字、图像、肢体行为等方式对其实施性骚扰。第八十条第一款规定,违反本法规定,对妇女实施性骚扰的,由公安机关给予批评教育或者出具告诫书,并由所在单位依法给予处分。

三是违反禁止接触证人、鉴定人、被害人及其近亲属保护措施的。《监察法》第二十三条规定,被调查人涉嫌严重职务违法或者职务犯罪,并有下列情形之一的,经监察机关依法审批,可以对其采取责令候查措施：（一）不具有本法第二十四条第一款所列情形的；（二）符合留置条件，但患有严重疾病、生活不能自理的，系怀孕或者正在哺乳自己婴儿的妇女，或者生活不能自理的人的唯一扶养人；（三）案件尚未办结，但留置期限届满或者对被留置人员不需要继续采取留置措施的；（四）符合留置条件，但因为案件的特殊情况或者办理案件的需要，采取责令候查措施更为适宜的。被责令候查人员应当遵守以下规定：（一）未经监察机关批准不得离开所居住的直辖市、设区的市的城市市区或者不设区的市、县的辖区；（二）住址、工作单位和联系方式发生变动的，在二十四小时以内向监察机关报告；（三）在接到通知的时候及时到案接受调查；（四）不得以任何形式干扰证人作证；（五）不得串供或者伪造、隐匿、毁灭证据。被责令候查人员违反前款规定，情节严重的，可以依法予以留置。

《刑事诉讼法》第六十四条规定："对于危害国家安全犯罪、恐怖活动犯罪、黑社会性质的组织犯罪、毒品犯罪等案件，证人、鉴定人、被害人因在诉讼中作证，本人或者其近亲属的人身安全面临危险的，人民法院、人民检察院和公安机关应当采取以下一项或者多项保护措施：（一）不公开真实姓名、住址和工作单位等个人信息；（二）采取不暴露外貌、真实声音等出庭作证措施；（三）禁止特定的人员接触证人、鉴定人、被害人及其近亲属；（四）对人身和住宅采取专门性保护措施；（五）其他必要的保护措施。证人、鉴定人、被害人认为因在诉讼中作证，本人或者其近亲属的人身安全面临危险的，可以向人民法院、人民检察院、公安机关请求予以保护。人民法院、人民检察院、公安机关依法采取保护措施，有关单位和个人应当配合。"

第三章　违反治安管理的行为和处罚

关联规定

《刑法》（2023 年 12 月 29 日修正）

第三十七条之一　因利用职业便利实施犯罪，或者实施违背职业要求的特定义务的犯罪被判处刑罚的，人民法院可以根据犯罪情况和预防再犯罪的需要，禁止其自刑罚执行完毕之日或者假释之日起从事相关职业，期限为三年至五年。

被禁止从事相关职业的人违反人民法院依照前款规定作出的决定的，由公安机关依法给予处罚；情节严重的，依照本法第三百一十三条的规定定罪处罚。

其他法律、行政法规对其从事相关职业另有禁止或者限制性规定的，从其规定。

《监察法》（2024 年 12 月 25 日）（正文略）

《刑事诉讼法》（2018 年 10 月 26 日修正）

第六十四条　对于危害国家安全犯罪、恐怖活动犯罪、黑社会性质的组织犯罪、毒品犯罪等案件，证人、鉴定人、被害人因在诉讼中作证，本人或者其近亲属的人身安全面临危险的，人民法院、人民检察院和公安机关应当采取以下一项或者多项保护措施：

（一）不公开真实姓名、住址和工作单位等个人信息；

（二）采取不暴露外貌、真实声音等出庭作证措施；

（三）禁止特定的人员接触证人、鉴定人、被害人及其近亲属；

（四）对人身和住宅采取专门性保护措施；

（五）其他必要的保护措施。

证人、鉴定人、被害人认为因在诉讼中作证，本人或者其近亲属的人身安全面临危险的，可以向人民法院、人民检察院、公安机关请求予以保护。

人民法院、人民检察院、公安机关依法采取保护措施，有关单位和个人应当配合。

《反家庭暴力法》（2015年12月27日公布）

第二条 本法所称家庭暴力，是指家庭成员之间以殴打、捆绑、残害、限制人身自由以及经常性谩骂、恐吓等方式实施的身体、精神等侵害行为。

第十六条 家庭暴力情节较轻，依法不给予治安管理处罚的，由公安机关对加害人给予批评教育或者出具告诫书。

告诫书应当包括加害人的身份信息、家庭暴力的事实陈述、禁止加害人实施家庭暴力等内容。

第十七条 公安机关应当将告诫书送交加害人、受害人，并通知居民委员会、村民委员会。

居民委员会、村民委员会、公安派出所应当对收到告诫书的加害人、受害人进行查访，监督加害人不再实施家庭暴力。

第三十三条 加害人实施家庭暴力，构成违反治安管理行为的，依法给予治安管理处罚；构成犯罪的，依法追究刑事责任。

第三十七条 家庭成员以外共同生活的人之间实施的暴力行为，参照本法规定执行。

《妇女权益保障法》（2022年10月30日修订）

第二十三条 禁止违背妇女意愿，以言语、文字、图像、肢体行为等方式对其实施性骚扰。

受害妇女可以向有关单位和国家机关投诉。接到投诉的有关单位和国家机关应当及时处理，并书面告知处理结果。

受害妇女可以向公安机关报案，也可以向人民法院提起民事诉讼，依法请求行为人承担民事责任。

第八十条 违反本法规定，对妇女实施性骚扰的，由公安机关给予批评教育或者出具告诫书，并由所在单位依法给予处分。

学校、用人单位违反本法规定，未采取必要措施预防和制止性骚扰，造成妇女权益受到侵害或者社会影响恶劣的，由上级机关或者主管部门责令改正；拒不改正或者情节严重的，依法对直接负责的主管人员和其他直接责任人员给予处分。

《最高人民法院 最高人民检察院 教育部关于落实从业禁止制度的意见》（2022年11月10日）

一、依照《刑法》第三十七条之一的规定，教职员工利用职业便利实施犯罪，或者实施违背职业要求的特定义务的犯罪被判处刑罚的，人民法院可以根据犯罪情况和预防再犯罪的需要，禁止其在一定期限内从事相关职业。其他法律、行政法规对其从事相关职业另有禁止或者限制性规定的，从其规定。

《未成年人保护法》、《教师法》属于前款规定的法律，《教师资格条例》属于前款规定的行政法规。

二、依照《未成年人保护法》第六十二条的规定，实施性侵害、虐待、拐卖、暴力伤害等违法犯罪的人员，禁止从事密切接触未成年人的工作。

依照《教师法》第十四条、《教师资格条例》第十八条规定，受到剥夺政治权利或者故意犯罪受到有期徒刑以上刑罚的，不能取得教师资格；已经取得教师资格的，丧失教师资格，且不能重新取得教师资格。

三、教职员工实施性侵害、虐待、拐卖、暴力伤害等犯罪的，人民法院应当依照《未成年人保护法》第六十二条的规定，判决禁止其从事密切接触未成年人的工作。

教职员工实施前款规定以外的其他犯罪，人民法院可以根据犯罪情况和预防再犯罪的需要，依照《刑法》第三十七条之一第一款的规定，判决禁止其自刑罚执行完毕之日或者假释之日起从事相关职业，期限为三年至五年；或者依照《刑法》第三十八条第二款、第七十二条第二款的规定，对其适用禁止令。

四、对有必要禁止教职员工从事相关职业或者适用禁止令的，人民检察院在提起公诉时，应当提出相应建议。

五、教职员工犯罪的刑事案件，判决生效后，人民法院应当在三十日内将裁判文书送达被告人单位所在地的教育行政部门；必要时，教育行政部门应当将裁判文书转送有关主管部门。

因涉及未成年人隐私等原因，不宜送达裁判文书的，可以送达载明被告人的自然情况、罪名及刑期的相关证明材料。

六、教职员工犯罪，人民法院作出的判决生效后，所在单位、教育行政部门或者有关主管部门可以依照《未成年人保护法》、《教师法》、《教师资格条例》等法律法规给予相应处理、处分和处罚。

符合丧失教师资格或者撤销教师资格情形的，教育行政部门应当及时收缴其教师资格证书。

七、人民检察院应当对从业禁止和禁止令执行落实情况进行监督。

八、人民法院、人民检察院发现有关单位未履行犯罪记录查询制度、从业禁止制度的，应当向该单位提出建议。

九、本意见所称教职员工，是指在学校、幼儿园等教育机构工作的教师、教育教学辅助人员、行政人员、勤杂人员、安保人员，以及校外培训机构的相关工作人员。

学校、幼儿园等教育机构、校外培训机构的举办者、实际控制人犯罪，参照本意见执行。

第三章　违反治安管理的行为和处罚

《关于加强家庭暴力告诫制度贯彻实施的意见》（2024年12月6日）

一、本意见所称告诫，是指公安机关对实施家庭暴力情节较轻、依法不给予治安管理处罚的加害人，以书面形式进行警示、劝诫，并会同有关部门和基层组织对其进行监督不再实施家庭暴力的一种行政指导行为。

二、公安机关接到家庭暴力报案后，应当及时出警，制止家庭暴力，按照有关规定调查取证，依法认定家庭暴力事实。

三、公安机关认定家庭暴力事实，应当满足以下基本证据条件：

（一）加害人对实施家庭暴力无异议的，需要加害人陈述、受害人陈述或者证人证言；

（二）加害人否认实施家庭暴力的，需要受害人陈述或者证人证言以及另外一种辅证。

四、公安机关认定家庭暴力事实，可以适用的辅证类型包括：

（一）记录家庭暴力发生过程的视听资料；

（二）家庭暴力相关电话录音、短信、即时通讯信息、电子邮件等电子数据；

（三）亲友、邻居等证人的证言，当事人未成年子女所作的与其年龄、智力相适应的证言；

（四）加害人曾出具的悔过书或者保证书等；

（五）伤情鉴定意见；

（六）医疗机构的诊疗记录；

（七）相关部门单位收到的家庭暴力投诉、反映或者求助记录；

（八）其他能够证明受害人遭受家庭暴力的证据。

五、家庭暴力情节较轻，依法不给予治安管理处罚的，公安机关可以对加害人给予批评教育或者出具告诫书。

六、家庭暴力事实已经查证属实，情节较轻且具有下列情形之一的，一般应当出具告诫书：

（一）因实施家庭暴力曾被公安机关给予批评教育的；

（二）对未成年人、老年人、残疾人、孕期和哺乳期的妇女、重病患者实施家庭暴力的；

（三）在公共场所实施家庭暴力的；

（四）受害人要求出具的；

（五）其他依法应当出具告诫书的情形。

加害人承认实施家庭暴力行为，辩称受害人有过错的，不影响公安机关依法出具告诫书。

七、家庭暴力情节显著轻微，或者家庭暴力情节较轻且取得受害人谅解的，公安机关可以对加害人给予批评教育。

对加害人给予批评教育的，应当在相关接报案信息系统记录备查。

八、加害人对实施家庭暴力无异议的，或者虽有异议，但家庭暴力事实清楚的，公安机关可以当场决定给予批评教育或者出具告诫书，并使用执法记录仪等设备录音录像备查。对需要继续查证的，应当在受理报案后72小时内作出决定。

九、告诫书的内容，包括加害人和受害人的身份信息及双方关系、家庭暴力的事实陈述、认定证据、相关法律规定、禁止加害人实施家庭暴力以及再次实施家庭暴力的法律后果等。告诫书一式三份，一份交加害人，一份交受害人，一份公安机关存档。告诫书式样，由公安部统一制发。

公安机关应当将告诫书及有关档案信息及时录入执法办案信息系统。

十、公安机关送交告诫书，应当向加害人当面宣读告诫内容，由加害人签名、捺印。加害人无正当理由拒绝签收告诫书的，民警应当注明情况，并将宣读和送交过程录音录像备查，即视为送交。

十一、公安机关应当将告诫情况及时通知当地居民委员会、村民委员会、妇女联合会和乡镇（街道）综治中心。

在实施告诫时，可以通知当地居民委员会、村民委员会、妇女联合会工作人员和儿童主任到场。

十二、公安派出所对收到告诫书的加害人、受害人应当进行查访监督。

对家庭暴力加害人、受害人，在送交告诫书后七日内，公安派出所进行首次查访，监督加害人不再实施家庭暴力。首次查访未发现再次实施家庭暴力的，每三个月进行一次查访。连续三次未发现加害人再次实施家庭暴力的，不再查访。

查访可以会同居民委员会、村民委员会进行。居民委员会、村民委员会应当配合公安派出所共同查访，或者单独进行查访，并加强家庭矛盾纠纷化解工作。基层妇女联合会应当协助和配合做好相关工作。

查访发现加害人再次实施家庭暴力的，依法追究法律责任。

十三、教育行政、卫生健康、民政等部门应当加强反家庭暴力业务培训，督促指导学校、幼儿园、医疗机构、居民委员会、村民委员会、社会工作服务机构、救助管理机构、福利机构、未成年人救助保护机构及其工作人员落实强制报告制度，在工作中发现无民事行为能力人、限制民事行为能力人遭受或者疑似遭受家庭暴力的，及时向公安机关报案。

十四、告诫书可以作为家庭暴力受害人到临时庇护场所主动申请庇护的书面凭证，临时庇护场所应当为其提供临时生活帮助。

对于因家庭暴力身体受到严重伤害、面临人身安全威胁或者处于无人照料等危险状态的无民事行为能力人、限制民事行为能力人，公安机关应当通知并协助民政部门将其安置到临时庇护场所、救助管理机构、福利机构或者未成年人救助保护机构。

十五、公安机关依法处置家庭暴力时，应当主动告知受害人可以向人民法院申请人身安全保护令。对当事人是无民事行为能力人、限制民事行为能力人，或者因受到强制、威吓等原因无法申请人身安全保护令的，可以代为申请。

十六、人民法院审理涉及家庭暴力的案件，可以根据公安机关出警记录、告诫书、伤情鉴定意见等证据，认定家庭暴力事实。

在离婚等案件中，当事人仅以公安机关曾出具告诫书为由，主张存在家庭暴力事实的，人民法院应当依法对是否存在该事实进行综合认定。

十七、家庭暴力受害人可以凭告诫书向法律援助机构申请法律咨询、代拟法律文书等法律援助，法律援助机构应当依法依规为家庭暴力受害人提供法律援助。

十八、公安机关在办理家庭暴力案件过程中，发现未成年人的父母或者其他监护人对未成年人家庭教育不当或侵害未成年人合法权益的，可以责令其接受家庭教育指导。

教育行政部门应当指导、督促学校、幼儿园向学生、幼儿的父母或者其他监护人开展家庭美德和反家庭暴力教育。必要时，中小学校、幼儿园应当配合公安机关督促实施家庭暴力的学生、幼儿的父母或者其他监护人接受家庭教育指导。具备条件的中小学校、幼儿园应当在教育行政部门的指导下，为家庭教育指导服务站点开展公益性家庭教育指导服务活动提供支持。

十九、妇女联合会、居民委员会、村民委员会应当根据公安机关告诫情况通知,对实施家庭暴力的加害人进行法治教育,必要时可以对加害人、受害人进行心理辅导。

教育行政、民政部门应当指导学校、社会工作服务机构等有关单位,对未成年家庭暴力受害人或者目睹家庭暴力的未成年人进行心理问题评估以及辅导、心理危机干预和咨询。卫生健康部门应当指导医疗机构做好未成年人心理危机干预以及心理治疗等工作。

二十、家庭暴力具有以下情形之一,构成违反治安管理行为或者涉嫌犯罪的,应当依法追究加害人的法律责任,不得以告诫代替行政或者刑事处罚:

(一) 经民警现场制止,拒不停止施暴的;

(二) 调解过程中又实施家庭暴力的;

(三) 经公安机关告诫或者处罚后,拒不悔改、再次实施家庭暴力的;

(四) 多次实施家庭暴力的;

(五) 其他应当追究法律责任的情形。

二十一、公安机关应当加强家庭暴力警情统计,对涉及强制报告义务主体的警情做好分类统计,按照批评教育、出具告诫书、给予行政处罚、追究刑事责任等情形统计处理结果。

二十二、县级以上人民政府负责妇女儿童工作的机构,应当加强家庭暴力告诫制度贯彻实施的统筹,组织、协调、指导、督促有关部门加强宣传培训、掌握情况,促进信息互通、资源共享、协调联动,运用反家庭暴力工作定期会商机制,为告诫与反家庭暴力其他制度的有效衔接提供保障。

二十三、反家庭暴力工作应当保护当事人隐私,处理涉及家庭暴力案事件的有关部门、组织和人员，对获悉的当事人及证人、举报人等有关人员信息、隐私负有保密义务。

二十四、家庭成员以外共同生活的人之间实施的暴力行为，参照本意见规定执行。"家庭成员以外共同生活的人"一般包括共同生活的儿媳、女婿、公婆、岳父母以及其他有监护、扶养、寄养、同居等关系的人。

> **第七十四条　【脱逃】**
> 依法被关押的违法行为人脱逃的，处十日以上十五日以下拘留；情节较轻的，处五日以上十日以下拘留。

说 明

本条是新增条款。

脱逃是依法关押的违法行为人，为逃避羁押或行政处罚，逃离监禁处所，尚不构成犯罪的行为。

以案说法

陈某仁等脱逃案

裁判摘要：被羁押的犯罪嫌疑人脱逃，事后证明脱逃前所涉嫌的犯罪不成立的，按照1979年《刑法》不构成脱逃罪，按照1997年《刑法》构成脱逃罪，但如果行为人和其他真正涉嫌犯罪的人共同脱逃的，构成脱逃罪的共犯。

就本案而言，陈某仁脱逃的前因确实是被司法机关无罪错捕、长期关押，但司法机关对其逮捕、关押是司法机关依法定程序进行的。认为陈某仁不构成脱逃罪的主要理由是其逃脱前的行为不构成犯罪，本人不是犯罪分子，因此不构成脱逃罪的主体身份。这一观点违背了《刑法》关于共同犯罪理论。构成脱逃罪必须是特殊主体，修订前的《刑法》第一百六十一条规定的脱逃罪必须是依法被逮捕、关押的犯罪分子。按照《刑法》理论，行为人具有特定的身份，是成立真正身份犯的要件，不具有特定身份的人不能单独构成这种犯罪，无身份的人与具有特定身份的人可以共同构成这种犯罪。无身份者与有身份者共同实施犯罪，即可以成为真正身份犯的教唆犯、协从犯或者从犯，也可以成为主犯，甚至成为犯罪的首要分子。在本案中，以陈某仁为主进行的脱逃犯罪，造成了多名人犯脱逃，脱逃后被捕获或者自首的7名犯罪嫌疑人后来均经人民法院审判判处有期徒刑，确属犯罪分子，是真正身份犯。陈某仁虽然不具有脱逃罪的主体身份，但他与这些犯罪分子共同实施脱逃行为，而且从中起重要作用，其虽然不能独立构成脱逃罪，但却完全可以成为脱逃罪的共犯。其行为应当构成脱逃罪（共犯）。

从犯罪的基本特征来看，以陈某仁为首逃脱的行为也造成了相当的社会危害性。以陈某仁为首组织的脱逃行为，造成11名人犯脱逃，给社会治安带来重大隐患，事实上司法机关也确实花费了大量人力、物力和精力追捕这些逃犯，而且到目前为止仍有三名在逃，其中一名是因涉嫌重大暴力犯罪即抢劫罪被逮捕关押的。这些逃避了法律惩处的犯罪嫌疑人很有可能再次违法犯罪，危害社会，给人民生命财产带来重大威胁。可见，陈某仁等人的行为既对抗法律、破坏了看守所的监管秩序，又给社会治安带来了重大隐患，具有严重的社会危害性，也符合犯罪的基本特征。值得指出的是，

1979年《刑法》第一百六十一条的规定没有将"犯罪嫌疑人"与"犯罪分子"区分开来，1997年《刑法》第三百一十六条规定："依法被关押的罪犯、被告人、犯罪嫌疑人脱逃的，处五年以下有期徒刑或者拘役。"据此，尚未经人民法院审判定罪而被司法机关依法关押的犯罪嫌疑人脱逃的，也构成脱逃罪。陈某仁是未经审判的犯罪嫌疑人，按照1997年《刑法》规定构成脱逃罪的真正身份犯。但本案发生在《刑法》修订前，故只能认定陈某仁为共同犯罪中的共犯。

【案号】 最高人民法院指导案例90号

第七十五条　【故意损坏文物、名胜古迹】

有下列行为之一的，处警告或者五百元以下罚款；情节较重的，处五日以上十日以下拘留，并处五百元以上一千元以下罚款：

（一）刻划、涂污或者以其他方式故意损坏国家保护的文物、名胜古迹的；

（二）违反国家规定，在文物保护单位附近进行爆破、钻探、挖掘等活动，危及文物安全的。

说 明

本条罚则有提高，并增加"钻探"规定。

第三章 违反治安管理的行为和处罚

对照法条

治安管理处罚法（2012）	治安管理处罚法（2025）
第六十三条　有下列行为之一的，处警告或者二百元以下罚款；情节较重的，处五日以上十日以下拘留，并处二百元以上五百元以下罚款： （一）刻划、涂污或者以其他方式故意损坏国家保护的文物、名胜古迹的； （二）违反国家规定，在文物保护单位附近进行爆破、挖掘等活动，危及文物安全的。	第七十五条　有下列行为之一的，处警告或者**五百元**以下罚款；情节较重的，处五日以上十日以下拘留，并处**五百元**以上**一千元**以下罚款： （一）刻划、涂污或者以其他方式故意损坏国家保护的文物、名胜古迹的； （二）违反国家规定，在文物保护单位附近进行爆破、**钻探**、挖掘等活动，危及文物安全的。

条文释义

本条是关于妨害文物管理的行为及其处罚的规定。

本条第一项规定的是刻划、涂污或者以其他方式故意损坏国家保护的文物、名胜古迹的行为。其中"国家保护的文物"是指《文物保护法》第二条所规定的具有历史、艺术、科学价值的下列文物：（一）古文化遗址、古墓葬、古建筑、石窟寺和古石刻、古壁画；（二）与重大历史事件、革命运动或者著名人物有关的以及具有重要纪念意义、教育意义或者史料价值的近代现代重要史迹、实物、代表性建筑；（三）历史上各时代珍贵的艺术品、工艺美术品；（四）历史上各时代重要的文献资料、手稿和图书资料等；（五）反映历史上各时代、各民族社会制度、社会生产、社会生活的代表性实物。文物认定的标准和办法由国务院文物行政部门制定，并报国务院批准。具有科学价值的古脊椎动物化石和古人类化石同文物一样受国家保护。

本项规定的"名胜古迹"是指可供人参观游览的著名风景区以及虽未被人民政府核定公布为文物保护单位但也具有一定历史意义的古建筑、雕刻、石刻等历史陈迹。本项规定妨害文物管理的行为主要有两种。其中"刻划"是指在文物、名胜古迹上面用各种硬物（包括笔、尖石块、各种金属等）刻写、凿划的行为。"涂污"是指在文物上进行涂抹的行为。另外，本项还规定了"以其他方式故意损坏国家保护的文物、名胜古迹"的行为。所谓"以其他方式"是指除了刻划、涂污以外的方式。"以其他方式"是一种概括性的规定，它概括了除去所列举的两种以外的所有的损坏文物、名胜古迹的方式。这里需要指出的是，本项所列举的损坏文物、名胜古迹的行为是一种故意行为。如果出于过失，则不构成本项规定的妨害文物管理的行为。比如，由于不小心将污物、油漆等溅洒到文物或古建筑上等。

第二项规定的是违反国家规定，在文物保护单位附近进行爆破、钻探、挖掘等活动，危及文物安全的行为。其中"文物保护单位"是指由人民政府按照法定程序确定的，具有历史、艺术、科学价值的革命遗址、纪念建筑物、古文化遗址、古墓葬、古建筑、石窟寺、古石刻、古壁画等不可移动的文物。文物保护单位根据其级别分别由国务院、省级人民政府和县（市）级人民政府核定公布，分为全国重点文物保护单位、省级文物保护单位、县（市）级文物保护单位。本项规定，违反国家规定，在文物保护单位附近进行爆破、钻探、挖掘等活动，危及文物安全的，主要是指建筑施工等单位或者公民个人在建设、施工等活动中，违反国家有关规定或者未经有关主管部门批准，在文物保护单位附近进行爆破、钻探、挖掘等活动，危及文物安全的行为。这里所说的"违反国家规定"是指违反国家有关文物保护的法律、行政法规和国家文物保护主管部门颁发的各种有关规定等。

这里应当注意的是，根据本项的规定，只要实施了违反国家规定在文物保护单位附近进行爆破、钻探、挖掘等活动的，就构成了妨害文物管理的行为，应当给予处罚，并不要求造成严重的后果。

> **第七十六条　【非法驾驶交通工具】**
>
> 有下列行为之一的，处一千元以上二千元以下罚款；情节严重的，处十日以上十五日以下拘留，可以并处二千元以下罚款：
>
> （一）偷开他人机动车的；
>
> （二）未取得驾驶证驾驶或者偷开他人航空器、机动船舶的。

说　明

本条罚则有所提高，将原来的"并处"改为"可以并处"。

对照法条

治安管理处罚法（2012）	治安管理处罚法（2025）
第六十四条　有下列行为之一的，处<u>五百元以上一千元以下罚款</u>；情节严重的，处十日以上十五日以下拘留，并处<u>五百元以上一千元以下罚款</u>：	第七十六条　有下列行为之一的，处<u>一千元以上二千元以下罚款</u>；情节严重的，处十日以上十五日以下拘留，<u>可以</u>并处二千元以下罚款；

续表

治安管理处罚法（2012）	治安管理处罚法（2025）
（一）偷开他人机动车的； （二）未取得驾驶证驾驶或者偷开他人航空器、机动船舶的。	（一）偷开他人机动车的； （二）未取得驾驶证驾驶或者偷开他人航空器、机动船舶的。

条文释义

本条是关于非法驾驶交通工具的行为及其处罚的规定。本条规定了两项行为。

第一项规定的是关于偷开他人机动车的行为。一般分为两种情况。第一种是指瞒着车主偷拿钥匙实施偷开的行为。第二种是指撬开他人机动车车门或者趁车门没锁实施偷开的行为。在这两种情况下，即使偷开人有合法的驾驶执照，也构成了本项规定的违法行为。应当注意的是，本项规定的偷开他人机动车的行为不是以盗窃为目的，主要是为了过"车瘾"、好奇，或者出于其他用途等，最终仍然想将车归还原主。这一行为虽然没有非法占有的目的，但其行为破坏了治安管理，属于违反治安管理的行为。偷开他人机动车的行为和盗窃机动车的主要区别在于行为人对机动车是否具有非法占有的目的并实施了相应行为。如果行为人将机动车私自开走后予以改装、变卖或者遗弃，则构成违反治安管理的盗窃行为或者盗窃罪。相反，如果行为人在实施该行为时，不是以非法占有为目的，并且事后将偷开的机动车停放在原处的，应当按偷开机动车的违反治安管理行为处罚。

第二项是关于未取得驾驶证驾驶或者偷开他人航空器、机动船舶的行为。其中"未取得驾驶证驾驶"是指没有经过专门培训、没有取得合法的驾驶航空器、机动船舶的专业驾驶证书而从事驾驶的行为。只要是没有合法的驾驶证而驾驶或者偷开他人航空器或者机动船舶的,就属于违反治安管理的行为。这里规定的"航空器",是指在空中飞行的交通运输工具。"机动船舶"是指在水上行驶并以电力或者燃料作为动力的各类船舶。本行为具体表现为两种行为方式:一是没有取得驾驶证而驾驶航空器、机动船舶的行为;二是偷开他人的航空器或者机动船舶。行为人只要实施了二者之一,就构成本行为。应当注意的是,未取得驾驶证驾驶或者偷开他人航空器、机动船舶的行为,如果出于盗窃的目的或者造成严重后果构成犯罪的,就应当依照《刑法》或者有关司法解释处理。

以案说法

史某斌诉某市公安局行政处罚案

山西省临汾市中级人民法院认为:本案中,史某斌为机动车的所有人和管理人,贺某祥和邢某虎在未经史某斌的允许下,私自将车开走的行为,妨害了社会管理秩序,具有社会危害性,属于违反治安管理的行为,应受到治安管理处罚。关于某市公安局所称本案当事人与案外人王某间的借贷行为,属于自行索债方式的理由,缺乏法律依据,不具有合法性,本院不予支持。

【案号】山西省临汾市中级人民法院(2017)晋10行终29号

朱某华诉某县公安局行政处罚案

重庆市第二中级人民法院认为:闵某伟两次偷开他人机动车,其主观目的是练习驾驶技术,未主动返还车辆的原因都是车辆出现事故无法前行才弃车,后两车均被找到并归还车主,故闵某伟主观上并无非法占有被偷开车辆的故意。其行为不符合《最高人民法院、最高人民检察院关于办理盗窃刑事案件适用法律若干问题的解释》第十条、第十一条规定的情形，朱某华认为闵某伟构成盗窃罪的上诉主张缺乏充分的证据证实，本院不予采纳。即使闵某伟的行为构成盗窃罪，某县公安局对其作出的治安处罚也不影响其应承担的刑事责任。

【案号】重庆市第二中级人民法院（2015）渝二中法行终字第00213号

关联规定

《公安机关执行〈中华人民共和国治安管理处罚法〉有关问题的解释》（2020年7月21日修改）

一、关于治安案件的调解问题。根据《治安管理处罚法》第9条的规定，对因民间纠纷引起的打架斗殴或者损毁他人财物以及其他违反治安管理行为，情节较轻的，公安机关应当本着化解矛盾纠纷、维护社会稳定、构建和谐社会的要求，依法尽量予以调解处理。特别是对因家庭、邻里、同事之间纠纷引起的违反治安管理行为，情节较轻，双方当事人愿意和解的，如制造噪声、发送信息、饲养动物干扰他人正常生活，放任动物恐吓他人、侮辱、诽谤、诬告陷害、侵犯隐私、偷开机动车等治安案件，公安机关都可以调解处理。同时，为确保调解取得良好效果，调解前应当及时依法做深入细致的调查取证工作，以查明事实、收集证据、分清责任。调解达成协议的，应当制作调解书，交双方当事人签字。

第七十七条　【破坏他人坟墓、尸骨、骨灰，违法停放尸体】

有下列行为之一的，处五日以上十日以下拘留；情节严重的，处十日以上十五日以下拘留，可以并处二千元以下罚款：

（一）故意破坏、污损他人坟墓或者毁坏、丢弃他人尸骨、骨灰的；

（二）在公共场所停放尸体或者因停放尸体影响他人正常生活、工作秩序，不听劝阻的。

说　明

本条罚则有所提高。

对照法条

治安管理处罚法（2012）	治安管理处罚法（2025）
第六十五条　有下列行为之一的，处五日以上十日以下拘留；情节严重的，处十日以上十五日以下拘留，可以并处一千元以下罚款： （一）故意破坏、污损他人坟墓或者毁坏、丢弃他人尸骨、骨灰的； （二）在公共场所停放尸体或者因停放尸体影响他人正常生活、工作秩序，不听劝阻的。	第七十七条　有下列行为之一的，处五日以上十日以下拘留；情节严重的，处十日以上十五日以下拘留，可以并处二千元以下罚款： （一）故意破坏、污损他人坟墓或者毁坏、丢弃他人尸骨、骨灰的； （二）在公共场所停放尸体或者因停放尸体影响他人正常生活、工作秩序，不听劝阻的。

条文释义

本条是关于破坏、污损他人坟墓、尸体和乱停放尸体等行为及其处罚的规定。本条规定了两项行为。

第一项是关于故意破坏、污损他人坟墓或者毁坏、丢弃他人尸骨、骨灰的行为的规定。其中"破坏、污损他人坟墓"是指将他人坟墓挖掘、铲除或者将墓碑砸毁,或往墓碑上泼洒污物,或在墓碑上乱写乱画等。"毁坏、丢弃他人尸骨、骨灰"是指将坟墓中的尸骨毁坏或者将尸骨取出丢弃,将骨灰扬撒和随意丢弃的行为。应当注意的是,本项规定的破坏、污损他人坟墓或者毁坏、丢弃他人尸骨、骨灰的行为是一种故意的行为。如果在生活或生产施工由于过失或中无意造成他人坟墓、尸骨破坏的,则不属于本项所规定的行为,可按民事纠纷处理。

第二项是关于在公共场所停放尸体或者因停放尸体影响他人正常生活、工作秩序,不听劝阻的行为的规定。本项规定了在公共场所停放尸体的违反治安管理行为。

公安机关在处理类似问题过程中,要注意工作方式方法,多做劝解工作,向当事人讲明政策、法律,防止因不适当的工作方法而激化矛盾。只有对那些经反复做思想工作仍不听劝解、执意闹事的,才可以适用处罚手段。

第三章 违反治安管理的行为和处罚

> **以案说法**

宋某沼诉某县公安局行政处罚案

江西省赣州市中级人民法院认为：宋某生挖掘行为的主要目的是确认印子里面是否存在尸骨，且在其挖掘时看到红纸后便停止了自己的行为，整个过程宋某生叮嘱其侄子宋某进行了手机视频拍摄且有人在场。案涉争议地块宋某沼并没有放置墓碑、墓碑石等一般人认为坟墓所具有的显著特征的标识，再结合当地风俗可知，印子并非坟墓。对此，宋某沼于2020年5月20日在某县公安局的询问笔录中也认可印子是在一处欲修建坟墓的标识，提醒他人此处已被先占。所以，宋某生的挖掘行为并没有破坏他人坟墓和毁坏尸骨的主观故意，客观上也没有实施破（毁）坏的行为。

【案号】江西省赣州市中级人民法院（2021）赣07行终100号

第七十八条 【卖淫、嫖娼，拉客招嫖】

卖淫、嫖娼的，处十日以上十五日以下拘留，可以并处五千元以下罚款；情节较轻的，处五日以下拘留或者一千元以下罚款。

在公共场所拉客招嫖的，处五日以下拘留或者一千元以下罚款。

说 明

本条罚则有所提高。

对照法条

治安管理处罚法（2012）	治安管理处罚法（2025）
第六十六条　卖淫、嫖娼的，处十日以上十五日以下拘留，可以并处五千元以下罚款；情节较轻的，处五日以下拘留或者五百元以下罚款。 在公共场所拉客招嫖的，处五日以下拘留或者五百元以下罚款。	第七十八条　卖淫、嫖娼的，处十日以上十五日以下拘留，可以并处五千元以下罚款；情节较轻的，处五日以下拘留或者一千元以下罚款。 在公共场所拉客招嫖的，处五日以下拘留或者一千元以下罚款。

条文释义

本条是关于卖淫、嫖娼以及在公共场所拉客招嫖的行为及其处罚的规定。

关于如何理解《刑法》意义上的"卖淫"一词，理论界有一定的争议，司法实践中也有一定争议。认识相对一致的主要有：（1）对传统意义上的提供性交服务并收取财物的行为应当认定为卖淫。（2）男性也可以提供卖淫服务。随着社会的发展，男性也存在为获取物质利益而与不特定的女性发生性关系的现象。将此现象理解为卖淫，已经得到了立法和司法的肯定。（3）肛交、口交应当列为卖淫的方式。从传播性病的角度看，此三种方式，均可引起性病的传播。

争议最大的是提供手淫等非进入式而是接触式的色情服务能否认定为《刑法》意义上的卖淫。公安部于 2001 年 2 月 18 日作出公复字〔2001〕4 号的《关于对同性之间以钱财为媒介的性行为定性处理问题的批复》称：不特定的异性之间或者同性之间以金钱、财物为媒介发生不正当性关系的行为,包括口淫、手淫、鸡奸等行为,都属于卖淫嫖娼行为,对行为人应当依法处理。一般认为,《刑法》上卖淫的概念,严格说属于立法解释的权限范围,不宜由司法机关作出解释。

这里应当注意的是,除根据本法对卖淫、嫖娼活动进行处罚外,1991年《全国人大常委会关于严禁卖淫嫖娼的决定》中对卖淫、嫖娼行为规定的收容教育和劳动教养措施,已经失效。

第二款是关于在公共场所拉客招嫖行为的规定。公共场所、拉客、招嫖这三个条件需同时具备,才构成拉客招嫖的违反治安管理行为。①公共场所,既包括公众聚集之场所,也包括公众出入之场所,具体是指供不特定多数人随时出入、停留、使用的场所。②拉客,是指通过语言、动作等各种方式,拉拢、引诱他人的行为。这里要正确理解"拉"的含义,"拉"必须有主动的语言、动作,或者是反复纠缠的行为。③招嫖,是指招引嫖娼、意图卖淫行为。意图卖淫,也就是本人通过拉拢、引诱等方法,与他人搭识、谈价,表达卖淫之目的。执行中公安机关应当严格把握政策界限,规范执法活动,应注意防止将一般的休闲、娱乐的群众作为卖淫人员进行查处,在群众中造成不利影响。拉客招嫖必须是卖淫人员自己实施了招引嫖客的行为,以区别于那些通过他人介绍而卖淫的行为。如果是介绍他人进行卖淫,对尚未构成犯罪的,应当适用本法其他有关条款进行处罚。

以案说法

吴某武诉某县公安局行政处罚案

福建省莆田市中级人民法院认为：本案中，认定嫖娼事实成立除了主观上双方必须就卖淫嫖娼达成一致，客观上还必须完成给付金钱、财物并发生性行为。本案公安机关认定吴某武存在嫖娼行为，并与余某晚发生了性关系，该事实存在主要证据不足的情形，故公安机关认定吴某武构成嫖娼并对其作出行政处罚事实不清，证据不足。

【案号】 福建省莆田市中级人民法院（2020）闽03行终61号

吴某铧诉某市公安局行政处罚案

福建省莆田市中级人民法院认为：根据公安部公复字〔2003〕5号《关于以钱财为媒介尚未发生性行为或发生性行为尚未给付钱财如何定性问题》的批复："卖淫嫖娼是指不特定的异性之间或同性之间以金钱、财物为媒介发生性关系的行为。行为主体之间主观上已经就卖淫嫖娼达成一致，已经谈好价格或者已经给付金钱、财物，并且已经着手实施，但由于其本人主观意志以外的原因，尚未发生性关系的；或者已经发生性关系，但尚未给付金钱、财物的，都可以按卖淫嫖娼行为依法处理。对前一种行为，应当从轻处罚。"吴某铧与案外人郭某花达成嫖娼的一致意见后，由郭某花带吴某铧进入特定的嫖娼场所，随后失足妇女白某燕进入房间，因吴某铧对白某燕长相不满意要求更换对象，自己仍在房间等待，因公安机关常规检查而被抓获。原审法院以吴某铧与白某燕未商议价格，白某燕就被吴某铧赶走，吴某铧对白某燕没有实施嫖娼行为，某市公安局认定吴某铧与白某燕进行嫖娼行为的事实不当，其作出的处罚决定缺乏事实依据为由，判决撤销行政处罚决定是错误的，依法予以纠正。

【案号】 福建省莆田市中级人民法院（2016）闽03行终170号

第七十九条 【引诱、容留、介绍卖淫】

引诱、容留、介绍他人卖淫的,处十日以上十五日以下拘留,可以并处五千元以下罚款;情节较轻的,处五日以下拘留或者一千元以上二千元以下罚款。

说 明

本条罚则有所提高。

对照法条

治安管理处罚法(2012)	治安管理处罚法(2025)
第六十七条 引诱、容留、介绍他人卖淫的,处十日以上十五日以下拘留,可以并处五千元以下罚款;情节较轻的,处五日以下拘留或者五百元以下罚款。	第七十九条 引诱、容留、介绍他人卖淫的,处十日以上十五日以下拘留,可以并处五千元以下罚款;情节较轻的,处五日以下拘留或者一千元以上二千元以下罚款。

条文释义

本条是关于引诱、介绍、容留他人卖淫的行为及其处罚的规定。

引诱他人卖淫,是指使用金钱、物质、腐朽的生活方式或者其他利益,诱使他人卖淫的行为。容留他人卖淫,是指为他人卖淫提供场所的行为。容留他人卖淫的场所多种多样,有的是利用自己的私人住宅,有的是利用自己管理的饭店、宾馆,还有的利用自己的汽车、船只等。容留他人卖淫,可以是长期的,如将房屋长期租给卖淫、嫖娼者使用，也可以是短期的或者临时的。介绍他人卖淫，是指为卖淫的人牵线搭桥介绍嫖客的行为，俗称"拉皮条"。行为人在卖淫者与嫖客之间进行沟通、撮合，促使卖淫行为得以实现。行为人只要实施了上述行为之一，就可以给予治安管理处罚。如果行为人兼有三种行为，且之间有牵连关系，如介绍他人卖淫并为其提供场所容留卖淫行为的，也不实行并罚。

以案说法

杨某平诉某县公安局行政处罚案

广西壮族自治区桂林市中级人民法院认为：杨某平通过微信聊天的方式，在获知刘某某有嫖娼意愿的情况下，为其介绍越南籍女服务员提供性服务，商谈价格并通知越南籍女服务员到其经营管理的场所内为刘某某提供性服务。卖淫嫖娼行为已着手实施，虽因主观意志以外的原因尚未发生性关系，但综合杨某平实施介绍行为的时间、地点，商谈嫖资的收取以及此前因容留卖淫而被处罚的事实，可认定杨某平主观上有积极为他人介绍卖淫的故意，客观上又为失足女和嫖客牵线搭桥，提供卖淫嫖娼场所，促成卖淫嫖娼行为发生，故杨某平的行为符合介绍卖淫的行为特征。

【案号】广西壮族自治区桂林市中级人民法院（2020）桂03行终249号

黄某诉某市公安局行政处罚案

襄阳市樊城区人民法院认为：某市公安局的处罚行政拘留7日，超过了该项法律规定的最高处罚5日的标准。限制人身自由的行政拘留处罚已执行，该行政行为事实发生，不可改变，属不具有可撤销内容的行为，应确认违法。

【案号】襄阳市樊城区人民法院（2018）鄂0606行初72号

第三章 违反治安管理的行为和处罚

> **第八十条 【制作、运输、复制、出售、出租淫秽物品，传播淫秽信息】**
>
> 制作、运输、复制、出售、出租淫秽的书刊、图片、影片、音像制品等淫秽物品或者利用信息网络、电话以及其他通讯工具传播淫秽信息的，处十日以上十五日以下拘留，可以并处五千元以下罚款；情节较轻的，处五日以下拘留或者一千元以上三千元以下罚款。
>
> 前款规定的淫秽物品或者淫秽信息中涉及未成年人的，从重处罚。

说 明

本条罚则有所提高，增加了第二款从重处罚的规定。

对照法条

治安管理处罚法（2012）	治安管理处罚法（2025）
第六十八条 制作、运输、复制、出售、出租淫秽的书刊、图片、影片、音像制品等淫秽物品或者利用计算机信息网络、电话以及其他通讯工具传播淫秽信息的，处十日以上十五日以下拘留，可以并处三千元以下罚款；情节较轻的，处五日以下拘留或者五百元以下罚款。	第八十条 制作、运输、复制、出售、出租淫秽的书刊、图片、影片、音像制品等淫秽物品或者利用信息网络、电话以及其他通讯工具传播淫秽信息的，处十日以上十五日以下拘留，可以并处五千元以下罚款；情节较轻的，处五日以下拘留或者一千元以上三千元以下罚款。

续表

治安管理处罚法（2012）	治安管理处罚法（2025）
	前款规定的淫秽物品或者淫秽信息中涉及未成年人的，从重处罚。

条文释义

本条是关于制作、运输、复制、出售、出租淫秽书刊等淫秽物品和利用信息网络等工具传播淫秽信息的违法行为及其处罚的规定。

本条所说的"淫秽物品"，是指具体描绘性行为或者露骨宣扬色情的诲淫性书刊、影片、录像带、录音带、图片及其他淫秽物品。但是，有关人体生理、医学知识的科学著作不是淫秽物品。包含色情内容的有艺术价值的文学、艺术作品不视为淫秽物品。

这里的"制作"是指生产、录制、编写、译著、绘画、印刷、刻制、摄制、洗印等行为。"运输"是指通过各种交通运输工具输送淫秽物品的行为。"复制"是指通过翻印、翻拍、复印、复写、复录等方式对已有的淫秽物品进行重复制作的行为。"出售"是指将淫秽物品通过批发、零售的方式销售给他人的行为。"出租"是指通过收取一定费用或好处的方法，将淫秽物品暂时给他人使用的行为。

这里的"淫秽书刊"是指载有淫秽内容的图书、报纸、杂志、画册等。"音像制品"是指载有淫秽内容的录像带、幻灯片、录音带、照片、激光唱片、影碟等。

利用信息网络、电话以及其他通讯工具传播淫秽信息的行为，既包括直接实施传播行为的人，也包括明知是淫秽电子信息而在自己所有、管理或者使用的网站或者网页上提供链接的人。本条所说的"传播"是指通过文字、图片、音频、视频等方式致使淫秽信息流传的行为。传播，必须是行为人主观故意进行传播，即明知是淫秽内容而故意传播给他人。如果主观上没有传播的故意，就不能认定为传播淫秽信息。这里的淫秽信息，是指带有淫秽内容的信息。应当注意的是，有关人体生理、医学知识的电子信息和声讯台语音信息不是淫秽信息。包含色情内容的有艺术价值的电子文学、艺术作品不视为淫秽信息。

公安机关在办理治安案件时所查获的淫秽物品，根据本法第十一条的规定，应当一律收缴，并按照有关规定，在上级部门的监督下销毁。

以案说法

马某贤诉某县公安局行政处罚案

安徽省临泉县人民法院认为：2018年5月27日晚上10时许，马某贤利用其本人微博昵称在名称为"为人民服务"的微信群内发布淫秽色情照片两张。马某贤的行为本可以在情节较轻的范围内处罚，但因其在6个月内曾受治安管理处罚，应当从重处罚。

【案号】安徽省临泉县人民法院（2018）皖1221行初195号

第八十一条　【组织、参与淫秽活动】

有下列行为之一的，处十日以上十五日以下拘留，并处一千元以上二千元以下罚款：

（一）组织播放淫秽音像的；

> （二）组织或者进行淫秽表演的；
> （三）参与聚众淫乱活动的。
>
> 明知他人从事前款活动，为其提供条件的，依照前款的规定处罚。
>
> 组织未成年人从事第一款活动的，从重处罚。

说 明

本条罚则有所提高，并增加了第三款从重处罚的规定。

对照法条

治安管理处罚法（2012）	治安管理处罚法（2025）
第六十九条 有下列行为之一的，处十日以上十五日以下拘留，并处五百元以上一千元以下罚款： （一）组织播放淫秽音像的； （二）组织或者进行淫秽表演的； （三）参与聚众淫乱活动的。 明知他人从事前款活动，为其提供条件的，依照前款的规定处罚。	第八十一条 有下列行为之一的，处十日以上十五日以下拘留，并处一千元以上二千元以下罚款： （一）组织播放淫秽音像的； （二）组织或者进行淫秽表演的； （三）参与聚众淫乱活动的。 明知他人从事前款活动，为其提供条件的，依照前款的规定处罚。 组织未成年人从事第一款活动的，从重处罚。

条文释义

本条是关于组织播放淫秽音像、组织或者进行淫秽表演、聚众淫乱以及为上述活动提供条件的违法行为及其处罚的规定。本条共有三款。

第一款是关于组织播放淫秽音像、组织或者进行淫秽表演、参与聚众淫乱活动的违法行为及其处罚的规定,共三项内容:

第一项内容是对组织播放淫秽音像行为的规定。"组织播放",是指召集多人通过电影、电视、电脑、CD、VCD、DVD、录像机等有录音、放像功能的音像设备进行传播具有淫秽内容的信息的行为。这里的"音像"不同于音像制品,是指通过音像设备放出来的声音和图像等。这种行为实质上是一种传播淫秽信息的方式,鉴于这种行为在传播淫秽信息的活动中比较突出,危害比较严重,所以本条对此专门作了规定。根据本项规定,主要惩治组织播放者,对于只向个别人播放或者是仅仅参与观看等行为,不能认定为组织播放。

第二项内容是对组织或者进行淫秽表演行为的规定。本项对组织者和亲自参与表演者作出同样的规定。"组织淫秽表演",是指组织他人当众或者通过网络进行淫秽性的表演。"组织",是指策划表演过程,纠集、招募、雇用表演者,寻找、租用表演场地,招揽观众等组织他人进行淫秽表演的行为。"淫秽表演",是指关于性行为或者露骨宣扬色情的诲淫性的表演。这里的"淫秽表演"既指现实生活中当众进行的淫秽表演,也包括通过网络进行的淫秽表演。"进行淫秽表演",是指亲自参与淫秽表演的人,既包括被招募、雇用来专门从事淫秽表演的人,也包括既组织他人进行淫秽表演,同时自己也参与淫秽表演的人。

第三项是对参与聚众淫乱活动行为的规定。《刑法》对聚众进行淫乱活动的首要分子或多次参加的以及引诱未成年人参加聚众淫乱活动的行为,规定了较重的刑罚。根据本项规定,只要参与聚众淫乱活动,都要给予治安处罚,体现了本法对这类行为从严打击的精神。"聚众"，是指多人聚集在一起进行淫乱活动。"淫乱活动"，主要是指性交行为，即群奸群宿。在男女性别上，既可以是男性多人，也可以是女性多人，还可以是男女混杂多人。根据本项规定，凡是参与聚众淫乱的，都应受到治安处罚。

第二款是关于为组织播放淫秽音像、组织或者进行淫秽表演、参与聚众淫乱活动违法行为提供条件的违法行为及其处罚的规定。

这里所说的"提供条件"，是指为组织播放淫秽音像、组织或者进行淫秽表演、聚众淫乱活动提供各种方便条件。为上述活动提供条件的行为，主观上是出于故意，即明知他人进行上述活动而为其提供各种便利条件。对于本人是否参加上述违法活动，不影响本项行为的构成。

要注意为播放淫秽音像、淫秽表演、淫乱活动提供场所行为与容留他人卖淫行为的区别。"容留他人卖淫"，是指为他人卖淫提供场所的行为。二者的主要区别是提供场所的对象不同。容留他人卖淫提供场所的对象是卖淫者；而本行为提供场所的对象是组织播放淫秽音像的人、组织或者进行淫秽表演的人、聚众淫乱的聚众淫乱者。

为加强对未成年人的保护，本条增加了组织未成年人从事第一款活动的从重处罚的规定。

第八十二条 【为赌博提供条件、赌博】

以营利为目的，为赌博提供条件的，或者参与赌博赌资较大的，处五日以下拘留或者一千元以下罚款；情节严重的，处十日以上十五日以下拘留，并处一千元以上五千元以下罚款。

说 明

本条罚则有所提高。

对照法条

治安管理处罚法（2012）	治安管理处罚法（2025）
第七十条　以营利为目的，为赌博提供条件的，或者参与赌博赌资较大的，处五日以下拘留或者五百元以下罚款；情节严重的，处十日以上十五日以下拘留，并处五百元以上三千元以下罚款。	第八十二条　以营利为目的，为赌博提供条件的，或者参与赌博赌资较大的，处五日以下拘留或者一千元以下罚款；情节严重的，处十日以上十五日以下拘留，并处一千元以上五千元以下罚款。

条文释义

本条是关于以营利为目的，为赌博提供条件或者参与赌博违法行为及其处罚的规定。

为了解决实践中正确把握赌博违法行为的界限问题，同时也是为了与《刑法》规定的赌博罪相衔接，本条对原《治安管理处罚条例》的内容作了修改，增加了"以营利为目的"的条件，明确了对赌博违法行为给予处罚的主要界限。

本条规定，包含以下两个内容：一是以营利为目的，为赌博提供条件的行为。这里的"以营利为目的"，是指行为人实施的为赌博提供条件的行为，是以获取金钱或财物等好处为目的。这里规定的"赌博"，是指以获取金钱或其他物质利益为目的，以投入一定赌资为条件进行的输赢活动。因此，认定是否为赌博行为，要划清几个界限：第一，赌博行为多是以牟取利益或好处为目的，应当从其主观目的和客观行为上判断是否以牟利为目的。对于不是以营利为目的，只是出于娱乐消遣目的开展的游戏性质的活动，即使带有少量财物的输赢，也不能按赌博处理；第二，从参与的人员来判断，是亲朋好友之间的娱乐，还是纯粹的赌输赢活动。只有符合上述条件的，才能认定为赌博，至于方式，不管使用什么方法，只要具有赌博的性质就可以构成。"为赌博提供条件"，主要包括以下行为：①提供赌具。赌具，是指被直接用作实施赌博的工具，只要是被直接用于实施赌博的一切物品，都可以成为赌具。赌博机，是指具有退币、退分、退钢珠等赌博功能的电子游戏设施、设备。②提供赌博场所。③提供赌资，指为赌博人员提供用于赌博的资金和财物。④提供交通工具，专门运送赌徒。⑤为赌博提供其他方便的条件。实践中对于进行带有少量财物输赢的娱乐活动，以及提供棋牌室等娱乐场所只收取正常的服务费用的经营行为和纯粹家庭或亲朋好友之间的娱乐活动等，不应视为赌博行为和为赌博提供条件。

二是参与赌博赌资较大的行为。对参与赌博赌资较大的，首先要认定是参与赌博违法行为，在此基础上认定是否为赌资较大。根据本条规定，赌资必须达到数额较大，才能给予治安管理处罚。赌资是否较大，是认定赌博违法行为的一个客观标准。至于赌资是以个人用于赌博的款物计算，还是以参与赌博的人用于赌博的款物总数计算以及"赌资较大"的标准等问题，应当由公安机关在司法实践中根据实际情况和当地的不同情况而定。实践中，应当注意区分赌博行为和非赌博行为，防止扩大打击面。根据有关司法解释的规定，对于不以营利为目的，进行带有少量财物输赢的娱乐活动，以及提供棋牌室等娱乐场所，只收取正常的场所和服务费用的经营行为等，不以赌博论处。鉴于此，对于无证经营棋牌室，仅收取正常服务费、未抽头渔利的行为，不应以赌博论处。

对于赌博所用的赌具，根据本法第十一条的规定，公安机关在办理治安案件时查获的赌具应一律收缴，集中予以销毁。根据公安部《关于为赌博提供的交通工具能否予以没收的批复》的规定，为赌博提供交通工具（如小汽车）以及场所（如房屋）等条件的，是违反治安管理的行为，对行为人应给予治安处罚。但交通工具、场所不是赌具，不应没收。公安机关在执法过程中应当严格掌握。

赌资，是指专门用于赌博的款物，如在赌博活动中用作赌注的款物、换取筹码的款物等。根据本法第十一条的规定，赌资应当收缴，按照规定处理。

以案说法

黄某祥诉某市公安局行政处罚案

湖南省娄底市中级人民法院认为：黄某祥对口袋里的4240元现金，能陈述其来源为父亲生日礼金，而其放于桌面上的现金480元与参与本案赌博的另二人携带的现金人民币440元、110元大体相当。如再加上其口袋里的4240元，则黄某祥的现金数额相对于另外二人的现金数额明显巨大。综合考虑现场查获情况等具体事实情节、口袋钱包里的现金数额相对巨大及本人能陈述其来源等因素，认定该4240元现金为赌资，缺乏充分依据，属认定不当。

【案号】湖南省娄底市中级人民法院（2016）湘13行终83号

陈某朋诉某市公安局行政处罚案

广东省佛山市中级人民法院认为：《公安部关于办理赌博违法

案件适用法律若干问题的通知》第九条规定:"不以营利为目的,亲属之间进行带有财物输赢的打麻将、玩扑克等娱乐活动,不予处罚;亲属之外的其他人之间进行带有少量财物输赢的打麻将、玩扑克等娱乐活动,不予处罚。"即"带有少量财物输赢的打麻将"的娱乐活动,不予处罚。具体到本案,民警从四人身上查获资金共计580元。陈某朋当场使用的资金仅占佛山市2015年度城镇职工月平均工资5151元的3.5%,即使是四人使用的资金总额也仅占11%,明显不属于"赌博赌资较大"的情形而属于"带有少量财物输赢的打麻将"的情形。结合案发时间是春节前几天、四人是熟人朋友且有正当职业的事实,本案陈某朋参与打麻将的行为属于熟人朋友之间"小赌怡情"的娱乐活动,符合上述第九条的规定,不应处罚。某市公安局作出的行政处罚决定适用法律错误,应予撤销。行政处罚应当遵循比例原则和合理原则。本案陈某朋在农历新年前几天与熟人朋友进行带有少量财物输赢的打麻将,情节显著轻微,不具有社会危害性,如果依据《佛山市公安局行政处罚自由裁量权细化标准(试行)》给予限制人身自由的行政处罚,不符合比例原则和合理原则。根据《行政诉讼法》第六十三条的规定,人民法院审理行政案件,以法律和行政法规、地方性法规为依据,并参照规章。《佛山市公安局行政处罚自由裁量权细化标准(试行)》仅为规范性文件,经本院审查后,认为可以不作为本案裁判的依据。某市公安局在本案一审诉讼中并没有提供该细化标准作为处罚依据,在二审诉讼中提供,已超过了举证期限。

【案号】广东省佛山市中级人民法院(2017)粤06行终217号

王某诉某县公安局行政处罚案

甘肃省庆阳市中级人民法院认为:公安部《公安机关对部分违反治安管理行为实施处罚的裁量指导意见》(公通字〔2018〕17

第三章 违反治安管理的行为和处罚

号）第二部分第七十八项关于赌博的理解与适用部分规定，有下列情形之一的，属于"情节严重"，"（三）国家工作人员参与赌博的"。原告王某为国家机关工作人员，参与赌博，属于情节严重，应当依法给予相应处罚。

【案号】甘肃省庆阳市中级人民法院（2023）甘10行终86号

第八十三条　【违反毒品原植物规定的行为】

有下列行为之一的，处十日以上十五日以下拘留，可以并处五千元以下罚款；情节较轻的，处五日以下拘留或者一千元以下罚款：

（一）非法种植罂粟不满五百株或者其他少量毒品原植物的；

（二）非法买卖、运输、携带、持有少量未经灭活的罂粟等毒品原植物种子或者幼苗的；

（三）非法运输、买卖、储存、使用少量罂粟壳的。

有前款第一项行为，在成熟前自行铲除的，不予处罚。

说　明

本条罚则有所提高。

对照法条

治安管理处罚法（2012）	治安管理处罚法（2025）
第七十一条 有下列行为之一的，处十日以上十五日以下拘留，可以并处三千元以下罚款；情节较轻的，处五日以下拘留或者五百元以下罚款： （一）非法种植罂粟不满五百株或者其他少量毒品原植物的； （二）非法买卖、运输、携带、持有少量未经灭活的罂粟等毒品原植物种子或者幼苗的； （三）非法运输、买卖、储存、使用少量罂粟壳的。 有前款第一项行为，在成熟前自行铲除的，不予处罚。	第八十三条 有下列行为之一的，处十日以上十五日以下拘留，可以并处五千元以下罚款；情节较轻的，处五日以下拘留或者一千元以下罚款： （一）非法种植罂粟不满五百株或者其他少量毒品原植物的； （二）非法买卖、运输、携带、持有少量未经灭活的罂粟等毒品原植物种子或者幼苗的； （三）非法运输、买卖、储存、使用少量罂粟壳的。 有前款第一项行为，在成熟前自行铲除的，不予处罚。

条文释义

本条是关于涉及罂粟等毒品原植物的违法行为及其处罚的规定。本条共分两款。

第一款是关于非法种植罂粟等毒品原植物和非法买卖、运输、携带、持有毒品原植物种子或者幼苗以及非法运输、买卖、储存、使用罂粟壳的行为和处罚的规定。共有三项内容：

第一项是对非法种植罂粟不满五百株或者其他少量毒品原植物行为的规定。对于非法种植罂粟或者其他毒品原植物的行为，本项规定是与《刑法》规定相衔接的，即非法种植罂粟不满五百株或者其他少量毒品原植物的。"罂粟"是毒品原植物的一种，在我国境内非法种植的毒品原植物主要是罂粟，所以，法律将其明确规定。

"其他毒品原植物"的情况比较复杂，在我国常见的是大麻等毒品原植物。这里的"少量"，是相对于《刑法》中数量较大而言的，也是区分罪与非罪的界限。

第二项是对非法买卖、运输、携带、持有少量未经灭活的毒品原植物种子或者幼苗行为的规定。这里的非法"买卖"，是指以金钱或实物作价非法购买或出售未经灭活的毒品原植物种子或者幼苗的行为；非法"运输"，是指非法从事未经灭活的毒品原植物种子或者幼苗的运输行为，包括在国内运输和在国境、边境非法输入输出；非法"携带"，是指违反国家规定，随身携带未经灭活的毒品原植物种子或者幼苗的行为；非法"持有"，是指在住处或有关场所、物品中私藏未经灭活的毒品原植物种子或者幼苗的行为。"未经灭活的毒品原植物种子"，是指未经过烘烤、放射线照射等处理手段，还能继续繁殖、发芽的罂粟等毒品原植物种子。罂粟籽本身不具有毒性，联合国《禁止非法贩运麻醉药品和精神药物公约》（以下简称《联合国公约》）和我国《麻醉药品品种目录》中都未将其列为毒品，但联合国公约中明确规定对罂粟籽应当严格加以管制。对罂粟籽等毒品原植物种子必须经过灭活处理，否则，会被犯罪分子用于种植。本项规定与联合国公约中对毒品原植物种子进行严格管制的精神是完全一致的。

第三项是对非法运输、买卖、储存、使用少量罂粟壳行为的规定。罂粟壳是罂粟的外壳，是毒品原植物的组成部分，有药用价值，也可以放入食品中作为调味品，具有与毒品一样使人上瘾的作用。如果行为人不是以营利为目的，而是自用，虽然也构成了违反治安管理行为，但在适用法律时，可以从轻或者不予处罚。

本条中规定的并处罚款是选择性的，要根据案件的情况，决定并处或者不并处罚款。

第二款是关于非法种植罂粟等毒品原植物成熟前自行铲除不予处罚的规定。由于毒品原植物必须成熟后才具有毒品的功效,如果在收获前自行铲除的,其危害后果甚微,所以,本款规定非法种植罂粟不满五百株或者其他少量毒品原植物,在成熟前自行铲除的,不予治安处罚。这里的"成熟前",是指收获毒品前,例如对罂粟进行割浆等。

"自行铲除",是指非法种植毒品原植物的人主动铲除或者委托他人帮助铲除的,而不是由公安机关发现后责令其铲除或者强制铲除的。

> **第八十四条 【非法持有、向他人提供毒品,吸毒,胁迫、欺骗开具麻醉药品、精神药品】**
>
> 有下列行为之一的,处十日以上十五日以下拘留,可以并处三千元以下罚款;情节较轻的,处五日以下拘留或者一千元以下罚款:
>
> (一)非法持有鸦片不满二百克、海洛因或者甲基苯丙胺不满十克或者其他少量毒品的;
>
> (二)向他人提供毒品的;
>
> (三)吸食、注射毒品的;
>
> (四)胁迫、欺骗医务人员开具麻醉药品、精神药品的。
>
> 聚众、组织吸食、注射毒品的,对首要分子、组织者依照前款的规定从重处罚。

第三章 违反治安管理的行为和处罚

> 吸食、注射毒品的，可以同时责令其六个月至一年以内不得进入娱乐场所、不得擅自接触涉及毒品违法犯罪人员。违反规定的，处五日以下拘留或者一千元以下罚款。

说　明

本条罚则有所提高，并增加了第二、三款的规定。

对照法条

治安管理处罚法（2012）	治安管理处罚法（2025）
第七十二条　有下列行为之一的，处十日以上十五日以下拘留，可以并处二千元以下罚款；情节较轻的，处五日以下拘留或者五百元以下罚款： （一）非法持有鸦片不满二百克、海洛因或者甲基苯丙胺不满十克或者其他少量毒品的； （二）向他人提供毒品的； （三）吸食、注射毒品的； （四）胁迫、欺骗医务人员开具麻醉药品、精神药品的。	第八十四条　有下列行为之一的，处十日以上十五日以下拘留，可以并处三千元以下罚款；情节较轻的，处五日以下拘留或者一千元以下罚款： （一）非法持有鸦片不满二百克、海洛因或者甲基苯丙胺不满十克或者其他少量毒品的； （二）向他人提供毒品的； （三）吸食、注射毒品的； （四）胁迫、欺骗医务人员开具麻醉药品、精神药品的。 聚众、组织吸食、注射毒品的，对首要分子、组织者依照前款的规定从重处罚。 吸食、注射毒品的，可以同时责令其六个月至一年以内不得进入娱乐

· 349 ·

治安管理处罚法（2012）	治安管理处罚法（2025）
	场所、不得擅自接触涉及毒品违法犯罪人员。违反规定的，处五日以下拘留或者一千元以下罚款。

条文释义

本条是关于非法持有毒品、向他人提供毒品和吸食、注射毒品以及胁迫、欺骗医务人员开具麻醉药品、精神药品的违法行为及其处罚的规定。本条第一款第一项是对非法持有毒品行为的规定。本项明确规定了鸦片、海洛因、甲基苯丙胺（冰毒）几种毒品。"其他少量毒品"，是指除鸦片、海洛因或者甲基苯丙胺以外的毒品，如大麻、K粉、摇头丸等。《刑法》对非法持有毒品构成犯罪的最低数额规定为：鸦片二百克、海洛因或者甲基苯丙胺十克、其他毒品数量较大的。根据本项规定，非法持有鸦片不满二百克、海洛因或者甲基苯丙胺不满十克或者其他少量毒品的，属于违反治安管理应予处罚的行为。

第二项是对向他人提供毒品行为的规定。提供毒品中的"毒品"，包括鸦片、海洛因、甲基苯丙胺、摇头丸等精神药品或麻醉药品。应当注意的是，向他人提供毒品的行为，是指无偿提供。如果向他人提供毒品，收取钱财的，则属于贩卖毒品，应依照《刑法》的规定定罪处罚。实践中应当注意区分向他人提供毒品的行为和贩卖毒品行为的界限。

第三项是对吸食、注射毒品行为的规定。虽然《刑法》对吸食、注射毒品没有规定为犯罪行为，但法律规定可以给予治安处罚。根据联合国《禁止非法贩运麻醉药品和精神药品公约》的规定,对吸毒者可以采取治疗、教育、善后护理、康复、回归社会等措施作为定罪处刑的替代办法。所以,不把吸食、注射毒品作为犯罪处理,也是符合实际情况,符合联合国公约的精神的。

对于因治疗疾病的需要,依照医生的嘱咐和处方服用、注射麻醉药品和精神药品的,不属于本项所说的吸食注射毒品行为。

第四项是对胁迫、欺骗医务人员开具麻醉药品、精神药品行为的规定。本项规定是指行为人使用胁迫、欺骗手段致使医务人员为其开具麻醉药品或精神药品的行为。这里的"胁迫",是指违法行为人对医务人员施以威胁、恫吓,进行精神上的强制,以迫使医务人员按照他的意思开具麻醉药品或精神药品,达到其目的。"欺骗",是指隐瞒真相或编造谎言,让医务人员信以为真,为其开出麻醉药品、精神药品的行为。这里的"医务人员",既包括在医院从事就诊有开具处方权的正式执业资格的医务人员,如医院门诊或急诊的医生,也包括虽没有开处方的权力,但可以通过其他有开处方权的医生开出药品的从事医务工作的研究人员、司药人员、护士以及从事医院行政工作的人员等。这里的"麻醉药品",主要是指连续使用后容易使人产生生理依赖性、易形成瘾癖的药品。"精神药品",是指直接作用于中枢神经系统,使之兴奋或抑制,连续使用能使人体产生依赖性的药品。

根据本法第十一条的规定,公安机关在办理治安案件时查获的毒品以及吸食、注射毒品的器具,无论是否属于吸毒者本人所有,一律收缴,按照规定处理,该销毁的一律销毁。

第二款是关于聚众、组织吸食、注射毒品行为的规定。聚众、组织与容留他人吸食、注射毒品在行为表现上有一定的联系和区别。聚众、组织强调的是为他人提供场所或组织多人的行为,而容留则是指提供场所供他人吸毒。两者在行为上可能有所重叠,但聚众、组织吸毒更侧重于组织性和多人参与的特点，因此对首要分子、组织者依照前款的规定从重处罚。

第三款是关于禁止吸食、注射毒品人员六个月至一年以内进入娱乐场所、擅自接触涉及毒品违法犯罪人员的规定。娱乐场所，是指以营利为目的，并向公众开放、消费者自娱自乐的歌舞、游艺等场所。涉及毒品违法犯罪人员是指实施了与毒品相关违法犯罪行为的个体。这些犯罪行为涵盖多个方面。比如，涉及毒品的走私、制造、贩卖、运输等。此外，非法持有毒品达到一定数量标准，容留他人吸毒，为他人吸食、注射毒品提供场所，也属于涉及毒品违法犯罪人员。

以案说法

刘某勇诉某市公安局行政处罚案

湖南省长沙市中级人民法院认为：本案中，某市公安局未制作尿液样本采集、送检的记录，亦未提供其他证据可供查证尿液样本采集、送检的过程，故相关尿液样本是否属于本人存疑。同时，进行尿检的时间与刘某勇被认定吸毒的时间至少间隔49日，明显超出毒品尿检阳性时限，不足以证明其于2019年4月底的某天吸食毒品的事实。因此，案涉尿检结果的真实性存疑，不能作为本案的定案依据，被诉行政处罚的主要证据不足。此外，某市公安局在尿液样本经现场检测结果呈阳性时，未按照《吸毒检测程序规定》第八条规定的要求，将样本分A、B两个样本专用器材保存六个月，且无证据证明其样本采集、送检过程符合上述规定。综上，被诉行政处罚主要证据不足、程序违法。

【案号】湖南省长沙市中级人民法院（2020）湘01行终194号

陈某平诉某市公安局行政处罚案

河南省焦作市中级人民法院认为：本案中，某市公安局作出行政处罚的主要依据是对陈某平的询问笔录、录音录像等，在程序上明显违法，不足以作为定案依据采信。虽然2019年3月18日陈某平的尿液检查呈阳性，但该结果不能够充分证明其在2019年3月14日吸食毒品的事实。

【案号】河南省焦作市中级人民法院（2020）豫08行终116号

> **第八十五条 【引诱、教唆、欺骗或者强迫他人吸食、注射毒品，容留他人吸食、注射毒品，介绍买卖毒品】**
>
> 引诱、教唆、欺骗或者强迫他人吸食、注射毒品的，处十日以上十五日以下拘留，并处一千元以上五千元以下罚款。
>
> 容留他人吸食、注射毒品或者介绍买卖毒品的，处十日以上十五日以下拘留，可以并处三千元以下罚款；情节较轻的，处五日以下拘留或者一千元以下罚款。

说 明

本条罚则有所提高，增加了第二款的规定，并作了一些表述性修改。

对照法条

治安管理处罚法（2012）	治安管理处罚法（2025）
第七十三条　教唆、引诱、欺骗他人吸食、注射毒品的，处十日以上十五日以下拘留，并处五百元以上二千元以下罚款。	第八十五条　引诱、教唆、欺骗或者强迫他人吸食、注射毒品的，处十日以上十五日以下拘留，并处一千元以上五千元以下罚款。 容留他人吸食、注射毒品或者介绍买卖毒品的，处十日以上十五日以下拘留，可以并处三千元以下罚款；情节较轻的，处五日以下拘留或者一千元以下罚款。

条文释义

本条是关于引诱、教唆、欺骗、容留吸食、注射毒品或者介绍买卖毒品的违法行为及其处罚的规定。

这里的"引诱、教唆"，是指通过向他人宣传吸毒后的感受和体验，示范吸毒的方法，或者对他人进行蛊惑，从而促使他人吸食、注射毒品的行为。"欺骗"他人吸食、注射毒品，是指在他人不知道的情况下，给他人吸食、注射毒品的行为。

对于引诱、教唆、欺骗他人吸食、注射毒品的行为人，并不要求以牟利为目的，无论出于何种目的，都不影响违法行为的构成。

实践中应当注意区分罪与非罪的界限。《刑法》第三百五十三条将此行为规定为犯罪，但实践中仍然存在情节显著轻微，危害不大的情形，如有的只是偶尔为之，或虽然有的人被引诱、教唆、欺骗吸食或注射毒品，但由于种种原因，被引诱、教唆、欺骗的人，没有吸食或注射毒品，即教唆他人吸食或注射毒品的行为未遂。对于情节轻微，危害不大的，应当依照本法的规定给予治安管理处罚。

容留他人吸食、注射毒品，是指允许他人在自己管理的场所吸食、注射毒品或者为他人吸食、注射毒品提供场所的行为。容留行为既可以主动实施，也可以被动实施，既可以是有偿的，也可以是无偿的。

关于介绍买卖毒品违法行为。2015年5月18日最高法院《全国法院毒品犯罪审判工作座谈会纪要》规定，办理贩卖毒品案件，应当准确认定居间介绍买卖毒品行为，并与居中倒卖毒品行为相区别。居间介绍者在毒品交易中处于中间人地位，发挥介绍联络作用，通常与交易一方构成共同犯罪，但不以牟利为要件；居中倒卖者属于毒品交易主体，与前后环节的交易对象是上下家关系，直接参与毒品交易并从中获利。居间介绍者实施为毒品交易主体提供交易信息、介绍交易对象等帮助行为，对促成交易起次要、辅助作用的，应当认定为从犯；对于以居间介绍者的身份介入毒品交易，但在交易中超出居间介绍者的地位，对交易的发起和达成起重要作用的被告人，可以认定为主犯。

第八十六条　【非法生产、经营、购买、运输毒品的原料、配剂】

违反国家规定，非法生产、经营、购买、运输用于制造毒品的原料、配剂的，处十日以上十五日以下拘留；情节较轻的，处五日以上十日以下拘留。

说 明

本条是新增条款。

关 联 规 定

《刑法》（2023年12月29日修正）

第三百五十条 违反国家规定，非法生产、买卖、运输醋酸酐、乙醚、三氯甲烷或者其他用于制造毒品的原料、配剂，或者携带上述物品进出境，情节较重的，处三年以下有期徒刑、拘役或者管制，并处罚金；情节严重的，处三年以上七年以下有期徒刑，并处罚金；情节特别严重的，处七年以上有期徒刑，并处罚金或者没收财产。

明知他人制造毒品而为其生产、买卖、运输前款规定的物品的，以制造毒品罪的共犯论处。

单位犯前两款罪的，对单位判处罚金，并对其直接负责的主管人员和其他直接责任人员，依照前两款的规定处罚。

《最高人民法院关于审理毒品犯罪案件适用法律若干问题的解释》（2016年4月6日）

第七条 违反国家规定，非法生产、买卖、运输制毒物品、走私制毒物品，达到下列数量标准的，应当认定为刑法第三百五十条第一款规定的"情节较重"：

（一）麻黄碱（麻黄素）、伪麻黄碱（伪麻黄素）、消旋麻黄碱（消旋麻黄素）一千克以上不满五千克；

（二）1-苯基-2-丙酮、1-苯基-2-溴-1-丙酮、3,4-亚甲基二氧苯基-2-丙酮、羟亚胺二千克以上不满十千克；

（三）3-氧-2-苯基丁腈、邻氯苯基环戊酮、去甲麻黄碱（去甲麻黄素）、甲基麻黄碱（甲基麻黄素）四千克以上不满二十千克；

（四）醋酸酐十千克以上不满五十千克；

（五）麻黄浸膏、麻黄浸膏粉、胡椒醛、黄樟素、黄樟油、异黄樟素、麦角酸、麦角胺、麦角新碱、苯乙酸二十千克以上不满一百千克；

（六）N-乙酰邻氨基苯酸、邻氨基苯甲酸、三氯甲烷、乙醚、哌啶五十千克以上不满二百五十千克；

（七）甲苯、丙酮、甲基乙基酮、高锰酸钾、硫酸、盐酸一百千克以上不满五百千克；

（八）其他制毒物品数量相当的。

违反国家规定，非法生产、买卖、运输制毒物品、走私制毒物品，达到前款规定的数量标准最低值的百分之五十，且具有下列情形之一的，应当认定为刑法第三百五十条第一款规定的"情节较重"：

（一）曾因非法生产、买卖、运输制毒物品、走私制毒物品受过刑事处罚的；

（二）二年内曾因非法生产、买卖、运输制毒物品、走私制毒物品受过行政处罚的；

（三）一次组织五人以上或者多次非法生产、买卖、运输制毒物品、走私制毒物品，或者在多个地点非法生产制毒物品的；

（四）利用、教唆未成年人非法生产、买卖、运输制毒物品、走私制毒物品的；

（五）国家工作人员非法生产、买卖、运输制毒物品、走私制毒物品的；

（六）严重影响群众正常生产、生活秩序的；

（七）其他情节较重的情形。

易制毒化学品生产、经营、购买、运输单位或者个人未办理许可证明或者备案证明，生产、销售、购买、运输易制毒化学品，确实用于合法生产、生活需要的，不以制毒物品犯罪论处。

> **第八十七条　【为吸毒、赌博、卖淫、嫖娼人员通风报信或者提供其他条件】**
>
> 旅馆业、饮食服务业、文化娱乐业、出租汽车业等单位的人员，在公安机关查处吸毒、赌博、卖淫、嫖娼活动时，为违法犯罪行为人通风报信的，或者以其他方式为上述活动提供条件的，处十日以上十五日以下拘留；情节较轻的，处五日以下拘留或者一千元以上二千元以下罚款。

说　明

本条内容增加了从轻情节。

对照法条

治安管理处罚法（2012）	治安管理处罚法（2025）
第七十四条　旅馆业、饮食服务业、文化娱乐业、出租汽车业等单位的人员，在公安机关查处吸毒、赌博、卖淫、嫖娼活动时，为违法犯罪行为人通风报信的，处十日以上十五日以下拘留。	第八十七条　旅馆业、饮食服务业、文化娱乐业、出租汽车业等单位的人员，在公安机关查处吸毒、赌博、卖淫、嫖娼活动时，为违法犯罪行为人通风报信的，**或者以其他方式为上述活动提供条件的**，处十日以上

续表

治安管理处罚法（2012）	治安管理处罚法（2025）
	十五日以下拘留；情节较轻的，处五日以下拘留或者一千元以上二千元以下罚款。

条文释义

本条是关于旅馆业、饮食服务业、文化娱乐业、出租汽车业等单位的人员，在公安机关查处吸毒、赌博、卖淫、嫖娼活动时，为违法犯罪人员通风报信的违法行为及其处罚的规定。

本条所说的"单位的人员"，指的是在这些单位中工作的人员。既包括单位的负责人，如法定代表人、经理等，也包括单位的职工。"为违法犯罪行为人通风报信"，是指在公安机关依法查处吸毒、赌博、卖淫、嫖娼违法犯罪活动时，将行动的时间、方式等情况告知吸毒、赌博、卖淫、嫖娼的违法犯罪分子，既包括向违法分子通风报信，也包括向犯罪人员通风报信。这里所说的"公安机关查处吸毒、赌博、卖淫、嫖娼活动时"，包括公安机关依法查处违法活动的全过程，既包括查处的部署阶段，也包括实施阶段。无论在哪一阶段向违法犯罪人员通风报信，致使违法犯罪分子隐藏、逃避查处的，都应按本条的规定处罚。"通风报信"，包括各种传递消息的方法和手段，如通过打电话、发送短信息、传呼信号和事先约定的各种联系暗号等。

这里应当注意的是，本条涉及旅馆业、饮食服务业、文化娱乐业、出租汽车业等单位，如果通风报信的行为属于单位的行为，根据本法第十八条的规定，除对其直接负责的主管人员和其他直接责任人员依照本条规定给予处罚外,如果其他法律、行政法规对这些单位违法行为规定了其他处罚的,如罚款、停业整顿、吊销营业执照等,有关部门仍可按照有关法律、行政法规的规定给予处罚。

实践中应当注意的几个问题:1.注意区分罪与非罪的界限,《刑法》规定,有上述行为情节严重的构成犯罪。情节严重是罪与非罪的界限。2.通风报信的行为是明知的行为,也就是说,旅馆业、饮食服务业、文化娱乐业、出租汽车业等单位的人员,通过各种渠道事先知道公安机关查处违法犯罪活动的消息,并将消息告诉违法犯罪行为人。3.如果这种消息是从公安机关有关人员那里得知的,即公安机关的有关警察通风报信的,根据本法第一百三十九条的规定,依法给予行政处分;构成犯罪的,依法追究刑事责任。

"娱乐场所"的界定。《娱乐场所管理条例》(国务院令第458号)第二条规定:娱乐场所是指以营利为目的,并向公众开放、消费者自娱自乐的歌舞、游艺等场所。《娱乐场所管理办法》(文化部令第55号)第二条规定:"《条例》所称娱乐场所,是指以营利为目的,向公众开放、消费者自娱自乐的歌舞、游艺等场所。歌舞娱乐场所是指提供伴奏音乐、歌曲点播服务或者提供舞蹈音乐、跳舞场地服务的经营场所;游艺娱乐场所是指通过游戏游艺设备提供游戏游艺服务的经营场所。其他场所兼营以上娱乐服务的,适用本办法。"

国务院法制办教科文卫法制司的有关负责同志解答,根据《条例》第二条的规定,娱乐场所大致包括两类:一类是以人际交谊为主的歌厅、舞厅、卡拉OK厅、夜总会等;另一类是依靠游艺器械经营的场所,如电子游戏厅、游艺厅等。构成娱乐场所需要三个要素:一是以营利为目的。据此,免费提供娱乐服务的场所,不属于《条例》的调整范围。二是向社会开放的公共场所。据此,单位内部专门为本单位职工、家属服务的场所,《条例》不调整。三是消费者自娱自乐的场所。据此,专门提供各种演出的场所,也不属于《条例》的调整范围,应纳入《营业性演出管理条例》调整。

需要特别说明,宾馆、饭店、酒吧、茶吧、咖啡厅、洗浴、桑拿、按摩、网吧等场所,不属于《条例》调整的范围。但宾馆、饭店中对外营业的歌舞、游艺场所仍由本条例调整。此外,棋牌、麻将等业态不含文化内容,餐吧、酒吧(夜店)等相关业态主营业务非歌舞娱乐活动,台球、保龄球等业态,均不属于《条例》的调整范畴。[①]

> **第八十八条 【社会生活噪声干扰他人】**
> 违反关于社会生活噪声污染防治的法律法规规定,产生社会生活噪声,经基层群众性自治组织、业主委员会、物业服务人、有关部门依法劝阻、调解和处理未能制止,继续干扰他人正常生活、工作和学习的,处五日以下拘留或者一千元以下罚款;情节严重的,处五日以上十日以下拘留,可以并处一千元以下罚款。

说 明

本条内容作了重大修订。

[①] 国务院法制办教科文卫法制司有关负责同志就《娱乐场所管理条例》的有关问题答记者问,载中华人民共和国文化和旅游部网站,访问网址:https://www.mct.gov.cn/whzx/bnsj/zcfgs_bnsj/201111/t20111128_821505.html,访问时间:2025年6月30日。

立法中，有的常委委员、全国人大代表、部门、地方、单位和社会公众提出，对于违反无线电管理、违规飞行"无人机"、侵害公民个人信息、行业经营者不按规定登记信息、违反规定产生社会生活噪声等行为，有关法律、行政法规等规定了法律责任，建议本法根据过罚相当原则，完善处罚层次，与其他有关处罚规定做好衔接。宪法和法律委员会经研究，建议对于上述违法行为，在原来只规定了拘留处罚的基础上，增加警告、罚款处罚方式。[①]

对照法条

治安管理处罚法（2012）	治安管理处罚法（2025）
第五十八条　违反关于社会生活噪声污染防治的法律规定，制造噪声干扰他人正常生活的，处警告；警告后不改正的，处二百元以上五百元以下罚款。	第八十八条　违反关于社会生活噪声污染防治的法律法规规定，产生社会生活噪声，经基层群众性自治组织、业主委员会、物业服务人、有关部门依法劝阻、调解和处理未能制止，继续干扰他人正常生活、工作和学习的，处五日以下拘留或者一千元以下罚款；情节严重的，处五日以上十日以下拘留，可以并处一千元以下罚款。

条文释义

本条是对违反关于社会生活噪声污染防治的法律法规规定，制造噪声干扰他人生活的行为的处罚规定。

[①] 2024年6月25日，全国人民代表大会宪法和法律委员会关于《中华人民共和国治安管理处罚法（修订草案）》修改情况的汇报，载中国人大网，http://www.npc.gov.cn/npc/c2/c30834/202506/t20250627_446248.html，最后访问时间2025年6月27日。

城镇化快速发展等多种原因导致噪声污染给群众带来的烦恼日益凸显，加上噪声扰民种类多、源头控制不足、执法管理难度大，我国噪声污染防治的形势已发生了重大的变化。主要有以下几个方面：

一是夜间声环境质量达标率较低。我国每年开展城市声环境质量监测工作，夜间声环境质量是噪声污染防治工作中的一项短板。2023年全国城市声环境功能区手工监测昼间达标率为96.1%，夜间达标率为87.0%，与2022年相比，昼间和夜间达标率分别升高0.1个和0.4个百分点。

二是噪声投诉居高不下。其中，以社会生活噪声投诉举报最多。同时，社会各界通过电话、媒体报道等方式，要求解决噪声影响问题，这些需求有不断增长的趋势。《中国噪声污染防治报告（2024）》指出，2023年，全国地级及以上城市12345政务服务便民热线以及生态环境、公安、住房和城乡建设等部门合计受理的噪声投诉举报案件约570.6万件，比上年增加120.3万件。《报告》显示，从投诉分布来看，噪声投诉量与人口密度密切相关，上海、北京、深圳、重庆、广州、成都、天津、武汉等8个超大城市噪声投诉总件数约166.3万件，约占全国地级及以上城市噪声投诉举报案件总量的三成。从投诉类型来看，社会生活噪声投诉举报最多，占68.4%，同比升高0.9个百分点；建筑施工噪声次之，占24.1%，同比降低1.0个百分点；交通运输噪声占4.3%，工业噪声占3.2%，同比基本持平。[①]

三是噪声管理形势严峻。全国民用汽车保有量增加，交通基础

[①] 白雪《噪声污染已成为百姓最关心的环境问题》，载2024-09-07中国经济导报，访问网址：http://www.chinadevelopment.com.cn/sh/2024/0907/1910687.shtml，最后访问时间2025年6月27日。

设施建设体量大、发展快,城镇化不断向前推进,使噪声管理面临较大压力。

四是噪声污染区域由城市逐渐扩展到了农村,高铁、城市轨道交通等噪声源不断出现。

本条要处罚的是违反关于社会生活噪声污染防治的法律规定,制造噪声干扰他人正常生活的行为,应当同时符合两个条件:一是违反了关于社会生活噪声污染防治的法律规定。二是制造噪声干扰了他人的正常生活、工作和学习。所谓噪声,是指在工业生产、建筑施工、交通运输和社会生活中所产生的干扰周围生活环境的声音。也就是说,广义上的噪声,既包括工业噪声,也包括建筑施工噪声、交通运输噪声和社会生活噪声。所谓"工业噪声",是指在工业生产活动中使用固定的设备时产生的干扰周围生活环境的声音;"建筑施工噪声",是指在建筑施工过程中产生的干扰周围生活环境的声音;"交通运输噪声",是指机动车辆、铁路机车、机动船舶、航空器等交通运输工具在运行时所产生的干扰周围生活环境的声音;"社会生活噪声",是指人为活动所产生的除工业噪声、建筑施工噪声和交通运输噪声之外的干扰周围生活环境的声音。本条所处罚的制造噪声干扰他人正常生活、工作和学习行为的"噪声",仅指社会生活噪声。

本条对制造噪声干扰他人正常生活、工作和学习的行为,首先要经基层群众性自治组织、业主委员会、物业服务人、有关部门依法劝阻、调解和处理,并规定了两档处罚。在适用本条规定时,应注意对于制造噪声干扰他人正常生活的,处罚前提是,经基层群众性自治组织、业主委员会、物业服务人、有关部门依法劝阻、调解和处理未能制止。在执行本条规定时,对于家庭、娱乐场所等产生的噪声应当进行噪声分贝检测,来判定是否达到干扰他人的噪声标

第三章 违反治安管理的行为和处罚

准；对于在城市市区特定区域使用高音广播喇叭的，则可以不用噪声分贝检测而直接处罚。

应当强调指出的是，本条规定的处罚是治安管理处罚，对于行为人制造噪声干扰他人正常生活的行为同时还违反了国家其他法律、法规的规定，应当受到的其他行政处罚，则应当依据其他法律、法规的规定，给予相应的行政处罚，其处罚标准依据其他的法律、行政法规确定的标准执行，与本条的规定不冲突。

以案说法

王某如诉某市公安局不履行法定职责案

福建省厦门市中级人民法院经审理认为：在案证据表明，本案某市公安局在接到110指挥中心转来的王某如的报警后，即派出民警赶到现场处警，对相关人员进行了劝诫、教育，要求关闭播放设备等。因王某如的报警事项已经涉嫌违反《治安管理处罚法》，某市公安分局作为行政案件予以立案受理，案件办理期间对王某如及有关人员等进行了调查询问，组织双方当事人多次进行调解。因某市公安局不具备噪声检测设备和相应条件，经向行政执法部门、环保部门发函请求协助噪声检测亦未获配合，故客观上无法对现场噪声是否超过国家规定的噪声排放标准进行取证。在此情况下，因本案现有证据无法证明郑某民播放音乐的声音超过噪声标准，认定制造噪声干扰他人正常生活的证据不足，某市公安分局以证据不足以证明有违法事实存在，作出案涉不予处罚决定，并无不当。

需要指出的是，近年来，社会生活噪声扰民问题日益突出，《治安管理处罚法》规定由公安机关对此进行调查处理。但实践中，执法机关受制于噪声检测资质、设备等条件所限，在一定程度上影响了对噪声扰民行为的准确定性和依法处理，执法机关应在今后工作中注意加强该方面的执法能力建设。此外，本院虽然驳回王某如要求撤销不予处罚决定的诉讼请求，但并不意味着对播放音乐的行为作出肯定性评价，当事人维护自身合法权益应通过合理合法途径予以主张。

【案号】福建省厦门市中级人民法院（2017）闽02行终101号

王某璇诉某派出所行政处罚案

秦皇岛市抚宁区人民法院认为：某派出所认定王某璇的行为属于制造噪声干扰他人正常生活，依据《治安管理处罚法》的规定对王某璇作出抚公（抚）行罚决字〔2019〕0552号行政处罚决定，未处警告，直接作出罚款决定，程序违法，适用法律错误，应予撤销。

【案号】秦皇岛市抚宁区人民法院（2020）冀0306行初4号

黄某犇诉某派出所行政不作为案

重庆市第五中级人民法院认为：当事人2018年12月30日报警后，公安机关当日并未到现场进行调查，也未制作相应的文书，虽在之后到现场进行了走访、调查，但始终未针对报警作出处理结果，也未进行书面回复，应当认定其拖延履行法定职责。本院二审中，通知双方对报警后的相关情况进行了询问，得知在多次报案后，双方多次进行了沟通，也曾一同对跳广场舞居民使用音响器材的音量问题进行了劝导工作，公安机关表示对噪声扰民的矛盾后续还要开展工作。随着我国进入老龄化社会，广场舞使用音响器材产生噪声干扰周围生活环境的问题现在普遍存在，成为社会治理的焦点和难点，常见于报纸和新闻报道。因为跳广场舞的主体多为老年群体，公安机关执法方式不当可能激化矛盾，且公安机关已对报警事项涉及跳舞群体所使用音响器材音量和跳舞时间进行过劝导。同时,当事人表示已不在其报警所涉地居住。鉴于上述情况,对2018年12月30日的报警再进行处理已无实际意义,判决确认2018年12月30日的报警未依法履行法定职责违法并无不当。虽然解决跳广场舞噪声扰民的矛盾涉及城市公共空间合理布局以及制定相关规定进行有序管理等问题,并非仅靠公安机关通过处罚手段可以彻底解决,但对于当事人或者其他居民再次因同样的事项报警,应当采取积极的态度履行法定职责、积极作为,依法行使《治安管理处罚法》和《噪声污染防治法》赋予的职权,主动采取更为有效的方法化解居民之间的矛盾,不能因自身消极履职,再次形成新的警民矛盾。

【案号】重庆市第五中级人民法院(2020)渝05行终312号

关 联 规 定

《噪声污染防治法》(2021年12月24日公布)

第二条 本法所称噪声,是指在工业生产、建筑施工、交通运输和社会生活中产生的干扰周围生活环境的声音。

本法所称噪声污染,是指超过噪声排放标准或者未依法采取防控措施产生噪声,并干扰他人正常生活、工作和学习的现象。

第五十九条 本法所称社会生活噪声,是指人为活动产生的除工业噪声、建筑施工噪声和交通运输噪声之外的干扰周围生活环境的声音。

第六十条 全社会应当增强噪声污染防治意识,自觉减少社会生活噪声排放,积极开展噪声污染防治活动,形成人人有责、人人参与、人人受益的良好噪声污染防治氛围,共同维护生活环境和谐安宁。

第六十一条 文化娱乐、体育、餐饮等场所的经营管理者应当采取有效措施,防止、减轻噪声污染。

第六十二条 使用空调器、冷却塔、水泵、油烟净化器、风机、发电机、变压器、锅炉、装卸设备等可能产生社会生活噪声污染的设备、设施的企业事业单位和其他经营管理者等,应当采取优化布局、集中排放等措施,防止、减轻噪声污染。

第六十三条 禁止在商业经营活动中使用高音广播喇叭或者采用其他持续反复发出高噪声的方法进行广告宣传。

对商业经营活动中产生的其他噪声,经营者应当采取有效措施,防止噪声污染。

第六十四条 禁止在噪声敏感建筑物集中区域使用高音广播喇叭,但紧急情况以及地方人民政府规定的特殊情形除外。

在街道、广场、公园等公共场所组织或者开展娱乐、健身等活动,应当遵守公共场所管理者有关活动区域、时段、音量等规定,采取有效措施,防止噪声污染;不得违反规定使用音响器材产生过大音量。

公共场所管理者应当合理规定娱乐、健身等活动的区域、时段、音量,可以采取设置噪声自动监测和显示设施等措施加强管理。

第六十五条 家庭及其成员应当培养形成减少噪声产生的良好习惯,乘坐公共交通工具、饲养宠物和其他日常活动尽量避免产生噪声对周围人员造成干扰,互谅互让解决噪声纠纷,共同维护声环境质量。

使用家用电器、乐器或者进行其他家庭场所活动,应当控制音量或者采取其他有效措施,防止噪声污染。

第六十六条 对已竣工交付使用的住宅楼、商铺、办公楼等建筑物进行室内装修活动,应当按照规定限定作业时间,采取有效措施,防止、减轻噪声污染。

第六十七条 新建居民住房的房地产开发经营者应当在销售场所公示住房可能受到噪声影响的情况以及采取或者拟采取的防治措施,并纳入买卖合同。

新建居民住房的房地产开发经营者应当在买卖合同中明确住房的共用设施设备位置和建筑隔声情况。

第六十八条 居民住宅区安装电梯、水泵、变压器等共用设施设备的,建设单位应当合理设置,采取减少振动、降低噪声的措施,符合民用建筑隔声设计相关标准要求。

已建成使用的居民住宅区电梯、水泵、变压器等共用设施设备由专业运营单位负责维护管理,符合民用建筑隔声设计相关标准要求。

第六十九条 基层群众性自治组织指导业主委员会、物业服务人、业主通过制定管理规约或者其他形式,约定本物业管理区域噪声污染防治要求,由业主共同遵守。

第七十条 对噪声敏感建筑物集中区域的社会生活噪声扰民行为,基层群众性自治组织、业主委员会、物业服务人应当及时劝阻、调解;劝阻、调解无效的,可以向负有社会生活噪声污染防治监督管理职责的部门或者地方人民政府指定的部门报告或者投诉,接到报告或者投诉的部门应当依法处理。

《公安机关执行〈中华人民共和国治安管理处罚法〉有关问题的解释》(2020年7月21日修改)

一、关于治安案件的调解问题。根据《治安管理处罚法》第9条的规定,对因民间纠纷引起的打架斗殴或者损毁他人财物以及其他违反治安管理行为,情节较轻的,公安机关应当本着化解矛盾纠纷、维护社会稳定、构建和谐社会的要求，依法尽量予以调解处理。特别是对因家庭、邻里、同事之间纠纷引起的违反治安管理行为，情节较轻，双方当事人愿意和解的，如制造噪声、发送信息、饲养动物干扰他人正常生活，放任动物恐吓他人、侮辱、诽谤、诬告陷害、侵犯隐私、偷开机动车等治安案件，公安机关都可以调解处理。同时，为确保调解取得良好效果，调解前应当及时依法做深入细致的调查取证工作，以查明事实、收集证据、分清责任。调解达成协议的，应当制作调解书，交双方当事人签字。

第八十九条 【饲养动物违法行为】

饲养动物，干扰他人正常生活的，处警告；警告后不改正的，或者放任动物恐吓他人的，处一千元以下罚款。

违反有关法律、法规、规章规定，出售、饲养烈性犬等危险动物的，处警告；警告后不改正的，或者致使动物伤害他人的，处五日以下拘留或者一千元以下罚款；情节较重的，处五日以上十日以下拘留。

未对动物采取安全措施，致使动物伤害他人的，处一千元以下罚款；情节较重的，处五日以上十日以下拘留。

驱使动物伤害他人的，依照本法第五十一条的规定处罚。

说 明

本条内容作了重大修订。

立法中，有的常委委员、部门和地方提出，违规养犬、犬只伤人事件时有发生，危害他人人身安全，修订草案规定的处罚范围过窄，建议修改完善。宪法和法律委员会经研究，建议增加规定对"违反有关法律法规规定，出售、饲养烈性犬等危险动物"，以及"致使动物伤害他人"的治安管理处罚[①]。

对照法条

治安管理处罚法（2012）	治安管理处罚法（2025）
第七十五条　饲养动物，干扰他人正常生活的，处警告；警告后不改正的，或者放任动物恐吓他人的，处<u>二百元以上五百</u>元以下罚款。 驱使动物伤害他人的，依照本法<u>第四十三条第一款</u>的规定处罚。	**第八十九条**　饲养动物，干扰他人正常生活的，处警告；警告后不改正的，或者放任动物恐吓他人的，处**一千元以下罚款**。 **违反有关法律、法规、规章规定，出售、饲养烈性犬等危险动物的，处警告；警告后不改正的，或者致使动物伤害他人的，处五日以下拘留或者一千元以下罚款；情节较重的，处五日以上十日以下拘留。** **未对动物采取安全措施，致使动物伤害他人的，处一千元以下罚款；情节较重的，处五日以上十日以下拘留。**

[①] 2024年6月25日，全国人民代表大会宪法和法律委员会关于《中华人民共和国治安管理处罚法（修订草案）》修改情况的汇报，载中国人大网，http：//www.npc.gov.cn/npc/c2/c30834/202506/t20250627_446248.html，最后访问时间2025年6月27日。

续表

治安管理处罚法（2012）	治安管理处罚法（2025）
	驱使动物伤害他人的，依照本法第五十一条的规定处罚。

条文释义

近年来，城市居民饲养动物作为宠物的越来越多。一方面，宠物能够给主人带来欢乐，尤其是能够帮助孤寡老人排解寂寞；另一方面，如果对宠物管理不善，会干扰他人的正常生活，如宠物的叫声会影响周围邻居的休息等。更有甚者，利用动物来伤害他人，如驱使、纵容动物恐吓、伤害他人。此类行为既妨害了社会管理秩序，也侵害了他人的人身权利，必须从法律上加以禁止。《治安管理处罚法》立法过程中，公安部曾多次建议删除这一规定，主要考虑在于饲养动物与干扰他人生活属于民事领域问题，被侵害人应当协商解决或者依法向人民法院提出赔偿请求。但立法机关坚持认为，目前城市饲养宠物的问题突出，引发的社会矛盾较多，由公安机关处理比较适宜。

本条是关于饲养动物，干扰他人正常生活和放任动物伤害他人以及驱使动物恐吓他人的违法行为及其处罚的规定。本条共分四款。

第一款是关于饲养动物，干扰他人正常生活的行为及其处罚的规定。这里的"动物"，不是狭义的家养小宠物，如狗、猫等，而是广义的所有能够人工饲养的动物，如马、牛、猪、羊等牲畜，鸡、鸭等家禽以及鸟等各种飞禽。这里的"饲养"，既包括动物养殖场里圈养的动物，也包括公民自家饲养的动物。目前，群众反映最强烈的是饲养狗、鸽子和鸟等动物干扰他人正常生活的情况。"干扰他人正常生活"，是一个广义的概念，主要是指违反圈养或饲养的规定，给他人的正常生活带来一定影响。"警告后不改正"，是指公安机关警告饲养动物干扰他人正常生活的行为后，行为人仍未改正的情况。"放任动物恐吓他人"，是指对自己饲养的动物向他人吠叫、袭击等使人惊吓的动作放任不管的行为。

第二款是关于出售、饲养烈性犬的禁止性规定。《2023—2024年中国宠物行业白皮书（消费报告）》显示，2023年我国宠物犬数量为5175万只。近年来，"犬只伤人"话题持续受到关注。2023年10月，四川成都一名两岁半女童遭一只罗威纳犬撕咬，导致肾挫裂伤。此事发生后，全国多地发布重点管理区（一般是城市市区）禁养犬品种名录，有些市县开展行动整治流浪犬、打击遛狗不牵绳行为等。《民法典》第一千二百四十七条规定，禁止饲养的烈性犬等危险动物造成他人损害的，动物饲养人或者管理人应当承担侵权责任。

第三款是关于未对动物采取安全措施的禁止性规定。《民法典》第一千二百四十六条规定："违反管理规定，未对动物采取安全措施造成他人损害的，动物饲养人或者管理人应当承担侵权责任；但是，能够证明损害是因被侵权人故意造成的，可以减轻责任。"犬只致害事件发生后，尽管人民法院可以判令饲养人或者管理人承担责任，但是毕竟损害已经产生，被侵权人的权益已经受到侵害。简单地以司法裁判方式划分责任并非"上医治未病"。防范和杜绝犬只致损事件，应当抓好前端管理，形成合力，故立法作出禁止性规定。

第四款是关于驱使动物伤害他人的行为及其处罚的规定。这里的"驱使动物伤害他人"，是指饲养动物或牵领动物的人，故意以声音、语言、眼神、动作暗示或指使动物对他人进行攻击的行为。这种行为一般有两种情况：一种是为了报复他人，故意驱使动物伤害他人；一种是出于好奇取乐的目的。不管动机如何，只要伤害了他人，就构成本款所规定的应当给予治安处罚的行为。但是，如果在动物比赛过程中，动物按照主人的指令不慎伤害了他人的，不属于本款所说的情况。

在适用本条规定时，对于饲养动物干扰他人正常生活的，应当先予警告，只有经警告后还不改正的，才可以处以罚款。而对于放任动物伤害他人的，则必须给予罚款的处罚，而不能给予警告。对于驱使动物伤害他人的，即动物的主人或者饲养人员利用各种方式唆使动物伤害他人，如果造成的伤害经鉴定在轻伤以上，则构成了故意伤害他人的犯罪，此时，饲养的动物就成了犯罪的工具；如果造成的伤害未达到轻伤，则按照故意伤害他人身体的违反治安管理行为来处罚。

以案说法

刘某诉某市公安局行政处罚案

南京铁路运输法院认为：第三人崔某饲养的小鸟发出叫声产生了环境噪声，但要构成环境噪声污染通常需要两个条件：一是严重影响居民正常生活的心理感知因素，二是超标排放的客观现实因素。至于是否达到严重影响生活的程度，不同人员因居住条件、身体健康、心理感受存在差异，会产生不同的评价，东邻认为静，西邻未必不嫌吵。从原告提交的证据来看，其身体健康情况欠佳，对外界声音的敏感程度高于一般人，需要相对清静的环境恢复休养。但是，是否达到严重干扰他人正常生活的程度，仅以原告个人的感知作为判断标准是不够的，还应当综合考虑声音的来源、养鸟的行为是否合理、当事人能否对声音进行控制防范，以及周围邻居等一般公众的普遍感受等因素。原告报警后，被告分别向原告、崔某夫妇、居住在同幢楼的邻居、小区物业主任进行了调查了解，崔某自称最多时饲养了5只鸟，邻居称3—4只，小鸟发出叫声的事实客观存在，从原告多次报警来看，也确实对其生活造成了影响，但被调查者大都认为对生活影响并不很大，而数只鸟叫会造成环境噪声污染的说法亦不符合日常生活经验。据此，某市公安局认为第三人崔某养鸟干扰原告生活的违法事实不成立，决定对崔某不予处罚，认定事实清楚、适用法律正确、程序合法。

【案号】南京铁路运输法院（2018）苏8602行初324号

刘某诉某派出所不履行职责案

天津市第一中级人民法院认为：刘某于2019年6月3日在家中发现案外人在小区遛狗未牵绳，遂向公安机关报警。报警行为在性质上属于举报，系为公安机关提供不文明养犬行为的线索。该举报有利于推动相关部门查处不文明养犬行为工作和提升我市社会文明程度，值得鼓励和提倡。但现有证据不能证明涉案不文明养犬行为对其已构成人身或财产等方面的侵害，公安机关所作的被诉终止案件调查决定，对上诉人的合法权益明显不产生实际影响。

【案号】天津市第一中级人民法院（2020）津01行终377号

徐某庆诉某派出所行政处罚案

黑龙江省龙江县人民法院认为：警告是国家对行政违法行为人的谴责和告诫，是对违法行为人的正式否定评价。适用目的是让被处罚人认识到违法行为对社会的危害，纠正违法行为并不再继续危害社会。本案中，某派出所接受了相关人的报案，填写了受案登记表，制作了受案回执，对违法事实是否存在进行了调查询问，对案发现场进行了勘验检查，履行了陈述申辩权利告知义务，在法定期限内办结受理案件，案件办结后依法向行政相对人和行政相关人送达处理结果。某派出所在完成以上法定办案工作基础上，依法对徐某庆的行为作出了否定评价，目的是督促其采取积极措施消除饲养蜜蜂对他人生活产生的妨碍。某派出所对徐某庆警告行政处罚符合惩罚和教育相结合的处罚要求。

【案号】黑龙江省龙江县人民法院（2019）黑0221行初27号

陶某诉某市公安局行政处罚案

南昌铁路运输中级法院认为：本案中，陶某某与陶某在扬子洲镇庙后村沙港自然村农业银行对面的馄饨店门口发生言语争执后，陶某放狗将陶某某咬伤，经鉴定为轻微伤，该事实有询问笔录、鉴定文书等予以证明。在法院生效判决撤销某市公安局对陶某拘留3日的行政处罚后，某市公安局重新作出拘留7日、罚款500元行政处罚决定，证据确凿，适用法律正确，并无不当。

【案号】南昌铁路运输中级法院（2023）赣71行终507号

关 联 规 定

《公安机关执行〈中华人民共和国治安管理处罚法〉有关问题的解释》（2020年7月21日修改）

一、关于治安案件的调解问题。根据《治安管理处罚法》第9条的规定，对因民间纠纷引起的打架斗殴或者损毁他人财物以及其他违反治安管理行为，情节较轻的，公安机关应当本着化解矛盾纠纷、维护社会稳定、构建和谐社会的要求，依法尽量予以调解处理。特别是对因家庭、邻里、同事之间纠纷引起的违反治安管理行为，情节较轻，双方当事人愿意和解的，如制造噪声、发送信息、饲养动物干扰他人正常生活，放任动物恐吓他人、侮辱、诽谤、诬告陷害、侵犯隐私、偷开机动车等治安案件，公安机关都可以调解处理。同时，为确保调解取得良好效果，调解前应当及时依法做深入细致的调查取证工作,以查明事实、收集证据、分清责任。调解达成协议的,应当制作调解书,交双方当事人签字。

《民法典》(2020年5月28日公布)

第二百八十六条 业主应当遵守法律、法规以及管理规约,相关行为应当符合节约资源、保护生态环境的要求。对于物业服务企业或者其他管理人执行政府依法实施的应急处置措施和其他管理措施,业主应当依法予以配合。

业主大会或者业主委员会,对任意弃置垃圾、排放污染物或者噪声、违反规定饲养动物、违章搭建、侵占通道、拒付物业费等损害他人合法权益的行为,有权依照法律、法规以及管理规约,请求行为人停止侵害、排除妨碍、消除危险、恢复原状、赔偿损失。

业主或者其他行为人拒不履行相关义务的,有关当事人可以向有关行政主管部门报告或者投诉,有关行政主管部门应当依法处理。

第一千二百四十五条 饲养的动物造成他人损害的,动物饲养人或者管理人应当承担侵权责任;但是,能够证明损害是因被侵权人故意或者重大过失造成的,可以不承担或者减轻责任。

第一千二百四十六条 违反管理规定,未对动物采取安全措施造成他人损害的,动物饲养人或者管理人应当承担侵权责任;但是,能够证明损害是因被侵权人故意造成的,可以减轻责任。

第一千二百四十七条 禁止饲养的烈性犬等危险动物造成他人损害的,动物饲养人或者管理人应当承担侵权责任。

第一千二百四十九条 遗弃、逃逸的动物在遗弃、逃逸期间造成他人损害的,由动物原饲养人或者管理人承担侵权责任。

第一千二百五十条 因第三人的过错致使动物造成他人损害

的，被侵权人可以向动物饲养人或者管理人请求赔偿，也可以向第三人请求赔偿。动物饲养人或者管理人赔偿后，有权向第三人追偿。

第一千二百五十一条 饲养动物应当遵守法律法规，尊重社会公德，不得妨碍他人生活。

第四章 处罚程序

第一节 调 查

> **第九十条 【立案调查】**
>
> 公安机关对报案、控告、举报或者违反治安管理行为人主动投案，以及其他国家机关移送的违反治安管理案件，应当立即立案并进行调查；认为不属于违反治安管理行为的，应当告知报案人、控告人、举报人、投案人，并说明理由。

说 明

本条将原有第七十七条、第七十八条进行了合并，并对立案程序进行了重大修订。

《行政处罚法》第五十四条第二款规定，"符合立案标准的，行政机关应当及时立案"。公安机关办理行政案件的受案程序据此调整为立案程序，即公安机关对属于本单位管辖的行政案件，除当场作出处罚决定的外，应当依法立即立案并调查处理；对属于公安机关职责范围，但不属于本单位管辖的，应当按规定移送有管辖权的公安机关处理,不得以损失数额不够、危害结果不重等理由推诿、拖延。

公安机关办理行政案件,不再制作《受案登记表》《受案回执》《不予调查处理告知书》,代之为制作《行政案件立案登记表》《行政案件立案/不予立案告知书》。

对照法条

治安管理处罚法(2012)	治安管理处罚法(2025)
第七十七条 公安机关对报案、控告、举报或者违反治安管理行为人主动投案,以及其他**行政主管部门、司法**机关移送的违反治安管理案件,**应当及时受理,并进行登记**。 第七十八条 **公安机关受理报案、控告、举报、投案后,认为属于违反治安管理行为的,应当立即进行**调查;认为不属于违反治安管理行为的,应当告知报案人、控告人、举报人、投案人,并说明理由。	第九十条 公安机关对报案、控告、举报或者违反治安管理行为人主动投案,以及其他**国家**机关移送的违反治安管理案件,应当立即**立案并**进行调查;认为不属于违反治安管理行为的,应当告知报案人、控告人、举报人、投案人,并说明理由。

条文释义

本条是关于公安机关受理治安案件登记及受理治安案件后应当如何处理的规定。本条包含两层含义。

第一,公安机关经审查认为,属于违反治安管理行为的,应当对治安案件立即进行立案调查。本条规定的"属于违反治安管理行为",是指案件涉及的行为属于法律规定的违反治安管理的行为。当然,这时作出的判断是初步的,不排除公安机关经过调查以后,确认原"属于违反治安管理行为"涉嫌犯罪的情况。所谓"立即进行调查",是指公安机关应当依照本法规定的治安管理处罚调查程序,就该治安案件立即开展收集证据、询问、检查等一系列程序。强调"立即"进行调查,主要是考虑治安案件涉及社会稳定和人民群众的切身利益,对治安案件立即进行调查,使治安案件得到及时处理,有利于及时打击违法活动,化解社会矛盾,对维护社会稳定具有重要意义。

第二,公安机关经审查认为,不属于违反治安管理行为的,应当告知报案人、控告人、举报人、投案人,并说明理由。本条规定的"不属于违反治安管理行为",是指案件涉及的行为不属于法律规定的违反治安管理的行为。需要注意的是,"不属于违反治安管理行为"可能有以下几种情况:1. 公安机关对有关的材料进行初步审查后认为,案件所涉的行为不构成违反治安管理行为,不应受到治安管理处罚的,应作撤销案件处理。2. 公安机关对有关的材料进行初步审查后认为,虽然案件所涉的行为不属于违反治安管理行为,但属于其他违反行政管理秩序的行为的,可以将案件及时移送其他国家机关,也可以告知报案人、控告人、举报人、投案人向其他国家机关报案、控告、举报、投案。3. 公安机关对有关的材料进行初步审查后认为,案件所涉的行为涉嫌犯罪的,应当将案件移送有管辖权的主管机关,依法追究刑事责任。

这里规定的"告知",是指公安机关将审查意见以书面或口头方式通知报案人、控告人、举报人、投案人。所谓"说明理由",是指公安机关在告知报案人、控告人、举报人、投案人时,应当将上述情况的法律依据及主要事实根据向其予以说明。

首先,这里的"报案"是指公民、法人和其他组织向公安机关报告发现有违反治安管理事实或者违反治安管理行为人的行为,如亲眼看到某一违反治安管理事实的发生或者发现某一违法活动的现场等，而向公安机关报告，至于违反治安管理行为人是谁，可能报案人并不一定知道。实际生活中，报案也包括有的违反治安管理行为人在现场被群众抓获，当场扭送至公安机关或交给人民警察。"控告"通常是指被侵害人及其近亲属，对侵犯被侵害人合法权益的违反治安管理行为向公安机关告诉，要求追究侵害人的法律责任的行为，一般情况下控告人知道违反治安管理行为人是谁。"举报"一般是指当事人以外的其他知情人在治安案件发生后向公安机关检举、揭发违反治安管理的违法事实或者违反治安管理行为人的行为。

其次，违反治安管理行为人主动投案的。这里所说的"违反治安管理行为人主动投案"，一般包括以下几种情形：1. 行为人在实施违反治安管理行为后，其违反治安管理事实未被公安机关发现以前投案的；2. 违反治安管理事实虽已被公安机关发现，但行为人尚未被公安机关查明而投案的；3. 违反治安管理事实和违反治安管理行为人均已被公安机关发觉，但行为人尚未受到公安机关传唤、询问等而投案的。主动投案的形式也有以下几种：1. 违反治安管理行为人本人直接向公安机关主动投案的；2. 违反治安管理行为人向其所在单位、城乡基层组织或者有关国家机关投案的；3. 违反治安管理行为人由于某些客观原因不能亲自投案，而委托他人代为投案或者采用信件、电话等方式投案的；等等。

最后，其他国家机关移送的违反治安管理的案件。除公安机关以外的其他国家机关在办理行政案件时，如果认为该案件属于违反治安管理的案件，应当移送公安机关，由公安机关给予治安管理处罚。

第四章 处罚程序

以案说法

李某平诉某市公安局不履行法定职责案

广安市中级人民法院认为：本案中，某市公安局在接到李某平家房前院坝被非法强拆的报警后，派出民警赴现场，了解情况，并对李某平进行救治，履行了部分职责。某市公安局如认为强拆行为属于违反治安管理行为，应当进一步履行查处职责；如认为不属于违反治安管理的行为，应当告知控告人李某平，并说明理由。但是，某市公安局提交的证据不能证明对本案的报警是在作进一步查处，或是已经告知了举报人，不作治安案件处理，因此，某市公安局并未完全履行对本案报警的查处法定职责，其行政行为应当确认为违法，并应当重新作出处理。

【案号】广安市中级人民法院（2016）川16行终73号

周某诉某县公安局行政处罚案

贵州省毕节市中级人民法院认为：根据《受案登记表》，立案审批时间为2018年10月10日，对周某询问时间均为2018年10月9日，是在立案之前，行为违反了《治安管理处罚法》和《公安机关办理行政案件程序规定》中关于受案、传唤、询问、调查、告知、审批、送达等办理程序的规定。

【案号】贵州省毕节市中级人民法院（2019）黔05行终103号

王某诉某市公安局不履行法定职责案

吉林省高级人民法院认为：本案中，王某报案内容是其住宅及人身受到上品尚城施工人员的侵犯，某市公安局接到王某报警，虽然及时处警并进行调查，但未依照前述规定区分不同情况作出相应处理决定，确有不当。某市公安局认为郭某等人触犯《刑法》并移送相关部门处理系对上品尚城施工人员周某报警作出的处理，不能

· 383 ·

证明其对王某的报警已经履行法定职责。

【案号】吉林省高级人民法院（2020）吉行再3号

关 联 规 定

《行政处罚法》（2021年1月22日修订）

第五十四条 除本法第五十一条规定的可以当场作出的行政处罚外，行政机关发现公民、法人或者其他组织有依法应当给予行政处罚的行为的，必须全面、客观、公正地调查，收集有关证据；必要时，依照法律、法规的规定，可以进行检查。

符合立案标准的，行政机关应当及时立案。

第六十条 行政机关应当自行政处罚案件立案之日起九十日内作出行政处罚决定。法律、法规、规章另有规定的，从其规定。

第九十一条 【严禁非法收集证据】

公安机关及其人民警察对治安案件的调查，应当依法进行。严禁刑讯逼供或者采用威胁、引诱、欺骗等非法手段收集证据。

以非法手段收集的证据不得作为处罚的根据。

说 明

本条内容无修订。

对照法条

治安管理处罚法（2012）	治安管理处罚法（2025）
第七十九条　公安机关及其人民警察对治安案件的调查，应当依法进行。严禁刑讯逼供或者采用威胁、引诱、欺骗等非法手段收集证据。 以非法手段收集的证据不得作为处罚的根据。	第九十一条　公安机关及其人民警察对治安案件的调查，应当依法进行。严禁刑讯逼供或者采用威胁、引诱、欺骗等非法手段收集证据。 以非法手段收集的证据不得作为处罚的根据。

条文释义

本条是关于公安机关及其人民警察依法进行调查取证工作，严禁以非法手段收集证据的规定。本条共两款。

调查取证是指公安机关及其人民警察为查明案情、查获违反治安管理行为人、收集证据而进行的专门活动。取证方式包括询问证人、收集物证、书证、视听资料等。调查取证是作出治安管理处罚决定的前提。只有在调查取证、查清事实的基础上，才能确定违法行为的性质并依法对违反治安管理行为人实施治安管理处罚。

本条针对执法中可能出现的问题，对公安机关及其办案人员收集证据工作提出了明确的要求。

第一款规定了对公安机关及其人民警察调查取证的要求。包括两层意思：1. 必须依照法定程序调查、收集证据。程序合法是法治原则的基本要求。本条规定的"调查"，主要是指通过检查，询问违反治安管理行为人、被侵害人、证人，对有争议的专门性问题进行鉴定等手段进行调查取证，是处罚程序的重要内容。2. 严禁刑讯逼供或者采取威胁、引诱、欺骗等非法手段收集证据。所谓

"刑讯逼供",是指办案人员对违反治安管理行为人使用肉刑或者变相肉刑逼取陈述的行为。采取"威胁、引诱、欺骗"手段收集证据,是指通过采取暴力、恐吓等非法手段威胁违反治安管理行为人、证人或者通过许诺某种好处诱使、欺骗违反治安管理行为人、证人以获取证据。"引诱",是指以满足被询问人或者证人的某种个人利益为诱饵,使其按照办案人员的愿望进行陈述。实践中,为了唤起证人、被害人的记忆,使其实事求是地进行陈述,办案人员有时会对证人、被害人进行必要的启示,这是合理合法的,与引诱有着原则性区别。"欺骗",是指用编造虚假情况对被询问人或者证人进行诱惑或者施加压力,以迫使其按照办案人员的愿望进行陈述。实践中,欺骗往往同威胁、引诱密切相关。从一个角度看是引诱或威胁,换个角度则是欺骗。在收集证据活动中,除上述刑讯逼供、威胁、引诱、欺骗手段之外,使用其他任何违反法律和政策的手段,都是法律所不允许的。其他的"非法手段",主要包括违反法定程序检查有关的场所、物品及他人住宅等。

治安案件与刑事案件相比,具有发案多、情节轻、容易被忽视等特点。必须注意以下两个问题:1. 收集证据必须主动及时。事实上,证据的稳定性是相对的。因此,为了收集真实可靠、全面客观的证据,就必须不失时机地开展调查、主动及时地收集证据。2. 证据必须及时固定、妥善保全。对于收集到的各类证据,应根据其各自不同的特点,采用科学合理的方法,及时加以固定、妥善保全,以保证证据的证明效力。有些无法长期保存或者不能原物附卷保存的证据,可以拍照或复制模型,并作详细记录。同时,为了有效证明证据收集的合法性,相关的法律手续必须完备,且要妥善保管。

第二款规定了以非法手段收集的证据不得作为处罚的根据。这是对严禁以非法手段收集证据的规定作了进一步的保障性规定。为了从根本上禁绝此类行为，本法明确规定，对以非法手段收集来的证据从法律上予以排除，该类证据属于无效证据，不得作为处罚的根据。

以案说法

李某诉某县公安局行政处罚案

河南省高级人民法院认为：某县公安局提供的对被处罚人的讯问笔录具有诱导性质，不能证明被处罚人承认扣押车辆的事实。由于治安拘留属于较轻微的法律惩罚，不能适用刑事案件中的共同行为理论，故本案被处罚人仅参与保管车辆的行为，不能进而认定为具有"共同扣押"性质，并以扰乱单位秩序进行行政处罚，涉案处罚决定应属适用法律错误。某县公安局以扰乱单位秩序的理由进行处罚，但从讯问笔录来看，施工及扣押地点存在争议，且由于某县公安局未能证明施工行为的合法性，被处罚人的行为具有防卫性质，涉案被诉的处罚决定属于证据不足，事实不清。

【案号】河南省高级人民法院（2018）豫行再9号

第九十二条　【收集、调取证据】

公安机关办理治安案件，有权向有关单位和个人收集、调取证据。有关单位和个人应当如实提供证据。

公安机关向有关单位和个人收集、调取证据时，应当告知其必须如实提供证据，以及伪造、隐匿、毁灭证据或者提供虚假证言应当承担的法律责任。

说明

本条是新增条款。

为保证公安机关办理的行政案件做到证据确实、充分，经得起检验，参照《刑事诉讼法》的有关规定，对行政案件证据的收集、调取以及非法证据排除等作出了新的更高要求。立法确立了和刑事诉讼同样严格的非法证据排除规则。对非法方法收集的言词证据，即采用刑讯逼供等非法方法收集的违法嫌疑人的陈述和申辩以及采用暴力、威胁等非法方法收集的被侵害人陈述、其他证人证言，不能作为定案的根据。收集物证、书证不符合法定程序，可能严重影响执法公正的，应当予以补正或者作出合理解释；不能补正或者未作出合理解释的，不能作为定案的根据。需要向有关单位和个人调取证据的，经公安机关办案部门负责人批准，开具调取证据通知书。必要时，公安机关应当采用录音、录像等方式固定证据内容及取证过程。收集调取的物证应当是原物，在特殊情况下可以拍摄或者制作足以反映原物外形或者内容的照片、录像。收集、调取的书证应当是原件，取得原件确有困难的，可以使用副本或者复制件。书证的副本、复制件，物证的照片、录像，要经与原物或原件核实无误或者经鉴定证明为真实的，才可以作为证据使用。

以案说法

姚某诉某派出所行政处罚案

北京市平谷区人民法院经审查认为：依据被告某派出所提交的证据，其对姚某作出行政处罚的依据主要系第三人的控告、现场监控录像及其对姚某的询问笔录。对于该监控录像，由原告申请，本院委托鉴定机构进行了鉴定，庭审中本院亦对监控录像进行了当庭播放，通过监控录像本院无法确定原告实施了殴打第三人的行为。根据当事人陈述可以认定，第三人家中安装有多个摄像头，被告在调查取证时虽接收了第三人亲属提交的部分监控录像，但是对其他摄像头的监控录像没有及时调查和收集，致使原告产生合理怀疑，被告的行为不符合全面客观收集证据的规则。同时，被告所作行政处罚适用法律依据为《治安管理处罚法》第四十三条，未明确具体适用条款，属于法律适用瑕疵，本院一并予以指正。

【案号】北京市平谷区人民法院（2020）京0117行初146号

> **第九十三条　【其他案件证据材料的使用】**
> 　　在办理刑事案件过程中以及其他执法办案机关在移送案件前依法收集的物证、书证、视听资料、电子数据等证据材料，可以作为治安案件的证据使用。

说　明

本条是新增条款。

新修订的《行政处罚法》第二十七条对行刑衔接进行了完善，在保留行政机关将涉嫌犯罪的案件移送司法机关规定的同时，一是增加了司法机关将依法应当行政处罚的案件移送行政机关的规定，即"对依法不需要追究刑事责任或者免予刑事处罚，但应当给予行政处罚的，司法机关应当及时将案件移送有关行政机关"。二是增加了行政处罚实施机关与司法机关之间协调配合的规定，即"行政处罚实施机关与司法机关之间应当加强协调配合,建立健全案件移送制度,加强证据材料移交、接收衔接,完善案件处理信息通报机制"。

《人民检察院行刑反向衔接工作指引》规定,行刑反向衔接是指人民检察院对决定不起诉的案件,经审查认为需要给予被不起诉人行政处罚的,及时提出检察意见,移送有关行政主管机关,并对案件处理情况进行跟踪督促。

条文释义

刑事案件过程中以及其他行政执法机关、监察机关在移送案件前依法收集的证据,无须再进行转换,减少了工作环节,有利于上述程序之间顺畅高效对接,提高治安管理工作效率。

证据是认定案件事实的基础,证据确实、充分是保证办案质量的关键。《刑事诉讼法》规定,证据确实、充分,应当符合以下条件:定罪量刑的事实都有证据证明;据以定案的证据均经法定程序查证属实;综合全案证据,对所认定事实已排除合理怀疑。《刑事诉讼法》和相关司法解释还对证据的概念、种类、证明标准、审查运用以及非法证据排除等作了详细规定。为确保监察机关调查取得的证据经得起检察机关和审判机关的审查,《监察法》规定,监察机关在收集、固定、审查、运用证据时,应当与刑事审判关于证据的要求和标准相一致;监察机关应当收集被调查人有无违法犯罪以及情节轻重的证据,查明违法犯罪事实,形成相互印证、完整稳定的证据链;严禁以威胁、引诱、欺骗及其他非法方式收集证据,严禁侮辱、打骂、虐待、体罚或者变相体罚被调查人和涉案人员;以非法方法收集的证据应当依法予以排除,不得作为案件处置的依据。

第四章　处罚程序

公安机关兼具行政执法和刑事司法的双重职能，刑事案件转为行政案件处理的，应当经县级以上公安机关负责人批准后，撤销刑事案件，按照办理行政案件的程序继续办理。但共同犯罪案件中，部分犯罪嫌疑人转为行政案件处理的，原刑事案件不予撤销，只需制作行政处理审批表，按照办理行政案件的程序继续办理。刑事案件转为行政案件后，不再填写《立案登记表》。

以案说法

黄某诉某市公安局行政处罚案

苏州市中级人民法院经审理认为：黄某认为某市公安局公交分局出具的证明材料、市公安局纪检监察室对其所作的询问笔录、苏价认刑（2017）第105号价格认定书等公安分局在刑事案件中采集的证据合法性提出质疑，本院认为，此证据的采集系公安分局在受理刑事案件程序时采集，根据《公安机关办理行政案件程序规定》第二十九条的规定，刑事案件转为行政案件办理的，刑事案件办理过程中收集的证据材料，可以作为行政案件的证据使用。

【案号】苏州市中级人民法院（2018）苏05行终87号

赵某纳诉某市公安局行政处罚案

湖南省高级人民法院认为：某区法院2017年5月17日作出的（2017）资刑执字第1号刑事裁定（已生效），认定的事实为：2016年12月19日赵某纳伙同他人在臭水沟路口附近一民房内参与以骨牌为工具、以"推牌九"比大小方式的赌博坐庄，单注金额五十元以上，属于违反《治安管理处罚法》情节严重的情形。根据《最高人民法院关于行政诉讼证据若干问题的规定》第七十条的规定,生效的人民法院裁判文书或者仲裁机构裁决文书确认的事实,可以作为定案依据。但是发现裁判文书或者裁决文书认定的事实有重大问题的,应当中止诉讼,通过法定程序予以纠正后恢复诉讼。原二审法院如果认为(2017)资刑执字第1号刑事裁定认定的事实有重大问题,应当按照上述规定中止诉讼,通过法定程序予以纠正后恢复诉讼。但原二审法院没有按照规定的程序操作,而是直接作出了与生效刑事裁定相抵触的事实认定。因此,原二审判决认定事实不清、违反法定程序,依法应予纠正。

【案号】 湖南省高级人民法院(2019)湘行再61号

黄某诉某市公安局行政处罚案

福建省厦门市集美区人民法院认为:公安机关依法管理社会治安,行使国家行政权的同时又依法侦查刑事案件,行使国家的司法权,具有行政和司法的双重职能。本案属于一次冲突分别引发刑事责任与行政责任的情形。某市公安局在侦查前述刑事案件中发现原告涉嫌殴打他人,遂予以行政立案处理。根据《公安机关办理行政案件程序规定》第三十三条规定:"刑事案件转为行政案件办理的,刑事案件办理过程中收集的证据材料,可以作为行政案件的证据使用。"但前述规定并不意味着行政案件必须待刑事侦查程序结束后方可作出处理结果。行政程序有多种类型,设立程序的目的也各不相同,有些是为了保障当事人合法权益,有些则是为了规范行政行为或提高行政效率。为行政处罚的办理设定相应的办案期限,能够督促行政机关及时调查取证并及时高效地作出处理,避免被处罚人再次实施相同的违法行为,从而实现惩罚和教育的功能。《公安部关于公安机关执行〈中华人民共和国治安管理处罚法〉有关问题的解释》中关于办理治安案件期限问题亦明确"对因违反治安管理行为人逃跑等客观原因造成案件不能在法定期限内办结的,公安机关应当继续进行调查取证，及时依法作出处理决定，不能因已超过法定办案期限就不再调查取证。违反治安管理行为人在逃，导致无法查清案件事实，无法收集足够证据而结不了案的，公安机关应当向被害人说明原因"。从在案证据看，案涉冲突所引发的刑事案件的侦办单位亦为某公安分局，本案也不存在违法行为人在逃导致无法查清案件事实，或无法收集足够证据而结不了案的情形。

【案号】福建省厦门市集美区人民法院（2019）闽0211行初100号

第九十四条 【保密义务】
公安机关及其人民警察在办理治安案件时，对涉及的国家秘密、商业秘密、个人隐私或者个人信息，应当予以保密。

说 明

本条内容增加了对"个人信息"的保密规定。

对照法条

治安管理处罚法（2012）	治安管理处罚法（2025）
第八十条 公安机关及其人民警察在办理治安案件时，对涉及的国家秘密、商业秘密**或者**个人隐私，应当予以保密。	第九十四条 公安机关及其人民警察在办理治安案件时，对涉及的国家秘密、商业秘密、个人隐私**或者个人信息**，应当予以保密。

条文释义

本条是关于公安机关及其人民警察办理治安案件时的保密义务的规定。

根据本条规定,公安机关及其人民警察在办理治安案件时,对涉及的国家秘密、商业秘密、个人隐私或者个人信息,应当予以保密。这里所规定的"个人隐私",是指公民个人不愿意公开的、与其人身权密切相关的、隐秘的事件或者事实,如两性关系、生育能力、收养子女等。"个人信息"是指以电子或者其他方式记录的与已识别或者可识别的自然人有关的各种信息,不包括匿名化处理后的信息。

实务问答

对公民以涉及个人隐私为由拒绝人民警察依法查验居民身份证的,如何处理?

根据《居民身份证法》第十五条第一款、第二款"人民警察依法执行职务,遇有下列情形之一的,经出示执法证件,可以查验居民身份证:(一)对有违法犯罪嫌疑的人员,需要查明身份的;(二)依法实施现场管制时,需要查明有关人员身份的;(三)发生严重危害社会治安突发事件时,需要查明现场有关人员身份的;(四)在火车站、长途汽车站、港口、码头、机场或者在重大活动期间设区的市级人民政府规定的场所,需要查明有关人员身份的;(五)法律规定需要查明身份的其他情形。有前款所列情形之一,拒绝人民警察查验居民身份证的,依照有关法律规定,分别不同情形,采取措施予以处理"的规定以及有关法律、法规的规定,对有违法犯罪嫌疑而拒绝人民警察查验身份证的，符合继续盘问或者刑事拘留条件的，公安机关人民警察可以依法继续盘问或者刑事拘留；对具有《居民身份证法》第十五条第一款第二项、第三项情形之一而拒绝查验身份证，符合《人民警察法》第十七条第二款规定的，公安机关人民警察可以采取必要手段强行驱散，并对拒不服从的人员强行带离现场或者立即予以拘留。

> **第九十五条　【人民警察的回避】**
> 人民警察在办理治安案件过程中，遇有下列情形之一的，应当回避；违反治安管理行为人、被侵害人或者其法定代理人也有权要求他们回避：
> （一）是本案当事人或者当事人的近亲属的；
> （二）本人或者其近亲属与本案有利害关系的；
> （三）与本案当事人有其他关系，可能影响案件公正处理的。
> 人民警察的回避，由其所属的公安机关决定；公安机关负责人的回避，由上一级公安机关决定。

说　明

本条内容无修订。

对照法条

治安管理处罚法（2012）	治安管理处罚法（2025）
第八十一条　人民警察在办理治安案件过程中，遇有下列情形之一的，应当回避；违反治安管理行为人、被侵害人或者其法定代理人也有权要求他们回避： （一）是本案当事人或者当事人的近亲属的； （二）本人或者其近亲属与本案有利害关系的； （三）与本案当事人有其他关系，可能影响案件公正处理的。 人民警察的回避，由其所属的公安机关决定；公安机关负责人的回避，由上一级公安机关决定。	第九十五条　人民警察在办理治安案件过程中，遇有下列情形之一的，应当回避；违反治安管理行为人、被侵害人或者其法定代理人也有权要求他们回避： （一）是本案当事人或者当事人的近亲属的； （二）本人或者其近亲属与本案有利害关系的； （三）与本案当事人有其他关系，可能影响案件公正处理的。 人民警察的回避，由其所属的公安机关决定；公安机关负责人的回避，由上一级公安机关决定。

条文释义

本条是关于人民警察在办理治安案件过程中回避的规定，共两款。

第一款规定了三种人民警察在办理治安案件过程中应当回避的情形。根据本条规定，回避可分为自行回避和申请回避两种。申请回避是违反治安管理行为人、被侵害人或者其法定代理人的法定权利，为确保当事人依法行使这一法定权利，公安机关人民警察在办理治安案件时，应当告知违反治安管理行为人、被侵害人或者其法定代理人依法享有申请回避的权利。

第二款是关于人民警察回避的决定程序方面的规定。对于人民警察应当回避而没有回避,并具有徇私枉法行为的,依照本法第一百一十六条的规定处理。

实务问答

1. 在回避决定作出之前,案件调查人员是否需要停止对治安案件的调查?

行政执法讲究效率原则,而且办理治安案件具有连续性,如果调查工作因审查回避而不能及时进行,可能会给查处工作带来不必要的损失。同时,在公安机关作出回避决定前,调查人员是否应当回避还处于不确定状态。另外,按照《行政处罚法》和本法规定,调查取证工作都是由两名以上人民警察进行的,这一工作机制能够起到互相监督的作用,促使其依法履行职责。因此,为了保证案件的及时有效查处,在公安机关作出回避决定前,案件调查人员不应停止案件调查。这在《公安机关办理行政案件程序规定》中也有明确规定。

2. 公安机关负责人、办案人民警察在回避决定作出之前进行的与案件有关的活动是否有效?

在本法起草过程中,不少地方公安机关建议在本法中明确规定人民警察在回避决定作出前所进行的与案件有关的活动有效,以确保治安案件的查处效率。对此,立法机关认为,由于人民警察的个人素质存在差异,不能排除有的人民警察因与案件当事人有一定的关系或者利害关系,而出现徇私枉法或者利用职权打击报复等违法行为。如果将人民警察在回避决定作出前进行的与案件有关活动一概认定为具有法律效力,可能侵犯违反治安管理行为人或者被侵害人的合法权益。当然,也不能片面否定人民警察在作出回避决定前所进行的查处工作,而应当实事求是,根据公安机关负责人与承办案件的人民警察在查处治安案件过程中的地位、作用以及案件的具体情况，由作出回避决定的公安机关审查后决定。《公安机关办理行政案件程序规定》第二十四条对此有明确规定，可以按照上述规定执行。

3. 具有应当回避的情形，但本人没有自行回避，也没有被申请回避的，是否要回避？

公安机关负责人、办案人民警察具有应当回避的法定情形之一，虽然本人未自行回避，违反治安管理行为人、被侵害人及其法定代理人也未申请其回避，但是，如果有权作出回避决定的公安机关负责人接到举报或者通过其他方式知道上述情况后，为了保证案件得到公正处理、保护当事人的合法权益，有回避决定权限的公安机关应当及时调查。经确认该公安机关负责人、承办案件的人民警察具有法定回避情形的，应当按照《公安机关办理行政案件程序规定》第二十一条的规定，指令其回避。

4. 人民警察对回避决定有异议的，是否可以申请复核？

《人民警察法》第三十二条规定："人民警察必须执行上级的决定和命令。人民警察认为决定和命令有错误的，可以按照规定提出意见，但不得中止或者改变决定和命令的执行；提出的意见不被采纳时，必须服从决定和命令；执行决定和命令的后果由作出决定和命令的上级负责。"因此，人民警察对回避决定有异议的，可以提出并保留自己的意见，但必须执行已经作出的回避决定，立即停止参与该案件的查处工作。

以案说法

王某波诉某市公安局行政处罚案

天津市第一中级人民法院认为：根据《治安管理处罚法》的规定，被回避主体为公安机关负责人、办案人民警察，上诉人针对公安机关申请回避,于法无据。但某市公安局应根据《公安机关办理行政案件程序规定》第二十一条"对当事人及其法定代理人提出的回避申请,公安机关应当在收到申请之日起二日内作出决定并通知申请人"的规定,作出决定并通知上诉人。某市公安局对上诉人的上述回避申请未予处理,亦属程序轻微违法。某市公安局的上述程序轻微违法,对上诉人权利不产生实际影响,根据《最高人民法院关于适用〈中华人民共和国行政诉讼法〉的解释》第七十四条第一款第(二)项"行政行为有下列情形之一的,人民法院判决确认违法,但不撤销行政行为:(二)行政行为程序轻微违法,但对原告权利不产生实际影响的"的规定,应予确认违法。

【案号】天津市第一中级人民法院(2020)津01行终384号

赵某风诉某市公安局行政处罚案

山东省济南市中级人民法院认为:田某超、胡某成参与了对赵某风的强制传唤,是赵某风在强制传唤过程中"阻碍执行职务"的民警,既是对赵某风因阻碍民警执行职务而对其予以行政处罚案件的当事人,又是该案件的办案人,应当自行提出回避申请。田某超、胡某成作为案件当事人,应当自行回避而未回避,可能影响案件公正处理,故该行政处罚决定程序违法。

【案号】山东省济南市中级人民法院(2014)济行终字第27号

张某清诉某市公安局行政处罚案

黑龙江省鸡西市中级人民法院认为:负责本案调查的公安机关工作人员只是知道郭某娜的丈夫是某市公安局的干警,但并不认识郭某娜夫妇,在对其二人作出的行政处罚决定中可以看出并不存在显失公正的情况,故不属于《治安管理处罚法》第八十一条第一款规定的应当回避的情形。

【案号】黑龙江省鸡西市中级人民法院(2019)黑03行终20号

赵某良诉某市公安局行政处罚案

山东省淄博市中级人民法院认为:《公安机关办理行政案件程序规定释义与实务指南》对该条作出如下解释:回避的对象是公安机关负责人和办案人民警察,办案单位不适用本条规定的应当回避的情形。依据上述规定,对上诉人提出的关于本案办案人应当回避的主张,本院不予支持。

【案号】山东省淄博市中级人民法院(2018)鲁03行终138号

第九十六条 【传唤与强制传唤】

需要传唤违反治安管理行为人接受调查的,经公安机关办案部门负责人批准,使用传唤证传唤。对现场发现的违反治安管理行为人,人民警察经出示人民警察证,可以口头传唤,但应当在询问笔录中注明。

公安机关应当将传唤的原因和依据告知被传唤人。对无正当理由不接受传唤或者逃避传唤的人,经公安机关办案部门负责人批准,可以强制传唤。

说 明

本条内容有修订。

立法中,有的常委委员、部门、地方、单位、专家学者和社会公众建议进一步规范和保障执法,完善有关处罚程序规定。宪法和法律委员会经研究,建议作以下修改补充:一是将人民警察依照本

第四章　处罚程序

法出示的"执法证件"明确为"人民警察证"。①

对照法条

治安管理处罚法（2012）	治安管理处罚法（2025）
第八十二条　需要传唤违反治安管理行为人接受调查的，经公安机关办案部门负责人批准，使用传唤证传唤。对现场发现的违反治安管理行为人，人民警察经出示**工作证件**，可以口头传唤，但应当在询问笔录中注明。 公安机关应当将传唤的原因和依据告知被传唤人。对无正当理由不接受传唤或者逃避传唤的人，可以强制传唤。	第九十六条　需要传唤违反治安管理行为人接受调查的，经公安机关办案部门负责人批准，使用传唤证传唤。对现场发现的违反治安管理行为人，人民警察经出示**人民警察证**，可以口头传唤，但应当在询问笔录中注明。 公安机关应当将传唤的原因和依据告知被传唤人。对无正当理由不接受传唤或者逃避传唤的人，**经公安机关办案部门负责人批准，**可以强制传唤。

条文释义

本条是关于公安机关如何传唤违反治安管理行为人，以及对逃避传唤的被传唤人实施强制传唤的规定。本条共二款。

治安管理中的传唤，是公安机关在办理治安案件过程中，通知违反治安管理行为人到公安机关或者其他指定地点接受调查的一种调查手段，在执法实践中经常被使用。传唤的目的是询问违反治安管理行为人，查明案情、取得证据。根据本条规定，传唤只适用于

---

① 2025年6月24日，全国人民代表大会宪法和法律委员会关于《中华人民共和国治安管理处罚法（修订草案）》审议结果的报告，载中国人大网，http://www.npc.gov.cn/npc/c2/c30834/202506/t20250627_446251.html，最后访问时间2025年6月27日。

· 401 ·

违反治安管理行为人，对被侵害人及其他证人不得适用。传唤分为传唤证传唤、口头传唤、强制传唤三种。

根据本条第一款规定，需要传唤违反治安管理行为人接受调查的，经公安机关办案部门负责人批准，使用传唤证传唤。由于传唤牵涉对公民人身自由的限制，因此，必须在适用程序上加以严格的规定。不能凡事需要询问的都使用传唤的形式进行询问。为了严格限制公安机关办案部门对公民使用传唤，本款还规定，需要传唤违反治安管理行为人接受调查的，须"经公安机关办案部门负责人批准，使用传唤证传唤"。其中"公安机关办案部门负责人"，是指在公安机关中具体负责办理违反治安管理案件的部门负责人。如公安局治安科、治安股的负责人，以及派出所所长等。只有经过该负责人的批准，才能对违反治安管理行为人进行传唤。在实际执行中，有关传唤的具体程序，公安机关一般都规定有完备的审批制度，以防止传唤权被滥用。"使用传唤证传唤"，是指公安机关对违反治安管理行为人进行传唤时，必须出具传唤证。传唤证就是公安机关向被传唤人出示的正式书面传唤通知书。这样规定也是为了防止传唤的随意性。公安机关在执行传唤时，应当注意以下问题：首先，执行人员要向被传唤人表明人民警察身份；其次，要出示传唤证，并向被传唤人宣读传唤证，告知其被传唤的原因和依据；最后，送达传唤证时应要求被传唤人在《传唤证回执单》上签名并注明收到时间。被传唤人有义务在传唤证限定的时间内，自行到指定地点接受公安机关的调查。

在实施口头传唤时，人民警察应当向被传唤人出示人民警察证，表明人民警察身份，并向被传唤人口头说明其被传唤的原因、法律依据、接受调查的地点等。为防止人民警察滥用口头传唤权，本法在起草过程中曾规定，对口头传唤的，应当及时补办传唤证。

第四章 处罚程序

考虑传唤的目的是使被传唤人到公安机关接受调查，如果被传唤人已被带至公安机关接受调查，补办传唤证也就没有意义了，反而会增加执法成本，加大基层公安机关的工作量。如果在询问笔录中注明被传唤人到达、离开公安机关的时间，一样能有效防止人民警察不按规定传唤、传唤后不及时询问查证、变相羁押被传唤人等违法行为发生。因此，本法对口头传唤措施没有要求公安机关补办传唤证，但须在询问笔录中注明。实际工作中，询问笔录不仅要注明被传唤人到达公安机关的时间，而且要注明其离开公安机关的时间，并应当由被传唤人签名或者盖章。

本条第二款中的强制传唤，是指人民警察对无正当理由不接受传唤或者逃避传唤的违反治安管理行为人，采取强制的方法将其带到公安机关或者其他地点进行调查的行为。强制传唤的方法应当以将被传唤人带至案接受调查为限度，必要时可以根据《人民警察使用警械和武器条例》的规定使用警械。当然，强制手段只是为了让被传唤人到案接受调查，一旦被传唤人到案，且服从调查的，不能继续使用警械。

实务问答

1. 对现场发现的违反治安管理行为人是否可以适用继续盘问？

根据《人民警察法》第九条和《公安机关适用继续盘问规定》第八条、第九条的规定，公安机关的人民警察在执行巡逻执勤、维护公共场所治安秩序、现场调查、追捕逃犯、侦查案件等执法执勤活动中，对当场发现的违反治安管理行为人，经表明人民警察身份后，可以对违反治安管理行为人进行当场盘问、检查，以排除或者证实被盘问人的违法嫌疑。经当场盘问、检查后，已经排除其违法嫌疑的，也就无须再适用口头传唤或者采取其他调查手段了。对经过当场盘问、检查后，不能排除其违法嫌疑，且具有身份不明或者携带的物品可能是违反治安管理的赃物等符合继续盘问适用条件的，人民警察可以依法将现场发现的违反治安管理行为人带至公安机关适用继续盘问。当然，人民警察对明知被盘问人所涉案件已经作为治安案件受理的，按照《公安机关适用继续盘问规定》第九条的规定，不能适用继续盘问，只能适用口头传唤。

2. 执行强制传唤时，是否可以使用警械？

本法在起草过程中曾规定，"对强制传唤的，可以使用警绳、手铐等约束性警械"。考虑到《人民警察使用警械和武器条例》第八条第一款第二项对此已有明确规定，即人民警察依法执行逮捕、拘留、看押、押解、审讯、拘传、强制传唤，遇有违法犯罪分子可能脱逃、行凶、自杀、自伤或者有其他危险行为的，可以使用手铐、脚镣、警绳等约束性警械。为了节约立法成本，提高立法效率，本法未再作重复规定。在执行强制传唤时，可以依法使用警械强迫被传唤人到案，但应当严格遵守《人民警察使用警械和武器条例》的有关规定。

3. 传唤是否必须将违反治安管理行为人带至公安机关？

本条对被传唤人接受调查的地点未作规定，执行中由公安机关办案部门根据办案需要和方便被传唤人的原则自行决定，既可以是公安机关，也可以是公安机关指定的其他地点，如村委会、居委会、被传唤人的住处、工作单位等。之所以如此规定，既是为了适应公安机关的办案实际需要，提高执法办案效率，也是为了更有利于保护违反治安管理行为人的合法权益。实际工作中，如果公安机关权衡询问效果、违反治安管理行为人的具体情况、案件的不同需要等因素，认为到违反治安管理行为人的住所、单位或者其他场所如居民委员会、村民委员会等更合适的，完全可以将违反治安管理行为人传唤至这些地点进行询问。

在将被传唤人带至公安机关以外的地点进行调查时，应当注意以下问题：一是询问地点（包括周围环境）既要有利于办案需要，也要方便被传唤人到案。二是调查询问期间，应当尽量避免外来干扰。三是要确保安全：一方面，要确保被传唤人的安全，防止发生意外事件；另一方面，也要确保人民警察自身的安全，防止发生被围攻、袭击等事件。

4. 对违反治安管理的外国人是否可以传唤？

外国人违反治安管理，我国有管辖权，而且本法及其他法律没有特别规定，因此，对需要传唤的违反治安管理行为的外国人可以依法适用传唤。对现场发现的违反治安管理行为的外国人，可以依法口头传唤。对无正当理由不接受传唤或者逃避传唤的外国人，可以依法强制传唤。但是，根据我国加入的有关国际公约的规定，享有外交特权和豁免权的外国人违反治安管理的，应当通过外交途径解决。因此，对享有外交特权和豁免权的违反治安管理的外国人不适用传唤。实践中，对涉外案件，要特别注意查明违反治安管理的外国人是否享有外交特权和豁免权，一时难以认定的，可以请求外交部门协助查明其真实身份。如在紧急情况下，因事先不知违反治安管理的外国人享有外交特权和豁免权而依法适用了传唤的，应当在确认其真实身份后立即放行。

以 案 说 法

唐某诉某县公安局行政处罚案

山东省日照市中级人民法院经审查认为：一是涉案《传唤证》

注明的到达时间、离开时间非唐某本人所写，不符合规定，行政程序违法；二是涉案行政处罚的案号系行政机关内部为了方便办案而生成，其与实际年段不一致，对当事人的权益并不产生实际影响，上诉人据此主张被上诉人系事后补造材料不成立，本院不予支持。

【案号】山东省日照市中级人民法院（2019）鲁11行终67号

王某诉某派出所行政强制案

上海市浦东新区人民法院认为：强制传唤是一种限制人身自由的行政强制措施，《公安机关办理行政案件程序规定》第四十三条严格规定了实施行政强制措施的程序和条件，如应当告知被传唤人被强制传唤的理由、依据，享有申辩的权利等，并应当通知被传唤人的家属。本案中，无证据可证明某派出所在对原告实施强制传唤时，有向原告进行告知的情节，原告更没有获得申辩的权利。被告某派出所的强制传唤仅仅取得内部审批，未向当事人宣告。强制传唤是公安机关作出的一种对外具有约束力的行政行为，必须对外宣告才产生效力。因某派出所未向原告宣告，对原告不产生法律效力。因此，某派出所对原告限制人身自由，将其滞留在该派出所内，缺乏事实依据和法律依据。

【案号】上海市浦东新区人民法院（2016）沪0115行初595号

刘某敏诉某县公安局行政强制案

贵州省黔西南布依族苗族自治州中级人民法院认为：人民警察有权在强制传唤时对违法犯罪分子使用手铐，但前提条件是存在"违法犯罪分子可能脱逃、行凶、自杀、自伤或者有其他危险行为的"情形。本案中，某县公安局民警护送罗某到家时，刘某敏将罗某打伤的行为已经结束，且刘某敏也不存在可能脱逃、行凶、自杀、自伤或者有其他危险行为的情形，故不存在对刘某敏使用警械的前提条件。从某县公安局提供的处警时录制的光盘和本案其他证据来看,民警在向刘某敏使用手铐过程中,无论是采用传唤证传唤还是口头传唤,均没有依法向公安机关负责人报告并经批准,也未告知当事人使用手铐的理由、依据以及其享有的救济途径,未听取当事人的陈述及申辩,更没有制作现场笔录等。故某县公安局某派出所民警在向刘某敏采取强制措施时系程序不当。

【案号】贵州省黔西南布依族苗族自治州中级人民法院(2018)黔23行终赔5号

刘某亮诉某派出所行政强制案

浙江省杭州市中级人民法院认为:传唤系公安机关为调查案件需要而通知违法嫌疑人到指定地点接受询问和查证的行为。公安机关在实施传唤行为后对违法嫌疑人作出行政处罚决定的,此前的传唤行为实际上是行政处罚决定的一个调查环节。该传唤行为的合法性应在处罚决定案件中一并予以审查,不具有独立的可诉性。原行政行为不符合复议或者诉讼受案范围等受理条件,复议机关作出维持决定的,人民法院应当裁定一并驳回对原行政行为和复议决定的起诉。故原审法院裁定驳回起诉,并无不当。

【案号】浙江省杭州市中级人民法院(2019)浙01行初1119号

陈某诉重庆市某县公安局行政强制案

重庆市第三中级人民法院认为:根据《行政强制法》的规定,我国将行政强制分为行政强制措施和行政强制执行,口头传唤是一种行政强制措施。根据《行政强制法》第二条第二款的规定,合法的行政强制措施至少有以下四个特点:第一,行政性,即有权的行政主体依法定程序作出的行政行为;第二,控制性,即具有强制性,能够对行政相对人的人身或财产权益进行一定的强制控制;第三,暂时性,即并非对行政相对人相关权利的最终处分;第四,限制性,即实施该措施应受限制,其适用条件必须是"为制止违法行为、防止证据损毁、避免危害发生、控制危险扩大等情形"。判断口头传唤是否违法，要同时具备上述四个特点，防止偏颇。

本案中，办案民警对案件进行调查时，所涉纠纷已经结束，陈某已下乡扶贫不在案发现场，某县公安局需要传唤陈某接受调查，应按照法律规定，经负责人批准使用《传唤证》传唤。本案不属于可适用口头传唤的情形，故缺乏强制传唤的前提。且某县公安局在对陈某进行传唤时没有出示工作证件，也不符合法律规定的程序要求。因此，某县公安局实施的强制传唤措施不合法，应予撤销，但因该传唤措施已经实施完毕，不具有可撤销内容，确认强制传唤措施违法。

【案号】重庆市第三中级人民法院（2017）渝03行终22号

关联规定

《人民警察使用警械和武器条例》（1996年1月16日发布）

第八条　人民警察依法执行下列任务，遇有违法犯罪分子可能脱逃、行凶、自杀、自伤或者有其他危险行为的，可以使用手铐、脚镣、警绳等约束性警械：

（一）抓获违法犯罪分子或者犯罪重大嫌疑人的；

（二）执行逮捕、拘留、看押、押解、审讯、拘传、强制传唤的；

（三）法律、行政法规规定可以使用警械的其他情形。

人民警察依照前款规定使用警械，不得故意造成人身伤害。

《公安机关办理行政案件程序规定》（2020年8月6日修订）

第六十七条　需要传唤违法嫌疑人接受调查的，经公安派出所、县级以上公安机关办案部门或者出入境边防检查机关负责人批准，使用传唤证传唤。对现场发现的违法嫌疑人，人民警察经出示人民警察证，可以口头传唤，并在询问笔录中注明违法嫌疑人到案经过、到案时间和离开时间。

单位违反公安行政管理规定，需要传唤其直接负责的主管人员和其他直接责任人员的，适用前款规定。

对无正当理由不接受传唤或者逃避传唤的违反治安管理、出境入境管理的嫌疑人以及法律规定可以强制传唤的其他违法嫌疑人，经公安派出所、县级以上公安机关办案部门或者出入境边防检查机关负责人批准，可以强制传唤。强制传唤时，可以依法使用手铐、警绳等约束性警械。

公安机关应当将传唤的原因和依据告知被传唤人，并通知其家属。公安机关通知被传唤人家属适用本规定第五十五条第一款第五项的规定。

《公安机关适用继续盘问规定》（2020 年 8 月 6 日修订）

第二条 本规定所称继续盘问，是指公安机关的人民警察为了维护社会治安秩序，对有违法犯罪嫌疑的人员当场盘问、检查后，发现具有法定情形而将其带至公安机关继续进行盘问的措施。

第五条 继续盘问工作由人民警察执行。严禁不具有人民警察身份的人员从事有关继续盘问的执法工作。

第七条 为维护社会治安秩序，公安机关的人民警察对有违法犯罪嫌疑的人员，经表明执法身份后，可以当场盘问、检查。

未穿着制式服装的人民警察在当场盘问、检查前，必须出示执法证件表明人民警察身份。

第八条 对有违法犯罪嫌疑的人员当场盘问、检查后，不能排除其违法犯罪嫌疑，且具有下列情形之一的，人民警察可以将其带至公安机关继续盘问：

（一）被害人、证人控告或者指认其有犯罪行为的；

（二）有正在实施违反治安管理或者犯罪行为嫌疑的；

（三）有违反治安管理或者犯罪嫌疑且身份不明的；

（四）携带的物品可能是违反治安管理或者犯罪的赃物的。

第九条 对具有下列情形之一的人员，不得适用继续盘问：

（一）有违反治安管理或者犯罪嫌疑，但未经当场盘问、检查的；

（二）经过当场盘问、检查，已经排除违反治安管理和犯罪嫌疑的；

（三）涉嫌违反治安管理行为的法定最高处罚为警告、罚款或者其他非限制人身自由的行政处罚的；

（四）从其住处、工作地点抓获以及其他应当依法直接适用传唤或者拘传的；

（五）已经到公安机关投案自首的；

（六）明知其所涉案件已经作为治安案件受理或者已经立为刑事案件的；

（七）不属于公安机关管辖的案件或者事件当事人的；

（八）患有精神病、急性传染病或者其他严重疾病的；

（九）其他不符合本规定第八条所列条件的。

第十条 对符合本规定第八条所列条件，同时具有下列情形之一的人员，可以适用继续盘问，但必须在带至公安机关之时起的四小时以内盘问完毕，且不得送入候问室：

（一）怀孕或者正在哺乳自己不满一周岁婴儿的妇女；

（二）不满十六周岁的未成年人；

（三）已满七十周岁的老年人。

对前款规定的人员在晚上九点至次日早上七点之间释放的，应当通知其家属或者监护人领回；对身份不明或者没有家属和监护人

第四章 处罚程序

而无法通知的,应当护送至其住地。

第十一条 继续盘问的时限一般为十二小时;对在十二小时以内确实难以证实或者排除其违法犯罪嫌疑的,可以延长至二十四小时;对不讲真实姓名、住址、身份,且在二十四小时以内仍不能证实或者排除其违法犯罪嫌疑的,可以延长至四十八小时。

前款规定的时限自有违法犯罪嫌疑的人员被带至公安机关之时起,至被盘问人可以自由离开公安机关之时或者被决定刑事拘留、逮捕、行政拘留、强制戒毒而移交有关监管场所执行之时止,包括呈报和审批继续盘问、延长继续盘问时限、处理决定的时间。

第十二条 公安机关应当严格依照本规定的适用范围和时限适用继续盘问,禁止实施下列行为:

(一)超适用范围继续盘问;

(二)超时限继续盘问;

(三)适用继续盘问不履行审批、登记手续;

(四)以继续盘问代替处罚;

(五)将继续盘问作为催要罚款、收费的手段;

(六)批准继续盘问后不立即对有违法犯罪嫌疑的人员继续进行盘问;

(七)以连续继续盘问的方式变相拘禁他人。

第十三条 公安派出所的人民警察对符合本规定第八条所列条件,确有必要继续盘问的有违法犯罪嫌疑的人员,可以立即带回,并制作《当场盘问、检查笔录》、填写《继续盘问审批表》报公安派出所负责人审批决定继续盘问十二小时。对批准继续盘问的,应当将《继续盘问审批表》复印、传真或者通过计算机网络报所属县、市、旗公安局或者城市公安分局主管公安派出所工作的部门备案。

县、市、旗公安局或者城市公安分局其他办案部门和设区的市级以上公安机关及其内设机构的人民警察对有违法犯罪嫌疑的人员，应当依法直接适用传唤、拘传、刑事拘留、逮捕、取保候审或者监视居住，不得适用继续盘问；对符合本规定第八条所列条件，确有必要继续盘问的有违法犯罪嫌疑的人员，可以带至就近的公安派出所，按照本规定适用继续盘问。

第十四条　对有违法犯罪嫌疑的人员批准继续盘问的，公安派出所应当填写《继续盘问通知书》，送达被盘问人，并立即通知其家属或者单位；未批准继续盘问的，应当立即释放。

对被盘问人身份不明或者没有家属和单位而无法通知的，应当在《继续盘问通知书》上注明，并由被盘问人签名或者捺指印。但是，对因身份不明而无法通知的，在继续盘问期间查明身份后，应当依照前款的规定通知其家属或者单位。

第十五条　被盘问人的家属为老年人、残疾人、精神病人、不满十六周岁的未成年人或者其他没有独立生活能力的人，因公安机关实施继续盘问而使被盘问人的家属无人照顾的，公安机关应当通知其亲友予以照顾或者采取其他适当办法妥善安排，并将安排情况及时告知被盘问人。

第十六条　对有违法犯罪嫌疑的人员批准继续盘问后，应当立即结合当场盘问、检查的情况继续对其进行盘问，以证实或者排除其违法犯罪嫌疑。

对继续盘问的情况，应当制作《继续盘问笔录》，并载明被盘问人被带至公安机关的具体时间，由被盘问人核对无误后签名或者捺指印。对被盘问人拒绝签名和捺指印的，应当在笔录上注明。

第十七条　对符合本规定第十一条所列条件，确有必要将继续盘问时限延长至二十四小时的，公安派出所应当填写《延长继续盘

第四章 处罚程序

问时限审批表》，报县、市、旗公安局或者城市公安分局的值班负责人审批；确有必要将继续盘问时限从二十四小时延长至四十八小时的，公安派出所应当填写《延长继续盘问时限审批表》，报县、市、旗公安局或者城市公安分局的主管负责人审批。

县、市、旗公安局或者城市公安分局的值班或者主管负责人应当在继续盘问时限届满前作出是否延长继续盘问时限的决定，但不得决定将继续盘问时限直接从十二小时延长至四十八小时。

第十八条 除具有《中华人民共和国人民警察使用警械和武器条例》规定的情形外，对被盘问人不得使用警械或者武器。

第十九条 对具有下列情形之一的，应当立即终止继续盘问，并立即释放被盘问人或者依法作出处理决定：

（一）继续盘问中发现具有本规定第九条所列情形之一的；

（二）已经证实有违法犯罪行为的；

（三）有证据证明有犯罪嫌疑的。

对经过继续盘问已经排除违法犯罪嫌疑，或者经过批准的继续盘问、延长继续盘问时限届满，尚不能证实其违法犯罪嫌疑的，应当立即释放被盘问人。

第二十条 对终止继续盘问或者释放被盘问人的，应当在《继续盘问登记表》上载明终止继续盘问或者释放的具体时间、原因和处理结果，由被盘问人核对无误后签名或者捺指印。被盘问人拒绝签名和捺指印的，应当在《继续盘问登记表》上注明。

第二十一条 在继续盘问期间对被盘问人依法作出刑事拘留、逮捕或者行政拘留、强制戒毒决定的，应当立即移交有关监管场所执行；依法作出取保候审、监视居住或者警告、罚款等行政处罚决定的，应当立即释放。

第二十二条 在继续盘问期间，公安机关及其人民警察应当依法保障被盘问人的合法权益，严禁实施下列行为：

（一）对被盘问人进行刑讯逼供；

（二）殴打、体罚、虐待、侮辱被盘问人；

（三）敲诈勒索或者索取、收受贿赂；

（四）侵吞、挪用、损毁被盘问人的财物；

（五）违反规定收费或者实施处罚；

（六）其他侵犯被盘问人合法权益的行为。

第二十三条 对在继续盘问期间突患疾病或者受伤的被盘问人，公安派出所应当立即采取措施予以救治，通知其家属或者单位，并向县、市、旗公安局或者城市公安分局负责人报告，做好详细记录。对被盘问人身份不明或者没有家属和单位而无法通知的，应当在《继续盘问登记表》上注明。

救治费由被盘问人或者其家属承担。但是，由于公安机关或者他人的过错导致被盘问人患病、受伤的，救治费由有过错的一方承担。

第二十四条 被盘问人在继续盘问期间死亡的，公安派出所应当做好以下工作：

（一）保护好现场，保管好尸体；

（二）立即报告所属县、市、旗公安局或者城市公安分局的主管负责人或者值班负责人、警务督察部门和主管公安派出所工作的部门；

（三）立即通知被盘问人的家属或者单位。

第二十五条 县、市、旗公安局或者城市公安分局接到被盘问人死亡的报告后，应当做好以下工作：

（一）立即通报同级人民检察院；

（二）在二十四小时以内委托具有鉴定资格的人员进行死因鉴定；

第四章　处罚程序

（三）在作出鉴定结论后三日以内将鉴定结论送达被盘问人的家属或者单位。对被盘问人身份不明或者没有家属和单位而无法通知的，应当在鉴定结论上注明。

被盘问人的家属或者单位对鉴定结论不服的，可以在收到鉴定结论后的七日以内向上一级公安机关申请重新鉴定。上一级公安机关接到申请后，应当在三日以内另行委托具有鉴定资格的人员进行重新鉴定。

第三十条　除本规定第十条所列情形外，在继续盘问间隙期间，应当将被盘问人送入候问室；未设置候问室的，应当由人民警察在讯问室、办公室看管，或者送入就近公安派出所的候问室。

禁止将被盘问人送入看守所、拘役所、拘留所、强制戒毒所或者其他监管场所关押，以及将不同性别的被盘问人送入同一个候问室。

第三十一条　被盘问人被送入候问室时，看管的人民警察应当问清其身体状况，并做好记录；发现被盘问人有外伤、有严重疾病发作的明显症状的，或者具有本规定第十条所列情形之一的，应当立即报告县、市、旗公安局或者城市公安分局警务督察部门和主管公安派出所工作的部门，并做好详细记录。

第三十二条　将被盘问人送入候问室时，对其随身携带的物品，公安机关应当制作《暂存物品清单》，经被盘问人签名或者捺指印确认后妥为保管，不得侵吞、挪用或者损毁。

继续盘问结束后，被盘问人的物品中属于违法犯罪证据或者违禁品的，应当依法随案移交或者作出处理，并在《暂存物品清单》上注明；与案件无关的，应当立即返还被盘问人，并在《暂存物品清单》上注明，由被盘问人签名或者捺指印。

第三十三条　候问室没有厕所和卫生用具的，人民警察带领被

· 415 ·

盘问人离开候问室如厕时,必须严加看管,防止发生事故。

第三十四条 在继续盘问期间,公安机关应当为被盘问人提供基本的饮食。

> **第九十七条 【询问查证时限和通知家属】**
>
> 对违反治安管理行为人,公安机关传唤后应当及时询问查证,询问查证的时间不得超过八小时;涉案人数众多、违反治安管理行为人身份不明的,询问查证的时间不得超过十二小时;情况复杂,依照本法规定可能适用行政拘留处罚的,询问查证的时间不得超过二十四小时。在执法办案场所询问违反治安管理行为人,应当全程同步录音录像。
>
> 公安机关应当及时将传唤的原因和处所通知被传唤人家属。
>
> 询问查证期间,公安机关应当保证违反治安管理行为人的饮食、必要的休息时间等正当需求。

说 明

本条第一款增加了"涉案人数众多、违反治安管理行为人身份不明的,询问查证的时间不得超过十二小时;在执法办案场所询问违反治安管理行为人,应当全程同步录音录像"等相关规定,第三款为新加内容。

对照法条

治安管理处罚法（2012）	治安管理处罚法（2025）
第八十三条　对违反治安管理行为人，公安机关传唤后应当及时询问查证，询问查证的时间不得超过八小时；情况复杂，依照本法规定可能适用行政拘留处罚的，询问查证的时间不得超过二十四小时。 公安机关应当及时将传唤的原因和处所通知被传唤人家属。	第九十七条　对违反治安管理行为人，公安机关传唤后应当及时询问查证，询问查证的时间不得超过八小时；**涉案人数众多、违反治安管理行为人身份不明的，询问查证的时间不得超过十二小时**；情况复杂，依照本法规定可能适用行政拘留处罚的，询问查证的时间不得超过二十四小时。**在执法办案场所询问违反治安管理行为人，应当全程同步录音录像。** 公安机关应当及时将传唤的原因和处所通知被传唤人家属。 **询问查证期间，公安机关应当保证违反治安管理行为人的饮食、必要的休息时间等正当需求。**

条文释义

本条是关于询问被传唤的违反治安管理行为人、全程同步录音录像、通知其家属及保证饮食和休息的规定。本条分三款。

第一款是关于传唤后询问持续时间的规定。首先，在被传唤人到达指定地点以后，公安机关和人民警察应当及时询问查证。人民警察不能在被询问人到达指定地点后不予理睬或者拖延询问。

其次，询问查证的时间不得超过八小时。公安机关及其人民警察查处治安案件，应尽可能在案发现场进行询问查证，这样既容易及时发现、固定证据，掌握第一手资料，又能够通过调查活动进行法治宣传教育。只有在必要的情况下，才能采取传唤措施。

本款参照《刑事诉讼法》的规定，将对违反治安管理行为人传唤持续的时间限定为八小时。一般来说，八小时是法律规定的公民每天的工作时间，传唤持续的时间限定为八小时，既保持了与《刑事诉讼法》的衔接和适当比例，又可以满足公安机关询问被传唤人的需要，且不会影响人民警察和被传唤人的正常生活。

在被传唤人到达指定的地点以后，公安机关应当在《传唤证》上记载其到达的时间，并从这一时刻开始计算传唤持续的时间。在查处治安案件过程中，如果发现确有必要延长传唤时间的，应当符合并遵守以下几项要求：1. 情况复杂。询问查证的时间不能超过二十四小时。2. 涉案人数众多、违反治安管理行为人身份不明的，询问查证的时间不得超过十二小时。参照《最高人民法院关于适用〈中华人民共和国民事诉讼法〉的解释》第七十五条规定：民事诉讼法第五十六条、第五十七条和第二百零六条规定的人数众多，一般指十人以上。身份不明是指不讲真实姓名、住址。3. 对其违反治安管理行为可能作出行政拘留处罚决定的情况。

在执法办案场所询问查证违反治安管理行为人，应当全程同步录音录像。2012年，《刑事诉讼法》第二次修订，正式在我国《刑事诉讼法》中确立了讯问过程中同步录音录像的制度。《刑事诉讼法》第一百二十一条规定："侦查人员在讯问犯罪嫌疑人的时候，可以对讯问过程进行录音或者录像；对于可能判处无期徒刑、死刑的案件或者其他重大犯罪案件，应当对讯问过程进行录音或者录像，录音或者录像应当全程进行，保持完整性。"《公安机关讯问犯罪嫌疑人录音录像工作规定》（公通字〔2014〕33号）明确：讯问犯罪嫌疑人录音录像，是指公安机关讯问犯罪嫌疑人，在文字记录的同时，利用录音录像设备对讯问过程进行全程音视频同步记录。

对讯问过程进行录音录像,应当对每一次讯问全程不间断进行,保持完整性,不得选择性地录制,不得剪接、删改。《中共中央关于全面推进依法治国若干重大问题的决定》提出,要推行行政执法公示制度;完善执法程序,建立执法全过程记录制度;严格执行重大执法决定法制审核制度。

第二款是关于通知被传唤人家属的规定。传唤在一定时间内限制了被传唤人的人身自由,应当让其家属知道被传唤人的具体情况。通知其家属,可以是在向其送达《传唤书》时当场通知,也可以是在被传唤人到达指定地点后马上通知。可以用书面形式通知,也可以通过电话形式通知。通知应当采用合理、及时的方式,使其家属尽快知道情况。由于传唤的时间较短,一般不宜通过邮寄方式或者委托他人通知的方式。实践中,通知时应当注意以下问题:1.将传唤原因告知被传唤人家属时,不能透露具体案情。2.如果被传唤人主动提出自行通知家属的,公安机关根据案件具体情况可以允许,但必须告知被传唤人不得谈论与案件有关的问题。同时,为防止被传唤人串供或者暗示其家属毁灭证据等影响案件查处的情况发生,被传唤人自行通知家属时,人民警察必须在场。3.如果被传唤人拒绝提供其家属的姓名、联络方式、地址的,公安机关应当在询问笔录中注明,并由被传唤人签名、盖章,或者由被传唤人作出书面声明。

第三款是询问查证期间,公安机关应当保证违反治安管理行为人的饮食和必要的休息时间的规定。在询问过程中,公安机关应当为被传唤人留出适当的休息时间,满足被传唤人基本的生活需求,如进餐、饮水等。公安机关和人民警察不应采用在传唤中限制这些生活需求的方式对被传唤人进行变相刑讯逼供。《最高人民法院关于建立健全防范刑事冤假错案工作机制的意见》明确:采用刑讯逼供或者冻、饿、晒、烤、疲劳审讯等非法方法收集的被告人供述，应当排除。

实务问答

1. 对违反治安管理行为人是否可以连续传唤？

传唤虽不是限制人身自由的强制措施，但由于在法定的询问查证时间内，被传唤人未经公安机关许可不得自行离开，这在一定程度上限制了人身自由。实践中，为了增加询问查证的时间，有的人民警察在一次传唤的询问查证时间届满后，待违反治安管理行为人尚未离开或者刚刚离开询问地点，就又对其进行第二次乃至第三次传唤。此做法与本法的立法主旨背道而驰，实际上是以连续传唤的方式变相拘禁违反治安管理行为人，严重侵犯了其合法权益，应当坚决杜绝。

当然，在一次传唤的询问查证时间届满后，如果案情还未查清或者还有证据需要核实的，公安机关可再次传唤违反治安管理行为人，但不得以连续传唤的方式变相限制违反治安管理行为人的人身自由。那么两次传唤之间间隔多长时间才不算连续传唤呢？一般认为，为保护被传唤人的合法权益，两次传唤之间的间隔时间应当以使违反治安管理行为人有一定的时间自由活动、休息为宜。

2. 实践中，如何计算询问查证时间？

根据本条规定，询问查证时间的起点应从被传唤人到案时开始计算，而不能从公安机关传唤违反治安管理行为人时开始，也不能从公安机关对被传唤人开始询问时计算。特殊情况下，因被传唤人的原因无法开展询问查证的，如醉酒的违反治安管理行为人，其询问查证的时间就可以从其酒醒能够接受询问时开始计算。询问查证

第四章 处罚程序

的终止时间是结束询问查证、被传唤人可以自由离开公安机关或者指定询问地点的时间。结束询问查证，并不是指终止对案件的询问查证，而是结束本次传唤的询问查证。

3. 对违反治安管理的醉酒人约束至酒醒的时间是否包括在询问查证时间内？

醉酒的人在醉酒状态中，对本人有危险或者对他人的人身、财产或者公共安全有威胁的，应当对其采取保护性措施约束至酒醒。醉酒人在酒醒之前一直处于不清醒状态，公安机关在其酒醒之前无法对其询问查证；有的虽然酒醒但因呕吐等原因致使身体十分虚弱无法接受询问。因此，对违反治安管理的醉酒人采取保护性措施约束至酒醒的时间，不应计算在本条所规定的一次传唤的询问查证时间内。违反治安管理的醉酒人的询问查证时间，不应从醉酒人被传唤到案的时间开始计算，而应当从其酒醒能够接受询问之时开始。

4. 为什么本法对违反治安管理的行为人使用"询问"而不是"讯问"？

《行政处罚法》是全国人民代表大会通过的规范所有行政处罚的基本法。该法对行政违法案件的当事人或者有关人员的调查都称为"询问"，治安管理处罚是行政处罚的一种，因而对违反治安管理行为人也应当使用"询问"，以保持法律之间的内在统一。当然，从本质上来说，这是由违反治安管理行为的性质决定的。为了明确区分违反治安管理行为和犯罪行为之间的本质差异，充分体现对违反治安管理行为人合法权益的保护，缓和违反治安管理行为人的对立情绪，有利于违反治安管理行为人改过自新，所以本法对违反治安管理行为人没有使用"讯问"，而是使用了"询问"一词。同时，为了与"询问"一词相协调，本法将违反治安管理行为人的陈述称为"陈述"，以区别于犯罪嫌疑人的"供述"。

· 421 ·

以案说法

王某玲诉某市公安局行政强制案

河南省高级人民法院认为：本案中，某市公安局以王某玲涉嫌阻碍执行职务为由将其口头传唤至该局超过八小时，但某市公安局在举证期限内未能提供证明"案情复杂"的证据，可能适用行政拘留处罚，因而对王某玲超过八小时延时传唤的证据材料、审批材料，即未能提供证据证明其对王某玲口头传唤超过八小时的行为合法。

【案号】河南省高级人民法院（2018）豫行申 2384 号

李某诉某市公安局行政处罚案

辽宁省丹东市元宝区人民法院认为：被告在向本院提供监控视频时没有提供办案过程中的全部视频资料，只提供了部分询问原告、第三人及证人询问时的监控录像。从被告提供的询问证人李某的监控视频中可以证明李某是在 2015 年 7 月 23 日 14 时 44 分进入询问室接受调查。此时，原告随身携带的包和手机等物品已被放入询问室，可以证明原告于 14 时 44 分前已进入被告办案区内，至被告次日 14 时 47 分离开被告办案场所，已超过 24 小时。因被告在作出被诉行政行为时程序违法，不能保证处罚结果的公正性。因此，应予以撤销。

【案号】辽宁省丹东市元宝区人民法院（2015）元行初字第 00037 号

第九十八条　【制作询问笔录，询问未成年人】

询问笔录应当交被询问人核对；对没有阅读能力的，

第四章 处罚程序

应当向其宣读。记载有遗漏或者差错的,被询问人可以提出补充或者更正。被询问人确认笔录无误后,应当签名、盖章或者按指印,询问的人民警察也应当在笔录上签名。

被询问人要求就被询问事项自行提供书面材料的,应当准许;必要时,人民警察也可以要求被询问人自行书写。

询问不满十八周岁的违反治安管理行为人,应当通知其父母或者其他监护人到场;其父母或者其他监护人不能到场的,也可以通知其他成年亲属,所在学校、单位、居住地基层组织或者未成年人保护组织的代表等合适成年人到场,并将有关情况记录在案。确实无法通知或者通知后未到场的,应当在笔录中注明。

说 明

本条内容增加了第三款的规定。

对照法条

治安管理处罚法(2012)	治安管理处罚法(2025)
第八十四条 询问笔录应当交被询问人核对;对没有阅读能力的,应当向其宣读。记载有遗漏或者差错的,被询问人可以提出补充或者更正。	第九十八条 询问笔录应当交被询问人核对;对没有阅读能力的,应当向其宣读。记载有遗漏或者差错的,被询问人可以提出补充或者更正。

续表

治安管理处罚法（2012）	治安管理处罚法（2025）
被询问人确认笔录无误后，应当签名**或者**盖章，询问的人民警察也应当在笔录上签名。 　　被询问人要求就被询问事项自行提供书面材料的，应当准许；必要时，人民警察也可以要求被询问人自行书写。 　　询问不满**十六**周岁的违反治安管理行为人，应当通知其父母或者其他监护人到场。	被询问人确认笔录无误后，应当签名、盖章**或者按指印**，询问的人民警察也应当在笔录上签名。 　　被询问人要求就被询问事项自行提供书面材料的，应当准许；必要时，人民警察也可以要求被询问人自行书写。 　　询问不满**十八**周岁的违反治安管理行为人，应当通知其父母或者其他监护人到场；**其父母或者其他监护人不能到场的，也可以通知其他成年亲属，所在学校、单位、居住地基层组织或者未成年人保护组织的代表等合适成年人到场，并将有关情况记录在案。确实无法通知或者通知后未到场的，应当在笔录中注明。**

条文释义

本条是关于制作询问笔录、自行提供书面材料、询问不满十八周岁的人的规定。

第一款是关于制作询问笔录的规定。询问笔录是在询问过程中制作的，用于记载询问中提出的问题和回答，以及询问过程中所发生事项的重要文书。准确地制作询问笔录，既有利于公安机关查明事实，正确处理案件，又有利于保护公民陈述和申辩的权利。为了保障询问笔录客观、准确地记载询问的内容，在询问笔录制作完毕之后，应当根据本款的规定进行下列程序：

1. 核对。也就是交给被询问人阅读，由被询问人核实是否客观、准确地记载了对他的提问和他的回答。如果被询问人没有阅读能力，或者被询问人是盲人或者患其他疾病等无法阅读的，询问人应当向其宣读。若向其宣读，应当完整、准确，不应当只宣读一部分或者有选择地宣读。

2. 补充、更正。在被询问人核对后，如果认为记载有遗漏或者有差错的，被询问人可以提出补充或者更正要求，询问人应当补充或更正。所谓"有遗漏"，是指应当记录而没有记录的情况；所谓"有差错"，是指没有正确记录问题及回答的情况。记录人员一般应当忠实记载被询问人的回答，但是并不要求其一字不差地记载被询问人的原话。对于被询问人回答的顺序、用语等可以进行适当的调整和概括，但必须完整、准确体现其意思。对与案件无关的事实，可以不记录。如果确实属于应当记录而没有记录的，或者没有正确记录被询问人意思的，经被询问人提出，遗漏的应当补充，错误的应当更正。

3. 签名、盖章。如果笔录核对无误，或者虽有遗漏、差错但已经补充和更正的，被询问人应当在笔录上签名。如果被询问人不会写字的，也可以盖章。不会写字也没有印章的，可以在记录人员注明其名字的地方按指印，该情况应当视为签名或者盖章。询问的人民警察也应当在笔录上签名。对补充、更正的地方，应当由被询问人按指印。这样，既体现了询问人、被询问人对记录内容负责的态度，又可以防止篡改、伪造询问笔录。

第二款是关于自行提供书面材料的规定。实践中，询问笔录一般都是由询问人制作，交给被询问人核对。但是在有些情况下，被询问人表述不清、不能口头陈述的；认为询问人不能准确理解和记录自己的回答，为了准确、全面说明事实、表达意见的；涉及专

· 425 ·

性很强的问题，询问人不能很好地理解其回答并准确记录的，被询问人可以自行提供书面材料。总之，被询问人要求自行提供书面材料的，公安机关一般应当准许，并提供必要的条件，比如书写的场所、工具、纸张等。

根据本款的规定，必要时，人民警察也可以要求被询问人自行书写材料。所谓的"必要"，一般是指根据被询问人的状态，自行书写更能准确表达其真实意思和案件事实情况，不让其自行书写，不利于查明案情，而被询问人也没有主动要求自行书写的情况。比如其口齿不清，难以准确表达意思的；因方言障碍，记录人员不能准确理解和记录的等情况。

第三款是关于询问不满十八周岁的违反治安管理行为人，应当通知其父母或者其他监护人到场的规定。未满十八周岁者为未成年人。在执法活动中，公安机关既要按照本法的规定对违反治安管理的未成年人进行询问，又要注意在询问活动中对未成年人的保护。通知未成年人父母或者其他监护人到场，不仅是被询问的未成年人的权利，也是其父母或者其他监护人的法定权利。在行政处罚中进行陈述、申辩是公民的一项重要权利，未成年人不能独立行使，应当由其法定代理人帮助行使。但是通知未成年人的父母或者其他监护人到场，并不是为了代替被询问人回答问题，也不得干扰询问查证的进行。

《公安机关办理行政案件程序规定》（2020年8月6日修正）第七十五条规定：询问未成年人时，应当通知其父母或者其他监护人到场，其父母或者其他监护人不能到场的，也可以通知未成年人的其他成年亲属，所在学校、单位、居住地基层组织或者未成年人保护组织的代表到场，并将有关情况记录在案。确实无法通知或者通知后未到场的，应当在询问笔录中注明。在不违反对

第四章　处罚程序

未成年人权利保护的立法意图的前提下,《公安机关办理行政案件程序规定》扩大至询问未成年人时,应当由监护人等陪同,与《治安管理处罚法》规定并不相抵触。公安部既已制定了更为严格的《公安机关办理行政案件程序规定》,公安机关就应当遵守相关程序性规定。

以案说法

董某波诉某市公安局行政处罚案

泉州市中级人民法院经审理认为:对董某波的三次询问笔录中有两次系在办公室制作。根据《公安机关执法办案场所办案区使用管理规定》第十五条规定,讯问、询问违法犯罪嫌疑人,应当在办案区讯问室、询问室进行。故某市公安局的询问程序违反该条文规定,属于程序违法。

【案号】泉州市中级人民法院(2019)闽05行终37号

刘某诉某市公安局行政处罚案

辽宁省葫芦岛市中级人民法院认为:本案中,某市公安局主张《治安管理处罚法》是《公安机关办理行政案件程序规定》的上位法,法律中对其询问未成年人的年龄有明确规定,应当适用上位法的规定,某市公安局在询问刘某时,其已年满十六周岁,未通知刘某监护人到场不违反法定程序。本院认为,上位法优于下位法原则适用的前提为下位法与上位法对同一事项规定相抵触。就不同法律规范对授予权利的规定是否相抵触而言,通常情况下,凡上位法授予权利主体的权利,下位法不得限制或者剥夺,而倘若下位法扩大权利内容或权利主体的范围,除非违反上位法的明确意图,应当予以允许。《治安管理处罚法》第八十四条第三款规定即属于授予不

· 427 ·

满十六周岁的违反治安管理行为人询问时的权利保护规定，体现了对不满十六周岁未成年人权利保护的立法意图。

《公安机关办理行政案件程序规定》第七十五条规定，在不违反对未成年人权利保护的立法意图的前提下，该规定扩大至询问未成年人时应当由监护人等陪同，与《治安管理处罚法》规定并不相抵触。公安部既已制定了更为严格的《公安机关办理行政案件程序规定》，公安机关应当遵守相关程序性规定。

【案号】辽宁省葫芦岛市中级人民法院（2020）辽14行终229号

陆某军诉某市公安局行政处罚案

江苏省高级人民法院认为：本案中，受害人洪某系未成年人，某市公安局在对其进行询问时，应当依据规定首先通知其父母或者其他监护人到场。只有在洪某的父母或者其他监护人不能到场的情形下，公安机关才能通知其他成年亲属或所在学校到场。但某市公安局未履行上述法定程序，而是径行通知洪某所在学校的代表到场，亦不符合法律规定，系程序违法。

【案号】江苏省高级人民法院（2019）苏行终1543号

邱某生诉某派出所不予行政处罚案

福州市台江区人民法院认为：某派出所提交的邱某生询问笔录（时间：2017年3月4日19时1分至30分，询问地点：省立医院急诊，询问人：吴某飞、周某茂）、林某彪询问笔录（时间：2017年3月4日18时46分至19时05分，询问地点：某派出所执法办案区，询问人：周某茂、田某丰），两份询问笔录有同一询问人周某茂，但是笔录制作时间却有4分钟的重叠，可以认定以上两份笔录制作程序轻微违法。

【案号】福州市台江区人民法院（2017）闽0103行初72号

第九十九条 【询问被侵害人和其他证人】

人民警察询问被侵害人或者其他证人，可以在现场进行，也可以到其所在单位、住处或者其提出的地点进行；必要时，也可以通知其到公安机关提供证言。

人民警察在公安机关以外询问被侵害人或者其他证人，应当出示人民警察证。

询问被侵害人或者其他证人，同时适用本法第九十八条的规定。

说　明

本条内容有修订。

对照法条

治安管理处罚法（2012）	治安管理处罚法（2025）
第八十五条　人民警察询问被害人或者其他证人，可以到其所在单位或者住处进行；必要时，也可以通知其到公安机关提供证言。 人民警察在公安机关以外询问被侵害人或者其他证人，应当出示工作证件。 询问被侵害人或者其他证人，同时适用本法第八十四条的规定。	第九十九条　人民警察询问被害人或者其他证人，**可以在现场进行**，**也**可以到其所在单位、住处**或者其提出的地点**进行；必要时，也可以通知其到公安机关提供证言。 人民警察在公安机关以外询问被侵害人或者其他证人，应当出示**人民警察证**。 询问被侵害人或者其他证人，同时适用本法**第九十八条**的规定。

条文释义

本条是关于人民警察询问被侵害人或者其他证人的地点、方式以及应当遵守的程序的规定。本条分三款。

第一款是关于询问被侵害人或者其他证人地点的规定。被侵害人或者其他证人不是违反治安管理行为人,不能适用传唤等方式进行询问。人民警察询问被侵害人或者其他证人时,应当本着"既方便办案,有利于查明违反治安管理行为的事实,又便利证人作证,不妨碍其正常的生活、学习和工作,保障其合法权益"的原则,根据实际情况确定询问地点。

但是,人民警察不能或者不便于在现场进行,或在其所在单位或者住所询问被侵害人或者其他证人,为了查明案情又需要对其进行询问的,可以通知其到公安机关接受询问。

第二款是关于人民警察在公安机关外询问被侵害人或者其他证人,应当出示人民警察证的规定。根据本款的规定,人民警察如果在公安机关外询问被侵害人或者其他证人,在开始询问前,就应当主动出示人民警察证,证明自己的执法身份;被侵害人或者其他证人也可以要求其出示人民警察证。在人民警察没有携带人民警察证,或者没有出示人民警察证的情况下,被侵害人或者其他证人有权拒绝接受询问。

第三款是关于询问被侵害人或者其他证人时应当遵守的程序事项的规定。根据本款的规定,人民警察在询问被侵害人或者其他证人的时候,除了在询问的时间、地点方面应当遵守本条的规定外,由于被侵害人或者其他证人所进行的陈述与违反治安管理行为人的陈述和申辩均属于言词证据的范围,因此在询问的方式、内容、笔录的制作,以及其他应当遵守的程序事项等方面均无太大的差异,

第四章 处罚程序

本法未再单独规定，而是规定参照本法第九十八条关于询问违反治安管理行为人的规定执行，既便于法律的统一执行，又便于公安机关以及公民理解和执行法律。

询问证人可以在以下四类地点进行，分别适用情形如下：

①现场：可以第一时间迅速获得现场证人的证言，"现场"既包括实施行为的现场、产生结果的现场，也包括与案件相关联的现场。

②证人单位/住处：可以节省证人时间，不影响其正常的生活、工作，也有利于及时得到证人单位的支持，便于了解证人的情况，从而对证人证言作出分析判断。

③证人提出地点：根据证人要求，到证人提出的地点询问，更有利于消除证人的种种顾虑，充分调动证人提供证言的积极性。

④公安机关：必要的时候，可以通知证人到公安机关提供证言，有利于保障证人的安全，也可以避免证人单位、亲属或者其他人的干扰，有利于证人如实提供证言。

"必要的时候"主要包括：

①案情涉及国家秘密，为了防止泄密；

②证人的所在单位或其家庭成员及住处周围的人员与案件有利害关系，为了防止干扰，保证证人如实提供证言及证人的人身安全；

③证人在侦查阶段不愿公开自己的姓名和作证行为的，为便于为证人保密，消除证人的思想顾虑等；

④根据案件情况，请证人到公安机关提供证言更有利于证人自愿、如实地作证，更方便证人作证，也可以视为"必要的时候"。

在前述四类地点询问证人需要手续如下：

①现场：出示人民警察证；

· 431 ·

②证人单位/住处：制作《询问通知书》+出示人民警察证；

③证人提出地点：制作《询问通知书》+出示人民警察证；

④公安机关：通知方式可以是书面通知（《询问通知书》）、电话通知、当场通知。

关 联 规 定

《治安管理处罚法》（2025年6月27日修订）

第九十八条 询问笔录应当交被询问人核对；对没有阅读能力的，应当向其宣读。记载有遗漏或者差错的，被询问人可以提出补充或者更正。被询问人确认笔录无误后，应当签名、盖章或者按指印，询问的人民警察也应当在笔录上签名。

被询问人要求就被询问事项自行提供书面材料的，应当准许；必要时，人民警察也可以要求被询问人自行书写。

询问不满十八周岁的违反治安管理行为人，应当通知其父母或者其他监护人到场；其父母或者其他监护人不能到场的，也可以通知其他成年亲属，所在学校、单位、居住地基层组织或者未成年人保护组织的代表等合适成年人到场，并将有关情况记录在案。确实无法通知或者通知后未到场的，应当在笔录中注明。

第一百条 【代为询问、远程视频询问】
违反治安管理行为人、被侵害人或者其他证人在异地的，公安机关可以委托异地公安机关代为询问，也可以通过公安机关的视频系统远程询问。

> 通过远程视频方式询问的，应当向被询问人宣读询问笔录，被询问人确认笔录无误后，询问的人民警察应当在笔录上注明。询问和宣读过程应当全程同步录音录像。

说　明

本条是新增条款。

立法中，有的常委委员提出，远程视频询问应当通过公安机关的视频系统进行，以保障执法活动的规范和严肃性。宪法和法律委员会经研究，建议采纳上述意见。[①]

条文释义

远程视频询问是侦查取证人员通过视频远程询问证人、受害人，并对全过程录音录像，利用录音录像代替纸质记录，其从本质上讲还是属于证人证言、受害人陈述。其与传统询问方式主要有两点不同，第一点是询问地点，传统询问地点限于现场、证人所在单位/住处、证人提出地点或公安机关；而远程询问主要是侦查人员在公安机关，当事人在异地县、市。

第二点是远程视频询问在节约办案成本、提升办案效率、完成办案任务方面优势明显，特别是在跨区域办案、疫情管控期间发挥

---

① 2024年6月25日，全国人民代表大会宪法和法律委员会关于《中华人民共和国治安管理处罚法（修订草案）》修改情况的汇报，载中国人大网，http：//www.npc.gov.cn/npc/c2/c30834/202506/t20250627_446249.html，最后访问时间2025年6月27日。

的作用更为重要。《最高人民法院关于建立健全防范刑事冤假错案工作机制的意见》明确：除情况紧急必须现场讯问以外，在规定的办案场所外讯问取得的供述，未依法对讯问进行全程录音录像取得的供述，以及不能排除以非法方法取得的供述，应当排除。

关 联 规 定

《公安机关办理行政案件程序规定》（2020年8月6日修订）

第一百一十七条 办理行政案件需要异地公安机关协作的，应当制作办案协作函件。负责协作的公安机关接到请求协作的函件后，应当办理。

第一百一十八条 需要到异地执行传唤的，办案人民警察应当持传唤证、办案协作函件和人民警察证，与协作地公安机关联系，在协作地公安机关的协作下进行传唤。协作地公安机关应当协助将违法嫌疑人传唤到其所在市、县内的指定地点或者到其住处、单位进行询问。

第一百零一条 【询问聋哑人和不通晓当地通用的语言文字的人】

询问聋哑的违反治安管理行为人、被侵害人或者其他证人，应当有通晓手语等交流方式的人提供帮助，并在笔录上注明。

询问不通晓当地通用的语言文字的违反治安管理行为人、被侵害人或者其他证人，应当配备翻译人员，并在笔录上注明。

说 明

本条作了一处表述性修改。

对照法条

治安管理处罚法（2012）	治安管理处罚法（2025）
第八十六条　询问聋哑的违反治安管理行为人、被侵害人或者其他证人，应当有通晓手语的人提供帮助，并在笔录上注明。 询问不通晓当地通用的语言文字的违反治安管理行为人、被侵害人或者其他证人，应当配备翻译人员，并在笔录上注明。	第一百零一条　询问聋哑的违反治安管理行为人、被侵害人或者其他证人，应当有通晓手语**等交流方式**的人提供帮助，并在笔录上注明。 询问不通晓当地通用的语言文字的违反治安管理行为人、被侵害人或者其他证人，应当配备翻译人员，并在笔录上注明。

条文释义

本条是关于询问聋哑人或者不通晓当地语言文字的人，应当为其提供语言帮助的规定。本条分两款。

第一款是关于询问聋哑人应当有通晓手语等交流方式的人提供帮助的规定。聋哑人生理上的缺陷不仅影响其正确表达自己的意思和意志，也影响其对自己应当享有的权利的主张和维护。我国法律并不排除对聋哑人的询问，《刑事诉讼法》《民事诉讼法》等法律都规定，凡是知道案件情况的人，都有作证的义务。根据本款的规定，为聋哑的被询问人安排通晓手语等交流方式的人进行翻译，是侦查人员的法定义务，也是聋哑人的权利。如果在询问聋哑人时没有为其提供手语帮助，询问所获得陈述等言词证据就不能作为定案的根据。帮助人员应当如实翻译,保证准确表达询问人和被询问人的意思。

公安人员在询问的时候,应当遵守本款的规定,首先查明被询问人聋哑的情况,指定或者聘请通晓手语等交流方式的人为聋哑人提供帮助,做好聋哑人的询问工作。同时,对聋哑人进行询问,并为其提供帮助的情况,应当在笔录中注明,以备核实。注明的内容包括被询问的违反治安管理行为人、被侵害人或者其他证人的聋哑情况,帮助人员的姓名、工作单位和职业等基本情况。询问结束,帮助人员应当在笔录上签字。

第二款是关于为不通晓当地通用语言文字的人员配备翻译人员的规定。为了解决语言障碍对询问的影响,本法及《刑事诉讼法》《民事诉讼法》等均明确规定,各民族公民都有用本民族的语言文字进行诉讼的权利。人民法院、人民检察院和公安机关对于不通晓当地通用的语言文字的诉讼参与人,应当为他们配备翻译人员。为他们聘请翻译进行口头或者文字翻译,是公安机关应尽的义务。

本款规定的通用的语言文字,是指当地国家机关,包括权力机关、行政机关、司法机关及其工作人员,在行使权力和履行职责时正式使用的语言文字。通用的语言文字可能是一种,也可能是多种。在实行多种通用语言文字的地区,应当由被询问人自主选择适用的语言文字。所谓通晓,是指可以较为熟练地对询问所使用的语言文字进行听说和翻译,正确理解询问人和被询问人的提问及回答。对于外国人,即使询问人通晓其使用的语言文字,或者外国人通晓当地通用的语言文字的,也应当根据其意愿提供翻译。

在询问中,应当对被询问人是否通晓当地通用语言文字的情况进行调查。如果当地有两种以上通用语言文字,应当告知被询问人并使用其自由选择的语言文字。对于上述情况,应当连同翻译人员的姓名、工作单位和职业等基本情况，一同记入询问笔录。翻译人员应当如实进行翻译，保证准确表达询问人和被询问人的意思。询问结束，翻译人员应当在笔录上签字。

以案说法

谭某美诉某县公安局行政处罚案

贵州省独山县人民法院认为：本案中，谭某美代理人称原告有听力障碍、不识字、反应迟钝等问题，因上述原因，原告根本不知道公安机关问的是什么，询问笔录中记录的是什么，并且被告未进行处罚前告知，《行政处罚告知笔录》上的手印系民警拉原告手按印的，属程序违法。被告在答辩中也认可原告无书写阅读能力，在法庭询问被告在对原告进行询问和处罚前权利义务告知时是否有同步录音录像，被告称有同步录音录像只是庭审时未带来，但在法庭指定的期限内被告未能提供询问和处罚前告知录音录像，也无其他有效证据证明被告处罚前进行了告知，充分保障了当事人的陈述、申辩等权利。本案中，虽然原告谭某美殴打他人的违法事实存在，但被告未提供有效证据证明履行了处罚前告知等程序，其所作出的行政处罚决定应予撤销。

【案号】贵州省独山县人民法院（2019）黔2726行初139号

郭某明诉某县公安局行政处罚案

辽宁省抚顺市中级人民法院认为：郭某明主张其为听力二级残疾，询问时应通知监护人或者律师等相关人员在场。从本案各方陈述来看，在大声说话的情况下，郭某明可以进行正常沟通。对郭某明的询问并未使其合法权利受到损害，故该程序并无不当。

【案号】辽宁省抚顺市中级人民法院（2016）辽04行终167号

张某云诉某派出所行政处罚案

山西省晋中市中级人民法院认为：张某云提出公安机关没有依据《治安管理处罚法》规定，在询问违反治安管理行为的聋哑人时应当有通晓手语的人提供帮助的质疑，因公安机关提交的询问视频已证实张某云儿子作为与其共同生活多年的家庭成员有能力通过手语向张某云提供哑语帮助，张某云享有的权利已得到实际保护，故对张某云的此项意见亦不予支持。

【案号】山西省晋中市中级人民法院（2017）晋07行终50号

第一百零二条　【人身检查和提取、采集生物信息、样本】

为了查明案件事实，确定违反治安管理行为人、被侵害人的某些特征、伤害情况或者生理状态，需要对其人身进行检查，提取或者采集肖像、指纹信息和血液、尿液等生物样本的，经公安机关办案部门负责人批准后进行。对已经提取、采集的信息或者样本，不得重复提取、采集。提取或者采集被侵害人的信息或者样本，应当征得被侵害人或者其监护人同意。

说　明

本条是新增条款。

第四章 处罚程序

> **以案说法**
>
> **李某某诉某市公安局行政行为案**
>
> 常州市中级人民法院认为：本案中，某市公安局实施对李某某提取、采集人体生物识别信息，是在治安行政管理中实施的取证、调查类过程性行为，依法不属于人民法院行政诉讼的受案范围。
>
> 【案号】常州市中级人民法院（2023）苏04行终425号

> **第一百零三条　【场所、物品及人身的检查】**
>
> 公安机关对与违反治安管理行为有关的场所或者违反治安管理行为人的人身、物品可以进行检查。检查时，人民警察不得少于二人，并应当出示人民警察证。
>
> 对场所进行检查的，经县级以上人民政府公安机关负责人批准，使用检查证检查；对确有必要立即进行检查的，人民警察经出示人民警察证，可以当场检查，并应当全程同步录音录像。检查公民住所应当出示县级以上人民政府公安机关开具的检查证。
>
> 检查妇女的身体，应当由女性工作人员或者医师进行。

说　明

本条内容有较大修订。

对照法条

治安管理处罚法（2012）	治安管理处罚法（2025）
第八十七条　公安机关对与违反治安管理行为有关的场所、物品、人身可以进行检查。检查时，人民警察不得少于二人，并应当出示工作证件和县级以上人民政府公安机关开具的检查证明文件。对确有必要立即进行检查的，人民警察经出示工作证件，可以当场检查，但检查公民住所应当出示县级以上人民政府公安机关开具的检查证明文件。 检查妇女的身体，应当由女性工作人员进行。	第一百零三条　公安机关对与违反治安管理行为有关的场所或者违反治安管理行为人的人身、物品可以进行检查。检查时，人民警察不得少于二人，并应当出示人民警察证。 对场所进行检查的，经县级以上人民政府公安机关负责人批准，使用检查证检查；对确有必要立即进行检查的，人民警察经出示人民警察证，可以当场检查，并应当全程同步录音录像。检查公民住所应当出示县级以上人民政府公安机关开具的检查证。 检查妇女的身体，应当由女性工作人员或者医师进行。

条文释义

本条是关于公安机关在办理治安案件中进行检查应当遵守的程序的规定。本条分三款。

第一款是关于检查的范围、人员数量、出示证件等重要事项的规定。

首先，检查的具体范围。与违反治安管理行为有关的"场所"，主要指违反治安管理行为发生现场及其他可能留有相关痕迹、物品等证据的地方；与违反治安管理行为有关的"物品"，主要指实施违反治安管理行为的工具及现场遗留物，包括违反治安管理行为人或者被侵害人所有的物品、衣物、毛发、血迹等；与违反治安管理行为有关的"人身",包括违反治安管理行为人和被侵害人的身体。对违反治安管理行为人、被侵害人的身体进行检查,旨在确定某些身体特征、进行身份认证、确定伤害情况或者生理状态。检查不能突破必要的范围,对与治安管理行为无关的场所、物品和人身不能进行检查。因此,在进行检查之前,为了保证检查工作的顺利进行,检查人员应当熟悉已有的案件材料,明确检查的场所、物品和人身范围,严格按照法律的规定进行检查。

其次,进行检查是公安机关的职权。"可以进行检查",是指公安机关根据违反治安管理行为的情况和调查处理的需要,认为检查对查明违反治安管理行为事实,正确处理治安案件有必要的,有权决定进行检查。违反治安管理行为人、被侵害人以及与被检查事项有关的人员有义务配合公安机关的检查。对于拒绝接受检查的被侵害人,应当耐心说服教育。必要的时候,可请其家属配合做好被侵害人的思想工作。对于拒绝接受检查甚至阻挠公安机关进行检查的人员,公安机关可以根据相关规定,视情况给予相应的治安管理处罚;情节严重的,根据刑法的相关规定定罪处罚。

最后,为了规范人民警察的检查行为,保障公民的合法权益,尽量不妨碍被检查场所和被检查人员的正常工作、学习和生活,公安机关在检查中应当遵守如下程序:

1. 对检查时在场人员的要求。对与违反治安管理行为有关的场所、物品、人身进行检查时,人民警察不得少于两人。根据上述规定,人民警察单独进行的检查是违反法律规定的。人数不符合法定要求的,即使情况紧急也不得进行检查;因为环境因素不便检查,比如在边远、水上、交通不便地区发现和调查违反治安管理行为的,如果进行检查,仍然需要两名以上的人民警察进行。实践中,不具有人民警察身份的人员,如治安员、联防队员、协勤员等，一律不得替代人民警察行使检查职责。规定检查时人民警察不得少于两人，并不排除其他人参与检查活动。根据本法的规定，检查的情况应当制作检查笔录，由检查人、被检查人和见证人签名或者盖章。

2. 对检查时人民警察出示人民警察证的要求。人民警察应当向被检查人出示人民警察证和县级以上人民政府公安机关开具的检查证明文件。人民警察应当向被检查人和见证人出示人民警察证，用于证明检查人员的身份、确认执法资格。如果拒绝出示人民警察证，则被检查人有权根据本款规定拒绝接受有关违反治安管理行为的检查。公安机关开具的检查证明文件，是指专门用来证明检查经过合法批准的文件。检查证明文件应当载明检查的事由、检查的对象和范围、检查人员、检查的时间等内容，具体格式由公安机关制定。只有同时出示人民警察证和检查证明文件，才能进行检查，否则，被检查人可以拒绝检查。

第二款是对场所进行检查。经公安机关办案部门负责人批准，使用检查证检查；对确有必要立即进行检查的，人民警察经出示人民警察证后可以当场进行检查。所谓"确有必要"，一般是指紧急情况下，为了节约时间、及时办案而需要的。当场进行检查，主要是指在发现或者接到报案到达现场后直接进行的检查。如果已经离开现场回到公安机关后重返检查场所，就必须出示公安机关开具的检查证明文件。

另外，无论在何种情况下对公民住所进行检查，都必须出示县级以上人民政府公安机关开具的检查证明文件。因为住所是涉及人的财产、隐私、人格尊严等多种权利的重要场所，随意的检查可能对这些权利造成不可弥补的损失。依照各国的惯例，对住所的检查一般应当履行严格的程序。因此，要检查他人的住所，必须出示公安机关的检查证明文件，否则不得进行检查。

第三款是检查妇女的身体，应当由女性工作人员或者医师进行的规定。这里的女性工作人员，不仅包括公安机关的女性人民警察及其聘用、雇用的女性工作人员，也包括为了实施检查而临时借用的其他女性工作人员。另外，见证人也应当是女性，男性以及与检查无关的人员不得在场。这一规定体现了对妇女权益的特殊保护，有利于防止在检查过程中出现人身侮辱等违法行为，保护被侵害妇女或者违反治安管理行为妇女的人身权利和人格尊严；同时也有利于避免不必要的误解，防止被检查人诬告陷害检查人员，保证检查的顺利进行。

以案说法

安某祥诉某市公安局行政处罚案

湖北省高级人民法院认为：本案中，某市公安局作出涉案治安行政处罚前，制作了《证据保全清单》等并已履行送达《行政案件权利义务告知书》《被传唤家属通知书》等法定程序，但在进行相关询问、辨认、检查、勘验和实施行政强制措施等调查取证工作过程中，确存在大多为辅警参与为情况，以致涉案城市监控视频内容与提交的《查获经过》《现场笔录》所载明的办案民警或检查人员有出入、《询问笔录》载明的"询问人"与录像内容不相符等情形，构成"其他程序轻微违法"。

【案号】湖北省高级人民法院（2020）鄂行申546号

陈某诉某市公安局行政处罚案

贵州省安顺市中级人民法院认为：行政机关执法人员在进行调查、询问时，应当有两名执法人员进行，并向当事人或有关人员出示相关工作证件,公安机关对当事人进行询问时人民警察不得少于两人,并表明执法身份。某市公安局在对被上诉人陈某和证人陈某某调查询问时仅有一名人民警察执法,并且在《询问笔录》上代签其他未在场执法人民警察的名字,上诉人的执法行为违反了法律规定。上诉人的违法执法行为,使违法采集的证据不能使用,从而导致其作出的行政处罚证据不足。

【案号】贵州省安顺市中级人民法院(2020)黔04行终68号

吴某诉某市公安局行政处罚案

黔东南苗族侗族自治州中级人民法院认为:2014年2月19日17时,某市公安局未持检查证明文件,也未出示工作证件表明执法身份进入张某住宅,属行政执法检查行为。虽然其违法进入公民住宅查获了当事人的违法赌博行为,但其系依法履行法定职责的执法机关,应当依法履行职责,严格依法办案,违法进入公民住宅检查,属办案程序违法。接处警行为确有必要立即检查公民住所的,必须有证据表明公民住所内正在发生危害公共安全、公民人身安全的案件,不立即检查可能对公民人身和财产安全造成重大危害。本案中,派警立即进入张某住所进行处置的条件不具备,违法进入住所查获上诉人等人正在赌博,赌博行为显然不属于危害公共安全或者公民人身安全,不立即处置可能造成重大危害的情形。

【案号】黔东南苗族侗族自治州中级人民法院(2014)黔东行终字第159号

关 联 规 定

《公安机关人民警察证使用管理规定》(2014年6月29日修订)

第二条 本规定适用于全国各级公安机关,铁路、交通、民

第四章 处罚程序

航、森林公安机关和海关缉私部门及其人民警察。

第三条 公安机关人民警察使用统一的人民警察证。

第四条 人民警察证是公安机关人民警察身份和依法执行职务的凭证和标志。

公安机关人民警察在依法执行职务时，除法律、法规另有规定外，应当随身携带人民警察证，主动出示并表明人民警察身份。

第五条 人民警察证发放范围为公安机关在编、在职并已经评授警衔的人民警察。

严禁向非发放范围人员发放人民警察证。

第六条 人民警察证由专用皮夹和内卡组成，必须内容齐全且同时使用方可有效。

人民警察证皮夹为竖式黑色皮质，外部正面镂刻警徽图案、"人民警察证"字样，背面镂刻英文"CHINA POLICE"字样；内部上端镶嵌警徽一枚和"公安"两字，下端放置内卡。

人民警察证内卡正面印制持证人照片、姓名、所在县级以上公安机关名称和警号，背面印制持证人姓名、性别、出生日期、职务、警衔、血型、人民警察证有效期限，以及"人民警察证"、"CHINA POLICE"和"中华人民共和国公安部监制"字样。

第八条 人民警察证列入公安警用装备管理。

第九条 人民警察证内卡记载主要内容发生变动、确需换发的，发证部门应当及时予以换发。

第十条 公安机关人民警察具有下列情形之一的，所在县级以上公安机关应当及时收回其人民警察证并进行备案：

（一）离、退休；

（二）调离公安机关；

（三）辞去公职；

（四）因其他原因应当收回的。

公安机关人民警察被辞退、开除公职、判处刑罚或者免予刑事处罚的，所在县级以上公安机关应当及时收缴其人民警察证并进行备案。

第十一条　公安机关人民警察具有下列情形之一的，所在县级以上公安机关应当暂时收回其人民警察证：

（一）因涉嫌违法违纪被立案审查，尚未作出结论的；

（二）被停止执行职务或者被禁闭的；

（三）因其他原因应当暂时收回的。

《公安机关执行〈中华人民共和国治安管理处罚法〉有关问题的解释（二）》（2007年1月26日）

十、关于居住场所与经营场所合一的检查问题

违反治安管理行为人的居住场所与其在工商行政管理部门注册登记的经营场所合一的，在经营时间内对其检查时，应当按照检查经营场所办理相关手续；在非经营时间内对其检查时，应当按照检查公民住所办理相关手续。

第一百零四条　【检查笔录的制作】

检查的情况应当制作检查笔录，由检查人、被检查人和见证人签名、盖章或者按指印；被检查人不在场或者被检查人、见证人拒绝签名的，人民警察应当在笔录上注明。

说　明

本条作了一些表述性修改。

对照法条

治安管理处罚法（2012）	治安管理处罚法（2025）
第八十八条　检查的情况应当制作检查笔录，由检查人、被检查人和见证人签名或者盖章；被检查人拒绝签名的，人民警察应当在笔录上注明。	第一百零四条　检查的情况应当制作检查笔录，由检查人、被检查人和见证人签名、盖章或者按指印；被检查人不在场或者被检查人、见证人拒绝签名的，人民警察应当在笔录上注明。

条文释义

本条是关于检查笔录制作的规定。

检查笔录是公安机关及其人民警察在进行场所、物品、人身检查过程中制作的，用于记载检查过程、结果以及相关程序和实体事项的文书。对于治安检查是否需要制作检查笔录以及如何制作检查笔录，本条作了明确规定。

第一，对于检查的情况，公安机关应当制作检查笔录。检查的情况直接关系证据的取得是否合法，证据材料是否真实可靠，进一步调查方案如何确定或者处罚决定如何作出等问题。由于检查不能影响人民群众正常的生活、学习和工作，在检查后应当尽量不要占用被检查的场所、物品、人身，需要对相关的检查事项进行固定。通过检查笔录记载检查事项以及检查的进行情况，可以规范警察的检查活动，固定和保存检查获得的相关证据，将警察主观检查获得的信息通过固定的载体和形式记录下来，变为客观的证据形式，为作出治安管理处罚提供稳定的依据，便于人民警察、当事人进行查对，也便于在可能的行政复议或者行政诉讼中作为证据使用。

人民警察应当按照规定的格式如实制作检查笔录。一般来说，检查笔录应当包括以下内容：

1. 检查的事由、范围、时间、地点、检查人员、其他参加人员的在场情况。比如被检查人及其亲属、见证人是否在场，以及他们的姓名、年龄、性别、住址、工作单位等基本信息。

2. 检查的过程和结果。比如检查方法、检查事项或者检查范围内的基本情况，现场物品、痕迹等的清单、发现的证据，提取和扣押证据的名称、数量、特征以及其他线索，以便存查和分析案情。在制作检查笔录时，如果有多个检查事项或者检查获得多项结果的，可以针对各个检查项目逐项写明检查的要求、过程和结果。如果在检查的时候，被检查人或者其他见证人对检查提出意见或者看法，或者对某些事项作出说明的，也应当记录在检查笔录中。

3. 附录。在必要的时候，检查笔录中还可以包括其他对检查情况具有说明意义的事项，比如现场的方位和基本情况图、照片等。检查笔录的制作应当格式准确，内容翔实、可靠。

第二，检查笔录应当由检查人、被检查人和见证人签名、盖章或者按指印。签名或者盖章是检查笔录发生法律效力的要件之一。在检查笔录制作完成以后，应当交由被检查人和见证人阅读，如果被检查人或者见证人不识字的，应当读给他们听，对其中存在的疏漏、错误等进行补正，并在补正的地方签名、盖章或者按指印，表明该处已经被修改。如果对检查笔录没有异议，上述人员应当在笔录的末页签名、盖章或者按指印，证明笔录的记载属实。

第三，如果被检查人不在场或者被检查人、见证人拒绝签名的，人民警察应当在笔录上注明。根据本条的规定，被检查人、见证人拒绝在笔录上签名、盖章或者按指印，人民警察应当在笔录上注明。这种情况，不影响检查笔录的效力。

以案说法

陈某诉某市公安局行政处罚案

龙岩市永定区人民法院认为：

其一，根据被告提供的执法记录仪视频，陈某系在一楼被办案民警控制，民警问陈某之前在哪里，陈某回答在二楼，而后民警让陈某与占某坐到二楼包厢中的一张床上并拍照，故该现场照片并非对查获现场的客观记录，不能作为证实陈某、占某正准备发生性行为时被查获的证据；

其二，检查笔录中载明"……后民警到该足浴店二楼，在二楼有一个房间，房间内有一男一女，两人外套拉链开着，其他位置衣着完整，两人见到民警后神色慌张，床铺边上有垃圾桶一个，垃圾桶内无卫生纸，房间内未发现避孕套及其他可疑线索……"明显与执法记录仪视频中，民警进门后在一楼看到陈某、占某并对其实施人身控制的事实不符，不能作为定案依据；

其三，陈某、占某的询问笔录中多处陈述其系在二楼房间准备发生性行为时被查获，与执法记录仪记录的陈某、占某在一楼被查获的事实存在明显不一致，其谈好300元性交易价格的事实除两人陈述外也无其他证据予以佐证，故两人的询问笔录不具备充分证明力，不能单独作为定案依据。因检查笔录、现场照片均不能作为证实陈某存在违法事实的证据，而陈某、占某的陈述和申辩也不能单独作为定案依据，故被告认定原告构成嫖娼的主要证据不足，依法不能对原告作出治安管理处罚决定。

【案号】龙岩市永定区人民法院（2020）闽0803行初1号

第一百零五条　【对物品的扣押】

公安机关办理治安案件，对与案件有关的需要作为证据的物品，可以扣押；对被侵害人或者善意第三人合法占有的财产，不得扣押，应当予以登记，但是对其中与案件有关的必须鉴定的物品，可以扣押，鉴定后应当立即解除。对与案件无关的物品，不得扣押。

对扣押的物品，应当会同在场见证人和被扣押物品持有人查点清楚，当场开列清单一式二份，由调查人员、见证人和持有人签名或者盖章，一份交给持有人，另一份附卷备查。

实施扣押前应当报经公安机关负责人批准；因情况紧急或者物品价值不大，当场实施扣押的，人民警察应当及时向其所属公安机关负责人报告，并补办批准手续。公安机关负责人认为不应当扣押的，应当立即解除。当场实施扣押的，应当全程同步录音录像。

对扣押的物品，应当妥善保管，不得挪作他用；对不宜长期保存的物品，按照有关规定处理。经查明与案件无关或者经核实属于被侵害人或者他人合法财产的，应当登记后立即退还；满六个月无人对该财产主张权利或者无法查清权利人的，应当公开拍卖或者按照国家有关规定处理，所得款项上缴国库。

说 明

本条内容有较大修订。

立法中有的常委会组成人员、部门、地方、单位、专家学者和社会公众建议进一步规范和保障执法，完善有关处罚程序规定。宪法和法律委员会经研究，建议作以下修改补充：完善关于扣押的审批手续，并增加规定当场扣押应当全程同步录音录像。[1]

对照法条

治安管理处罚法（2012）	治安管理处罚法（2025）
第八十九条　公安机关办理治安案件，对与案件有关的需要作为证据的物品，可以扣押；对被侵害人或者善意第三人合法占有的财产，不得扣押，应当予以登记。对与案件无关的物品，不得扣押。 对扣押的物品，应当会同在场见证人和被扣押物品持有人查点清楚，当场开列清单一式二份，由调查人员、见证人和持有人签名或者盖章，一份交给持有人，另一份附卷备查。 对扣押的物品，应当妥善保管，不得挪作他用；对不宜长期保存的物品，按照有关规定处理。经查明与案件无关的，应当及时退还；经核实属	第一百零五条　公安机关办理治安案件，对与案件有关的需要作为证据的物品，可以扣押；对被侵害人或者善意第三人合法占有的财产，不得扣押，应当予以登记，**但是对其中与案件有关的必须鉴定的物品，可以扣押**，鉴定后应当立即解除。对与案件无关的物品，不得扣押。 对扣押的物品，应当会同在场见证人和被扣押物品持有人查点清楚，当场开列清单一式二份，由调查人员、见证人和持有人签名或者盖章，一份交给持有人，另一份附卷备查。 **实施扣押前应当报经公安机关负责人批准；因情况紧急或者物品价值**

---

[1] 2025年6月24日，全国人民代表大会宪法和法律委员会关于《中华人民共和国治安管理处罚法（修订草案）》审议结果的报告，载中国人大网，http://www.npc.gov.cn/npc/c2/c30834/202506/t20250627_446251.html，最后访问时间2025年6月27日。

续表

治安管理处罚法（2012）	治安管理处罚法（2025）
于他人合法财产的，应当登记后立即退还；满六个月无人对该财产主张权利或者无法查清权利人的，应当公开拍卖或者按照国家有关规定处理，所得款项上缴国库。	不大，当场实施扣押的，人民警察应当及时向其所属公安机关负责人报告，并补办批准手续。公安机关负责人认为不应当扣押的，应当立即解除。当场实施扣押的，应当全程同步录音录像。 对扣押的物品，应当妥善保管，不得挪作他用；对不宜长期保存的物品，按照有关规定处理。经查明与案件无关**或者**经核实属于**被侵害人或者**他人合法财产的，应当登记后立即退还；满六个月无人对该财产主张权利或者无法查清权利人的，应当公开拍卖或者按照国家有关规定处理，所得款项上缴国库。

条文释义

为了适应执法实践的需要，本条对办理治安案件的扣押权作了明确规定，同时，为了严格规范公安机关的扣押行为，更好地保护公民的合法权益，本条对扣押证据的范围、程序以及处置均作出了明确规定。第一款规定了扣押的范围。根据该款规定，扣押的范围是与案件有关的需要作为证据的物品。这里所称的"物品"包括文件。值得注意的是，对与案件有关的需要作为证据的物品，本条规定是"可以扣押"而不是"应当扣押"。也就是说，在办理治安案件过程中发现的与案件有关的需要作为证据的物品，并非必须一律采取扣押措施。具体执行时，现场人民警察可以根据案件的具体情况，决定是否对发现的物品予以扣押。与案件有关，是指与公安机关正在办理的治安案件有关联。根据该款规定，下列两类物品不得扣押：（1）与案件无关的物品，即不能作为证据证明案件事实的物品。（2）被侵害人或者善意第三人合法占有的财产。对被侵害人或者善意第三人合法占有的财产，不得扣押，应当予以登记，但是对其中与案件有关的必须鉴定的物品，可以扣押，鉴定后应当立即解除。"第三人"，是指受《民法典》确立的"善意取得制度"保护的财产侵权法律关系中的第三人。在现实生活中，财产侵权行为十分复杂，根据第三人获取财产的主观状态和获得财产的方式，可以分为恶意第三人和善意第三人。善意第三人有以下特点：一是主观上没有故意，不知或没有理由知道他人的违法行为或不正当手段；二是客观上占有了权利人的财产；三是在"不知或没有理由应当知道"的状态下合法占有权利人的财产的，其占有财产行为本身并不违法。"登记"，是指将物品的名称、规格、数量、重量、质量、特征、产地、新旧程度等予以登记，并写明被登记物品持有人的姓名、性别、年龄、工作单位、现住址、执行登记的公安机关的名称和人民警察的姓名等内容。

第二款是关于执行扣押的规定。案件调查人员在实施扣押时要做好以下工作：

（1）会同在场见证人和被扣押物品持有人查点清楚被扣押的物品。这里的"被扣押物品持有人"，是指在被扣押时持有该被扣押物品的人，不一定是被扣押物品的所有权人，也不一定是合法持有人。"在场见证人"，是指除人民警察、被扣押物品持有人以外的在实施扣押现场的见证扣押过程的人。

（2）在实施扣押的现场开列扣押物品清单。扣押清单要写明被扣押物品的名称、编号、规格、数量、重量、质量、特征等，同时写明开列扣押清单的时间。

（3）清单制作完毕后，由调查人员、见证人和持有人签名或者盖章。

（4）经过有关人员签名或者盖章的扣押清单一式两份，一份交给持有人，另一份附卷备查。

第三款规定了实施扣押的批准程序。根据法律规定，实施扣押措施的程序分为内部程序和外部程序。内部程序包括：实施扣押措施前应当向办案部门负责人报告并经批准。扣押措施直接关系到公民的财产权等基本权利，不能由执法人员随意作出。但是在一些情况紧急的情形下，有时需要当场实施扣押措施，可能来不及事先批准，本款规定，因情况紧急，需要当场实施扣押的，人民警察应当及时向其所属公安机关负责人报告，并补办批准手续。公安机关负责人认为不应当扣押的，应当立即解除。当场实施扣押的，应当全程同步录音录像。

外部程序包括：（1）由两名以上执法人员实施；（2）出示人民警察证；（3）通知当事人到场；（4）当场告知当事人采取措施的理由、依据和当事人依法享有的权利、救济途径；（5）听取当事人陈述和申辩；（6）制作现场笔录并由相关人员在笔录上签名、盖章；（7）制作扣押决定书并送达当事人。

第四款规定了处理扣押物品的规则。根据本款规定，对被扣押物品应该区分不同情况处理：

（1）对扣押的物品，应当妥善保管，不得挪作他用。

（2）对不宜长期保存的物品，按照有关规定处理。这里所称"不宜长期保存的物品"，主要是指容易腐烂变质、灭损或者无法保管的物品，如蔬菜、水果、鲜活海鲜等。

（3）经查明与案件无关或者经核实属于被侵害人或者他人合法财产的，应当及时退还，不得以任何理由继续扣押。本条对退还时间没有明确规定，只要求"及时退还"，为保护公民、法人和其他组织的合法权益，公安机关应当在尽可能短的时间内将扣押物品退还持有人。

（4）经核实属于他人（包括被侵害人）合法财产的，应当登记后立即退还。

（5）满六个月无人对该财产主张权利或者无法查清权利人的，应当公开拍卖或者按照国家有关规定处理，所得款项上缴国库。这里所称"满六个月"，是指自查明被扣押财物为他人合法财产之日起满六个月。查明被扣押财物属于他人的合法财产，但满六个月仍无法查清权利人，也无人认领该财产的，即视为无主物，收归国有。

在立法起草过程中，有意见提出，为更好地保护公民的合法权益，建议建立公告制度，即公安机关对被扣押财物进行公告，自公告之日起满一定期限仍无人前来认领的，则进行公开拍卖或者按照国家有关规定处理。本法虽未规定公告程序，但为更好地保护公民的合法权益，实践中公安机关也可以采取这种方式。据了解，实践中有不少地方已利用当地报纸、广播、电视等媒介，采取公告认领形式退还扣押物品，取得了较好的社会效果。

以案说法

胡某和诉某县公安局行政处罚案

江西省上饶市中级人民法院认为：本案中，某县公安局虽提交了编号 No：0002503 号强制措施凭证作为其交警部门依法扣留案涉车辆的事实依据，但该凭证展现的内容不能反映本案扣留车辆行为作出的经过，不能体现扣留案涉车辆行为是否经过了送达交付、告知、听取意见等程序，且无其他证据证明该扣留车辆行为已经按照上述规定予以备案，也无法证实该强制措施凭证作出的时间。因此，主张其交警部门依法扣留案涉车辆，基础事实不清楚、扣留程序不到位，以转移行政执法机关依法扣押的财物为由作出本案行政处罚决定缺乏事实依据、适用法律不当。

关于在询问笔录中已经自认交警当场向其宣布了扣押案涉车辆的决定的意见，但胡某和在本案诉讼中自始至终否认其自认过，结合本案查明的事实，胡某和在交警到达现场处理事故之前已被送往医院治疗，"当场向其宣布"的事实没有证据证实。

【案号】 江西省上饶市中级人民法院（2021）赣11行终1号

李某诉某市公安局行政强制案

绵阳市涪城区人民法院经审理认为：《治安管理处罚法》于2005年8月28日公布，自2006年3月1日起施行。《行政强制法》于2011年6月30日公布，自2012年1月1日起施行。《治安管理处罚法》关于行政扣押等行政强制措施的规定属于旧的规定，《行政强制法》关于行政强制措施的规定属于新的规定。《行政强制法》颁布实施后，公安部重新修订了《公安机关办理行政案件程序规定》，根据《行政强制法》的规定，重新规定了公安机关在办理行政案件中实施扣押等行政强制措施应遵循的程序。由此说明，《行政强制法》颁布实施后，《治安管理处罚法》与《行政强制法》规定不一致的或者没有规定的，应适用《行政强制法》的规定。并且，新法颁布实施后，适用新法对保护行政相对人的权益更为有利的，应适用新法的规定。本案所涉行政扣押行为发生在《行政强制法》颁布实施之后，应适用《行政强制法》的规定。

根据《行政强制法》第二十二条的规定，查封、扣押应当由法律、法规规定的行政机关实施，其他任何行政机关或者组织不得实施。派出所系公安机关的派出机构，在无相关法律、法规授权的情况

第四章　处罚程序

下，派出所不得以自己的名义作出相关行政行为。《治安管理处罚法》并未授权派出所可以自己的名义实施扣押行政强制措施。故某派出所以自己的名义在马某某处扣押相关物品，实施扣押措施的主体不合法。

【案号】绵阳市涪城区人民法院（2015）涪行初字第108号

关联规定

《行政强制法》（2011年6月30日）（正文略）

> **第一百零六条　【鉴定】**
> 为了查明案情，需要解决案件中有争议的专门性问题的，应当指派或者聘请具有专门知识的人员进行鉴定；鉴定人鉴定后，应当写出鉴定意见，并且签名。

说　明

本条内容未修订。

对照法条

治安管理处罚法（2012）	治安管理处罚法（2025）
第九十条　为了查明案情，需要解决案件中有争议的专门性问题的，应当指派或者聘请具有专门知识的人员进行鉴定；鉴定人鉴定后，应当写出鉴定意见，并且签名。	第一百零六条　为了查明案情，需要解决案件中有争议的专门性问题的，应当指派或者聘请具有专门知识的人员进行鉴定；鉴定人鉴定后，应当写出鉴定意见，并且签名。

条文释义

本条是关于鉴定的规定。

鉴定是公安机关在查处治安管理案件时,为了解决案件的专门性问题,指派或者聘请具有专门知识的人员进行鉴定,并提供专门性意见的活动。本条可以从以下几个方面理解。

一是对案件中涉及的专门性问题,应当进行鉴定。本条规定的"专门性问题",是指在查处治安管理案件时,属于案件证明对象范围内的,仅凭直观、直觉或者逻辑推理无法作出肯定或者否定的判断,必须运用科学技术手段或者专门知识进行鉴别和判断才能得出正确结论的事项,如血型的确定、精神疾病的认定等。专门性问题不属于公众知道的普通知识的范畴,要对这些问题作出正确的认识和判断,一般来说需要具有某些方面的专门知识,或者需要具有专门的技能。

若案件涉及专门性问题,公安机关就应当按照本条的规定进行鉴定。案件的当事人如果对某项专门性问题有争议,也可以要求公安机关进行鉴定。本条也规定,为了查明案情,对治安管理处罚案件中涉及的专门性问题,公安机关应当指派或者聘请具有专门知识的人员进行鉴定。

二是公安机关应当指派或者聘请具有专门知识的人员进行鉴定。鉴定是运用科学技术或者专门知识进行鉴别和判断的活动,并不是任何人都可以从事。所谓"专门知识",是指人们在某一领域的生产劳动实践中积累起来的知识经验,是人类在认识自然和改造自然过程中形成的反映自然、社会、思维等客观规律的知识体系。

"指派",是指由公安机关内部的专业技术人员对相关专门性问题作出技术认定。我国各级公安机关为了工作需要,在内部普遍设立了技术侦查部门，对专门性问题提出意见，协助办案警察查明案情。如果案件中涉及专门性问题，公安机关可以指派相关人员进行技术认定。如果技术侦查部门无法对案件涉及的专门性问题作出认定，也可以聘请具有专门知识的人员进行鉴定。具有专门知识的人员，可以是专门从事鉴定业务的人员，比如符合全国人大常委会《关于司法鉴定管理问题的决定》第四条规定条件的人员，或者教学科研机构、专业技术部门的相关人员。

三是鉴定人鉴定后，应当写出鉴定意见，并且签名。这一规定可以从以下几个方面理解：

1. 鉴定人应当独立作出鉴定。一方面，鉴定意见作为证据之一，实质上是一种个人意见，是鉴定人凭借其专门知识对某个问题作出的认识和判断。鉴定意见是否客观、准确，取决于鉴定人的科学技术水平和判断能力，应当由鉴定人自己负责。另一方面，为了保障鉴定人根据科学准确进行鉴定，必须防止权势、人情和金钱的干扰。因此，鉴定人应当完全依据科学知识、科学规律以及操作规程进行鉴定，以保障鉴定意见的客观性和公正性，增强鉴定人的责任感。

2. 鉴定人应当写出鉴定意见。鉴定人在完成鉴定工作后，应当依照法律的要求，向委托人提供本人签名的书面鉴定意见。本条规定的"鉴定意见"，是指鉴定人在对专门性问题进行鉴别和判断的基础上得出的结论性意见。鉴定意见作为鉴定人个人的认识和判断，表达的只是其个人的意见，对整个案件来说，鉴定意见只是诸多证据中的一种，人民警察应当结合案件的全部证据，加以综合审查判断，从而正确认定案件事实，作出正确认定。在此，应当准确理解鉴定意见的本质，不能把鉴定意见理解为认定案件事实的唯一根据，人民警察不能以鉴定意见代替对全案证据的审查判断。

3. 鉴定人应当在鉴定意见上签名。鉴定是鉴定人依据自己具有的专门知识进行的判断和鉴别活动,鉴定意见必须以鉴定人个人名义作出,个人对鉴定意见负责。

在查处案件过程中,有时会遇到特别疑难、复杂的问题,为了获得更加客观、公正的证据,需要多个鉴定人对该问题共同进行鉴定。如果大家的鉴定意见是一致的,每个鉴定人应当在鉴定书上签名。对不同的鉴定意见,也应当在鉴定书中予以注明,并由持不同意见的鉴定人签名。

实务问答

1. 鉴定人是否可以了解案情,是否可就案件处理问题提出意见?

在办理治安案件过程中,公安机关办案部门决定就某一专门性问题进行鉴定后,应当向鉴定人明确提出需要鉴定的问题,并为鉴定人提供足够的鉴定材料。必要的时候,可以向鉴定人介绍某些案情,以帮助鉴定人正确作出鉴定。如果公安机关提供的鉴定材料不足,鉴定人可以要求补充材料。此外,交付鉴定的时候,公安机关只能要求鉴定人就某些专门性问题作出科学结论,而不得暗示或者强迫鉴定人就不属于法定鉴定范围的事项提出意见。鉴定人也只能就公安机关委托鉴定的案件中有争议的专门性问题提出鉴定意见,而不能就案件的法律适用问题、处理问题提出意见。

2. 多人参加的鉴定,鉴定意见不一致的,怎么办?

本法对此没有要求。全国人民代表大会常务委员会《关于司法鉴定管理问题的决定》第十条规定:"司法鉴定实行鉴定人负责制度。鉴定人应当独立进行鉴定,对鉴定意见负责并在鉴定书上签名或者盖章。多人参加的鉴定,对鉴定意见有不同意见的,应当注明。"因此，一案有多个鉴定人的，可以共同研究，提出共同的鉴定结论；如果鉴定人之间的意见不一致，可以分别写出自己的鉴定意见，并在鉴定意见的最后签名，以示负责。公安机关办案部门如果认为鉴定意见有问题，可以要求鉴定人作出解释，或者补充、重新鉴定。此外，只有自然人才能承担鉴定人的义务和责任。因此，具体承担鉴定任务的人是自然人，而不是单位。在鉴定意见上签字的，应当是具体承担鉴定的人，而不是鉴定人所在的单位。

3. 鉴定人是否应当回避？

本法对此没有规定。为了保证鉴定的客观、公正，保护当事人的合法权益，根据本法确定的基本原则，当鉴定人具有"本案的当事人或者当事人的近亲属；本人或者其近亲属与本案有利害关系的；与本案当事人有其他关系，可能影响案件公正处理的"，应当回避。违反治安管理行为人、被侵害人或者其法定代理人可以申请他们回避，也可以要求对已经进行鉴定的专门性问题重新鉴定。

4. 违反治安管理行为人或者被侵害人不服鉴定结论，是否可以申请重新鉴定？

本法对此没有规定。为了保护违反治安管理行为人或者被侵害人的合法权益，其对鉴定结论不服、有异议的，可以申请重新鉴定。如果违反治安管理行为人或者被侵害人提出的重新鉴定申请有合法合理根据，经县级以上公安机关负责人批准后，进行重新鉴定。但是，申请重新鉴定以一次为限。同时，为了保证鉴定结论的公平、公正，保证重新鉴定的质量，重新鉴定的，公安机关应当另行指派或者聘请鉴定人员或者鉴定机构进行鉴定。

5. 鉴定费用由谁承担？

鉴定费用由公安机关承担。违反治安管理行为人或者被侵害人申请重新鉴定，如果鉴定结论有改变的，鉴定费用由公安机关承担；但是，如果鉴定结论没有改变，鉴定费用则由重新鉴定申请人承担。

以案说法

翁某诉某市公安局行政处罚案

广东省化州市人民法院认为：根据《公安机关办理行政案件程序规定》第八十一条第一款规定："办案人民警察应当对鉴定意见进行审查。对经审查作为证据使用的鉴定意见，公安机关应当在收到鉴定意见之日起五日内将鉴定意见复印件送达违法嫌疑人和被侵害人。"

本案中，作为认定原告伤害曾某某身体事实的《法医学人体损伤程度意见书》，是在鉴定人作出鉴定结论的六个月后才告知原告，程序违法，剥夺了原告知悉权和申请复检权，虽然原告被告知鉴定结论后，可依法申请复检。但人体皮肤剥脱的损伤及软组织肿胀的伤害，在长达六个月后，无论是经过医学治疗还是不经过医学治疗，对该损伤再行复检，在临床上是失去现实意义的。而鉴定结论未经原告质证认可，鉴定行为的合法性、鉴定结论的准确性、损伤事实的关联性是未能知晓的。也就是说，伤者曾某某人体受到的损伤是伤者自作伤还是他人致伤或者是原告所伤，该致伤人的事实未清。但某市公安局对该未经质证的证据作为定案的依据，认定了原告伤害曾某某身体的事实。这不仅是定案证据程序违法，同时，也是认定事实不客观、依据不足的现象。本案中，某市公安局在伤者曾某某伤害原告的当天便对原告作出了询问笔录，从原告所有的笔录看，均没有记录原告有殴打过曾某某的行为事实。即原告笔录内容没有支持其伤害他人的事实。伤者曾某某的检验行为，是其致伤原告身体后的第二天，也就是在脱离原告和公安机关办案人员视线的情况下到鉴定部门接受检验鉴定的。从检验时间和条件上不排除伤者有自作伤和非原告所致的他伤的可能性。即某市公安局认定的事实没有排他性。根据本案查明的事实，本案某市公安局作出的行政处罚决定书证据不足。

【案号】广东省化州市人民法院（2016）粤0982行初50号

张某满诉某市公安局行政处罚案

上海市浦东新区人民法院认为：本案中，被告立案后进行调查，并履行了鉴定程序，对涉案被损坏物品进行了价格认定，但未提供证据证明其在收到价格认定结论书之日起的五日内将结论书复印件送达原告，未能充分保障当事人的合法权益。在作出被诉行政处罚决定后，被告亦无证据证明向原告进行了送达。综上，被告作出被诉处罚决定的执法程序显属违法，对当事人的合法权益产生实际损害，依法应当予以撤销。

【案号】上海市浦东新区人民法院（2020）沪0115行初669号

蒋某全诉某县公安局行政处罚案

四川省高级人民法院认为：对于限制人身自由的行政处罚案件，应当适用排除合理怀疑的证据标准。鉴定检材的真实性和同一性是鉴定结论成为定案根据的前提条件，在真实性或同一性存在合理性怀疑的情况下，鉴定结论不能作为定案的证据。本案中，某市公安局物证鉴定所作出的编号为（遂）公（物）鉴（DNA）〔2015〕321号鉴定书系某县公安局认定蒋某全实施猥亵行为的主要证据，但该鉴定书及某县公安局检材提取笔录，均未具体描述鉴定检材的标签、外包装及密封等情况，不能证明鉴定的检材与提取的检材为同一物，且未受到污染。故本案证据证明蒋某全与第三人有不当肢体接触，但认定构成猥亵行为的证据不足。

【案号】四川省高级人民法院（2017）川行申895号

郭某娟诉某市公安局行政处罚案

安徽省蚌埠市中级人民法院认为：在本案中，万某利与郭某娟发生纠纷，使用拳击、脚踹、砖头砸等方式，对郭某娟家的大门进行损毁，并由某市物价局价格认证中心对本案所涉被损毁的户室门价格进行鉴定，万某利的行为已构成故意损毁公私财物，应予以行政处罚。某市公安局在收到鉴定意见之日起五日内未将鉴定意见复印件送达违法嫌疑人和被侵害人，仅采取电话告知方式，故某市公安局在本案办理过程中违反《公安机关办理行政案件程序规定》第八十一条的规定，其行为程序轻微违法。

【案号】安徽省蚌埠市中级人民法院（2017）皖03行终79号

魏某林诉某派出所不履行法定职责案

最高人民法院认为：本案中，魏某林以被路某洋殴打为由向某派出所报案，该所于2014年5月12日作出行政处罚决定，对路某洋给予行政罚款200元。魏某林对该行政处罚决定不服，先后申请复议、提起诉讼及上诉，结果分别为维持行政处罚决定、驳回诉讼请求及维持原判。之后，魏某林向某派出所提出鉴定申请。魏某林在该申请中所要求的出具人身伤害程度诊断证明、给予其重新鉴定的权利，实质是对治安行政处罚案件办理过程中相关伤情鉴定活动合法性的质疑，属于行政处罚决定的证据问题。该问题属于对行政处罚决定进行合法性审查的内容之一，不能单独对该鉴定活动或者在鉴定中未履行相关程序而提起诉讼，也不能以此为由要求行政机关承担赔偿责任。

【案号】最高人民法院（2019）最高法行申14727号

关 联 规 定

《全国人大常委会关于司法鉴定管理问题的决定》（2005年2月28日）（正文略）

第四章 处罚程序

> **第一百零七条 【辨认】**
> 为了查明案情，人民警察可以让违反治安管理行为人、被侵害人和其他证人对与违反治安管理行为有关的场所、物品进行辨认，也可以让被侵害人、其他证人对违反治安管理行为人进行辨认，或者让违反治安管理行为人对其他违反治安管理行为人进行辨认。
> 辨认应当制作辨认笔录，由人民警察和辨认人签名、盖章或者按指印。

说 明

本条是新增条款。

《刑事诉讼法》规定的辨认程序，是指侦查人员为了查明案情，在必要时让被害人、证人以及犯罪嫌疑人对与犯罪有关的物品、文件、场所或者犯罪嫌疑人进行辨认的一种侦查行为。辨认是侦查程序中经常采用的一种手段，对于查明案件真实情况、核实证据、查获犯罪嫌疑人具有重要意义。

辨认在治安案件中发挥着举足轻重的作用，它不仅有助于认定或排除违法嫌疑人，还能确认涉案物品和场所，为案件办理提供关键线索和证据。《公安机关办理行政案件程序规定》设立了专节进行规定。

这次立法修订中，将上述规定予以吸纳，形成了本条。

关联规定

《公安机关办理行政案件程序规定》（2020年8月6日修订）

第一百零一条 为了查明案情，办案人民警察可以让违法嫌疑人、被侵害人或者其他证人对与违法行为有关的物品、场所或者违法嫌疑人进行辨认。

第一百零二条 辨认由二名以上办案人民警察主持。

组织辨认前，应当向辨认人详细询问辨认对象的具体特征，并避免辨认人见到辨认对象。

第一百零三条 多名辨认人对同一辨认对象或者一名辨认人对多名辨认对象进行辨认时，应当个别进行。

第一百零四条 辨认时，应当将辨认对象混杂在特征相类似的其他对象中，不得给辨认人任何暗示。

辨认违法嫌疑人时，被辨认的人数不得少于七人；对违法嫌疑人照片进行辨认的，不得少于十人的照片。

辨认每一件物品时，混杂的同类物品不得少于五件。

同一辨认人对与同一案件有关的辨认对象进行多组辨认的，不得重复使用陪衬照片或者陪衬人。

第一百零五条 辨认人不愿意暴露身份的，对违法嫌疑人的辨认可以在不暴露辨认人的情况下进行，公安机关及其人民警察应当为其保守秘密。

第一百零六条 辨认经过和结果，应当制作辨认笔录，由办案人民警察和辨认人签名或者捺指印。必要时，应当对辨认过程进行录音、录像。

第四章 处罚程序

> **第一百零八条** 【两人执法、一人执法及录音录像】
> 公安机关进行询问、辨认、勘验，实施行政强制措施等调查取证工作时，人民警察不得少于二人。
> 公安机关在规范设置、严格管理的执法办案场所进行询问、扣押、辨认的，或者进行调解的，可以由一名人民警察进行。
> 依照前款规定由一名人民警察进行询问、扣押、辨认、调解的，应当全程同步录音录像。未按规定全程同步录音录像或者录音录像资料损毁、丢失的，相关证据不能作为处罚的根据。

说 明

本条是新增条款。

立法中，有的常委会组成人员、部门、地方、单位、专家学者和社会公众建议进一步规范和保障执法，完善有关处罚程序规定。宪法和法律委员会经研究，建议作以下修改补充：进一步严格规范适用"一人执法"的情形和条件。[1]

《行政处罚法》第四十二条第一款规定："行政处罚应当由具有行政执法资格的执法人员实施。执法人员不得少于两人，法律另

---

[1] 2025年6月24日，全国人民代表大会宪法和法律委员会关于《中华人民共和国治安管理处罚法（修订草案）》审议结果的报告，载中国人大网，http://www.npc.gov.cn/npc/c2/c30834/202506/t20250627_446251.html，最后访问时间2025年6月27日。

· 467 ·

有规定的除外。"本条属于"法律另有规定",考虑到公安机关执法的特殊性,作了特别规定。

以案说法

陈某珍诉某市公安局行政处罚案

贵州省安顺市中级人民法院认为:行政机关执法人员在进行调查、询问时,应当有两名执法人员,并向当事人或有关人员出示相关工作证件,公安机关对当事人进行询问时人民警察不得少于两人,并表明执法身份。某市公安局在对被上诉人陈某珍和证人陈某某调查、询问时仅有一名人民警察执法,并且在《询问笔录》上代签其他未在场执法人民警察的名字,执法行为违反了法律规定。违法执法行为导致采集的证据不能使用,从而导致其作出的《行政处罚决定书》证据不足。

【案号】贵州省安顺市中级人民法院(2020)黔04行终68号

张某虎诉某县公安局交通警察大队行政处罚案

山西省运城市中级人民法院认为:根据规定,交通警察经过考核合格的,才能上岗执法,且交通警察执行职务时,必须佩戴人民警察标志,持有人民警察证件。而本案对被上诉人车辆进行现场调查取证的四人均不是人民警察,没有执法资格,原审法院认定上诉人的行政处罚行为违反法定程序,予以撤销并无不妥。

【案号】山西省运城市中级人民法院(2015)运中行终字第42号

关联规定

《行政处罚法》(2021年1月22日修订)

第四十二条 行政处罚应当由具有行政执法资格的执法人员实

施。执法人员不得少于两人，法律另有规定的除外。

执法人员应当文明执法，尊重和保护当事人合法权益。

第二节 决 定

> **第一百零九条 【治安管理处罚的决定机关】**
> 治安管理处罚由县级以上地方人民政府公安机关决定；其中警告、一千元以下的罚款，可以由公安派出所决定。

说 明

本条罚则有所提高，并作了一些表述性修改。

对照法条

治安管理处罚法（2012）	治安管理处罚法（2025）
第九十一条 治安管理处罚由县级以上人民政府公安机关决定；其中警告、五百元以下的罚款可以由公安派出所决定。	第一百零九条 治安管理处罚由县级以上地方人民政府公安机关决定；其中警告、一千元以下的罚款，可以由公安派出所决定。

条文释义

本条是关于治安管理处罚决定机关的规定。

本条可以从以下几个方面理解：

一是治安管理处罚的决定机关是公安机关。本条进一步规定，治安管理处罚由县级以上地方人民政府公安机关决定。在我国，治安管理是公安机关的基本任务之一，决定对违反治安管理行为的处罚，是公安机关的应有职权。此规定，既对《行政处罚法》相关内容予以具体化，又与我国行政处罚权分配的现实情况相契合。

此外，我国的治安管理处罚包括警告、罚款、行政拘留、吊销公安机关发放的许可证等几种，其中，行政拘留是剥夺公民人身自由的处罚。规定由公安机关行使治安管理处罚权，可以保持执法主体的统一性，防止其他机关滥用职权限制公民的人身自由。

二是治安管理处罚由县级以上地方人民政府公安机关决定。首先，县级人民政府公安机关可以作出治安管理处罚。实践中，大量案件由基层公安机关受理，这样规定可以便于其根据案情决定是作为刑事案件立案侦查还是作为治安案件查处，实事求是地处理案件。

其次，根据本条的规定，上述公安机关的上级公安机关也可以作出处罚决定。公安机关作为行政机关，应当接受上级公安机关的领导。因此，上级公安机关可以对自己所属的各级公安机关管辖的案件作出决定，如果认为下级公安机关的决定错误，也可以改变其决定，作出新的处罚决定。

三是警告、一千元以下的罚款，可以由公安派出所决定。根据我国相关法律的规定，行政执法有三种形式：第一种是行政机关根据法律赋予的职权执法；第二种是委托执法，由行政机关委托其他组织或者机构执法，执法者以行政机关的名义从事行政行为，后果由行政机关承担；第三种是授权执法，由法律授权某些组织或者机构行使本应由行政机关行使的行政职权，执法者以自己的名义执法。根据本条的规定，警告、一千元以下的罚款，可以由公安派出所决定，属于授权执法的范围。公安派出所并不是一级公安机关，而是县级公安机关的派出机构，代表其所属的公安机关对其辖区内的治安事项进行管理。这些处罚由公安派出所决定，既可以减轻公安机关的工作压力，又可以及时消除违法行为、减轻社会危害、化解社会矛盾，提高工作效率。

以案说法

刘某诉某派出所行政处罚案

河南省太康县人民法院经审理认为：《治安管理处罚法》明确授权公安派出所具有警告、一千元以下罚款的处罚职权，但《消防法》并无明确授权公安派出所具有行政处罚权。《消防法》第五十三条第一款规定："消防救援机构应当对机关、团体、企业、事业等单位遵守消防法律、法规的情况依法进行监督检查。公安派出所可以负责日常消防监督检查、开展消防宣传教育，具体办法由国务院公安部门规定。"由此可以看出，公安派出所具有日常消防监督检查及进行消防宣传教育的职权。在《消防法》及公安部没有作出规章授权公安派出所具有行政处罚权的情况下，被告行使行政处罚权没有法律依据，属超越职权。

【案号】河南省太康县人民法院（2019）豫 1627 行初 68 号

第一百一十条　【行政拘留的折抵】

对决定给予行政拘留处罚的人，在处罚前已经采取强制措施限制人身自由的时间，应当折抵。限制人身自由一日，折抵行政拘留一日。

新治安管理处罚法
条文对照与重点解读

说 明

本条内容无修订。

对照法条

治安管理处罚法（2012）	治安管理处罚法（2025）
第九十二条　对决定给予行政拘留处罚的人，在处罚前已经采取强制措施限制人身自由的时间，应当折抵。限制人身自由一日，折抵行政拘留一日。	第一百一十条　对决定给予行政拘留处罚的人，在处罚前已经采取强制措施限制人身自由的时间，应当折抵。限制人身自由一日，折抵行政拘留一日。

条文释义

本条是关于限制人身自由的时间折抵行政拘留的规定。

本条可以从三个方面来理解：

一是只有被采取强制措施限制人身自由的时间可以折抵行政拘留，其他处罚不能折抵行政拘留，更不能互相折抵。强制措施是为了保障查处案件的顺利进行而采取的临时限制被处罚人人身自由的保障措施。这些措施与刑罚中剥夺人身自由的刑罚、治安管理处罚中的行政拘留等，在执行方式上是相似的。根据《刑法》的规定，在刑事诉讼中限制人身自由的强制措施的时间，应在判决中予以折抵。在治安管理处罚中，同样存在限制人身自由的时间折抵行政拘留的问题。

二是应当折抵的是行政拘留，其他处罚不能互相折抵或者折抵行政拘留。治安管理处罚有警告、罚款、行政拘留、吊销公安机关发放的许可证等四种。其中，可以折抵的只有行政拘留。如果在处罚决定中，合并有警告、罚款和吊销公安机关发放的许可证等三种处罚的，由于这三种处罚与限制人身自由的强制措施的性质不同，无法予以折抵。

三是折抵的计算方法：限制人身自由一日，折抵行政拘留一日。这是与相互折抵的两种限制人身自由的强度相适应的。限制人身自由的强制措施和行政拘留虽然性质不同，但是执行的方式和强度是相同的，因此，对于行政拘留和强制措施的折抵，按照限制人身自由一日，折抵行政拘留一日的方法计算。折抵应当从行政拘留执行之日算起。

实务问答

继续盘问、传唤后的询问查证时间是否折抵行政拘留时间？

继续盘问是公安机关根据人民警察法的有关规定将符合条件的有违法犯罪嫌疑的人员带至公安机关接受调查的一种临时性审查措施。该法未将其界定为强制措施。对违反治安管理行为人实施的传唤，是公安机关要求违反治安管理行为人到公安机关或者其指定的地点接受调查的措施。传唤只是一个动作，本身并没有期限，本法只是对传唤后的询问查证时间作出了明确规定。因此，虽然继续盘问和传唤后的询问查证都带有一定的强制性，但并不属于限制人身自由的强制措施，而是法律赋予公安机关办理案件的一种调查措施。同时，二者的法定时限都不是以"日"为单位，而是以"小时"为单位计算，其目的就是要求公安机关一旦排除或者证实被盘问人、被传唤人的违法犯罪嫌疑的，就应当立即解除或者依法作出处理决定。1995年公安部印发的《关于公安机关执行〈人民警察法〉有关问题的解释》对继续盘问的时间是否折抵刑事拘留、行政拘留问题作出了明确规定,即对被盘问人依法采取刑事拘留或者行政拘留的,其继续盘问时间不予折抵。因此,被拘留人在被行政拘留前因同一行为而被继续盘问以及传唤后的询问查证时间,不应折抵行政拘留时间。

以案说法

王某文故意毁坏财物罪

2015年5月5日9时许,被告人王某文的妻子彭某与邻居王某家的房客马某等人因琐事打架。王某文在接到彭某的电话得知此事后,回到家中取了一把羊角锤,将王某家门口停放的一辆哈飞路宝车的车门玻璃、车前挡风玻璃及引擎盖砸坏,并将该处停放的另一辆黄色长安奔奔车的前挡风玻璃、三侧门玻璃、后厢玻璃、前大灯、后尾灯砸坏,又用砖头扔砸王某家窗户防盗网,用羊角锤砸王某家的大铁门,随后还将家中的废旧三合板从自己家二楼扔至王某家院中。经西安市价格认证中心进行价格鉴定,被损毁车辆的损失价格总计为5260元。

2015年5月5日10时许,王某文知其被公安机关传唤,便于当日14时30分许主动前往某派出所投案,如实供述了用羊角锤等工具毁坏他人财物的违法事实,并随即被行政拘留。5月13日,被告人王某文因涉嫌犯故意毁坏财物罪被刑事拘留。5月22日,王某文被依法逮捕。

西安市长安区人民法院判决被告人王某文犯故意毁坏财物罪,判处其有期徒刑六个月(刑期从判决执行之日起计算。判决执行以前先行羁押的,羁押一日折抵刑期一日)。

【案号】西安市中级人民法院(2015)西中刑二终字第00153号

第四章 处罚程序

关联规定

《公安机关执行〈中华人民共和国治安管理处罚法〉有关问题的解释》（2020 年 7 月 21 日修改）

十一、关于限制人身自由的强制措施折抵行政拘留问题。《治安管理处罚法》第 92 条规定："对决定给予行政拘留处罚的人，在处罚前已经采取强制措施限制人身自由的时间，应当折抵。限制人身自由一日，折抵行政拘留一日。"这里的"强制措施限制人身自由的时间"，包括被行政拘留人在被行政拘留前因同一行为被依法刑事拘留、逮捕时间。如果被行政拘留人被刑事拘留、逮捕的时间已超过被行政拘留的时间的，则行政拘留不再执行，但办案部门必须将《处罚决定书》送达被处罚人。

> **第一百一十一条　【本人陈述的证据地位】**
>
> 公安机关查处治安案件，对没有本人陈述，但其他证据能够证明案件事实的，可以作出治安管理处罚决定。但是，只有本人陈述，没有其他证据证明的，不能作出治安管理处罚决定。

说　明

本条内容没有修订。

对照法条

治安管理处罚法（2012）	治安管理处罚法（2025）
第九十三条 公安机关查处治安案件，对没有本人陈述，但其他证据能够证明案件事实的，可以作出治安管理处罚决定。但是，只有本人陈述，没有其他证据证明的，不能作出治安管理处罚决定。	第一百一十一条 公安机关查处治安案件，对没有本人陈述，但其他证据能够证明案件事实的，可以作出治安管理处罚决定。但是，只有本人陈述，没有其他证据证明的，不能作出治安管理处罚决定。

条文释义

本条是关于处理违反治安管理行为人的陈述与其他证据关系问题的规定。

以事实为依据，以法律为准绳是我国诉讼制度的一项基本原则。查处治安管理处罚案件，也应当遵循这一原则，坚持重证据、重调查研究，特别是不轻易根据陈述认定案件事实。

本人陈述虽然在治安管理案件中是重要的证据，有时对查明案件事实起到非常重要的作用，但由于陈述人是实施违反治安管理行为而可能被公安机关给予治安管理处罚的人，与案件的处理结果具有直接的利害关系。因此，在对其陈述进行审查的时候，就应当考虑到各种复杂因素。在根据陈述定案，特别是陈述在认定案件事实时起到唯一关键作用的案件中，就应当谨慎、周全。

根据本条的规定，对涉及本人陈述的，可以从以下两个方面处理：一是没有本人陈述，如本人拒绝或者拒不承认实施了违法行为，但其他证据能够证明案件事实的，可以作出治安管理处罚决定。二是只有本人陈述，没有其他证据证明的，不能作出治安管理处罚决定。本条中的"只有本人陈述",不能简单理解为只有本人陈述这一项证据,它也包括其他一些证据,但其陈述仍然是违反治安管理行为的孤证,无法印证陈述内容的真实性,不能形成有效的证据链,从一般人的逻辑规则无法直接根据这些证据推出案件事实的情况。有的案件可能同时有本人陈述和其他证据,但是两项证据没有紧密的联系,分别证明不同的事实,不能相互佐证,导致本人陈述成为孤证。

实务问答

在共同违反治安管理案件中,只有共同违反治安管理行为人陈述的,可否作出治安管理处罚决定?

根据本条立法精神,不轻信违反治安管理行为人陈述的原则,不仅适用于单独违反治安管理的案件,而且也适用于共同违反治安管理的案件。在共同违反治安管理的案件中,只有共同违反治安管理行为人的陈述,而没有其他证据印证,一般也不能作出治安管理处罚决定;没有共同违反治安管理行为人的陈述,只要其他证据确实充分,能够相互印证,形成证据链的,也可以依法作出治安管理处罚决定。

以案说法

王某强诉某市公安局行政处罚案

北京市第一中级人民法院认为:一般而言,在行政处罚案件中,待定事实的认定应采用优势证明标准,即当证据显示待证事实存在的可能性明显大于不存在的可能性,法官可据此进行合理判断以排除疑问,在已能达到确信其存在的证明标准时,即使还不能完全排除存在相反的可能性,但也可以根据已有证据认定待证事实存在的结论。优势证明标准中推定的适用要求可分为基础事实是否清楚以及推定事实是否达到法定的证明标准。证明标准，是法律上运用证据证明待证事实所要达到的程度要求。其重要价值之一，在于为衡量负有举证责任的一方当事人是否切实尽到举证责任提供判断标准，如果对主张事实的证明没有达到法定证明标准，其诉讼主张就不能成立。而推定是根据严密的逻辑推理和日常生活经验，从已知事实推断未知事实存在的证明规则。根据该规则，行政机关一旦查明某一事实，即可直接认定另一事实，主张推定的行政机关对据以推定的基础事实承担举证责任，反驳推定的相对人对基础事实和推定事实的不成立承担举证责任。本案中，"王某强与刘某惠错身而过时抬了一下左手""王某强朝刘某惠的胸部伸出一只手掌""刘某惠拍打、追逐王某强（反应激烈）"属于基础事实；王某强对刘某惠实施摸胸的猥亵行为属于推定事实。某市公安局需要对基础事实承担举证责任，王某强则对推翻基础事实和推定事实承担举证责任，前者是后者的前提和基础，只有某公安分局认定的基础事实成立，才需要王某强承担后续举证责任。

某市公安局向法院提供的被害人刘某惠的陈述笔录、证人周某、王某的询问笔录、刘某惠的辨认笔录、现场监控视频等证据可以证明本案基础事实的存在，而王某强未能提供证据推翻本案的基础事实和推定事实。根据优势证明标准可以认定王某强对刘某惠实施摸胸的猥亵行为。某市公安局作出被诉处罚决定书，履行了相应的职责，程序合法，结论正确。

【案号】北京市第一中级人民法院（2020）京01行终364号

蔡某辉诉某市公安局行政处罚案

广东省珠海市中级人民法院认为：某公安分局与蔡某辉之间关于本案行政处罚的证据是否确凿的争议，实际上涉及行政诉讼适用何种证明标准的问题。证据法学通常将证明标准分为三类，即优势证明标准、清楚且有说服力的证明标准、排除合理怀疑的证明标准。在行政诉讼中，根据被诉行政行为的性质，采用不同的证明标准，如对行政裁决适用优势证明标准，对一般行政罚款采取清楚且有说服力的证明标准。限制人身自由作为治安管理领域最重的行政处罚，通常采用排除合理怀疑的证明标准审查被告提供的证据。本案蔡某辉受到的行政处罚为行政拘留，涉及限制人身自由，法院审理时应对某市公安局提供的认定事实之证据，采用排除合理怀疑的证明标准进行审查。本案中，一审法院正是采用此标准认定某市公安局提交的证据之间存在矛盾，无法相互印证，对此，本院予以认同，不再赘述。

【案号】广东省珠海市中级人民法院（2019）粤04行终142号

关联规定

《行政处罚法》（2021年1月22日修订）

第四十六条 证据包括：

（一）书证；

（二）物证；

（三）视听资料；

（四）电子数据；

（五）证人证言；

（六）当事人的陈述；

（七）鉴定意见；

（八）勘验笔录、现场笔录。

证据必须经查证属实，方可作为认定案件事实的根据。

以非法手段取得的证据，不得作为认定案件事实的根据。

第一百一十二条 【告知义务、陈述与申辩权】

公安机关作出治安管理处罚决定前,应当告知违反治安管理行为人拟作出治安管理处罚的内容及事实、理由、依据,并告知违反治安管理行为人依法享有的权利。

违反治安管理行为人有权陈述和申辩。公安机关必须充分听取违反治安管理行为人的意见,对违反治安管理行为人提出的事实、理由和证据,应当进行复核;违反治安管理行为人提出的事实、理由或者证据成立的,公安机关应当采纳。

违反治安管理行为人不满十八周岁的,还应当依照前两款的规定告知未成年人的父母或者其他监护人,充分听取其意见。

公安机关不得因违反治安管理行为人的陈述、申辩而加重其处罚。

说 明

本条新增事先告知的"告知行政处罚内容",另外,增加了第三款的规定。并作了一些表述性修改。

新修订的《行政处罚法》第四十四条修正对处罚前告知的规定:"行政机关在作出行政处罚决定之前,应当告知当事人拟作出的行政处罚内容及事实、理由、依据,并告知当事人依法享有的陈述、申辩、要求听证等权利。"

对照法条

治安管理处罚法（2012）	治安管理处罚法（2025）
第九十四条　公安机关作出治安管理处罚决定前，应当告知违反治安管理行为人作出治安管理处罚的事实、理由及依据，并告知违反治安管理行为人依法享有的权利。 违反治安管理行为人有权陈述和申辩。公安机关必须充分听取违反治安管理行为人的意见，对违反治安管理行为人提出的事实、理由和证据，应当进行复核；违反治安管理行为人提出的事实、理由或者证据成立的，公安机关应当采纳。 公安机关不得因违反治安管理行为人的陈述、申辩而加重处罚。	第一百一十二条　公安机关作出治安管理处罚决定前，应当告知违反治安管理行为人**拟**作出治安管理处罚的**内容**及事实、理由、依据，并告知违反治安管理行为人依法享有的权利。 违反治安管理行为人有权陈述和申辩。公安机关必须充分听取违反治安管理行为人的意见，对违反治安管理行为人提出的事实、理由和证据，应当进行复核；违反治安管理行为人提出的事实、理由或者证据成立的，公安机关应当采纳。 **违反治安管理行为人不满十八周岁的，还应当依照前两款的规定告知未成年人的父母或者其他监护人，充分听取其意见。** 公安机关不得因违反治安管理行为人的陈述、申辩而加重**其**处罚。

条文释义

本条分四款。

第一款是关于在作出治安管理处罚决定之前公安机关告知义务的规定。治安管理处罚是较重的行政处罚，涉及公民的财产、人身等重要权利，为了保证公安机关在充分调查事实的基础上作出正确的治安管理处罚决定，本法重申这一原则，要求公安机关及其人民警察在作出治安管理处罚前，要告知违反治安管理行为人作出治安管理处罚的内容、事实、理由及依据,并告知其依法享有的权利。

本款规定"应当告知",说明告知上述事项是公安机关的法定义务,是本法定程序的要求,对违反治安管理行为人来说,公安机关的这项义务对应其应享有的被告知的权利,是法律规定的违反治安管理行为人的知情权的重要内容。公安机关的告知义务应当从以下几个层次理解:

1. 事前告知,即在作出治安管理处罚之前的告知。这样才能充分保障违反治安管理行为人陈述和申辩的权利。在公安机关已经调查完结,案件事实已经查清,认定违反治安管理行为成立的法律依据已经充足,准备作出治安管理处罚时,就应当告知违反治安管理行为人上述内容,充分听取其意见。而且在告知后,应当保障违反治安管理行为人有必要的时间行使这些权利或者承担相应的义务。

2. 告知的对象。按照本款的规定,告知的对象是"违反治安管理行为人",主要是本法律关系中的被处罚人。从本条上下文其他规定可以看出,告知的目的是听取违反治安管理行为人对作出治安管理处罚的内容、事实、理由和依据的意见,并且不得因为其陈述和申辩而加重其处罚。可见,本款规定的主要告知对象并不是其他人员,而是被处罚人。

3. 告知的内容。包括三个方面:一是告知治安管理处罚的内容、事实、理由和依据。"处罚内容",只有告知当事人处罚的种类和幅度,当事人对处罚不服才可以行使其享有的陈述和申辩的权利,行政机关没有履行这种告知义务实质上是剥夺了当事人陈述和申辩的权利。"事实"就是违反治安管理行为人应当受到治安管理处罚的事实依据,也就是违反治安管理行为的事实,包括行为人的主观方面、客观行为方面、危害后果以及行为与危害后果之间的因果关系。"理由",是指必须作出治安管理处罚的理由,也就是行为触犯了本法具有社会危险性、应当受到治安管理处罚。"依据",是指作出治安管理处罚决定的法律依据,也就是所依据的法律条文,包括总则进行处罚的依据,从重、从轻、减轻或者不予处罚的规定以及分则中具体行为和程序的规定等。二是告知应当享有的权利。根据《行政处罚法》和本法的规定,违反治安管理行为人的权利包括:申请回避的权利、要求听证的权利、拒绝回答无关问题的权利、提供证据的权利、陈述和申辩的权利、申请复议的权利、提起行政诉讼的权利等。告知这些权利的同时,还应当告知违反治安管理行为人行使这些权利的方式等。三是告知应当履行的义务。包括告知违反治安管理行为人如实提供证据材料或者如实陈述的义务、必须执行治安管理处罚决定的义务等。

第二款是关于违反治安管理行为人陈述和申辩权利及公安机关的保障义务的规定。

陈述和申辩是法律赋予违反治安管理行为人的一种程序权利,是用于对抗行政指控的方法,案件的客观、真实与全面就是在这种指控和申辩的过程中实现的。应当说,陈述和申辩制度是保障处罚合法正确的重要制度,有兼听则明的意思。对违反治安管理行为人陈述和申辩的规定主要有以下几项要求:

第一,对治安管理处罚提出陈述和申辩是违反治安管理行为人的权利。从违反治安管理行为人的角度讲,陈述和申辩是其享有的重要权利,不是行政机关的恩赐。违反治安管理行为人可以行使或者放弃陈述权和申辩权,是否行使由其自己决定;从行政机关的角度讲,听取违反治安管理行为人的陈述和申辩,是《行政处罚法》以及本法规定的必须履行的法定义务。在违反治安管理行为人未明确表示放弃此项权利的情况下,行政机关未经告知其享有陈述和申辩的权利,不应给予其任何种类的行政处罚,包括治安管理处罚。

第二，公安机关不能对违反治安管理行为人的陈述和申辩置之不理，而必须认真听取。先听取违反治安管理行为人的意见，然后才能进行处理，是行政处罚"先调查，后裁决"原则的具体体现。赋予违反治安管理行为人陈述权和申辩权，有利于督促公安机关依法行使治安管理处罚权，正确运用治安管理处罚手段，减少和防止错误的治安管理处罚决定，充分保障和维护被处罚人的合法权益。另外，对于没有告知或者没有充分保障违反治安管理行为人的陈述和申辩的权利，或者没有充分审查核实其事实、理由和证据的情况如何处理，本法没有明确规定。公安机关出现这些情况的，可以按照其他法律的规定处理。

第三款是违反治安管理行为人不满十八周岁的，还应当依照前两款的规定告知未成年人的父母或者其他监护人，充分听取其意见。这是为了保护未成年人的权益，这里的告知应当是同时告知，即依照前两款的规定在告知未成年人的同时，告知未成年人的父母或者其他监护人，并充分听取其意见。

第四款是关于公安机关不得因违反治安管理行为人的陈述和申辩而加重其处罚的规定。陈述和申辩不加重违反治安管理行为人处罚的原则，与《刑事诉讼法》的"上诉不加刑原则"一样，是为了防止公安机关及人民警察因为违反治安管理行为人陈述和申辩而加重其处罚，保障其真正充分行使自己的陈述权、申辩权。在决定治安管理处罚时，公安机关应当避免"态度罚"的现象，对态度好、承认错误并表示改正或者认识深刻的，从轻处罚是应当的，但对于敢于争辩或者态度不好、拒不改正的，从重处罚是不符合本款规定及本法第五条规定的过罚相当原则的。

在实践中，要严格区分违法嫌疑人提出陈述和申辩与违法嫌疑人"没有悔改表现"等情节，不能认为违法嫌疑人正常行使陈述权和申辩权就是"态度不好""强词夺理""百般抵赖",不得因违法嫌疑人的陈述、申辩而给予更重的处罚。

实务问答

1. 公安机关执行告知程序的情况是否要记录在案?

根据本条规定,执行告知程序是公安机关的法定义务,未执行告知程序的,属于违反法定程序。如果被处罚人申请行政复议或者提起行政诉讼的,行政复议机关或者人民法院可以程序违法依法撤销治安管理处罚决定。因此,公安机关执行告知程序,可以口头告知,也可以书面告知,但不管采取何种方式,都必须将告知情况记录在案,并由执行告知程序的人民警察和违反治安管理行为人签名、盖章或者捺指印。违反治安管理行为人拒绝签名、盖章和捺指印的,办案人民警察应当注明。实际工作中,可按照《公安机关办理行政案件程序规定》第一百三十三条第二款的规定执行。

2. 对违反治安管理行为人在公安机关执行告知程序时所作的陈述和申辩,是否要制作笔录?

根据本条规定,对违反治安管理行为人的陈述和申辩,公安机关人民警察应当充分听取,并且应当进行复核。因此,听取违反治安管理行为人的陈述和申辩不能走形式,"听听而已",而要制作笔录,并由违反治安管理行为人和人民警察签名、盖章或者捺指印,作为公安机关履行法定义务、决定治安管理处罚的依据。

3. 公安机关在作出治安管理处罚决定前不依法履行告知义务,会带来什么法律后果?

公安机关在作出治安管理处罚决定前不依法履行告知义务或者拒绝听取违反治安管理行为人的陈述和申辩的,其作出的治安管理处罚决定不能成立。

4. 当事人主动投案且如实陈述自己的违法行为，公安机关告知其依据拟不予处罚。当事人陈述申辩时提出其未实施违法行为。公安机关复核后作出罚款处罚决定，是否违反"陈述和申辩不加重当事人处罚原则"？

公安机关根据《治安管理处罚法》第一百一十二条规定，告知当事人权利与义务，并且认真听取其陈述和申辩，不仅是查明案情的需要，也是公正审理案件的保障。对于当事人陈述申辩时提出的事实、证据和理由，公安机关应当进行复核并视情作出处理。

第一，《治安管理处罚法》规定的"陈述和申辩不加重当事人处罚原则"，旨在保障当事人提出自己掌握的事实、证据或者线索，并对公安机关的指控进行解释、辩解的权利，避免公安机关因当事人行使陈述申辩权而加重处罚。但是，在当事人陈述申辩后，公安机关经复核查明拟作出决定依据的主要事实或者量罚情节发生变化时，应依法据实作出处理。

第二，当事人主动投案，向公安机关如实陈述自己的违法行为的，减轻处罚或者不予处罚。当事人如实陈述后翻供且被认定为不如实陈述后，公安机关据以不予处罚的量罚情节发生了变化，不再符合上述规定情形下不予处罚的条件。

第三，实践中，对于翻供是否属于"不如实陈述"的审查认定，应注意以下两点：一是当事人翻供后在作出处罚决定前又如实陈述的，一般仍应认定为如实陈述；二是当事人仅对其实施行为性质的主观认识提出辩解，但未改变对违法构成和量罚情节具有决定意义和重大影响事实的陈述，一般不宜认定为不如实陈述。①

---

① 2025 年 2 月 28 日，最高人民法院举办 2025 年第二期"行政审判讲堂"（总第十二期），受最高人民法院行政审判庭委派，一级高级法官王晓滨审判长进行了现场答疑。

以案说法

焦某刚诉天津市某公安分局行政处罚案

天津市第一中级人民法院二审认为：

一、被上诉人焦某刚驾驶报废汽车，被执行查车任务的交通民警查获。交通民警暂扣焦某刚驾驶的汽车和滞留其驾驶证，是依法执行职务。对交通民警依法执行职务的行为，公民有义务配合。而焦某刚不仅不配合，还拨打110报警，无中生有地举报交通民警酒后执法，使交通民警正在依法执行的公务不得不中断。经天津市公安局督察处查证，确认焦某刚的举报不实。某公安分局据此认定焦某刚的行为违反了《治安管理处罚法》的规定，并作出056号处罚决定书，给予焦某刚治安罚款200元的处罚。该处罚决定事实清楚、证据确凿，处罚在法律规定的幅度内，且执法程序合法，是合法的行政处罚决定，并已发生法律效力。依法作出的行政处罚决定一旦生效，其法律效力不仅及于行政相对人，也及于行政机关，不能随意被撤销。已经生效的行政处罚决定如果随意被撤销，也就意味着行政处罚行为本身带有随意性，不利于社会秩序的恢复和稳定。

二、某公安分局称，由于天津市公安局公安交通管理局认为056号处罚决定书处罚过轻而提出申诉，天津市公安局纪检组指令其重新裁决，因此重新裁决符合法律规定，程序并不违法。

错误的行政处罚决定，只能依照法定程序纠正。交通民警是国家工作人员，交通民警是根据法律的授权才能在路上执行查车任务。交通民警依法执行职务期间，是国家公权力的化身，其一举一动都象征着国家公权力的行使，不是其个人行为的表现。交通民警依法执行职务期间产生的责任，依法由国家承担，与交通民警个人无关。交通民警依法执行职务的行为受法律特别保护，行政相对人如果对依法执行职务的交通民警实施人身攻击，应当依法予以处罚。焦某刚系因实施了阻碍国家工作人员依法执行职务的行为而被处罚。虽然焦某刚的不实举报直接指向了交通民警，但执法人员与焦某刚之间事先不存在民事纠纷，焦某刚实施违反治安管理行为所侵害的直接客体，不是交警的民事权益，而是公共秩序和执法秩序。因此，无论是交通民警还是其所供职的天津市公安局公安交通管理局，都与焦某刚不存在个人恩怨，都不是《治安管理处罚法》所指的被侵害人，无权以被侵害人身份对某公安分局所作的056号处罚决定书提出申诉。

《公安机关内部执法监督工作规定》要求公安机关纠正在执法活动过程中形成的错误的处理或者决定。该规定第一条已经明示，纠正的目的是保障公安机关及其人民警察依法正确履行职责，防止和纠正违法和不当的执法行为，保护公民、法人和其他组织的合法权益。这样做的结果，必然有利于树立人民警察公正执法的良好形象。前已述及，056号处罚决定书系依照法定程序作出，事实清楚、证据确凿，处罚在法律规定的幅度内，是合法且已经发生法律效力的处罚决定，不在《公安机关内部执法监督工作规定》所指的"错误的处理或者决定"之列，不能仅因交警部门认为处罚过轻即随意撤销。否则即与《公安机关内部执法监督工作规定》的制定目的背道而驰。此外，《公安机关内部执法监督工作规定》是公安部为保障公安机关及其人民警察依法正确履行职责，防止和纠正违法和不当的执法行为，保护公民、法人和其他组织的合法权益而制定的内部规章，只在公安机关内部发挥作用，不能作为制作治安管理行政处罚决定的法律依据。

三、行政处罚决定权掌握在行政机关手中。在行政处罚程序中始终贯彻允许当事人陈述和申辩的原则，只能有利于事实的查明和法律的正确适用，不会混淆是非，更不会使违法行为人逃脱应有的惩罚。法律规定"不得因当事人申辩而加重处罚"，就是对当事人申辩进行鼓励的手段。无论是行政处罚程序还是行政复议程序，都不得因当事人进行申辩而加重对其处罚。认为"不得因当事人申辩而加重处罚"不适用于行政复议程序，是对法律的误解。

【案号】2006年第10期《最高人民法院公报》

秦某刚诉某市公安局行政处罚案

甘肃省高级人民法院认为：《治安管理处罚法》第一百一十二条的立法本意是要求公安机关在履行行政告知程序的过程中提前向相对人释明拟将作出处罚决定的全部内容，以便相对人充分行使事前救济的权利。该条中的"作出治安管理处罚的事实、理由及依据"是指公安机关认定的行为人违反治安管理的事实、其行为违反了什么法律、法规或者规章，拟作出何种治安管理处罚和作出处罚的法律依据及其具体条款。根据《治安管理处罚法》的规定，公安机关可以对相对人适用罚款、拘留等处罚，这些处罚对相对人人身、财产等权利限缩的差异明显，造成的法律后果也相去甚远。公安机关如果不明确告知拟将处罚的具体内容，就会使相对人无法准确把握行政处罚对自身权利限缩的程度，也无法正确判断有无陈述和申辩的必要，这必然影响相对人对行政处罚的风险评估，甚至造成相对人因误判而放弃陈述、申辩。

本案中，某市公安局在处罚前未告知作出处罚的具体内容，实质为未告知该处罚对被处罚人权利义务产生不利影响的具体内容。拟将处罚的具体内容是行政告知程序的必备要素，某市公安局不明确告知拟将处罚的具体内容，秦某刚则不能准确判断行政处罚决定对自己的影响，制约了其行使陈述、申辩等法定权利，不符合《治安管理处罚法》关于处罚前告知程序的立法本意，应视为某市公安局未履行告知程序，该行政处罚违反法定程序，应予撤销。

【案号】甘肃省高级人民法院（2016）甘行终191号

王某诉某市公安局行政处罚案

甘肃省徽县人民法院认为：本案中，某市公安局于2018年7月20日上午对王某进行处罚前的告知时，王某在告知笔录中明确注明了提出陈述和申辩，某市公安局提交的证据中并无对王某的陈述和申辩内容进行记录并复核的材料，应视为其未听取当事人的陈述和申辩意见并进行复核，属程序违法。

【案号】甘肃省徽县人民法院（2020）甘1227行再1号

赵某霞诉某市公安局行政处罚案

山东省滨州市中级人民法院认为：某市公安局作出的涉案行政处罚认定事实清楚，但在执法过程中应当遵循法律规定。赵某霞于2019年8月14日在某市公安局行政处罚告知笔录上表明提出陈述和申辩，而某市公安局提供的证据不能证明其履行了复核职责，属程序违法。某市公安局所作行政处罚决定认定事实基本清楚，但程序违法。

【案号】山东省滨州市中级人民法院（2020）鲁16行终26号

赵某恒诉某县公安局行政处罚案

河南省高级人民法院认为：《行政处罚法》所规定的"听取陈述"，应当包括"听"和"取"两部分，即不但要听当事人陈述，还要对涉及处罚定性、定量以及涉及裁量的主要事实的陈述意见进行审查，以决定陈述意见是否可"取"，也即复核是处罚机关在"听"意见之后必须要采取的措施，否则，听取意见的程序也就形同虚设了。本案中，某县公安局并未向一、二审合理陈述其对陈述意见的复核过程，应视为没有复核，也即没有听取当事人陈述，原一、二审以程序违法为由，撤销涉案的处罚决定，适用法律正确。

【案号】河南省高级人民法院（2019）豫行申653号

马某诉某市公安局行政处罚案

江苏省苏州市中级人民法院认为：经审查，在案涉处罚决定作出前，某市公安局向马某进行了告知并制作了告知笔录，由于其援引的《治安管理处罚法》规定了两种不同类型的处罚种类及幅度，某市公安局在告知笔录中未能明确本案具体适用何种处罚情形，遗漏告知减轻处罚条款及并处罚款等内容，故上述处罚告知程序构成违法，该违法行为影响被处罚人陈述申辩权的行使，依法应予撤销。

【案号】江苏省苏州市中级人民法院（2019）苏05行终571号

闫某民诉某市公安局行政处罚案

甘肃省高台县人民法院认为：《治安管理处罚法》是任何公民都应该自觉遵守的行为准则。原告于2018年6月6日、7日在甘州区税亭街农机一号楼楼道盗窃电表5个、梯子1个、铜芯线30多根，其行为违反了《治安管理处罚法》的规定，应受到治安处罚。一号楼已被甘州经济适用房发展中心征收，上述物品并非无主物，原告关于上述物品系无主物的意见不能成立。原告盗窃物品的行为在当日即被公安机关发现，且立案侦查，故不存在超过处罚时限的情形。被告于2018年11月30日对拟处罚的事实、理由及依据向原告进行了告知，但在告知后又进行了调查取证，在作出行政处罚决定书前，被告就再次调查取证认定的事实及作出处罚的理由及依据，向原告进行告知，侵害了原告的合法权益，其作出的行政处罚决定程序违法，应予撤销。

【案号】甘肃省高台县人民法院（2021）甘0724行初6号

关联规定

《行政处罚法》(2021年1月22日修订)

第四十四条 行政机关在作出行政处罚决定之前,应当告知当事人拟作出的行政处罚内容及事实、理由、依据,并告知当事人依法享有的陈述、申辩、要求听证等权利。

第四十五条 当事人有权进行陈述和申辩。行政机关必须充分听取当事人的意见,对当事人提出的事实、理由和证据,应当进行复核;当事人提出的事实、理由或者证据成立的,行政机关应当采纳。

行政机关不得因当事人陈述、申辩而给予更重的处罚。

第一百一十三条 【治安案件调查结束后的处理】

治安案件调查结束后,公安机关应当根据不同情况,分别作出以下处理:

(一)确有依法应当给予治安管理处罚的违法行为的,根据情节轻重及具体情况,作出处罚决定;

(二)依法不予处罚的,或者违法事实不能成立的,作出不予处罚决定;

(三)违法行为已涉嫌犯罪的,移送有关主管机关依法追究刑事责任;

(四)发现违反治安管理行为人有其他违法行为的,在对违反治安管理行为作出处罚决定的同时,通知或者移送有关主管机关处理。

> 对情节复杂或者重大违法行为给予治安管理处罚，公安机关负责人应当集体讨论决定。

说 明

本条增加第二款"集体讨论"规定。

《行政处罚法》第五十七条第二款规定，"对情节复杂或者重大违法行为给予行政处罚，行政机关负责人应当集体讨论决定"。

认定"情节复杂或者重大违法行为"，应当综合考量案件情况是否疑难复杂，是否涉及重大公共利益等因素，不能简单将"是否作出行政拘留决定""是否需要听证"作为认定是否需要集体讨论决定的标准。案件具有下列情形之一的，一般应当由公安机关负责人集体讨论决定行政处罚，并形成书面记录：

（一）对事实、证据、定性存在重大分歧，认定困难的；

（二）涉及重大公共利益的；

（三）社会影响较大，引发或者可能引发较大舆情的；

（四）法制审核部门或者公安机关负责人认为应当集体讨论决定的其他情形。

对照法条

治安管理处罚法（2012）	治安管理处罚法（2025）
第九十五条 治安案件调查结束后，公安机关应当根据不同情况，分别作出以下处理：	第一百一十三条 治安案件调查结束后，公安机关应当根据不同情况，分别作出以下处理：

续表

治安管理处罚法（2012）	治安管理处罚法（2025）
（一）确有依法应当给予治安管理处罚的违法行为的，根据情节轻重及具体情况，作出处罚决定； （二）依法不予处罚的，或者违法事实不能成立的，作出不予处罚决定； （三）违法行为已涉嫌犯罪的，移送主管机关依法追究刑事责任； （四）发现违反治安管理行为人有其他违法行为的，在对违反治安管理行为作出处罚决定的同时，通知有关行政主管部门处理。	（一）确有依法应当给予治安管理处罚的违法行为的，根据情节轻重及具体情况，作出处罚决定； （二）依法不予处罚的，或者违法事实不能成立的，作出不予处罚决定； （三）违法行为已涉嫌犯罪的，移送**有关**主管机关依法追究刑事责任； （四）发现违反治安管理行为人有其他违法行为的，在对违反治安管理行为作出处罚决定的同时，通知**或者移送**有关**主管机关**处理。 **对情节复杂或者重大违法行为给予治安管理处罚，公安机关负责人应当集体讨论决定。**

条文释义

本条是关于公安机关在治安案件调查结束后，区分不同情况作出处理的规定。

公安机关对治安案件调查结束后应当作出处理，这是治安管理处罚程序的重要环节之一。根据本条规定，公安机关在对治安案件调查结束后，应当根据调查结果，区分四种不同的情况，分别作出：处罚决定、不予处罚决定、移送有关主管机关依法追究刑事责任以及通知或者移送有关主管机关对涉及其他违法行为进行行政处罚。本条第一款共分为四项。

第一项是关于作出处罚决定的规定。这里所说的"依法应当给予治安管理处罚的违法行为"，是指本法第三章规定的需要给予治安管理处罚的违反治安管理行为。包含两层意思：一是"违法行为"

是指违反治安管理的行为，也即本法第三章规定的违反治安管理的行为。如果不是违反治安管理的其他违法行为，则不适用本法处罚。二是违反治安管理的行为需要给予治安管理处罚的。如果依法无须给予治安管理处罚的，则不能作出处罚决定。只有满足上述两个条件，才能作出处罚决定。同时，作出处罚决定时，根据本法第六条的规定，治安管理处罚必须以事实为依据，与违反治安管理行为的性质、情节以及社会危害程度相当，即处罚应当遵循过罚相当原则。作出处罚决定的过程，也是一个如何适用处罚的过程。根据本法第三章的规定，按照情节轻重及具体情况的不同，罚款和行政拘留都有一定的处罚幅度。应当在处罚幅度内作出处罚决定。公安机关在作出处罚决定的时候，应当考虑被处罚人从轻、减轻或者从重处罚的情节。

第二项是关于作出不予处罚决定的规定。本项规定包括两种情况：一是公安机关认为依法不予处罚的，应当作出不予处罚决定。所谓"依法不予处罚的"，包含两层含义：1.依法不予处罚的。不满十四周岁的人、精神病人在不能辨认或者不能控制自己行为的时候违反治安管理的，不予处罚。其特点是相对人都不具有法定责任能力，因而不予处罚。2.依法可以不予处罚，最后决定不予处罚的。盲人或者又聋又哑的人违反治安管理的，可以不予处罚。具有：情节轻微、主动消除或者减轻违法后果，取得被侵害人谅解的、出于他人胁迫或者诱骗的、主动投案向公安机关如实陈述自己的违法行为的或者有立功表现的情形，可以不予处罚。对此，公安机关最后决定不予处罚的。二是公安机关认为违法事实不能成立的，应当作出不予处罚决定。所谓"违法事实不能成立"，是指没有违法事实或者证据不足以证明有违法事实两种情况。另外，还需要注意，根据本法第二十五条的规定，违反治安管理行为在六个月内没有被公安机关发现的，不再处罚。

第三项是关于移送有关主管机关依法追究刑事责任的规定。根据调查结果，公安机关认为违法行为已经涉嫌犯罪的，应当移送有关主管机关依法追究刑事责任。本项规定的"有关主管机关"，是指根据《刑事诉讼法》的规定具有管辖权的公安机关、检察机关和监察机关。这里要注意区分两种情况：一是某种行为本法和刑法都作了规定的，只是危害程度和结果不同。在实践中，需要从具体的情节和危害后果区分罪与非罪，将涉嫌犯罪的移送有关主管机关依法追究刑事责任。二是只有本法规定为违法的行为以及只有《刑法》规定为犯罪行为的，应当分别适用不同的法律进行处理，比如，反复纠缠或者以其他滋扰他人的方式乞讨的行为，属于本法规定的违反治安管理的行为，适用本法，而一旦发现有强奸妇女的行为则属于犯罪行为，应当移送有关主管机关，适用《刑法》追究刑事责任。

第四项是关于通知或者移送有关主管机关对涉及其他违法行为进行行政处罚的规定。根据调查结果，公安机关发现违反治安管理行为人有其他违法行为的，在对违反治安管理行为作出处罚决定的同时，应通知或者移送有关主管机关处理。根据法律的授权，不同行政机关对不同的违法行为有各自的处罚权。这里规定的"其他违法行为"，是指除违反本法规定以外的其他行政管理法律法规的行为。公安机关发现违法行为人除有违反治安管理行为外，还有违反其他行政管理法律法规的行为的，应当通知或者移送有关主管机关处理。

第二款是集体讨论决定的规定。集体讨论程序，是指对情节复杂或者重大违法行为给予行政处罚，行政机关负责人应当通过集体讨论决定处罚的程序。重大、复杂案件的处罚往往较重、对当事人权益影响较大。之所以要求集体讨论，表明法律对此种处罚持极为慎重的态度，有必要通过集体讨论对自由裁量权予以限制和规范，通过发挥民主意见，防止错误决策，确保处罚决定的正确、有效。

集体讨论程序避免了行政权过分集中，体现了权力制衡思想；作出决定并非简单少数服从多数，行政首长有最后决定权，体现了民主集中制原则。作为正当法律程序原则的具体体现，其兼具工具价值和程序价值。集体讨论，可以促使行政机关在重大、复杂处罚时审慎决策、集思广益，作出兼顾法律效果与社会效果的处罚。因集体讨论程序的运行，处罚的正当性、合理性也明显得到提升。

实务问答

1. 对超过追究时效的治安案件是否要作出不予处罚决定书？

本法第二十五条规定，违反治安管理行为在六个月内没有被公安机关发现的，不再处罚。这里所称的"不再处罚"，不是"不予处罚"。因此，公安机关受理报案、控告、举报或者违反治安管理行为人主动投案，以及其他行政主管部门、司法机关移送的违反治安管理案件后，发现违反治安管理行为超过追究时效的，应当将有关情况告知报案人、控告人、举报人、投案人，并在受理登记表中注明，无须作出不予处罚决定书。

2. 公安机关对行政案件作出终局处理决定的六种情形有哪些？

《公安机关办理行政案件程序规定》（2020修正）第一百七十二条规定，公安机关根据行政案件的不同情况分别作出下列处理决定：

（一）确有违法行为，应当给予行政处罚的，根据其情节和危害后果的轻重，作出行政处罚决定；

（二）确有违法行为，但有依法不予行政处罚情形的，作出不予行政处罚决定；有违法所得和非法财物、违禁品、管制器具的，应当予以追缴或者收缴；

（三）违法事实不能成立的，作出不予行政处罚决定；

（四）对需要给予社区戒毒、强制隔离戒毒、收容教养等处理的，依法作出决定；

（五）违法行为涉嫌构成犯罪的，转为刑事案件办理或者移送有权处理的主管机关、部门办理，无需撤销行政案件。公安机关已经作出行政处理决定的，应当附卷；

（六）发现违法行为人有其他违法行为的，在依法作出行政处理决定的同时，通知有关行政主管部门处理。

对已经依照前款第三项作出不予行政处罚决定的案件，又发现新的证据的，应当依法及时调查；违法行为能够认定的，依法重新作出处理决定，并撤销原不予行政处罚决定。

治安案件有被侵害人的，公安机关应当在作出不予行政处罚或者处罚决定之日起二日内将决定书复印件送达被侵害人。无法送达的，应当注明。

3. 公安机关以"证据不足、办案期限届满"为由作出终止调查决定，适用《公安机关办理行政案件程序规定》第二百五十九条第一款的兜底条款规定是否正确？

《公安机关办理行政案件程序规定》第二百五十九条第一款规定："经过调查，发现行政案件具有下列情形之一的，经公安派出所、县级公安机关办案部门或者出入境边防检查机关以上负责人批准，终止调查：（一）没有违法事实的；（二）违法行为已过追究时效的；（三）违法嫌疑人死亡的；（四）其他需要终止调查的情形。"上述问题的实质是，如何理解适用该兜底条款。设置兜底条款是为了避免法律的不周延性，以适应社会情势的变迁。适用兜底条款的情形时，应当与同条款中已经明确列举的情形具有相同或相似的价值，在性质、影响程度等方面具有一致性，且符合该条款的立法目的。分析如下：

第一，相同或相似的价值。公安机关办理行政案件查明没有违法事实、违法行为已过追究时效或者违法嫌疑人死亡时，属于无法或者没有必要再针对案件采取任何调查措施，足以产生终局性、不可逆的终止调查效果。而"证据不足、办案期限届满"情形下，公安机关调取新证据或者延长办案期限后即可继续调查处理，不足以导致终止调查的后果。因此，两者体现的价值并不相同或类似。

第二，在性质、影响程度等方面具有一致性。上述法条明确列举的三种情形，均是确定、不可改变的事实，具有客观性，违法嫌疑人（死亡的除外）得以回归正常、稳定的生活状态。而在"证据不足、办案期限届满"情形下，公安机关可通过采取行动予以改变，具有主观性，违法嫌疑人仍处于可能要被追究法律责任的状态。可见，两者在性质和影响程度上并不一致。

第三，符合立法目的。公安机关查实上述三种情形后，客观上已无法或者没有必要追究违法行为的法律责任，故应当终止调查。该规定旨在及时确定行政法律关系，保护无须被追责违法嫌疑人的合法权益；而在"证据不足、办案期限届满"情形下，若终止调查不再追究，则有可能出现因公安机关工作人员主观懈怠而放任违法，无法实现行政管理的目的，背离了立法目的。[①]

以案说法

史某英诉某派出所行政处罚案

山西省长子县人民法院认为：原告史某英与第三人雷某达因村

[①] 2025年3月31日，最高人民法院举办2025年第三期"行政审判讲堂"（总第十三期），受最高人民法院行政审判庭委派，一级高级法官刘涛审判长进行了现场答疑，参见：https://www.court.gov.cn/zixun/xiangqing/463601.html，最后访问时间2025年7月21日。

民土地确权加盖村委公章一事发生争吵，进而造成了原告受伤。本次纠纷系原告停止主持村委工作后没有交出村委公章，影响村内正常工作的开展引发，原告有一定的过错。本案虽无法查清是否第三人故意将烟头甩向原告造成原告受伤，但确系第三人行为造成原告受伤。但因原告属于视力有障碍的残疾人，被告某派出所作出的处罚决定书并没有写明原告有过错及第三人有相应的减轻情节，就直接适用《治安管理处罚法》对第三人作出罚款五百元的行政处罚，适用法律错误。

【案号】山西省长子县人民法院（2018）晋0428行初98号

巩某诉某市公安局不予行政处罚案

安徽省高级人民法院认为：本案中，某市公安局以"案情复杂需进一步侦查"为由，延长办案期限。某市公安局认定案情复杂而选择适用特殊的程序，其作出行政处罚决定应经负责人集体讨论决定，但其对作出的涉案行政处罚决定未经负责人集体讨论，违反法定程序，依法应予撤销。

【案号】安徽省高级人民法院（2023）皖行申1503号

仇某某诉某县公安局行政处罚案

山东省德州市中级人民法院认为：某县公安局既然认定两家男人发生争执并打架，作为女性的仇某某参与了打架，却认定王某面部伤情由仇某某所为，并且处以治安拘留十五日并罚款五百元的较重的行政处罚，就应有更为充分的证据。在本案中，认定该事实的证据主要有受害人陈述、证人证言和伤情鉴定文书。伤情鉴定文书中载明"系钝性外力作用形成"，但在某县公安局的询问笔录中均称是被仇某某抓伤，抓伤与钝性外力作用形成的鉴定结论不符。因此，某县公安局认定主要证据不足。某县公安局作出行政拘留十五日、罚款五百元的行政处罚，属于较重的行政处罚，因此应当集体讨论决定，某县公安局提交的"集体讨论意见表"并未体现该局负责人集体讨论的过程，因此本院认为未经负责人集体讨论，属于违反法定程序。

【案号】山东省德州市中级人民法院（2013）德中行终字第67号

关 联 规 定

《行政处罚法》（2021年1月22日修订）

第五十七条　调查终结，行政机关负责人应当对调查结果进行审查，根据不同情况，分别作出如下决定：

（一）确有应受行政处罚的违法行为的，根据情节轻重及具体情况，作出行政处罚决定；

（二）违法行为轻微，依法可以不予行政处罚的，不予行政处罚；

（三）违法事实不能成立的，不予行政处罚；

（四）违法行为涉嫌犯罪的，移送司法机关。

对情节复杂或者重大违法行为给予行政处罚，行政机关负责人应当集体讨论决定。

第一百一十四条　【法制审核】

有下列情形之一的，在公安机关作出治安管理处罚决定之前，应当由从事治安管理处罚决定法制审核的人员进行法制审核；未经法制审核或者审核未通过的，不得作出决定：

> （一）涉及重大公共利益的；
> （二）直接关系当事人或者第三人重大权益，经过听证程序的；
> （三）案件情况疑难复杂、涉及多个法律关系的。
> 公安机关中初次从事治安管理处罚决定法制审核的人员，应当通过国家统一法律职业资格考试取得法律职业资格。

说 明

本条是新增条款。

2020年6月28日，第十三届全国人民代表大会常务委员会第二十次会议《关于〈中华人民共和国行政处罚法（修订草案）〉的说明》指出：为推进严格规范公正文明执法，巩固行政执法公示制度、行政执法全过程记录制度、重大执法决定法制审核制度"三项制度"改革成果，进一步完善行政处罚程序，作以下修改：细化法制审核程序，列明适用情形，明确未经法制审核或者审核未通过的不得作出行政处罚决定。

条文释义

对行政案件进行审核、审批时，应当审查下列内容：
（一）违法嫌疑人的基本情况；
（二）案件事实是否清楚，证据是否确实充分；
（三）案件定性是否准确；

（四）适用法律、法规和规章是否正确；

（五）办案程序是否合法；

（六）拟作出的处理决定是否适当。

办案人民警察经过调查取证，应当查清违法嫌疑人的基本情况，案件的事实、性质，提出处理建议、理由和法律依据，提交案件审核人员审核后报公安机关负责人审批。为保证公安机关行政案件的办理质量，审核、审批人员应当审查以上六个方面的内容。

实务问答

审核人与办案人、审批人之间的执法过错责任如何划分？

根据《公安机关人民警察执法过错责任追究规定》的规定，办案人、审核人、审批人都有故意或者过失造成执法过错的，应当根据各自对执法过错所起的作用，分别承担责任。办案人对送审材料的真实性、准确性、完整性负责；审核人对审核意见负责；审批人在审批时改变或者不采纳办案人、审核人的正确意见造成执法过错的，由审批人承担责任。办案人或者审核人弄虚作假、隐瞒真相导致审批人错误审批造成执法过错的，由办案人或者审核人承担主要责任。

以案说法

徐某诉某市公安局行政处罚案

凉山彝族自治州中级人民法院经审理认为：虽然某市公安局在行政调查中查明了徐某存在吸食毒品的事实，但西公（宁远）行罚决字〔2016〕2499号《行政处罚决定书》在尚未经公安机关法制部门及负责领导审批前，派出所民警便将徐某送至某市中医院进行入所行政拘留前的体检，相应的《行政处罚决定书》也未送达徐某,违反了相应的程序规定。

【案号】凉山彝族自治州中级人民法院(2020)川34行终40号

关 联 规 定

《行政处罚法》(2021年1月22日修订)

第五十八条 有下列情形之一,在行政机关负责人作出行政处罚的决定之前,应当由从事行政处罚决定法制审核的人员进行法制审核;未经法制审核或者审核未通过的,不得作出决定:

(一)涉及重大公共利益的;

(二)直接关系当事人或者第三人重大权益,经过听证程序的;

(三)案件情况疑难复杂、涉及多个法律关系的;

(四)法律、法规规定应当进行法制审核的其他情形。

行政机关中初次从事行政处罚决定法制审核的人员,应当通过国家统一法律职业资格考试取得法律职业资格。

第一百一十五条 【处罚决定书的内容】

公安机关作出治安管理处罚决定的,应当制作治安管理处罚决定书。决定书应当载明下列内容:

(一)被处罚人的姓名、性别、年龄、身份证件的名称和号码、住址;

(二)违法事实和证据;

(三)处罚的种类和依据;

(四)处罚的执行方式和期限;

（五）对处罚决定不服，申请行政复议、提起行政诉讼的途径和期限；

（六）作出处罚决定的公安机关的名称和作出决定的日期。

决定书应当由作出处罚决定的公安机关加盖印章。

说　明

本条内容无修订。

对照法条

治安管理处罚法（2012）	治安管理处罚法（2025）
第九十六条　公安机关作出治安管理处罚决定的，应当制作治安管理处罚决定书。决定书应当载明下列内容： （一）被处罚人的姓名、性别、年龄、身份证件的名称和号码、住址； （二）违法事实和证据； （三）处罚的种类和依据； （四）处罚的执行方式和期限； （五）对处罚决定不服，申请行政复议、提起行政诉讼的途径和期限； （六）作出处罚决定的公安机关的名称和作出决定的日期。 决定书应当由作出处罚决定的公安机关加盖印章。	第一百一十五条　公安机关作出治安管理处罚决定的，应当制作治安管理处罚决定书。决定书应当载明下列内容： （一）被处罚人的姓名、性别、年龄、身份证件的名称和号码、住址； （二）违法事实和证据； （三）处罚的种类和依据； （四）处罚的执行方式和期限； （五）对处罚决定不服，申请行政复议、提起行政诉讼的途径和期限； （六）作出处罚决定的公安机关的名称和作出决定的日期。 决定书应当由作出处罚决定的公安机关加盖印章。

条文释义

本条是关于治安管理处罚决定书内容的规定。

根据本条规定，公安机关在治安案件调查结束后，对违法行为作出处罚决定的，应当制作《治安管理处罚决定书》，并从六个方面规定了治安管理处罚决定书应当载明的内容。本条包含三层含义：

第一，对违反治安管理行为人作出治安管理处罚决定的，公安机关应当制作《治安管理处罚决定书》。强调公安机关一定要制作《治安管理处罚决定书》，是因为该决定书是公安机关行使公权力，对违反治安管理行为人进行治安处罚的法律表现形式，具有法律效力。同时，决定书对违反治安管理行为人也具有重要法律意义，一方面，决定书对其具有法律约束力，被处罚的违反治安管理行为人应当按决定书要求接受处罚；另一方面，该决定书也是其申请行政复议、提起行政诉讼以及申请国家赔偿的重要凭证。因此，公安机关在作出治安管理处罚决定时，无论是当场处罚还是按照一般程序作出处罚，都必须制作《治安管理处罚决定书》。

第二，《治安管理处罚决定书》应当载明的内容。

根据本条规定，《治安管理处罚决定书》应当载明下列内容：

1. 被处罚人的姓名、性别、年龄、身份证件的名称和号码、住址。这里的"身份证件"主要是指身份证、户口簿等用于证明身份的证件。姓名应当与身份证件姓名一致。住址应当是被处罚人被处罚时的常住地址。

2. 违法事实和证据。"违法事实"是指被处罚人违反治安管理的具体行为。"证据"是指具体证明治安案件真实情况的一切事实。作出处罚决定所依据的证据必须能够充分证明违法事实的存在。

3. 处罚的种类和依据。这是指公安机关给予被处罚人何种治安管理处罚以及公安机关作出处罚决定所依据的法律。"处罚的种类"包括警告、罚款、行政拘留和吊销公安机关发放的许可证。对违反治安管理的外国人，可以附加适用限期出境或者驱逐出境。处罚的依据主要是指本法第三章规定的违反治安管理的行为和处罚，即违法事实涉及的具体条文和处罚，也包括其他章节规定的适用处罚的有关原则等。处罚种类和依据不能超出本法及有关法律规定的范围。

4. 处罚的执行方式和期限。处罚的"执行方式"是指公安机关以什么形式来执行处罚，主要是指对被处罚人处以罚款、行政拘留处罚的执行方式。

5. 对处罚决定不服，申请行政复议、提起行政诉讼的途径和期限。告知被处罚人可以申请行政复议和提起行政诉讼，是公安机关的法定义务。《行政复议法》第二十条第三款规定："行政机关作出行政行为时，未告知公民、法人或者其他组织申请行政复议的权利、行政复议机关和申请期限的，申请期限自公民、法人或者其他组织知道或者应当知道申请行政复议的权利、行政复议机关和申请期限之日起计算，但是自知道或者应当知道行政行为内容之日起最长不得超过一年。"《行政诉讼法》也作了类似规定。

6. 作出处罚决定的公安机关的名称和作出决定的日期。作出决定的日期也是必须载明的事项，对公安机关按照法定期限送达处罚决定书、被处罚人在法定期限内申请行政复议或者提起行政诉讼具有重要意义。公安机关在制作《处罚决定书》时，应当使用公安部统一制定的文书格式，不得自行制作，否则不具有法律效力，对被处罚人无法律约束力。

第三，决定书应当由作出处罚决定的公安机关加盖印章。公安机关印章是具有法律效力的标识。没有加盖作出处罚决定的公安机关印章的决定书，不具有法律效力。如果印章与作出处罚决定的公安机关的名称不一致，处罚决定也无效。

实务问答

1. 违反治安管理行为人不讲真实姓名、住址的，如何制作《处罚决定书》？

公安机关在办理治安案件时，应当尽力查明违反治安管理行为人的真实身份，但是，为了保证执法效率，公安机关最重要的是查明案件事实，对违反治安管理的行为进行调查取证，而不可能将过多精力放在查明违反治安管理行为人的身份上。因此，为了防止违反治安管理行为人不讲真实身份而逃避处罚，同时也为了避免因违反治安管理行为人身份不明而使案件无法处理、长期搁置，违法嫌疑人不讲真实姓名、住址，身份不明，但只要违法事实清楚、证据确实充分的，可以按其自报的姓名并贴附照片作出处理决定，并在相关法律文书中注明。

2. 对违法嫌疑人自报的姓名，在处罚前是否还有必要查实？

对违法嫌疑人自报的姓名，应当首先调查核实，按照调查核实的姓名进行处罚，不能因为有规定就直接按其自报的姓名并以贴附照片的方式作出处罚；调查核实不清的，公安机关可以根据本条规定按其自报的姓名予以处罚，但同时要在相关法律文书上贴附照片，并注明有关情况，以便在今后的工作中查证其真实身份及相关违法信息。

3. 共同违反治安管理的，如何制作《处罚决定书》？

共同违反治安管理的，根据违反治安管理行为人在违反治安管理行为中所起的作用，分别处罚。为了提高执法效率，对共同违反治安管理的案件，应当一案制作一份《处罚决定书》。要分别写明共同违反治安管理行为人姓名、性别、年龄、身份证件的名称，全案的违法事实和证据（具体写明共同违反治安管理行为人在案件中的作用、相关证据等），对每个违反治安管理行为人的处罚种类和依据，处罚的执行方式和期限，对处罚决定不服的救济途径和期限，作出处罚决定的公安机关的名称和日期。

4. 对一人有两种以上违反治安管理行为的，是否可以制作一份《处罚决定书》？

对一人有两种以上违反治安管理行为的，公安机关应当分别作出决定。其中，对一人有两种以上违反治安管理行为，且属于同一个公安机关管辖，依法作出的治安管理处罚又属于同一级公安机关处罚职权范围的，为了提高执法效率，节约执法成本，该公安机关可以制作一份《处罚决定书》，载明行为人两种以上违反治安管理行为的事实和证据、处罚的种类和依据、处罚的执行方式和期限等。对不属于上述情形的，应当分别制作《处罚决定书》。

5. 行政处罚决定是送达生效，还是自决定之日起生效？

行政处罚决定应当自作出决定之日起生效，但行政处罚决定生效并不等于立即执行，在有些情况下，行政处罚决定可以暂缓执行。

送达与执行以及当事人的救济权联系在一起。《行政处罚法》第六十七条第三款规定："当事人应当自收到行政处罚决定书之日起十五日内，到指定的银行或者通过电子支付系统缴纳罚款。银行应当收受罚款，并将罚款直接上缴国库。"最高人民法院《关于适用〈中华人民共和国行政诉讼法〉的解释》第六十三条规定："行政机关作出行政行为时，没有制作或者没有送达法律文书，公民、法人或者其他组织只要能证明行政行为存在，并在法定期限内起诉的,人民法院应当依法立案。"第六十四条第一款规定:"行政机关作出行政行为时,未告知公民、法人或者其他组织起诉期限的,起诉期限从公民、法人或者其他组织知道或者应当知道起诉期限之日起计算,但从知道或者应当知道行政行为内容之日起最长不得超过一年。"

以案说法

季某频诉宜兴市公安局某派出所行政处罚案

江苏省无锡市中级人民法院认为,《公安机关办理行政案件程序规定》第二百三十三条第一款规定:"经过调查,发现行政案件具有下列情形之一的,经公安派出所、县级公安机关办案部门或者出入境边防检查机关以上负责人批准,终止调查:(一)没有违法事实的;(二)违法行为已过追究时效的;(三)违法嫌疑人死亡的;(四)其他需要终止调查的情形。"设置兜底条款作为一种立法技术,旨在避免法律的不周延性,以适应社会情势的变迁。但是,行政机关通过自由裁量适用兜底条款时,应与同条款中已经明确列举的情形相联系,参照同条款已经明确列举的情形所设置的标准来确定能否适用。适用兜底条款的情形,应与同条款中已经明确列举的情形具有相同或相似的价值,在性质、影响程度等方面具有一致性。另外,适用兜底条款应符合该条款的立法目的,不得任意适用。

《公安机关办理行政案件程序规定》第二百三十三条第一款明确列举的"没有违法事实、违法行为已过追究时效、违法嫌疑人死亡"这三种情形都是确定性的事实,该事实的出现使公安机关无法或没有必要再针对该案件采取任何调查措施,即会产生终局性的、不可逆的终止案件调查的效果。某派出所以"证据不足、办案期限届满"为由终止调查，显然该情形与上述条款明确列举的情形在性质、影响程度上并不具有相同或者相似的价值。

"办案期限届满"并非终止案件调查的合理理由，而"证据不足"也不应产生终止案件调查的效果。即使确如某派出所在上诉状及二审询问中所称的"证据不足、办案期限届满"这一终止案件调查的理由存在表达欠妥，实际终止原因是"证据不足"，即结合案情不能完全排除涉案人员存在违法事实的可能性。但是，根据依法行政原则，在没有充分的证据证明涉案人员违法事实成立的情况下，某派出所应当对涉案人员作出不予处罚决定。其后在公安机关又发现新的证据，使违法行为能够认定时，可依法重新作出处理决定，并撤销原不予行政处罚决定。所以，即使确如某派出所所言，实际终止调查的原因是"证据不足"的情况下，某派出所作出终止调查决定也是缺乏依据的。

【案号】2020年第12期《最高人民法院公报》

李某才诉某县公安局行政处罚案

广西壮族自治区贺州市中级人民法院认为：1. 某县公安局送达李某才的《行政处罚决定书》中载明，"根据《治安管理处罚法》之规定，现决定对违法行为人李某才处以行政拘留五日"，没有具体写明适用的是该法的第几条，属于适用法律错误。2. 某县公安局作出《行政处罚决定书》后，发现漏写具体法律条文，依法可以进行更正，作书面更正通知并送达。某县公安局没有撤销之前作出未附有具体法律适用条文的行政处罚决定书，却又重新作出《行政处罚决定书》，且没有送达上诉人，程序违法，该决定书不发生法律效力。

【案号】广西壮族自治区贺州市中级人民法院（2021）桂11行终28号

代某某诉某区公安局行政处罚案

天津市高级人民法院认为：本案中，某区公安局先于2019年8月29日作出不予行政处罚决定，认定违法事实不能成立，决定对代某某不予行政处罚，经调查补充证据作出本案被诉行政处罚决定，处以行政拘留十日的行政处罚，某区公安局虽在行政机关内部对于撤销原不予行政处罚决定的事项进行了审批，但并未作出撤销原不予行政处罚决定的书面决定并对外送达，属程序轻微违法，但对上诉人的权利不产生实际影响。

【案号】天津市高级人民法院（2021）津行申593号

> **第一百一十六条　【处罚决定书的宣告、通知和送达】**
>
> 公安机关应当向被处罚人宣告治安管理处罚决定书，并当场交付被处罚人；无法当场向被处罚人宣告的，应当在二日以内送达被处罚人。决定给予行政拘留处罚的，应当及时通知被处罚人的家属。
>
> 有被侵害人的，公安机关应当将决定书送达被侵害人。

说　明

本条将"决定书副本抄送"修订为"决定书送达"，并作了一些表述性修改。

第四章　处罚程序

对照法条

治安管理处罚法（2012）	治安管理处罚法（2025）
第九十七条　公安机关应当向被处罚人宣告治安管理处罚决定书，并当场交付被处罚人；无法当场向被处罚人宣告的，应当在二日内送达被处罚人。决定给予行政拘留处罚的，应当及时通知被处罚人的家属。 有被侵害人的，公安机关应当将决定书**副本抄送**被侵害人。	第一百一十六条　公安机关应当向被处罚人宣告治安管理处罚决定书，并当场交付被处罚人；无法当场向被处罚人宣告的，应当在二日**以内**送达被处罚人。决定给予行政拘留处罚的，应当及时通知被处罚人的家属。 有被侵害人的，公安机关应当将决定书**送达**被侵害人。

条文释义

本条是关于治安管理处罚决定书宣告、送达、抄送的规定。本条共两款。

公安机关制作好治安管理处罚决定书后，应当及时向被处罚人宣告并送达，这是治安管理处罚的必经程序。本条有四层含义：

1. 当场向被处罚人宣告并交付治安管理处罚决定书。本条规定，治安管理处罚决定书应当向被处罚人宣告，并当场交付被处罚人。所谓"当场交付"，是指与被处罚人面对面交付。既可以是当场宣告治安管理处罚决定的人民警察向被处罚人交付治安管理处罚决定书，也可以是公安机关通知被处罚人到指定地点，向其宣告和交付治安管理处罚决定书。公安机关向被处罚人当场宣告后，经被处罚人在处罚决定书上签字，即视为当场送达被处罚人。被处罚人拒绝接收处罚决定书的，应当记录在案，视为当场交付。

2. 送达治安管理处罚决定书。本条规定，无法当场向被处罚

· 513 ·

人宣告的，应当在二日以内送达被处罚人。治安管理处罚决定书的送达形式有直接送达、留置送达等几种方式。本条规定了送达的期限，即公安机关应当在二日以内送达被处罚人。

3. 决定给予被处罚人行政拘留处罚的，应当及时通知被处罚人的家属。执行拘留具有强制性和即时性。对于治安管理处罚决定书由公安机关当场交付被决定给予行政拘留处罚人的，除特殊情形外，一般由公安机关立即送达拘留所执行。对此，公安机关应当及时通知被处罚人的家属。这样规定，主要是为了有利于被处罚人的家属及时了解情况，避免不必要的心理恐慌，有利于社会稳定。

4. 有被侵害人的，公安机关应当将决定书送达被侵害人。许多治安案件有被侵害人，且治安案件的处理结果与被侵害人有直接利害关系。对有被侵害人的，法律明确规定，公安机关应当将治安管理处罚决定书送达被侵害人。被侵害人是指违法行为的受害者，可以是自然人也可以是法人或有关组织。"送达"是指将治安管理处罚决定书送交被侵害人。本法虽然对送达没有明确期限的限制，但公安机关也应当及时将治安管理处罚决定书送达被侵害人。

实务问答

1. 对无法当场向被处罚人宣告《治安管理处罚决定书》的，公安机关可以采取哪些方式将决定书送达被处罚人？

本法对此未作规定，按照本法第三条"治安管理处罚的程序，适用本法的规定；本法没有规定的，适用《行政处罚法》的有关规定"和《行政处罚法》第六十一条"当事人不在场的，行政机关应当在七日内依照《民事诉讼法》的有关规定，将行政处罚决定书送达当事人"的规定，对无法当场向被处罚人宣告治安管理处罚决

第四章　处罚程序

定书的，公安机关可以按照《民事诉讼法》规定的送达方式予以送达。当然，送达期限必须执行本法规定。

需要说明的是，上述几种送达方式并不是公安机关可以任意选择的。根据本条规定，《治安管理处罚决定书》首先要向被处罚人宣告并当场交付被处罚人，即采取直接送达的方式。只有在无法向被处罚人宣告、当场交付时，才可以采取留置送达、委托送达等其他送达方式。公告送达，只有在采取其他方式仍无法送达的情况下，公安机关才可以采取这种送达方式。

2. 被拘留人没有家属或者拒不提供其家属姓名、住址、联系方式的，如何处理？

对给予拘留处罚的被处罚人，公安机关应当严格按照本条规定及时将拘留原因及送交执行的拘留所所在地通知被拘留人家属。但是，如果被拘留人没有家属或者拒不提供其家属姓名、住址、联系方式，致使公安机关无法通知其家属的，公安机关应当记录在案，并由办案人民警察和被拘留人签字或者盖章，以备查。

3. 实践中被拘留人要求自行通知其家属，公安机关是否可以允许？

本法虽未明确可以由被拘留人自行通知其家属，但是，为了保护公民的合法权益，如果被拘留人主动提出自行通知其家属的，公安机关可以允许，并且要为其提供便利条件，如提供电话等。被拘留人自行通知的，公安机关应当记录在案，并由办案人民警察和被拘留人签字或者盖章。

4. 如何计算送达期间？

期间以时、日、月、年计算。期间开始的时和日，不计算在期间内。期间届满的最后一日是节假日的，以节假日后的第一日为期间届满的日期。期间不包括在途时间，诉讼文书在期满前交邮的，

· 515 ·

不算过期。《治安管理处罚决定书》的送达期间自公安机关作出治安管理处罚决定之日的次日开始计算,并在二日内送达。邮寄送达的,在期间届满前送邮局邮寄的,即视为在法定期间内。

5. 公安机关作出的《不予处罚决定书》是否要向当事人宣告并送达?

不予处罚决定,也是公安机关依法对治安案件作出的治安管理处罚决定。因此,公安机关应当依照本条规定,向不予处罚人宣告,并当场交付。不能当场宣告的,应当依法送达。有被侵害人的,应当将不予处罚决定书抄送被侵害人。

6. 对外国人作出限期出境或者驱逐出境处罚的,如何宣告?

按照《公安机关办理行政案件程序规定》第一百八十七条的规定,对省级以下公安机关办理的外国人违反治安管理的案件,对外国人依法处罚款、行政拘留并限期出境或者驱逐出境的,其罚款或者行政拘留决定由承办机关向当事人宣告并送达,其限期出境或者驱逐出境处罚虽不是承办机关作出的,但为了提高执法效率,限期出境或者驱逐出境处罚也应当由承办机关向违反治安管理的外国人宣告,并通报同级人民政府外事部门。

7. 公安机关如何确定公告告知的方式?

在执法实践中,各地公安机关可以根据案件的具体情况采取以下一种或者几种方式进行公告告知:(1)张贴公告。公告应当同时张贴于被告知人的住所地和派出所公告栏。(2)在报纸上刊登公告。(3)在电台、电视台播报公告。(4)在网络上登载公告。(5)其他特别的方式。

8. 适用公告告知应当注意哪些问题?

一是防止滥用公告告知。公告告知毕竟只是推定公告对象能够知悉公告内容的告知方式,而且直接涉及违法嫌疑人陈述权和申辩权的行使，公安机关应当谨慎使用。这里的"公告告知"仅适用于违法行为事实清楚、证据确实充分的案件，对一时找不到违法嫌疑人的，不能轻率地认定违法嫌疑人逃跑，更不能图省事将本来不应该适用公告告知的情形适用公告告知。二是公告告知的内容要明确、具体。要在公告中明确违法嫌疑人的基本身份情况以及拟作出行政处罚决定的事实、理由及依据，告知违法嫌疑人依法享有陈述权和申辩权，同时，还要表明该公告告知的法律后果。三是在案卷中记载公告的情况。四是根据新修订的《行政处罚法》第四十七条有关行政执法全过程记录的规定，对公告送达，要根据实际情况进行音像记录。

以案说法

张某梅诉某县公安局行政处罚案

安徽省六安市中级人民法院认为：本案中，被告某县公安局未在不能直接送达的情况下，径行通过邮寄的送达方式将行政处罚决定书送达原告，虽有邮寄人员的证人证言，但送达方式不合法，不能视为在期限内送达，原告当庭承认行政处罚决定书系2019年1月7日收到，其于2019年5月21日向一审法院提起行政诉讼，未超过《行政诉讼法》第四十六条规定的六个月的起诉期限。

【案号】安徽省六安市中级人民法院（2019）皖15行终96号

朱某伟诉某市公安局行政处罚案

最高人民法院认为：本案中，某市公安局在已经获取朱某伟本人的联系方式、地址，且尚无有效证据证明其在无法履行告知义务的情况下，径行以公告方式送达行政处罚告知；同时，公告中虽告知朱某伟陈述权和申辩权，但该权利告知未能通过更有效的送达方式让朱某伟知晓,致使其不能及时行使陈述权和申辩权,不利于对行政被处罚人合法权益的保护。

【案号】 最高人民法院(2019)最高法行申 14170 号

杨某胜诉某市公安局行政处罚案

安徽省安庆市中级人民法院认为:本案中,某市公安局于 2019 年 1 月 25 日作出行政处罚决定,于 2019 年 1 月 27 日通过挂号信邮寄送达行政处罚决定书,未经直接送达即径行邮寄,不符合法律规定,但对上诉人的权利不产生实际影响,属于程序轻微违法。

【案号】 安徽省安庆市中级人民法院(2020)皖 08 行终 63 号

张某婷诉某派出所行政处罚案

2018 年 10 月 30 日 21 时许张某婷向 110 报警,称有一男一女踹其婆婆家门,对其婆婆进行辱骂、恐吓。某派出所接 110 指令出警,作出受案登记表,并展开调查,于 2018 年 11 月 28 日向张某婷作出《行政处罚决定书》。

陕西省西安铁路运输中级法院认为:接到公民报警后,公安机关应当按照法定程序及时查处。行政相对人申请行政机关履行法定职责,行政机关如果拒绝受理或者完全拒绝履行或者不理不睬,属于通常意义上不履行法定职责的典型形式,但是对于行政相对人的申请,行政机关履行了部分法定职责,部分满足了申请人的请求,如果未履行部分也是行政机关应当履行的职责,那么未履行部分不应排除在行政机关的法定职责之外,亦属于不履行法定职责。在案相关证据证实,某派出所在接到张某婷报案后,已履行了受理登记、调查取证以及于法定期限内作出涉案行政处罚决定等一系列法定职责,某派出所未在法定期限内将涉案处罚决定书送达张某婷,属于程序违法。

【案号】 陕西省西安铁路运输中级法院(2019)陕 71 行终 1219 号

第四章 处罚程序

关联规定

《公安机关执行〈中华人民共和国治安管理处罚法〉有关问题的解释（二）》（2007年1月26日）

十一、关于被侵害人是否有权申请行政复议问题

根据《中华人民共和国行政复议法》第二条的规定，治安案件的被侵害人认为公安机关依据《治安管理处罚法》作出的具体行政行为侵犯其合法权益的，可以依法申请行政复议。

第一百一十七条 【听证】

公安机关作出吊销许可证件、处四千元以上罚款的治安管理处罚决定或者采取责令停业整顿措施前，应当告知违反治安管理行为人有权要求举行听证；违反治安管理行为人要求听证的，公安机关应当及时依法举行听证。

对依照本法第二十三条第二款规定可能执行行政拘留的未成年人，公安机关应当告知未成年人和其监护人有权要求举行听证；未成年人和其监护人要求听证的，公安机关应当及时依法举行听证。对未成年人案件的听证不公开举行。

前两款规定以外的案情复杂或者具有重大社会影响的案件，违反治安管理行为人要求听证，公安机关认为必要的，应当及时依法举行听证。

> 公安机关不得因违反治安管理行为人要求听证而加重其处罚。

说 明

本条内容作了重大修改。

立法中有的常委委员、部门、地方、单位、专家学者和社会公众建议进一步规范和保障执法，完善有关处罚程序规定。宪法和法律委员会经研究，建议作以下修改补充：进一步明确涉未成年人案件举行听证的情形，并增加规定听证不公开举行、听证期间不计入办案期限。[①]

《行政处罚法》第六十三条第一款规定，"行政机关拟作出下列行政处罚决定，应当告知当事人有要求听证的权利，当事人要求听证的，行政机关应当组织听证：（一）较大数额罚款；（二）没收较大数额违法所得、没收较大价值非法财物；（三）降低资质等级、吊销许可证件；（四）责令停产停业、责令关闭、限制从业；（五）其他较重的行政处罚；（六）法律、法规、规章规定的其他情形"。

公安机关实施行政处罚，应当依法充分保障当事人要求举行听证的权利。"较大数额""较大价值"，是指对罚款或者没收违法所得、非法财物的数额、价值在 4000 元以上。"其他较重的行政处罚"，主要是指《计算机信息网络国际联网安全保护管理办法》第二十条、第二十一条规定的停止联网、停机整顿。

---

① 2025 年 6 月 24 日，全国人民代表大会宪法和法律委员会关于《中华人民共和国治安管理处罚法（修订草案）》审议结果的报告，载中国人大网，http：//www.npc.gov.cn/npc/c2/c30834/202506/t20250627_446251.html，最后访问时间 2025 年 6 月 27 日。

当事人依法就属于听证范围的行政处罚要求听证的，公安机关应当对全案组织听证。

对照法条

治安管理处罚法（2012）	治安管理处罚法（2025）
第九十八条　公安机关作出吊销许可证以及处二千元以上罚款的治安管理处罚决定前，应当告知违反治安管理行为人有权要求举行听证；违反治安管理行为人要求听证的，公安机关应当及时依法举行听证。	第一百一十七条　公安机关作出吊销许可证件、处四千元以上罚款的治安管理处罚决定或者采取责令停业整顿措施前，应当告知违反治安管理行为人有权要求举行听证；违反治安管理行为人要求听证的，公安机关应当及时依法举行听证。 对依照本法第二十三条第二款规定可能执行行政拘留的未成年人，公安机关应当告知未成年人和其监护人有权要求举行听证；未成年人和其监护人要求听证的，公安机关应当及时依法举行听证。对未成年人案件的听证不公开举行。 前两款规定以外的案情复杂或者具有重大社会影响的案件，违反治安管理行为人要求听证，公安机关认为必要的，应当及时依法举行听证。 公安机关不得因违反治安管理行为人要求听证而加重其处罚。

条文释义

本条是关于对治安管理处罚应当听证的规定。

行政处罚听证制度是我国《行政处罚法》确立的一项重要制

度。设立听证制度的主要意义在于,一方面有利于保障公民的基本权利,使得受到行政处罚的一方有权为自己的行为辩护;另一方面有利于对行政权的行使加以控制,规范行政权的使用,行政机关在作出行政处罚之前,应当通过听证程序听取当事人的意见。通过听证程序,行政机关和相对人、相关人之间建立起一种平等协商的机制,听证各方在听证过程中加强了沟通,根据听证作出的决定就更有说服力。听证基于其自身的说服力和公正性,可以促使处罚决定的实施,缓解社会矛盾。治安管理处罚是行政处罚的重要组成部分,本法根据《行政处罚法》的规定对听证制度作了原则性规定。

本条规定主要包括四方面内容:

一是治安管理处罚应当举行听证的范围。根据我国《行政处罚法》的规定,并不是所有的行政处罚案件都必须经过听证程序。法律规定应当听证的范围,主要是由于:(1)考虑公平与效率兼顾,一般只有在可能严重侵害相对人利益的情况下才适用听证程序,没有将所有的行政处罚都规定必须适用听证程序;(2)结合我国国情,治安案件的特点是危害社会秩序、数量较大、违法事实比较简单,容易查清,对这些不构成犯罪的案件,应采取简便程序及时处理。因此,将应当听证的范围予以一定限制是完全必要的。本法结合《行政处罚法》,并根据治安管理处罚的特点,进一步明确了治安管理处罚应当举行听证的适用范围。适用听证的治安管理处罚的范围包括被处罚人要求听证的以下情形:(1)吊销公安机关颁发的许可证的;(2)处四千元以上罚款的;(3)采取责令停业整顿措施的;(4)对已满十四周岁不满十六周岁的,已满十六周岁不满十八周岁,初次违反治安管理的;违反治安管理情节严重、影响恶劣的,或者行为人在一年以内二次以上违反治安管理的执行行政拘留

第四章 处罚程序

处罚的;(5)案情复杂或者具有重大社会影响,违反治安管理行为人要求听证,公安机关认为必要的案件。

二是公安机关对符合听证范围的治安管理处罚,在作出处罚前,应当告知违反治安管理行为人有权要求举行听证。这样规定,一方面要求公安机关必须履行告知的义务;另一方面赋予违反治安管理行为人在被治安管理处罚过程中享有被告知的权利。对符合上述听证范围的处罚,违反治安管理行为人有权要求举行听证,这是其依法享有的权利,属于公安机关作出治安管理处罚决定前应当告知的内容,公安机关有义务告知。根据《行政处罚法》的规定,公安机关应当告知而没有告知,属于程序违法,可能导致行政处罚决定不能成立。

三是违反治安管理行为人要求听证的,公安机关应当及时依法举行听证。对未成年人案件的听证不公开举行。如果违反治安管理行为人虽有异议,但没有要求听证,就不进行听证,即听证的主动权在违反治安管理行为人一方。

公安机关对有权要求听证的违反治安管理行为人的听证要求,应当及时依法举行听证。所谓"依法举行听证"是指依据《行政处罚法》规定的具体的听证程序举行听证。根据《行政处罚法》关于听证程序的规定,结合本法,举行听证。同时,根据《行政处罚法》的规定,违反治安管理行为人不承担公安机关组织听证的费用。听证的期间,不计入办理治安案件的期限。

四是不得因听证而加重其处罚。听证程序本身并不具有加重处罚的功能或目的。相反,听证是为了保障当事人的权益,确保处罚决定的合法性和正当性。如果在听证过程中发现新的证据或事实,导致处罚决定需要变更或加重,那么这种变更或加重是基于新的证据或事实,而不是基于听证程序本身。

· 523 ·

实务问答

1. 公安机关可以采用哪些方式执行听证权告知程序？

本法和《行政处罚法》对行政机关执行听证权告知程序的方式都未作规定。因此公安机关既可以采用口头方式告知，也可以采用书面通知方式告知违反治安管理行为人有要求听证的权利。但是，由于执行告知程序是公安机关的法定义务，不执行告知的，在行政复议、行政诉讼中，则可能会因程序违法而被行政复议机关、人民法院依法撤销。因此，为保证程序合法，对采用口头方式告知违反治安管理行为人有权要求听证的，公安机关应当将告知的具体内容及情况记录在案，并由被告知人签名、盖章或者捺指印。

2. 违反治安管理行为人要求听证的，应当何时提出？

本法对此没有规定，按照《行政处罚法》的规定，治安案件的当事人要求听证的，应当在公安机关告知其享有要求举行听证权后的 5 日内提出。违反治安管理行为人超过上述法定期限要求听证的，公安机关则不举行听证。实践中，应当注意以下问题：①如果违反治安管理行为人因不可抗力，不能在法定期限内要求听证的，可以在障碍消除后的 5 日内提出听证申请。但是，如果违反治安管理行为人提出听证时，公安机关已经作出治安管理处罚决定的，就不再组织听证。如果尚未作出治安管理处罚决定的，公安机关可以根据案件具体情况决定是否组织听证。②违反治安管理行为人向公安机关明确表示不要求听证或者提出听证申请后又撤回，但在法定期限内又要求听证的，无论公安机关是否已作出治安管理处罚决定，公安机关都应当依法举行听证，并在举行听证后依法作出处理决定。

3. 听证是否应当公开举行？

依照《行政处罚法》的规定，听证会公开举行是一般原则，不公开举行是例外，除法定情形外（未成年人案件），听证会都应当公开举行。当然，对依法应当公开举行的听证，如果违反治安管理行为人提出不公开举行，公安机关可以允许，但是为了确保程序的合法性，应当要求违反治安管理行为人出具书面申请，也可以将其不公开举行听证的要求记录在案，由违反治安管理行为人签名、盖章或者捺指印予以确认。

4. 卖淫、嫖娼案件是否应当不公开举行听证？

对卖淫、嫖娼行为人违反治安管理行为人要求举行听证的，公安机关应当依法公开举行听证。但是，如果违反治安管理行为人要求不公开举行听证的，公安机关可以不公开举行听证。

5. 共同违反治安管理行为人中的两人或者两人以上都要求听证的，是否可以合并举行听证？

为节约公安机关有限的执法资源，提高行政执法效率，对共同违反治安管理行为人中的两人或者两人以上都要求听证，且符合举行听证条件的，公安机关可以合并举行听证。同时，为了防止共同违反治安管理行为人听证时串供，在举行听证时，主持人应当分别听取共同违反治安管理行为人的陈述、申辩和质证，不能让共同违反治安管理行为人同庭进行申辩和质证。

6. 部分共同违反治安管理行为人提出听证申请的，如何举行听证？

为了保护行政管理相对人的合法权益，保证公安机关作出的治安管理处罚决定合法、有效、正确，对部分共同违反治安管理行为人提出听证申请的，公安机关应当依法举行听证，并可通知其他未要求听证的共同违反治安管理行为人作为听证参加人参加听证。对于其他人拒绝参加听证的，公安机关应尊重其意见，不得强制。但是，如果需要共同违反治安管理行为人出具有关陈述的，公安机关可以要求其出具书面材料。同时，公安机关必须在听证结束后，根据新认定的事实和证据，对全案依法作出处理决定。需要注意的是，公安机关不能在听证结束前，就对未要求听证的共同违反治安管理行为人作出处理决定。

7. 违反治安管理行为人及其代理人无正当理由拒不出席听证或者违反治安管理行为人要求听证但无正当理由不参加听证的，如何处理？

根据本法立法指导思想，在上述两种情况下，公安机关已不可能也没有必要再依法举行听证。对这种情况，公安机关应当记录在案，并依法作出治安管理处罚决定。

8. 听证是否可以中止或者终止？

本法对此没有作出规定。鉴于听证的目的是保障违反治安管理行为人的合法权益不受侵犯，保证公安机关作出的行政处罚决定的合理性、正当性，如果在举行听证过程中出现了不利于上述目的实现，或者出现无法继续举行听证的情形的，公安机关应及时中止或者终止听证。实际执行中，可参照《公安机关办理行政案件程序规定》的有关规定执行。《公安机关办理行政案件程序规定》第一百四十八条规定："听证过程中，遇有下列情形之一，听证主持人可以中止听证：（一）需要通知新的证人到会、调取新的证据或者需要重新鉴定或者勘验的；（二）因回避致使听证不能继续进行的；（三）其他需要中止听证的。中止听证的情形消除后，听证主持人应当及时恢复听证。"第一百四十九条规定："听证过程中，遇有下列情形之一，应当终止听证：（一）听证申请人撤回听证申请的；（二）听证申请人及其代理人无正当理由拒不出席或者未经听证主持人许可中途退出听证的；（三）听证申请人死亡或者作为听证申请人的法人或者其他组织被撤销、解散的；（四）听证过程中，听证申请人或者其代理人扰乱听证秩序,不听劝阻,致使听证无法正常进行的;(五)其他需要终止听证的。"这里所说的"其他需要终止听证的",包括在听证过程中可能遇到的致使听证活动不可能进行下去或者没有必要再进行的情形。

以案说法

宁某宇诉某市公安局行政处罚案

广东省茂名市中级人民法院经审理认为:本案中,某市公安局对宁某宇处以4000元罚款,根据上述法律规定,应赋予宁某宇在处罚告知后有要求听证的权利。虽然某市公安局在对其进行行政处罚前告知了宁某宇享有陈述、申辩和听证的权利及"如果要求听证,应在被告知后五日内提出"的权利。但是,某市公安局在告知宁某宇听证权利的当日就作出了行政处罚决定且立即执行,剥夺了宁某宇要求听证的权利,属于程序违法。

【案号】广东省茂名市中级人民法院(2016)粤09行终96号

郭某宇诉某市公安局行政处罚案

辽宁省盘锦市中级人民法院经审理认为:郭某宇不要求听证不等于某市公安局不遵守法律规定,应当在听证期限届满后作出行政处罚。某市公安局在送达处罚决定告知书的当日作出处罚决定违反了法律关于听证程序的规定。

【案号】辽宁省盘锦市中级人民法院(2017)辽11行终32号

王某诉某市公安局交通警察支队行政处罚案

天水市麦积区人民法院经审理认为:原告有放弃听证或者撤回听证要求的权利,也有在处罚决定作出前,重新提出听证要求的权利,只要在听证申请有效期限内,应当允许。因此,本案在听证期限未满的情况下,被告向原告送达了行政处罚决定书,而且被告作出行政处罚决定在先,告知陈述申辩听证权利在后,违反了法定程序。

【案号】天水市麦积区人民法院(2020)甘0503行初1号

房某孝诉上某市公安局行政处罚案

上海海事法院认为:首先,被没收的涉案成品油达232.974吨,具有较大财产价值,被告执法实践中亦已将听证事项纳入告知范围。因此,被告在作出罚没涉案成品油决定之前,应当履行向原告告知听证权利的义务。

其次,原告放弃陈述和申辩权利不能推定其放弃听证权利。申请听证是特定行政处罚决定的相对人享有的重要程序权利,需要符合法律程序规范,不但包括听取当事人的陈述和申辩,还包括安排听证时间和地点、指定非本案调查人员主持听证、当事人委托代理人参与质证等事项。当事人陈述和申辩权利的行使与要求举行听证并行不悖,只要具体行政处罚行为依法属于听证范畴,行政机关就应当主动、明确予以告知。同时,行政机关履行法定义务与当事人权利行使无直接关系,无论当事人是否放弃听证权利,行政机关都应当依法告知当事人有权要求举行听证。原告虽明确表示放弃陈述和申辩权利,但不等于其放弃听证权利,更不意味着被告的法定告知义务可以免除。

最后,被告未能证实其已实际履行听证告知义务。前文已述,陈述和申辩权利与听证权利应当分别进行告知,行政机关也应当分别予以证明。制作行政处罚告知笔录是一种规范的行政处罚告知形式,但只有经相对人签字、盖章或捺指印确认的,才具有证明力。涉案告知笔录共有两页,第一页记载了陈述和申辩权利的告知内容,第二页记载了听证权利的告知内容。原告仅在第一页签字捺指印确认,并通过手写明确放弃陈述和申辩权利,而第二页没有原告的签字或捺指印,且原告放弃听证权利的答复内容也系打印,该笔录无法证明被告已告知了听证权利内容。被告称已经向原告进行了口头告知,并表示该笔录系向原告告知并得到其确认之后才进行打印的。该种解释存在一定可能性,但行政机关对作出的行政行为依法负有完全的举证责任。在没有其他证据佐证的情况下,且与办案民警在出庭时陈述的事实相矛盾,故本院难以支持被告的该项抗辩主张。根据现有证据,尚不足以证明被告依法已向原告告知了听证权利。因此,被告在作出被诉行政行为时未履行听证告知义务,属程序违法,应当予以撤销,需依法重新作出处理,切实履行告知相应听证权利的义务。

申请听证是法律赋予行政相对人的重要权利,行政机关是否切实履行告知义务会对相对人听证权利行使产生实质性影响。本案虽为个案,望被告以此为鉴,增强依法行政的程序意识,要求执法人员严格遵循制度规定和系统流程,规范执行,完备手续,以更加有效地打击海上走私活动。

【案号】上海海事法院(2019)沪72行初34号

徐某杰诉某市公安局交警支队皇姑区大队吊销驾驶证处罚案

沈阳市皇姑区人民法院认为:本案中,交通机关在原告提出要求履行听证的情况下,行政机关已经受理,并发给了履行听证程序的申请书,但在吊销驾驶证前没有听证,导致公民的听证权没有得到保障。法院依法判决撤销吊销驾驶证的行政处罚。

【案号】2005年第1辑《人民法院案例选》

关联规定

《行政处罚法》(2021年1月22日修订)

第六十三条 行政机关拟作出下列行政处罚决定,应当告知当事人有要求听证的权利，当事人要求听证的，行政机关应当组织听证：

（一）较大数额罚款；

（二）没收较大数额违法所得、没收较大价值非法财物；

（三）降低资质等级、吊销许可证件；

（四）责令停产停业、责令关闭、限制从业；

（五）其他较重的行政处罚；

（六）法律、法规、规章规定的其他情形。

当事人不承担行政机关组织听证的费用。

第六十四条 听证应当依照以下程序组织：

（一）当事人要求听证的，应当在行政机关告知后五日内提出；

（二）行政机关应当在举行听证的七日前，通知当事人及有关人员听证的时间、地点；

（三）除涉及国家秘密、商业秘密或者个人隐私依法予以保密外，听证公开举行；

（四）听证由行政机关指定的非本案调查人员主持；当事人认为主持人与本案有直接利害关系的，有权申请回避；

（五）当事人可以亲自参加听证，也可以委托一至二人代理；

（六）当事人及其代理人无正当理由拒不出席听证或者未经许可中途退出听证的，视为放弃听证权利，行政机关终止听证；

（七）举行听证时，调查人员提出当事人违法的事实、证据和行政处罚建议，当事人进行申辩和质证；

（八）听证应当制作笔录。笔录应当交当事人或者其代理人核对无误后签字或者盖章。当事人或者其代理人拒绝签字或者盖章的，由听证主持人在笔录中注明。

第六十五条 听证结束后，行政机关应当根据听证笔录，依照本法第五十七条的规定，作出决定。

《公安机关办理行政案件程序规定》（2020年8月6日）（正文略）

> **第一百一十八条　【办案期限】**
>
> 公安机关办理治安案件的期限，自立案之日起不得超过三十日；案情重大、复杂的，经上一级公安机关批准，可以延长三十日。期限延长以二次为限。公安派出所办理的案件需要延长期限的，由所属公安机关批准。
>
> 为了查明案情进行鉴定的期间、听证的期间，不计入办理治安案件的期限。

说　明

本条增加了办案期限延长、听证期间扣除的规定，并作了一些表述性修改。

对照法条

治安管理处罚法（2012）	治安管理处罚法（2025）
第九十九条　公安机关办理治安案件的期限，自受理之日起不得超过三十日；案情重大、复杂的，经上一级公安机关批准，可以延长三十日。 为了查明案情进行鉴定的期间，不计入办理治安案件的期限。	第一百一十八条　公安机关办理治安案件的期限，自立案之日起不得超过三十日；案情重大、复杂的，经上一级公安机关批准，可以延长三十日。期限延长以二次为限。公安派出所办理的案件需要延长期限的，由所属公安机关批准。

续表

治安管理处罚法（2012)	治安管理处罚法（2025)
	为了查明案情进行鉴定的期间、**听证的期间**，不计入办理治安案件的期限。

条文释义

本条是关于公安机关办理治安案件期限的规定。本条共两款。

第一款是关于公安机关办理治安案件一般期限和延长期限的规定。这里所说"办理治安案件的期限"是指公安机关自立案之日起至办结治安案件的期限。

该款包括两层意思。一是在通常情况下，办理治安案件的期限不得超过三十日。这是办理一般治安案件的期限。这样规定主要是考虑：第一，根据治安案件的特点，治安案件属于即时发现的案件，案情比较简单，调查起来相对容易，因此办理治安案件的期限不宜太长。第二，实践中，公安机关对大部分治安案件能够在一个月内办结。其中相当一部分治安案件能当场处罚完毕，还有很多治安案件可在二十四小时内办结。第三，高效率地处理治安案件，有利于及时化解社会矛盾，避免治安案件久拖不决，保持一个稳定的社会治安环境。第四，在特殊情况下，对案情重大、复杂的治安案件，经上一级公安机关批准，可以延长 30 日，这是办理某些特定的治安案件的期限。这是考虑到，有些治安案件，由于案情重大、复杂，如团伙作案、流窜作案、群体性案件，以及涉外治安案件等，在三十日内办结确有一定困难。对这些案情重大、复杂的案件，本条特别规定经上一级公安机关批准，可以延长 30 日。期限延长以二次为限。公安派出所办理的案件需要延长期限的,由所属公安机关批准。应当注意的是,本款规定的办案期限,是指在正常情况下的办案期限,如果在办案过程中,违法行为人逃跑了,公安机关找不到人,则不能仍按此时间计算期限。

第二款是关于鉴定期间、听证期间不计入办理治安案件期限的规定。

根据本款规定,鉴定的期间不计入办理治安案件的期限。需要注意的是,并非所有的治安案件都需要鉴定。只有为了查明案情,需要解决案件中有争议的专门性问题时,才可以鉴定。对于当事人没有争议的,就无须鉴定。

实务问答

行政机关对违法行为立案多年后严重超过法定期限作出行政处罚决定,相对人起诉到人民法院后,人民法院对行政处罚决定的合法性及效力如何评价?

行政处罚是行政机关代表国家惩处违法行为,追究行政违法行为当事人行政责任的一种重要方式,其功能作用是维护行政管理秩序,实现行政管理目的。《行政处罚法》第三十六条第一款规定:"违法行为在二年内未被发现的,不再给予行政处罚;涉及公民生命健康安全、金融安全且有危害后果的,上述期限延长至五年。法律另有规定的除外。"《治安管理处罚法》第二十五条第一款规定:"违反治安管理行为在六个月内没有被公安机关发现的,不再处罚。"行政机关对相对人的违法行为立案后,应当依法及时作出行政处罚决定,让社会秩序尽快归于稳定,此为法之安定性的要求。《行政处罚法》第六十条规定:"行政机关应当自行政处罚案件立案之日起九十日内作出行政处罚决定。法律、法规、规章另有规定的，从其规定。"《治安管理处罚法》第一百一十八条也做了相应规定。行政处罚的处理期限是行政程序法律的重要内容之一，无正当理由超出法定期限作出行政处罚，即构成程序违法。在行政处罚超出法定期间的计算上，应该自受理之日或者立案之日起至处罚决定作出之日止，扣除应当扣除的期限（例如管辖权异议、专业检测、检验和鉴定、公告等）后得出的实际处理期限，进而判断是否超期和超期的严重程度。对于超出法定期限作出行政处罚决定的合法性及效力问题，法律未作明确规定。《行政诉讼法》第七十四条第一款第二项规定，行政行为程序轻微违法，但对原告权利不产生实际影响的，人民法院判决确认违法，但不撤销行政行为。《最高人民法院关于适用〈中华人民共和国行政诉讼法〉的解释》第九十六条第一项规定，处理期限轻微违法，且对原告依法享有的听证、陈述、申辩等重要程序性权利不产生实质损害的，属于《行政诉讼法》第七十四条第一款第二项规定的"程序轻微违法"。超期并非肯定或者否定行政处罚效力的唯一考量因素，最终的判断和选择同样也是基于法的安定性价值和行政法治的价值权衡。实践中要结合超过处理期限的时间长短，违法行为的性质、情节、社会危害程度，超过处理期限的原因与责任，是否存在第三人，是否影响公共利益与他人合法权益，相对人是否存在欺骗、贿赂等不正当手段逃避行政处罚或者不配合行政机关调查取证等因素进行综合判断。人民法院可以视情并结合原告的诉讼请求，对于相对人主张的超期处罚不能成立的，依法判决驳回诉讼请求；行政处罚轻微超期、一般超期，稳定的社会秩序尚未形成的，宜判决确认行政处罚违法而保留其效力；对于行政处罚严重超期，因处罚时稳定的社会秩序已经形成，其不再属于程序轻微违法或者一般违法情形，宜判决撤销行政处罚；行政处罚虽然存在严重超期，依法应予撤销，但撤销会给国家利益、社会公共利益造成重大损害的，则不得判决撤销。对于审判过程中发现的行政机关怠于行使职权而导致的超期处罚，人民法院可将违法违纪线索依法向有关部门移送。①

以案说法

刘某诉某市公安局不履行法定职责案

河南省高级人民法院经审查认为：本案中，某市公安局不能证明其在受案后进行了及时、全面的调查取证工作，也不能证明案件确系因客观原因无法在法定期限内作出行政处理决定，故某市公安局对涉案治安案件的处理不符合法律规定，应当被确认违法。

【案号】河南省高级人民法院（2021）豫行申152号

朱某岐诉某派出所行政处罚案

最高人民法院认为：对于某派出所作出被诉处罚决定超过法定期限的问题，复议机关某区政府认为属于程序违法，决定撤销被诉处罚决定。在处罚决定事实清楚、法律适用正确的情况下，复议机关某区政府以办案超期为由，认定程序违法进而撤销被诉处罚决定存有不妥，因为撤销被诉处罚决定后再让某派出所重新作出处罚决定，只会在客观上更加延迟。二审法院将之认定为程序瑕疵不宜撤销，并建议丰南区政府通过其他方式或者途径督促某派出所改进工作的裁判尺度，更为合理。

【案号】最高人民法院（2017）最高法行申5104号

---

① 2024年9月6日，最高人民法院举办"行政审判讲堂"第六期，受最高人民法院行政审判庭委派，一级高级法官王晓滨审判长进行了现场答疑。

关联规定

《公安机关执行〈中华人民共和国治安管理处罚法〉有关问题的解释》（2020 年 7 月 21 日修改）

十二、关于办理治安案件期限问题。《治安管理处罚法》这里的"鉴定期间"，是指公安机关提交鉴定之日起至鉴定机构作出鉴定结论并送达公安机关的期间。公安机关应当切实提高办案效率，保证在法定期限内办结治安案件。对因违反治安管理行为人逃跑等客观原因造成案件不能在法定期限内办结的，公安机关应当继续进行调查取证，及时依法作出处理决定，不能因已超过法定办案期限就不再调查取证。因违反治安管理行为人在逃，导致无法查清案件事实，无法收集足够证据而结不了案的，公安机关应当向被侵害人说明原因。对调解未达成协议或者达成协议后不履行的治安案件的办案期限，应当从调解未达成协议或者达成协议后不履行之日起开始计算。

公安派出所承办的案情重大、复杂的案件，需要延长办案期限的，应当报所属县级以上公安机关负责人批准。

第一百一十九条 【当场处罚】

违反治安管理行为事实清楚，证据确凿，处警告或者五百元以下罚款的，可以当场作出治安管理处罚决定。

说 明

本条提高了数额。

对照法条

治安管理处罚法（2012）	治安管理处罚法（2025）
第一百条　违反治安管理行为事实清楚，证据确凿，处警告或者二百元以下罚款的，可以当场作出治安管理处罚决定。	第一百一十九条　违反治安管理行为事实清楚，证据确凿，处警告或者五百元以下罚款的，可以当场作出治安管理处罚决定。

条文释义

本条是关于人民警察可以当场作出治安管理处罚决定适用条件的规定。

设置行政处罚程序，一方面是控制和规范行政处罚权力的行使，防止行政处罚的滥用，减少行政处罚的随意性。另一方面是为了提高行政效率。从这个角度出发，在一般行政处罚程序之外，还设定了行政处罚的简易程序。针对许多治安案件案情简单、情节较轻的特点，本法设置了当场处罚程序，可以说，当场处罚是一般行政处罚程序的简化程序。设置当场处罚程序，目的是提高行政效率，促进行政机关有效地履行维护行政秩序的职责，有利于及时处理社会矛盾。

根据《行政处罚法》第五十一条规定："违法事实确凿并有法定依据，对公民处以二百元以下、对法人或者其他组织处以三千元以下罚款或者警告的行政处罚的，可以当场作出行政处罚决定。法律另有规定的，从其规定。"考虑到治安管理工作的特点，本条规定人民警察当场处罚的适用范围是"警告或者五百元以下罚款"，提高了当场处罚的罚款数额。这一规定，属于专门立法，按照特别法效力优于一般法的原则，对违反治安管理行为人当场处罚的适用范围，应当依照本条的规定，不适用《行政处罚法》第五十一条的规定。

根据本条规定，可以当场作出治安管理处罚决定的适用条件包括：第一，违反治安管理行为事实清楚，证据确凿。第二，依法处警告或者五百元以下罚款的。即只有符合法定的处罚种类和幅度的，才适用当场处罚。当场处罚的种类只限于警告和罚款。罚款的数额则限于五百元以下。这里规定的"依法"是指处警告或者五百元以下罚款必须是在本法第三章所规定的处罚种类和罚款幅度内。第三，执法主体是人民警察。当场处罚，必须是人民警察在依法执行职务时查处的违反治安管理行为，才可以。人民警察在非工作时间发现有违反治安管理行为的，应当予以制止，并将违法行为人送交当地公安机关或者正在执勤的具有治安案件办案权限的人民警察处理。

需要明确的是，当场处罚和当场执行是两个不同的概念。它们之间既有联系又有区别。当场处罚属于处罚权限的分配，是处罚的决定程序；当场执行是对处罚的一种执行方式，是处罚的执行程序。

实务问答

1. 对事实清楚、证据确凿，处警告或者 500 元以下罚款的治安案件，是否都必须当场作出治安管理处罚？

根据本条规定，人民警察对符合本条规定的治安案件"可以"当场作出治安管理处罚，因此并不排除对这类案件适用一般程序。通常，对违反治安管理行为人对人民警察认定的事实、证据有重大分歧，或者有其他人民警察认为有必要适用一般程序的，可不适用当场处罚程序。另外，对事实清楚、证据确凿，处警告或者500元以下罚款的治安案件，如果违反治安管理行为人还涉及其他违法犯罪案件，也不宜适用当场处罚。

2. 对卖淫、嫖娼和引诱、容留、介绍他人卖淫以及涉外违反治安管理行为，是否可以适用当场处罚？

根据《公安机关办理行政案件程序规定》的规定，对卖淫、嫖娼和引诱、介绍、容留卖淫、嫖娼的以及涉外违反治安管理行为，不适用当场处罚。

> **第一百二十条 【当场处罚的程序】**
>
> 当场作出治安管理处罚决定的，人民警察应当向违反治安管理行为人出示人民警察证，并填写处罚决定书。处罚决定书应当当场交付被处罚人；有被侵害人的，并应当将决定书送达被侵害人。
>
> 前款规定的处罚决定书，应当载明被处罚人的姓名、违法行为、处罚依据、罚款数额、时间、地点以及公安机关名称，并由经办的人民警察签名或者盖章。
>
> 适用当场处罚，被处罚人对拟作出治安管理处罚的内容及事实、理由、依据没有异议的，可以由一名人民警察作出治安管理处罚决定，并应当全程同步录音录像。
>
> 当场作出治安管理处罚决定的，经办的人民警察应当在二十四小时以内报所属公安机关备案。

说 明

本条增加了第三款,即适用当场处罚的,可以由一名人民警察作出治安管理处罚决定。依照前款规定由一名人民警察作出治安管理处罚决定的,应当全程同步录音录像的规定。并作了一些表述性修改。

对照法条

治安管理处罚法(2012)	治安管理处罚法(2025)
第一百零一条 当场作出治安管理处罚决定的,人民警察应当向违反治安管理行为人出示工作证件,并填写处罚决定书。处罚决定书应当当场交付被处罚人;有被侵害人的,并将决定书副本抄送被侵害人。 前款规定的处罚决定书,应当载明被处罚人的姓名、违法行为、处罚依据、罚款数额、时间、地点以及公安机关名称,并由经办的人民警察签名或者盖章。 当场作出治安管理处罚决定的,经办的人民警察应当在二十四小时内报所属公安机关备案。	第一百二十条 当场作出治安管理处罚决定的,人民警察应当向违反治安管理行为人出示**人民警察证**,并填写处罚决定书。处罚决定书应当当场交付被处罚人;有被侵害人的,并**应当将决定书送达**被侵害人。 前款规定的处罚决定书,应当载明被处罚人的姓名、违法行为、处罚依据、罚款数额、时间、地点以及公安机关名称,并由经办的人民警察签名或者盖章。 **适用当场处罚,被处罚人对拟作出治安管理处罚的内容及事实、理由、依据没有异议的,可以由一名人民警察作出治安管理处罚决定,并应当全程同步录音录像。** 当场作出治安管理处罚决定的,经办的人民警察应当在二十四小时以内报所属公安机关备案。

条文释义

本条是关于人民警察当场作出治安管理处罚决定程序的规定，共四款。

本条第一款是关于当场处罚程序的规定。根据《行政处罚法》的规定，当场作出行政处罚决定适用简易程序。简易程序的特点在于当场处罚，但当场处罚程序不能忽略必要的环节和步骤。当场处罚程序主要包括以下几方面内容：

1. 人民警察应当向违反治安管理行为人出示人民警察证，以表明身份。出示人民警察证表明身份是当场处罚程序的前提。这样规定主要基于以下考虑：第一，当场处罚往往发生在治安管理违法行为的现场，具有合法处罚主体资格的人民警察，必须以适当方式表明自己的身份，并以此确认自身有权对违反治安管理行为人进行管理和处罚。第二，表明身份程序有利于违反治安管理行为人不服处罚时，申请行政复议或提起行政诉讼。另外，出示人民警察证表明身份也能体现对当事人的尊重，树立人民警察的形象。需要注意的是，法定的着装有时也能表明身份，如在执勤场所穿着交通警察服的交通警。但作为治安管理当场处罚的执法主体，法律仅明确规定人民警察应当出示人民警察证。

2. 确认违法事实。违法事实是进行治安管理处罚的基础。适用当场处罚程序的违法行为，一般都是当场被人民警察发现或者有人当场指认某人违法的，属于情节简单、事实清楚、证据确凿的。人民警察即可通过当场调查取证，用证据证明、确认违法事实。

3. 告知违反治安管理行为人处罚理由以及陈述和申辩的权利。作为简易程序的当场处罚程序，人民警察也应当根据规定履行告知

· 541 ·

义务，在作出治安管理处罚决定前，告知违反治安管理行为人处罚的事实和法律依据以及依法享有的权利。由于当场处罚的特殊要求，违反治安管理行为人陈述和申辩采用口头形式。人民警察要认真听取违反治安管理行为人的意见，对其申辩意见要给予全面耐心的回答。对违反治安管理行为人提出的事实、理由和证据，应当认真听取核对；违反治安管理行为人提出的事实、理由或者证据成立的，人民警察应当采纳。人民警察不得因违反治安管理行为人的陈述、申辩而加重处罚。

4. 制作当场处罚决定书。

5. 处罚决定书应当当场交付被处罚人。当场处罚决定书制作好后，应当当场交付被处罚人。有被侵害人的，应当将处罚决定书送达被侵害人。

6. 应当全程同步录音录像。

第二款对当场处罚决定书进行了规定。当场处罚决定书是人民警察当场处罚的唯一书面证明材料，一般采用由公安机关预先统一制作好的格式文书，具有固定格式和编号。由人民警察在当场处罚时填写。由一名人民警察作出治安管理处罚决定的，应当全程同步录音录像。通过全程同步录音录像，可实现第一款的立法目的。

第三款是适用当场处罚的，可以由一名人民警察作出治安管理处罚决定的规定。《行政处罚法》第四十二条规定，行政处罚应当由具有行政执法资格的执法人员实施，且执法人员不得少于两人。这一规定明确指出了执法活动中对执法人员数量的要求，即至少需有两名执法人员共同进行。警察作为执法人员的一种，其执法活动自然也应遵循上述规定。但对于一些简单的治安案件，如果适用简易程序，并且情况紧急或特殊，法律也可能允许民警单独执法。然而，这种情况下的单独执法必须严格遵循相关法律规定，并确保执法行为的合法性和合理性。

本条第四款是关于经办的人民警察应当在二十四小时以内将当场处罚决定报所属公安机关备案的规定。包括两层含义：

第一，人民警察应当将当场处罚决定报所属公安机关备案。"备案"是指将处罚决定书报所属公安机关存档，以备核查，而不是指报所属公安机关批准。备案的意义在于：一是为所属公安机关可以随时了解人民警察实施当场处罚情况提供依据，防止随意当场处罚；二是为公安机关日后的行政复议或行政诉讼提供资料。

第二，人民警察应当在二十四小时以内报所属公安机关备案。对备案时间作出要求，主要考虑：一是所属公安机关能及时了解情况，避免产生被处罚人不服处罚申请行政复议时，所属公安机关不知情的现象；二是便于所属公安机关及时监督人民警察的执法行为。

> **第一百二十一条　【行政复议和行政诉讼】**
> 被处罚人、被侵害人对公安机关依照本法规定作出的治安管理处罚决定，作出的收缴、追缴决定，或者采取的有关限制性、禁止性措施等不服的，可以依法申请行政复议或者提起行政诉讼。

说 明

本条有较大修订。

对照法条

治安管理处罚法（2012）	治安管理处罚法（2025）
第一百零二条　被处罚人对治安管理处罚决定不服的，可以依法申请行政复议或者提起行政诉讼。	第一百二十一条　被处罚人、被侵害人对公安机关依照本法规定作出的治安管理处罚决定，作出的收缴、追缴决定，或者采取的有关限制性、禁止性措施等不服的，可以依法申请行政复议或者提起行政诉讼。

条文释义

我国是通过建立行政复议制度和行政诉讼制度为行政管理相对人提供法律救济的。《行政复议法》和《行政诉讼法》对此分别作了具体规定。本条规定，被处罚人、被侵害人对治安管理处罚决定，收缴、追缴决定，采取的有关限制性、禁止性措施等不服的，可以依法申请行政复议或者提起行政诉讼。本条规定的"依法"主要是指依照《行政复议法》和《行政诉讼法》。

1986年制定《治安管理处罚条例》时，采用的是复议前置的做法，即"先复议、后诉讼"。随着《行政诉讼法》《行政处罚法》《行政复议法》的相继施行，法律对行政管理相对人的救济手段作了进一步的细化，其中一个重要方面就是以当事人自主选择行政复议或行政诉讼为原则，以"复议前置"为例外。

申请行政复议、提起行政诉讼，指被行政拘留人实际提出行政复议申请或者提起行政诉讼的行为，不仅包括被行政拘留人采取书面、口头或者委托他人的方式向行政复议机关提出复议申请或者向人民法院提起行政诉讼的行为，也包括被行政拘留人采取书面、口头或者委托他人的方式向执行场所或者其他办案部门、内设机构提出复议申请或诉讼请求，再由相应机构依法转交的行为。

实务问答

1. 行政拘留的时间能否在行政诉讼起诉期限内扣除？

行政拘留期间在行政诉讼起诉期限内是否予以扣除，要看行政拘留是否属于"不属于当事人自身的原因"而不能提起诉讼的情况，应当结合具体情形作出认定。第一，扣除起诉期限的标准是"不属于自身原因"。《行政诉讼法》第四十八条第一款规定，公民、法人或者其他组织因不可抗力或者其他不属于其自身的原因耽误起诉期限的，被耽误的时间不计算在起诉期限内。即只有"因不可抗力或者其他不属于其自身的原因耽误起诉期限的"才可以在起诉期限内予以扣除。核心标准即是否属于"不属于自身的原因"耽误期限。第二，法律对保障拘留期间被拘留人行政诉权作出规定。法律法规明确规定，被拘留人不服行政拘留等行政行为的，其本人可以提起行政诉讼，因限制人身自由不能提起诉讼的，其近亲属可以受托起诉或者先行起诉。《最高人民法院关于适用〈中华人民共和国行政诉讼法〉的解释》第十四条第二款规定，公民因被限制人身自由而不能提起诉讼的，其近亲属可以依其口头或者书面委托以该公民的名义提起诉讼。近亲属起诉时无法与被限制人身自由的公民取得联系的，近亲属可以先行起诉。《拘留所条例》第二十五条、第二十六条以及《拘留所条例实施办法》第四十条第一款规定，被拘留人在被拘留期间有权提出举报、控告，申请行政复议，请求国家赔偿，提起行政诉讼或申请暂缓执行行政拘留。即使被拘留人的人身自由受到限制，其仍有权采取委托代理人、当面递交、邮寄、传真或者电子邮件等方式提起行政诉讼，其起诉权利并未受到限制。据此，行政拘留并不当然属于《行政诉讼法》第四十八条第一款规定的"不属于自身原因"的情形。第三，由于拘留客观上导致不能提起诉讼的，被耽误的时间在起诉期限内应予扣除。对于在特定情形下，确因拘留无法行使诉讼权的，应当认定为"不属于自身原因"。被拘留人在起诉时应当提交初步证据予以证明；公安机关提出相反意见的，应当提供证据证明；被拘留人不能提供相关证据的，还可以依据《行政诉讼法》第四十一条的规定申请人民法院调取证据。①

2. 行政机关未依法送达行政决定，但有充分证据证明原告知道该行政决定内容的，原告对该行政决定提起行政诉讼的，如何计算起诉期限？②

《行政诉讼法》第四十六条规定，公民、法人或者其他组织直接向人民法院提起诉讼的，应当自知道或者应当知道作出行政行为之日起六个月内提出。行政机关依法作出行政决定并送达的，送达之日即为"知道或者应当知道作出行政行为之日"。行政机关未依法送达行政决定的，应当自公民、法人或者其他组织实际知道或者应当知道之日起计算。对于这个问题，可以从三个方面说明：第一，书面的行政决定，一般须送达后才能对行政相对人产生效力。作出书面行政决定的意思表示必须由作为表意人的行政机关依法向行政相对人明示，该书面行政行为内容才能对该相对人发生法律效力。第二，对于书面决定以外的行政行为，例如行政事实行为（强制拆除等行为），因其常常没有履行送达程序，根据《行政诉讼

---

① 2024 年 5 月 31 日，最高人民法院举办了第三期"行政审判讲堂"。
② 2024 年 8 月 2 日，最高人民法院举办了第五期"行政审判讲堂"，针对通过法答网提出的五个疑难复杂问题，梁凤云副庭长代表最高人民法院行政审判庭进行了现场答疑。

法》第四十六条、《行政复议法》第二十条第一款的规定，其起诉期限或者申请复议期限，应当自实际知道或者应当知道该行政行为之日起算。第三，对于书面行政决定应当区分两种情况处理：①如果存在数个行政相对人，而行政机关仅向其中部分人送达，则该行政决定仅对受送达的人发生法律效力，并开始计算起诉期限；对未依法送达的其他相对人而言，该行政决定尚未发生法律效力，不能开始计算起诉期限。类似的情况，可以参考《行政复议法实施条例》第十五条第二款的规定，"行政机关作出具体行政行为，依法应当向有关公民、法人或者其他组织送达法律文书而未送达的，视为该公民、法人或者其他组织不知道该具体行政行为"。②对于实际知道或者应当知道的事项，一般由行政机关承担举证责任。对于利害关系人而言，因其并非应当依法送达的对象，应当从其实际知道或者应当知道行政行为之日开始起算起诉期限。

3. 在起诉行政拘留决定的案件中，侵害人为原告，受害人作为第三人参加诉讼。一审法院判决驳回原告的诉讼请求，原告未上诉而第三人提起上诉，第三人有无上诉权？

受害人作为第三人参加诉讼的案件中，一审判决主文及其他内容未对其设定义务或者减损权益的情形下，第三人一般无权提起上诉。原《最高人民法院关于执行〈行政诉讼法〉若干问题的解释》第二十四条第二款规定，第三人有权提出与本案有关的诉讼主张，对人民法院的一审判决不服，有权提起上诉。但2015年施行的《行政诉讼法》改变了赋予所有第三人上诉权的做法，根据该法第二十九条第二款规定，人民法院判决第三人承担义务或者减损第三人权益的，第三人有权依法提起上诉。作出上述修改的原因是，第三人没有对行政行为提起诉讼，一般情形下不当然享有独立的上诉权，即便属于2015年施行的《行政诉讼法》第二十九条第一款规定的"同被诉行政行为有利害关系但没有提起诉讼"的情形；但人民法院判决其承担义务或者减损其权益的，则由于法院的裁判产生了第三人的上诉权。①

以案说法

肖某春诉某市人民政府行政复议决定案

2016年10月3日，肖某春及其女儿女婿与王某虹发生纠纷。某市公安局于2016年12月14日对王某虹作出行政处罚决定，认定王某虹用高跟鞋和石头扔肖某春，给予王某虹拘留八日并罚款三百元的行政处罚。2017年1月22日，肖某春对该处罚决定不服，认为某市公安局作出的处罚决定认定事实错误、适用法律错误，向某市人民政府申请行政复议。某市人民政府于2017年3月28日作出5号复议决定，认为某市公安局对王某虹作出的处罚决定所依据的事实不清、证据不足，故决定撤销处罚决定。

最高人民法院认为：《行政复议法》规定了行政复议禁止不利变更原则。因为复议申请人申请行政复议，是为了撤销对己不利的行政行为。如果行政复议机关在审查行政行为是否合法或适当的过程中，作出对复议申请人较原裁决更为不利的决定，那么就会违背复议申请人提起行政救济的本意。行政复议禁止不利变更原则体现了"申辩不加重"的本意，即要求行政复议机关不得因当事人申辩而加重处罚。但是行政复议禁止不利变更原则的适用也存在例外情形。在行政处罚案件中，排除禁止不利变更原则适用包括但不限于以下情形：一是被侵害人及被处罚人同为复议申请人。此类情形中

---

① 2025年1月24日，最高人民法院举办2025年第一期"行政审判讲堂"（总第十一期），受最高人民法院行政审判庭委派，一级高级法官王晓滨审判长进行了现场答疑。

被侵害人、被处罚人会明示请求撤销处罚决定；二是被侵害人或被处罚人申请了行政复议，另一方作为第三人在复议程序中存在有意识的默示申请撤销处罚决定的行为。本案中，肖某春因不服某市公安局对王某虹所作的处罚决定而申请复议，被处罚人王某虹系复议程序中的第三人。王某虹虽然并非复议申请人，但其在复议程序中明确主张未殴打肖某春、存在作伪证等情形，因此可以认定王某虹并不认可某市公安局作出的处罚决定，且已提出申辩，符合默示申请撤销处罚决定的要件。在此情形下，某市人民政府经审理后，决定撤销处罚决定，并未违反禁止不利变更原则。

【案号】 最高人民法院（2019）最高法行申4324号

<h3 style="text-align:center">郭某红诉某县公安局行政处罚案</h3>

最高人民法院经审查认为：本案中，郭某红自2017年3月28日即知晓某县公安局作出行政处罚决定，其于2017年5月30日向某县政府申请行政复议，已经超过法定申请期限。关于郭某红提出被拘留期间不应计算在申请行政复议期限内的问题，根据《拘留所条例》第二十五条、第二十六条以及《拘留所条例实施办法》第四十条第一款的规定，郭某红在被拘留期间有权利申请行政复议，但其未提出在被拘留期间申请行政复议的权利受到限制，亦未提供妨碍其行使相关权利的证据，故郭某红被行政拘留不属于《行政复议法》规定的因不可抗力或者其他正当理由耽误法定申请期限的情形。

【案号】 最高人民法院（2020）最高法行申13508号

<h3 style="text-align:center">李某星诉某县公安局行政处罚案</h3>

云南省普洱市中级人民法院：本案中，李某星不服某县公安局对其作出的行政处罚决定后，向某市公安局申请行政复议，某市公安局作出了维持某县公安局行政处罚决定的复议决定，并于2018年12月12日向李某星送达了复议决定书，该复议决定书明确告知

李某星如不服该决定,可在收到决定书之日起十五日内依法向某县人民法院提起行政诉讼。故从 2018 年 12 月 12 日起计算,李某星应在十五日内向某县人民法院提起行政诉讼,但其于 2019 年 2 月 25 日才向某县人民法院提起行政诉讼,显然超过了十五日的起诉期限。

【案号】云南省普洱市中级人民法院(2019)云 08 行终 43 号

周某江诉某市公安局不履行法定职责案

新乡市凤泉区人民法院认为:本案中,起诉人周某江认为某市公安局未依法履行保护其人身权利的法定职责,属于上述法律规定的应当先申请行政复议的情形。且某市公安局作出的新凤公(耿)不立告字〔2024〕1 号不予立案告知书载明"对不予立案不服的,可以在收到本告知书之日起六十日内向某市人民政府申请行政复议,对行政复议决定不服的,可以依法向人民法院提起行政诉讼",周某江在该告知书上签名、捺指印。据此,本案属复议前置情形,起诉人周某江应依法先申请行政复议,若对行政复议决定不服,才可向人民法院提起行政诉讼。

【案号】新乡市凤泉区人民法院(2024)豫 0704 行初 8 号

关联规定

《公安机关执行〈中华人民共和国治安管理处罚法〉有关问题的解释》(2020 年 7 月 21 日修改)

十四、关于治安行政诉讼案件的出庭应诉问题。《治安管理处罚法》取消了行政复议前置程序。被处罚人对治安管理处罚决定不服的,既可以申请行政复议,也可以直接提起行政诉讼。对未经行政复议和经行政复议决定维持原处罚决定的行政诉讼案件,由作出处罚决定的公安机关负责人和原办案部门的承办民警出庭应诉;对

第四章　处罚程序

经行政复议决定撤销、变更原处罚决定或者责令被申请人重新作出具体行政行为的行政诉讼案件，由行政复议机关负责人和行政复议机构的承办民警出庭应诉。

第三节　执　　行

> **第一百二十二条**　【行政拘留处罚的执行】
>
> 对被决定给予行政拘留处罚的人，由作出决定的公安机关送拘留所执行；执行期满，拘留所应当按时解除拘留，发给解除拘留证明书。
>
> 被决定给予行政拘留处罚的人在异地被抓获或者有其他有必要在异地拘留所执行情形的，经异地拘留所主管公安机关批准，可以在异地执行。

说　明

本条增加了第二款"异地执行"及执行期满的规定。

对照法条

治安管理处罚法（2012）	治安管理处罚法（2025）
第一百零三条　对被决定给予行政拘留处罚的人，由作出决定的公安机关送达拘留所执行。	第一百二十二条　对被决定给予行政拘留处罚的人，由作出决定的公安机关送拘留所执行；**执行期满，拘**

续表

治安管理处罚法（2012）	治安管理处罚法（2025）
	留所应当按时解除拘留，发给解除拘留证明书。 被决定给予行政拘留处罚的人在异地被抓获或者有其他有必要在异地拘留所执行情形的，经异地拘留所主管公安机关批准，可以在异地执行。

条文释义

本条是关于如何执行行政拘留处罚的规定。

原《治安管理处罚条例》第三十五条第一款规定："受拘留处罚的人应当在限定的时间内，到指定的拘留所接受处罚。对抗拒执行的，强制执行。"行政拘留处罚作出后，有两种执行方式：一是被处罚人自己履行，即被处罚人在限定的时间内，自己到指定的拘留所接受处罚；二是强制执行，即对于被处罚人拒不按照处罚决定限定的时间到指定的拘留所接受处罚的，由公安机关强制执行处罚决定，将被处罚人送至指定的拘留所接受处罚。但随着公民在就业、居住等方面的选择自由度不断提高，流动人口大量增加，同时社会基层组织对人员状况的掌握、控制能力也不像以前那样强，在实践中，很难保证被处罚人都能够在限定的时间内，到指定的拘留所接受处罚。而且一旦被处罚人拒绝自己履行，公安机关要找到被处罚人并将其送到拘留所接受处罚，在操作上也经常会遇到很大的困难。考虑到实际需要，2005年《治安管理处罚法》取消了自己履行这种行政拘留处罚执行方式，而是直接规定，对被决定给予行政拘留处罚的人，由作出决定的公安机关送拘留所执行。

本条规定中的"送拘留所执行",是指作出行政拘留决定的公安机关负责将被决定行政拘留的人送到拘留所交付执行的行为。本条所规定的"送",是指作出行政拘留决定的公安机关,派出工作人员将被处罚人送至拘留所执行处罚的行为。"拘留所",是指对被决定行政拘留处罚的人执行拘留的专门场所。实践中,拘留所依法办理入所手续,接收被处罚人后,才算送达。另外规定,执行期满,拘留所应当按时解除拘留,发给解除拘留证明书。

本条第二款规定了异地执行程序。被决定给予行政拘留处罚的人在异地被抓获或者有其他有必要在异地拘留所执行情形的,经异地拘留所主管公安机关批准,可以在异地执行。

实务问答

1. 除行政拘留外,公安机关在办理行政案件过程中,对县级以上人大代表采取传唤等调查措施或者处以其他种类的行政处罚,是否也应当报经该级人大主席团或者常务委员会许可?

《全国人民代表大会和地方各级人民代表大会代表法》对县级以上人大代表的人身自由保护作了特别规定。法律这样规定是为了排除不必要的干扰,保障人大代表依法行使职权,保证国家权力机关的正常运转,维护国家权力机关的权威。对各级人大代表采取限制人身自由的强制措施时,要从严掌握,自觉尊重维护人大代表的法定权利和国家权力机关的权威。公安机关在办理行政案件过程中,除作出行政拘留决定外,如果要对县级以上人大代表采取限制人身自由的强制措施,如强制传唤等,应当报经该级人民代表大会主席团或者常务委员会许可。但是,对县级以上人大代表采取传唤等非限制人身自由的调查取证措施或者处以罚款等非限制人身自由的行政处罚时,公安机关无须报经该级人民代表大会主席团或者常务委员会许可。

2. 被拘留人在被拘留期间是否享有选举权和被选举权？

《宪法》第三十四条规定："中华人民共和国年满十八周岁的公民，不分民族、种族、性别、职业、家庭出身、宗教信仰、教育程度、财产状况、居住期限，都有选举权和被选举权；但是依照法律被剥夺政治权利的人除外。"治安管理处罚并不涉及剥夺公民的政治权利和民主权利问题。因此，在拘留执行期间，被拘留人除人身自由受到暂时限制外，其他公民权利并没有被限制或者被剥夺。也就是说，原来享有选举权、被选举权的被拘留人，在行政拘留执行期间仍享有这些权利，拘留所应当提供条件，保障被其依法行使。

3. 被拘留人在被拘留期间的生活费是否由被拘留人自行负担？

本法对被拘留人在被拘留期间的生活费来源未作规定。2006年3月1日本法施行后，拘留所不得再按照《治安管理处罚条例》的规定，向被拘留人收取生活费、医疗费等费用。

《治安管理处罚条例》第三十五条第二款规定："在拘留期间，被拘留人的伙食费由自己负担。"在本法起草过程中，对是否明确规定被拘留人的生活费来源问题，有两种不同的意见。一种意见认为，应当在本法中对被拘留人员的生活费作出明确规定，即"被拘留人的生活费由地方财政支付。"具体理由是：①行政拘留是一种依法设定的限制人身自由的行政处罚。在拘留期间，被拘留人的伙食费由自己负担，不仅不能体现法律的严肃性，而且不合情理。②实际执行中，被拘留人自己交纳生活费的比例很小，仅占30%左右。被拘留人在所期间的生活费，大多要靠地方财政予以补助。③如果本法既不规定被拘留人的生活费由地方财政支付，也不规定由被拘留人自行承担，将导致被拘留人的生活费来源无法落实，严重制约拘留所工作的正常运转，也不利于保障被拘留人的合法权益。

另一种意见认为，既然法律未规定被拘留人的生活费由其本人承担，就意味着被拘留人的生活费应由财政列支。这是题中应有之义，无须在法律中规定，由国务院予以明确即可。本法采纳了后一种意见，未对被拘留人在被拘留期间的生活费问题作出规定。

4. 因执行行政拘留，对符合事实无人抚养儿童如何安排？

根据《国务院关于加强困境儿童保障工作的意见》（国发〔2016〕36号）、《民政部、最高人民法院、最高人民检察院、发展改革委、教育部、公安部、司法部、财政部、医疗保障局、共青团中央、全国妇联、中国残联关于进一步加强事实无人抚养儿童保障工作的意见》（民发〔2019〕62号）、《民政部、公安部、财政部关于进一步做好事实无人抚养儿童保障有关工作的通知》（民发〔2020〕125号）等规定，对于决定执行行政拘留的被处罚人或采取刑事拘留等限制人身自由刑事强制措施的犯罪嫌疑人，公安机关应当询问其是否有未成年子女需要委托亲属、其他成年人或民政部门设立的儿童福利机构、救助保护机构监护，并协助其联系有关人员或民政部门予以安排。公安、司法、刑罚执行机关在办案中发现涉案人员子女或者涉案儿童属于或者可能属于事实无人抚养儿童的，应当及时通报其所在地民政部门或乡镇人民政府（街道办事处）。

以案说法

陈某汉诉某县公安局行政处罚案

广西壮族自治区玉林市中级人民法院认为：行政拘留作出后应当有执行期限，不能拖延执行。公安部《关于行政拘留执行中有关问题的意见》第一条规定，行政拘留处罚决定作出后，拘留决定机关应当在当日将被拘留人送达拘留所执行，不得拖延。第二条规定，因情况特殊，拘留机关无法按照行政处罚决定书上载明的时间将被拘留人送达拘留所执行的，拘留决定机关应当在行政处罚决定书上重新载明拘留的起止时间，并加盖拘留决定机关印章。根据前述规定，《2009年决定书》执行期限为2009年9月25日至29日，2009年9月30日后执行期限即过，再执行《2009年决定书》已属违法。被上诉人在前述执行期限内未对上诉人执行拘留，又不依前述规定重新在《2009年决定书》上载明新的执行拘留的起止日期。故被上诉人于2015年对上诉人执行拘留这一行政行为违法。为何于时隔近六年的2015年执行拘留，此执法动机无法解释和证明具有正当性。2015年重新制作的法律文书，在内容上虽与《2009年决定书》大致相同，但从编号被改变看，在不存在笔误的情形下（被上诉人并不主张为笔误），应视为新作出的法律文书，即被上诉人涉嫌违反我国行政处罚法关于一事不得再罚的有关法律规定。故应确认被上诉人对上诉人执行拘留的行为违法。

【案号】广西壮族自治区玉林市中级人民法院（2016）桂09行终16号

关 联 规 定

《公安机关执行〈中华人民共和国治安管理处罚法〉有关问题的解释》（2020年7月21日修改）

十三、关于将被拘留人送达拘留所执行问题。《治安管理处罚法》规定："对被决定给予行政拘留处罚的人，由作出决定的公安机关送达拘留所执行。"这里的"送达拘留所执行"，是指作出行政拘留决定的公安机关将被决定行政拘留的人送到拘留所并交付执行，拘留所依法办理入所手续后即为送达。

第四章 处罚程序

《公安机关办理行政案件程序规定》（2020年8月6日修正）

第一百七十六条 作出行政拘留处罚决定的，应当及时将处罚情况和执行场所或者依法不执行的情况通知被处罚人家属。

作出社区戒毒决定的，应当通知被决定人户籍所在地或者现居住地的城市街道办事处、乡镇人民政府。作出强制隔离戒毒、收容教养决定的，应当在法定期限内通知被决定人的家属、所在单位、户籍所在地公安派出所。

被处理人拒不提供家属联系方式或者不讲真实姓名、住址，身份不明的，可以不予通知，但应当在附卷的决定书中注明。

第一百二十三条 【罚款处罚的执行】

受到罚款处罚的人应当自收到处罚决定书之日起十五日以内，到指定的银行或者通过电子支付系统缴纳罚款。但是，有下列情形之一的，人民警察可以当场收缴罚款：

（一）被处二百元以下罚款，被处罚人对罚款无异议的；

（二）在边远、水上、交通不便地区，旅客列车上或者口岸，公安机关及其人民警察依照本法的规定作出罚款决定后，被处罚人到指定的银行或者通过电子支付系统缴纳罚款确有困难，经被处罚人提出的；

（三）被处罚人在当地没有固定住所，不当场收缴事后难以执行的。

·557·

说 明

本条进行了罚款数额并作了一些表述性修改。

对照法条

治安管理处罚法（2012）	治安管理处罚法（2025）
第一百零四条　受到罚款处罚的人应当自收到处罚决定书之日起十五日内，到指定的银行缴纳罚款。但是，有下列情形之一的，人民警察可以当场收缴罚款： （一）被处**五十**元以下罚款，被处罚人对罚款无异议的； （二）在边远、水上、交通不便地区，公安机关及其人民警察依照本法的规定作出罚款决定后，被处罚人**向**指定的银行缴纳罚款确有困难，经被处罚人提出的； （三）被处罚人在当地没有固定住所，不当场收缴事后难以执行的。	第一百二十三条　受到罚款处罚的人应当自收到处罚决定书之日起十五日**以内**，到指定的银行**或者通过电子支付系统**缴纳罚款。但是，有下列情形之一的，人民警察可以当场收缴罚款： （一）被处**二百**元以下罚款，被处罚人对罚款无异议的； （二）在边远、水上、交通不便地区，**旅客列车上或者口岸**，公安机关及其人民警察依照本法的规定作出罚款决定后，被处罚人**到指定的银行或者通过电子支付系统**缴纳罚款确有困难，经被处罚人提出的； （三）被处罚人在当地没有固定住所，不当场收缴事后难以执行的。

条文释义

由于罚款既不影响被处罚人的人身自由及其他合法权益，又能起到对违法行为的惩戒作用，因此，成为包括治安管理处罚在内的各种行政处罚中应用最广泛的一种，也是执法中最容易失控乃至出现问题最多的一个方面。为防止执法机关利用职权将罚款作为创收

第四章 处罚程序

手段，避免执法人员滥用罚款，甚至中饱私囊，从制度上堵住罚款收缴工作中的漏洞，切实保护行政管理相对人的合法权益，《行政处罚法》确立了行政处罚罚缴分离的原则。

根据本条规定，罚款的缴纳可分为下列两种方式：

（1）被处罚人自行到指定的银行或者通过电子支付系统缴纳。受到罚款处罚的人主动缴纳罚款，是其应尽的法定义务。本条规定中的"自收到处罚决定书之日起十五日以内"，是从被处罚人收到治安管理处罚决定书之日起计算的包括节假日在内的15日内。指定的银行，是受公安机关指定并与公安机关签订了收缴罚款协议的银行。银行收缴罚款后，应将罚款直接上缴国库。

（2）人民警察当场收缴罚款。考虑到我国国情、治安案件的特殊性和被处罚人的特殊情况，本条在规定罚缴分离的同时，对人民警察可以当场收缴罚款的情形作了明确规定：一是被处200元以下罚款，被处罚人对罚款无异议的。按照本项规定当场收缴罚款必须符合以下两个条件：其一，被处200元以下罚款。如果罚款数额超过200元的，除非具有本条第二项、第三项的情形之一，否则人民警察不得当场收缴罚款。其二，被处罚人对罚款无异议的。被处罚人对罚款无异议，是指被处罚人对公安机关认定的违反治安管理的事实、证据，给予罚款处罚，以及处罚数额等没有不同意见，而不是指被处罚人对当场收缴这种罚款缴纳方式无异议。

二是在边远、水上、交通不便地区、旅客列车上或者口岸，公安机关及其人民警察依照本法的规定作出罚款决定后，被处罚人到指定的银行或者通过电子支付系统缴纳罚款确有困难，经被处罚人提出的。因此，出于方便被处罚人的考虑，本条规定人民警察在边远、水上、交通不便地区、旅客列车上或者口岸可以依法当场收缴罚款，但须经被处罚人提出。也就是说，适用本项规定当场收缴罚

·559·

款必须符合以下两个条件：其一，公安机关及其人民警察是在边远、水上、交通不便地区、旅客列车上或者口岸作出罚款决定的；其二，被处罚人提出其到指定的银行或者通过电子支付系统缴纳罚款确有困难，要求当场缴纳罚款的。"在边远、水上、交通不便地区、旅客列车上或者口岸"是一个特定的地域条件，"被处罚人提出"是一个主动意思表示条件，两个条件缺一不可。水上，是指江、河、湖、海区域。

这里需要注意的是，"被处罚人提出"并不需要被处罚人提出书面申请，只需口头提出即可，但是，由于"被处罚人提出"是当场收缴罚款的必备条件之一，为了保证当场收缴罚款的合法、有效，人民警察必须将情况记录在案，并要求被处罚人签名、盖章或者捺指印予以确认。如果被处罚人提出当场缴纳罚款，但又拒绝签名、盖章和捺指印的，人民警察不得当场收缴罚款。

三是被处罚人在当地没有固定住所，不当场收缴事后难以执行的。根据本项规定，当场收缴罚款必须同时具备以下两个条件：其一，被处罚人在当地没有固定住所；其二，不当场收缴事后难以执行。这里需要指出以下三点：首先，本条规定的人民警察可以当场收缴罚款的情形，其罚款决定既可以是当场作出的，也可以是依照一般程序作出的。这与《行政处罚法》规定的当场收缴罚款的适用范围不同。其次，除了本条第一项外，本条第二项、第三项规定的当场收缴罚款的情形都没有罚款数额的限制，即只要符合本条第二项、第三项规定的情形之一，无论罚款数额多少，人民警察都可以依法当场收缴罚款。最后，鉴于本条第一项规定的"被处罚人对罚款无异议"和第二项规定的"被处罚人提出"是当场收缴罚款的必备法定要件，为了保证当场收缴罚款的合法性和有效性，对按照本条第一项和第二项规定当场收缴罚款的，应当注明当场收缴罚款的原因，并由被处罚人签名或者盖章。对按照本条第三项规定当场收缴罚款的，人民警察只需注明原因即可。

从本法设定的可以当场收缴罚款的上述三项情形看，本法规定的当场收缴罚款的适用范围宽于《行政处罚法》所界定的当场收缴罚款的适用范围。

实务问答

1. 对依法可以当场收缴罚款而被处罚人拒不当场缴纳罚款是否可以强制执行？

需要注意的是，本条规定的是人民警察"可以"当场收缴罚款，而不是"应当"收缴罚款。如果被处罚人拒绝当场缴纳罚款，人民警察不得采取任何措施强制执行，只能要求被处罚人在规定的时间内到指定的银行或者通过电子支付系统缴纳罚款。而且，被处罚人拒绝当场缴纳罚款的，也不属于"逾期不履行行政处罚决定"，作出治安管理处罚决定的公安机关不能按照《行政处罚法》第七十二条的规定执行，即既不能"每日按罚款数额的百分之三加处罚款"，也不能"将扣押的财物拍卖抵缴罚款"或者"申请人民法院强制执行"。

2. 被处罚人是否可以暂缓或者分期缴纳罚款？

本法对此没有规定。按照《行政处罚法》第六十六条的规定，被处罚人如果确有经济困难，需要延期或者分期缴纳罚款的，经被处罚人申请和作出治安管理处罚决定的公安机关批准，可以暂缓或者分期缴纳。被处罚人申请延期或者分期缴纳罚款的，应当书面提出。在书面申请中，不仅要说明不能按期缴纳罚款的原因和理由，而且要写明申请延长的具体期限或者分期缴纳罚款的具体计划。公安机关对被处罚人的经济状况进行调查后，认为申请理由不能成立的，可以驳回申请，责令其依法按期缴纳；认为理由成立的，应当作出延期或者分期缴纳罚款的决定。

3. 如何理解"被处罚人在当地没有固定住所"？

本法对何为固定住所没有界定。《公安机关办理刑事案件程序规定》规定，"固定住所，是指犯罪嫌疑人在办案机关所在的市、县内生活的合法住处"。参照上述规定，"被处罚人在当地没有固定住所"，可以理解为被处罚人在作出治安管理处罚决定的公安机关所在的县、市、旗内没有生活的合法住处。合法住处，既包括被处罚人购买或者自建的拥有所有权的房屋，也包括租住、借住的拥有使用权的房屋。生活的合法住所，不是指临时租住、借住的房屋、宾馆、饭店，而是指居住时间已经或者将会超过一段较长时间的住所。那么在当地居住、生活多长时间，才可以视为在当地有固定住所呢？至少应当生活、居住半年以上。当然，对那些虽然生活、居住时间不到半年，但是在当地拥有稳定的收入来源的，也可以视为"在当地有固定住所"。实践中，判断被处罚人在当地有无固定住所，可以与被处罚人在作出治安管理处罚决定的公安机关所在的县、市、旗有无较为稳定的工作或者就读的学校等具体情况结合起来。对那些虽然在当地租住房屋时间不长，但有固定职业、稳定收入来源的，可以视为在当地有固定住所。对那些租住房屋时间不长且在当地没有固定工作或者其他稳定收入来源的，可以视为在当地没有固定住所。

4. 对逾期不缴纳罚款的如何处理？

对被处罚人逾期不缴纳罚款的处理问题，属于治安管理处罚的执行程序范畴。根据本法第三条"治安管理处罚的程序，适用本法的规定；本法没有规定的，适用《中华人民共和国行政处罚法》的有关规定"的规定，对被处罚人逾期不缴纳罚款的，应当按照《行政处罚法》第七十二条的规定处理。

5. 对不讲真实姓名的被处罚人，是否可以当场收缴罚款？

如果被处罚人不讲真实姓名的，公安机关无法查证其在当地是否有固定住所。因此，对该类被处罚人，人民警察可以依照本条第三项的规定当场收缴罚款。

6. 对外国人依法作出罚款、行政拘留决定附加限期出境或者驱逐出境处罚的，如何执行？

为了维护国家法律的尊严和权威，应当确保治安管理处罚全部得到执行。因此，对外国人依法作出罚款、行政拘留处罚决定，又附加适用限期出境或者驱逐出境处罚的，应当在罚款、行政拘留执行完毕后，执行附加处罚。由于驱逐出境应当立即执行，而罚款缴纳的期限是 15 天，实践中，两者在时间上会存在冲突。对外国人处以罚款的，如果外国人在作出罚款决定的公安机关所在的县、市没有固定住所或者没有合法证件证明其身份的，人民警察应当当场收缴罚款，然后予以驱逐出境、限期出境。对不属于当场收缴罚款情形的，人民警察应当责令被处罚的外国人尽快缴纳罚款，以便执行驱逐出境或者限期出境处罚。

7. 被处罚人被决定行政拘留 15 天且被并处罚款的，如何缴纳罚款？

按照本条规定，受到罚款处罚的人应当自收到处罚决定书之日起 15 日内到指定的银行或者通过电子支付系统缴纳罚款。对那些被处罚人被决定行政拘留 15 天并处罚款，且不符合《行政处罚法》第七十二条规定的"延期缴纳罚款"条件的，被处罚人仍须自收到处罚决定书之日起 15 日内到指定的银行或者通过电子支付系统缴纳罚款。否则，将会依法受到加处罚款或者强制执行等处理。因此，在这种情况下，公安机关在向被处罚人宣告处罚决定时，应当事先提醒被拘留人按期缴纳及不按期缴纳罚款要承担的法律责任。被拘留人提出委托其亲属代为缴纳罚款的，公安机关应当提供方便条件；被拘留人提出委托公安机关代为缴纳罚款的，公安机关可代为缴纳，但须被处罚人出具书面委托。公安机关在代为缴纳罚款后，应当将银行开具的缴纳罚款收据转交被处罚人。需要注意的是，对被处罚人被决定拘留15天并处罚款而无法自行按期缴纳罚款的，无论被处罚人是否主动提出，公安机关及其办案人员都不得当场收缴罚款。

以案说法

王某明诉某派出所行政处罚案

山东省济宁市中级人民法院认为：某派出所当场收取罚款确属程序存在瑕疵，但是事后已将罚款交至银行，对该程序上的瑕疵予以补救，也达到了罚款决定与罚款收缴分离的立法目的，并不构成程序违法。

【案号】山东省济宁市中级人民法院（2017）鲁08行终62号

关联规定

《行政处罚法》（2021年1月22日修订）

第七十一条 执法人员当场收缴的罚款，应当自收缴罚款之日起二日内，交至行政机关；在水上当场收缴的罚款，应当自抵岸之日起二日内交至行政机关；行政机关应当在二日内将罚款缴付指定的银行。

第七十二条 当事人逾期不履行行政处罚决定的，作出行政处罚决定的行政机关可以采取下列措施：

（一）到期不缴纳罚款的，每日按罚款数额的百分之三加处罚款，加处罚款的数额不得超出罚款的数额；

（二）根据法律规定，将查封、扣押的财物拍卖、依法处理或者将冻结的存款、汇款划拨抵缴罚款；

（三）根据法律规定，采取其他行政强制执行方式；

（四）依照《中华人民共和国行政强制法》的规定申请人民法院强制执行。

行政机关批准延期、分期缴纳罚款的，申请人民法院强制执行的期限，自暂缓或者分期缴纳罚款期限结束之日起计算。

第七十三条 当事人对行政处罚决定不服，申请行政复议或者提起行政诉讼的，行政处罚不停止执行，法律另有规定的除外。

当事人对限制人身自由的行政处罚决定不服，申请行政复议或者提起行政诉讼的，可以向作出决定的机关提出暂缓执行申请。符合法律规定情形的，应当暂缓执行。

当事人申请行政复议或者提起行政诉讼的，加处罚款的数额在行政复议或者行政诉讼期间不予计算。

第一百二十四条 【上交当场收缴的罚款】

人民警察当场收缴的罚款，应当自收缴罚款之日起二日以内，交至所属的公安机关；在水上、旅客列车上当场收缴的罚款，应当自抵岸或者到站之日起二日以内，交至所属的公安机关；公安机关应当自收到罚款之日起二日以内将罚款缴付指定的银行。

说 明

本条作了一些表述性修改。

对照法条

治安管理处罚法（2012）	治安管理处罚法（2025）
第一百零五条 人民警察当场收缴的罚款，应当自收缴罚款之日起二日内，交至所属的公安机关；在水上、旅客列车上当场收缴的罚款，应当自抵岸或者到站之日起二日内，交至所属的公安机关；公安机关应当自收到罚款之日起二日内将罚款缴付指定的银行。	第一百二十四条 人民警察当场收缴的罚款，应当自收缴罚款之日起二日以内，交至所属的公安机关；在水上、旅客列车上当场收缴的罚款，应当自抵岸或者到站之日起二日以内，交至所属的公安机关；公安机关应当自收到罚款之日起二日以内将罚款缴付指定的银行。

条文释义

本条是关于上交当场收缴的罚款的规定。

本条规定了两个方面的内容：

一是关于人民警察如何向公安机关上交当场收缴的罚款的问题。根据本条规定，人民警察当场收缴的罚款，应当自收缴罚款之日起二日以内，交至所属的公安机关；在水上、旅客列车上当场收缴的罚款，应当自抵岸或者到站之日起二日以内，交至所属的公安机关。对人民警察上交罚款规定一定的期限，主要是考虑到人民警察负担的执法任务比较繁重、工作量比较大，如果要求他们在当场收缴罚款的当日就上交所属的公安机关，可能会存在一定的困难，特别是在一些比较边远的农村、山区、牧区等，交通不便，人民警察在收缴罚款的当日上交罚款，困难会更大。因此，应当对人民警察上交所收缴的罚款规定一个比较合理的期限。本条规定了两种上交罚款的期限。在一般情况下，人民警察当场收缴的罚款，应当自收缴罚款之日起二日以内，交至所属的公安机关。这里所规定的"二日"，指的是两个工作日。如果期满日期是节假日时，节假日后的第一个工作日为期满日期。对于在水上、旅客列车上当场收缴的罚款，人民警察应当自抵岸或者到站之日起二日以内，交至所属的公安机关。这里所称的"到站"，是指列车到达该当场收缴罚款人民警察所属的公安机关所在地的车站，而不是人民警察当场收缴罚款后列车所到达的第一个车站。

二是关于公安机关将罚款缴付指定银行的问题。根据本条规定，人民警察将收缴的罚款交至所属的公安机关后，该公安机关应当自收到罚款之日起二日以内将罚款缴付指定的银行。这里所规定的"二日"，也是指两个工作日。如果期满日期是节假日时，节假日后的第一个工作日为期满日期。实践中需要注意的是，为了确保当场收缴的罚款能够及时缴付银行，具有罚款权的公安机关应当在辖区范围内确定收缴罚款的银行网点，并在银行建立罚款专户，将收缴的罚款存放专户，集中上缴国库。

人民警察当场收缴罚款，是一种代收罚款的行为。规定这一制度，主要是考虑到实际执行中的特殊情况，为了减少执法成本，方便被处罚人，保证罚款决定的执行，而由人民警察代收罚款。因此，人民警察代收罚款后，应当及时将收缴的罚款上交所属的公安机关，再由公安机关及时缴付指定的银行。否则，就有可能发生所罚款项被截留、挪用甚至流失的问题，严重损害国家利益，破坏廉政建设，影响公安机关的威信和人民警察的形象。

> **第一百二十五条 【专用票据】**
> 人民警察当场收缴罚款的,应当向被处罚人出具省级以上人民政府财政部门统一制发的专用票据;不出具统一制发的专用票据的,被处罚人有权拒绝缴纳罚款。

说 明

本条作了一些表述性修改。

对照法条

治安管理处罚法（2012）	治安管理处罚法（2025）
第一百零六条 人民警察当场收缴罚款的,应当向被处罚人出具省、自治区、直辖市人民政府财政部门统一制发的罚款收据;不出具统一制发的罚款收据的,被处罚人有权拒绝缴纳罚款。	第一百二十五条 人民警察当场收缴罚款的,应当向被处罚人出具省级以上人民政府财政部门统一制发的专用票据;不出具统一制发的专用票据的,被处罚人有权拒绝缴纳罚款。

条文释义

为了防止公安机关及其人民警察利用当场处罚权乱罚款、滥罚款,侵犯公民的合法权益,并有效预防私自截留、坐支、挪用、私分、侵吞罚款问题的发生,同时也是为了严格规范公安机关及其人民警察的当场处罚行为,确保依法履行"将罚款全部上缴国库"的法定职责,切实维护国家利益,本条对当场收缴罚款时人民警察有出具统一制发的专用票据的义务,以及对被处罚人不出具专用票据有权拒缴罚款的权利作了明确规定。具体而言,本条规定包含以下三层内容:

(1) 必须出具统一制发的专用票据。向被处罚人出具专用票据,一方面,表明执行当场处罚的人民警察是在履行法定职责,同时也为公安机关或者审计部门对其执法情况进行监督提供了事实依据;另一方面,表明被处罚人履行了缴纳罚款的义务,并为被处罚人申请法律救济提供了事实依据。

(2) 专用票据必须是省级以上人民政府财政部门统一制发的。之所以如此规定,主要是基于以下考虑:一是便于对公安机关罚款情况统一进行财政监控,可以有效地防止一些地方利用不规范的收据逃避监督,截留、挪用、私分、贪污、侵吞罚款;二是有利于遏制一些地方出于地方利益、部门利益考虑而滥施罚款问题的发生;三是有利于消除被处罚人的抵触情绪,提高执法效率。实践中,部分群众认为公安机关是为了发奖金、搞福利甚至谋取私利而罚款,因而不主动接受处罚,与人民警察讨价还价甚至发生暴力冲突。

(3) 不出具统一制发的专用票据的,被处罚人有权拒绝缴纳罚款。该规定实际上赋予了被处罚人一定的抵抗权。抵抗权,是指行政管理相对人对于明显违法的行政行为,有拒绝履行行政决定的权利。这一规定有两层含义:第一,不出具专用票据的,被处罚人有权拒绝缴纳罚款。这里所谓的"有权拒绝缴纳罚款",是指被处罚人拒绝缴纳罚款的行为属于行使法律规定的合法权利,对该行为后果不负任何法律责任。第二,出具的专用票据不是省级以上人民政府财政部门统一制发的,被处罚人也有权拒绝缴纳罚款。此外,本法还规定,人民警察办理治安案件,当场收缴罚款不出具罚款收据或者不如实填写罚款数额的，依法给予行政处分；构成犯罪的，依法追究刑事责任。办理治安案件的公安机关有上述行为的，对直接负责的主管人员和其他直接责任人员给予相应的行政处分。

> **第一百二十六条　【暂缓行政拘留和出所】**
>
> 被处罚人不服行政拘留处罚决定，申请行政复议、提起行政诉讼的，遇有参加升学考试、子女出生或者近亲属病危、死亡等情形的，可以向公安机关提出暂缓执行行政拘留的申请。公安机关认为暂缓执行行政拘留不致发生社会危险的，由被处罚人或者其近亲属提出符合本法第一百二十七条规定条件的担保人，或者按每日行政拘留二百元的标准交纳保证金，行政拘留的处罚决定暂缓执行。
>
> 正在被执行行政拘留处罚的人遇有参加升学考试、子女出生或者近亲属病危、死亡等情形，被拘留人或者其近亲属申请出所的，由公安机关依照前款规定执行。被拘留人出所的时间不计入拘留期限。

说　明

本条增加第二款"申请出所"的规定。

对照法条

治安管理处罚法（2012）	治安管理处罚法（2025）
第一百零七条　被处罚人不服行政拘留处罚决定，申请行政复议、提起行政诉讼的，可以向公安机关提出暂缓执行行政拘留的申请。公安机关认为暂缓执行行政拘留不致发生社会危险的，由被处罚人或者其近亲属提出符合本法第一百零八条规定条件的担保人，或者按每日行政拘留二百元的标准交纳保证金，行政拘留的处罚决定暂缓执行。	第一百二十六条　被处罚人不服行政拘留处罚决定，申请行政复议、提起行政诉讼的，**遇有参加升学考试、子女出生或者近亲属病危、死亡等情形的**，可以向公安机关提出暂缓执行行政拘留的申请。公安机关认为暂缓执行行政拘留不致发生社会危险的，由被处罚人或者其近亲属提出符合本法第一百二十七条规定条件的担保人，或者按每日行政拘留二百元的标准交纳保证金，行政拘留的处罚决定暂缓执行。 　　正在被执行行政拘留处罚的人遇有参加升学考试、子女出生或者近亲属病危、死亡等情形，被拘留人或者其近亲属申请出所的，由公安机关依照前款规定执行。被拘留人出所的时间不计入拘留期限。

条文释义

本条是关于暂缓执行行政拘留处罚和申请出所的规定。

本条规定共包含了以下几层意思：

一是暂缓执行只限于行政拘留处罚。将暂缓执行处罚限于行政拘留，正是考虑到行政拘留处罚的严厉性。而且行政拘留处罚与罚款等其他处罚的一个重要区别是其不可恢复性。考虑到行政拘留处罚的性质和特点，从更有利于保障公民的合法权益出发，本条作出了暂缓执行行政拘留处罚的规定。

二是暂缓执行行政拘留适用于被处罚人不服行政拘留处罚决定，申请行政复议、提起行政诉讼，或遇有参加升学考试、子女出生或者近亲属病危、死亡等的情形。这里所规定的"申请行政复议"，是指依照《行政复议法》和本法的有关规定，提出行政复议申请。这里所规定的"提起行政诉讼"，是指直接向人民法院提起行政诉讼，或者在申请行政复议后对行政复议决定不服的，向人民法院提起行政诉讼。根据本条规定，只有被处罚人申请行政复议或者提起行政诉讼的，才有可能暂缓执行对其决定的行政拘留处罚。暂缓执行的效力只适用于行政复议、行政诉讼期间。

遇有参加升学考试、子女出生或者近亲属病危、死亡等情形的，暂缓执行行政拘留处罚的规定，体现了司法的人文关怀。这里需要注意的是，暂缓执行行政拘留的申请必须由被拘留人亲自提出，其近亲属及其他人均无权提出。

三是公安机关认为暂缓执行行政拘留不致发生社会危险的，行政拘留的处罚决定才可以暂缓执行。暂缓执行行政拘留处罚的一个必要条件，是公安机关认为暂缓执行行政拘留不致发生社会危险。这里所说的"发生社会危险"，主要是指被处罚人有可能阻碍、逃避公安机关、行政复议机关或者人民法院的传唤、复议、审理和执行的，如逃跑、干扰证人、串供、毁灭、伪造证据或实施其他违法犯罪行为等。判断被处罚人是否会发生社会危险，要根据被处罚人各方面情况综合考虑，作出判断。通常需要考虑的因素包括违反治安管理行为的性质、社会危害、被处罚人的一贯表现、与所居住区域的联系等。

四是被处罚人向公安机关申请暂缓执行行政拘留，必须提供一定的保证措施。本条共规定了两种保证措施：一是担保人；二是保证金。对于本条规定的两种保证措施，被处罚人及其近亲属只需选

第四章 处罚程序

择其中一种。公安机关不得要求被处罚人或者其近亲属同时提出担保人和交纳保证金。此外，还需要注意的是，虽然暂缓执行行政拘留的申请只能由被处罚人提出，但担保人的提出或者保证金的交纳既可以由被处罚人进行，也可以由其近亲属进行。

五是被处罚人申请暂缓执行行政拘留符合条件的，行政拘留的处罚决定暂缓执行。所谓"暂缓执行"，是指在行政复议、行政诉讼期间暂不予执行，而不是不再执行。对于行政拘留处罚决定经行政复议后维持，被处罚人未提起行政诉讼的，或者行政拘留处罚决定经行政诉讼后维持的，该行政拘留处罚决定应当交付执行。

需要指出的是，本条规定了行政拘留处罚决定暂缓执行的条件与程序。但对于行政拘留或者其他治安管理处罚决定，还存在依照《行政复议法》或者《行政诉讼法》停止执行的可能性。在行政复议、行政诉讼期间，对于符合《行政复议法》《行政诉讼法》规定的，行政复议机关、人民法院以及作出原行政处罚决定的机关也可以决定停止执行行政拘留或者其他治安管理处罚决定。

实务问答

1. 被处罚人应当采取什么形式提出暂缓执行行政拘留的申请？

本法对申请暂缓执行行政拘留的形式未作出规定。为了保护被处罚人的合法权益，一般认为，被处罚人既可以书面形式申请，也可以口头形式提出暂缓执行行政拘留的申请。对于口头申请的，人民警察应当当场记录被处罚人的基本情况、暂缓执行行政拘留的请求、申请暂缓执行的理由和时间，并将记录交被处罚人核对或者向被处罚人宣读，经确认无误后，由人民警察和被处罚人签名、盖章或者捺指印。

· 573 ·

2. 作出行政拘留暂缓执行决定，是否以行政复议、行政诉讼已被受理为前提条件？

《行政复议法》规定，行政复议机关收到行政复议申请后，应当在 5 日内进行审查，对符合规定的行政复议申请自行政复议机关负责法制工作的机构收到之日起即为受理。《行政诉讼法》规定，人民法院接到起诉状，经审查，应当在 7 日内立案或者作出裁定不予受理。如果公安机关决定行政拘留暂缓执行以"行政复议已被行政复议机关受理或者行政诉讼已被人民法院立案"为条件，则行政拘留决定可能已执行完毕或者已执行过半，这时决定行政拘留暂缓执行的意义已不大，不仅有悖于设定行政拘留暂缓执行制度的初衷，也不利于保护被拘留人的合法权益。因此，公安机关决定行政拘留暂缓执行不应以行政复议、行政诉讼被受理为条件，而应以被拘留人不服行政拘留向行政复议机关申请了行政复议或者向人民法院提起了行政诉讼为前提条件。

3. 公安机关作出不予暂缓执行行政拘留决定的，是否要告知被处罚人具体理由？

对公安机关经审查认为不宜决定暂缓执行行政拘留的，是否要告知被处罚人以及如何告知，本法未作规定。为了保护被处罚人的合法权益，体现国家法律的严肃性和权威性，保证公安机关执法的合法性和公正性，对公安机关认为暂缓执行行政拘留可能发生社会危险的，应当制作《不予暂缓执行行政拘留决定书》，载明不予暂缓执行的理由和依据。将决定书送达申请人，并将送达情况记录在案。

4. 公安机关收到暂缓执行行政拘留的申请后，应当在多长时间内作出决定？

本法对此未作规定，《公安机关办理行政案件程序规定》（2020 修正）第二百二十三条规定，"公安机关应当在收到被处罚人提出暂缓执行行政拘留申请之时起二十四小时内作出决定"。考虑到行政拘留的最长期限只有 15 天，根据本条规定的立法指导思想，为了切实保护公民的合法权益，公安机关应当在尽可能短的时间内作出决定，从收到暂缓执行行政拘留申请之日起，不能超过 24 小时。

5. 对被处罚人申请行政拘留暂缓执行的，是否可以同时适用担保人和保证金两种担保形式？

法律设定行政拘留暂缓执行制度的目的在于，保护被处罚人能够更充分地行使行政复议、行政诉讼等救济权利，防止错误或者不当的行政拘留决定的执行给被处罚人造成不可弥补的伤害或损失。但是，考虑到被处罚人可能会借行政拘留暂缓执行逃避处罚，本条在规定行政拘留暂缓执行制度的同时，又设立了行政拘留暂缓执行的担保制度，规定被处罚人或者其近亲属须提供担保人或者交纳保证金，以防止被处罚人逃避处罚。如果公安机关要求被拘留人或者其近亲属既提供担保人又交纳保证金，一方面，会增加行政拘留暂缓执行的难度，加大被拘留人的压力，不利于保护其合法权益；另一方面，可能导致一些地方借担保制度滥收保证金，损害公安机关的形象，滋生违法违纪问题。因此，对被处罚人申请行政拘留暂缓执行的，公安机关不得要求被处罚人既提供担保人又交纳保证金。这种所谓的双保险，是违反本法规定的，必须予以杜绝。

6. 对公安机关作出的不予暂缓执行行政拘留决定不服的，是否可以申请行政复议、提起行政诉讼？

公安机关依法作出的行政拘留暂缓执行决定或者不予暂缓执行行政拘留决定，是为了更充分地保护公民合法权益而对行政拘留执行时间作出的变更决定，不是独立的具体行政行为。因此，根据《行政复议法》《行政诉讼法》的有关规定，对公安机关作出的不予暂缓执行行政拘留决定不服的，不可以申请行政复议或者提起行政诉讼。

以案说法

张某诉某县公安局行政处罚案

内蒙古自治区高级人民法院认为：本案中，刘某和张某系夫妻关系，因家庭琐事相互辱骂、殴打对方，后张某报案，公安机关工作人员到达现场，经调解无果后，根据张某的行为，结合刘某的伤情，对刘某作出罚款三百元的处罚、对张某作出行政拘留五日的处罚决定。虽然该处罚决定系在某县公安局自由裁量范围内，但其未能按照公安部确定的相关原则全面、充分考虑和正确适用《内蒙古自治区公安行政处罚裁量权基准（试行）》中关于殴打他人"情节较轻"的各项裁量情节和处罚基准，处罚决定明显违反客观、公平、合理的法律适用一般原则及行政行为比例原则，该项行政处罚缺乏适当性。2017年8月13日，某县公安局对张某作出行政拘留决定并实施控制后，张某现场口头提出行政复议并要求暂缓执行拘留，而某县公安局未将上述情况予以记录并由张某签名或者捺指印，作出不予暂缓执行拘留决定后，也未在笔录中注明相关情况，而是由派出所事后将上述情况补作说明，不符合上述规定。某县公安局在对张某提出的行政复议申请应在规定期限内转交行政复议机关。

【案号】 内蒙古自治区高级人民法院（2018）内行申498号

关联规定

《行政处罚法》（2021年1月22日修订）

第七十三条 当事人对行政处罚决定不服，申请行政复议或者提起行政诉讼的，行政处罚不停止执行，法律另有规定的除外。

当事人对限制人身自由的行政处罚决定不服，申请行政复议或者提起行政诉讼的,可以向作出决定的机关提出暂缓执行申请。符合法律规定情形的,应当暂缓执行。

当事人申请行政复议或者提起行政诉讼的,加处罚款的数额在行政复议或者行政诉讼期间不予计算。

《行政复议法》(2023年9月1日修订)

第四十二条 行政复议期间行政行为不停止执行;但是有下列情形之一的,应当停止执行:

(一)被申请人认为需要停止执行;

(二)行政复议机关认为需要停止执行;

(三)申请人、第三人申请停止执行,行政复议机关认为其要求合理,决定停止执行;

(四)法律、法规、规章规定停止执行的其他情形。

《行政诉讼法》(2017年6月27日修正)

第五十六条 诉讼期间,不停止行政行为的执行。但有下列情形之一的,裁定停止执行:

(一)被告认为需要停止执行的;

(二)原告或者利害关系人申请停止执行,人民法院认为该行政行为的执行会造成难以弥补的损失,并且停止执行不损害国家利益、社会公共利益的;

(三)人民法院认为该行政行为的执行会给国家利益、社会公共利益造成重大损害的;

(四)法律、法规规定停止执行的。

当事人对停止执行或者不停止执行的裁定不服的,可以申请复议一次。

《公安机关办理行政案件程序规定》(2020年8月6日修正)

第二百二十二条 被处罚人不服行政拘留处罚决定,申请行政复议或者提起行政诉讼的,可以向作出行政拘留决定的公安机关提出暂缓执行行政拘留的申请;口头提出申请的,公安机关人民警察应当予以记录,并由申请人签名或者捺指印。

被处罚人在行政拘留执行期间,提出暂缓执行行政拘留申请的,拘留所应当立即将申请转交作出行政拘留决定的公安机关。

第二百二十三条 公安机关应当在收到被处罚人提出暂缓执行行政拘留申请之时起二十四小时内作出决定。

公安机关认为暂缓执行行政拘留不致发生社会危险,且被处罚人或者其近亲属提出符合条件的担保人,或者按每日行政拘留二百元的标准交纳保证金的,应当作出暂缓执行行政拘留的决定。

对同一被处罚人,不得同时责令其提出保证人和交纳保证金。

被处罚人已送达拘留所执行的,公安机关应当立即将暂缓执行行政拘留决定送达拘留所,拘留所应当立即释放被处罚人。

第二百二十四条 被处罚人具有下列情形之一的,应当作出不暂缓执行行政拘留的决定,并告知申请人:

(一) 暂缓执行行政拘留后可能逃跑的;

(二) 有其他违法犯罪嫌疑,正在被调查或者侦查的;

(三) 不宜暂缓执行行政拘留的其他情形。

第二百二十五条 行政拘留并处罚款的,罚款不因暂缓执行行政拘留而暂缓执行。

第二百二十六条 在暂缓执行行政拘留期间,被处罚人应当遵守下列规定:

(一) 未经决定机关批准不得离开所居住的市、县;

(二) 住址、工作单位和联系方式发生变动的,在二十四小时以内向决定机关报告;

（三）在行政复议和行政诉讼中不得干扰证人作证、伪造证据或者串供；

（四）不得逃避、拒绝或者阻碍处罚的执行。

在暂缓执行行政拘留期间，公安机关不得妨碍被处罚人依法行使行政复议和行政诉讼权利。

第二百二十七条 暂缓执行行政拘留的担保人应当符合下列条件：

（一）与本案无牵连；

（二）享有政治权利，人身自由未受到限制或者剥夺；

（三）在当地有常住户口和固定住所；

（四）有能力履行担保义务。

第二百二十八条 公安机关经过审查认为暂缓执行行政拘留的担保人符合条件的，由担保人出具保证书，并到公安机关将被担保人领回。

第二百二十九条 暂缓执行行政拘留的担保人应当履行下列义务：

（一）保证被担保人遵守本规定第二百二十六条的规定；

（二）发现被担保人伪造证据、串供或者逃跑的，及时向公安机关报告。

暂缓执行行政拘留的担保人不履行担保义务，致使被担保人逃避行政拘留处罚执行的，公安机关可以对担保人处以三千元以下罚款，并对被担保人恢复执行行政拘留。

暂缓执行行政拘留的担保人履行了担保义务，但被担保人仍逃避行政拘留处罚执行的，或者被处罚人逃跑后，担保人积极帮助公安机关抓获被处罚人的，可以从轻或者不予行政处罚。

第二百三十条 暂缓执行行政拘留的担保人在暂缓执行行政拘

留期间，不愿继续担保或者丧失担保条件的，行政拘留的决定机关应当责令被处罚人重新提出担保人或者交纳保证金。不提出担保人又不交纳保证金的，行政拘留的决定机关应当将被处罚人送拘留所执行。

第二百三十一条　保证金应当由银行代收。在银行非营业时间，公安机关可以先行收取，并在收到保证金后的三日内存入指定的银行账户。

公安机关应当指定办案部门以外的法制、装备财务等部门负责管理保证金。严禁截留、坐支、挪用或者以其他任何形式侵吞保证金。

第二百三十二条　行政拘留处罚被撤销或者开始执行时，公安机关应当将保证金退还交纳人。

被决定行政拘留的人逃避行政拘留处罚执行的，由决定行政拘留的公安机关作出没收或者部分没收保证金的决定，行政拘留的决定机关应当将被处罚人送拘留所执行。

第二百三十三条　被处罚人对公安机关没收保证金的决定不服的，可以依法申请行政复议或者提起行政诉讼。

《拘留所条例实施办法》（2012年12月14日）

第十九条　收拘时或者收拘后，拘留所发现被拘留人有下列情形之一的，应当出具建议停止执行拘留通知书，建议拘留决定机关作出停止执行拘留的决定：

（一）患有精神病或者患有传染病需要隔离治疗的；

（二）病情严重可能危及生命安全的；

（三）生活不能自理的；

（四）因病出所治疗，短期内无法治愈的。

拘留决定机关应当立即作出是否停止执行拘留的决定并通知拘留所。

第四章 处罚程序

> **第一百二十七条 【担保人的条件】**
> 担保人应当符合下列条件:
> (一) 与本案无牵连;
> (二) 享有政治权利,人身自由未受到限制;
> (三) 在当地有常住户口和固定住所;
> (四) 有能力履行担保义务。

说 明

本条内容无修订。

对照法条

治安管理处罚法(2012)	治安管理处罚法(2025)
第一百零八条 担保人应当符合下列条件: (一) 与本案无牵连; (二) 享有政治权利,人身自由未受到限制; (三) 在当地有常住户口和固定住所; (四) 有能力履行担保义务。	第一百二十七条 担保人应当符合下列条件: (一) 与本案无牵连; (二) 享有政治权利,人身自由未受到限制; (三) 在当地有常住户口和固定住所; (四) 有能力履行担保义务。

条文释义

本条是关于暂缓执行行政拘留处罚中对担保人条件的规定。

根据本条规定,暂缓执行行政拘留处罚的担保人必须同时符合以下四个条件：

（1）与本案无牵连。这是指担保人与被拘留人所涉及的治安案件没有任何利害关系，即担保人不是与被拘留人共同违反治安管理的人，也不是本案的证人、被侵害人等。这是保证担保人依法履行担保义务的首要条件。

（2）享有政治权利，人身自由未受到限制。这是指担保人不仅享有政治权利，而且其人身自由未受到限制，这两个条件缺一不可。这是保证担保人履行担保义务的基础条件。"人身自由未受到限制"，是指在履行担保义务期间，担保人的人身自由未被依法剥夺或者限制，即未受到任何剥夺或者限制人身自由的刑事处罚、行政处罚，也未被采取任何限制人身自由的刑事或者行政强制措施。

（3）在当地有常住户口和固定住所。这是指担保人在作出行政拘留处罚决定的公安机关所在的县、市、旗，不仅有常住户口，同时还有固定的住所。在当地有固定住所，是指担保人在作出行政拘留的公安机关所在的县、市有赖以生存的合法住所，包括拥有所有权的住所和拥有使用权的租用的单位公房、出租房等。

（4）有能力履行担保义务。担保人是否有能力履行担保义务，主要是看其行为能力、信用程度、身体状况如何，是否实际在当地常住等情况。担保人须在当地有一定的信用度，受人尊敬，为被担保人或者其近亲属所信任，对被担保人有一定的约束能力等。如系多次违法犯罪、屡教不改的人，则不能担任担保人。担保人的身体状况、是否实际在当地常住等情况，也是其是否能够完成担保义务的重要条件，如果担保人长期卧病在床或者长期在外打工、经商，也很难保证其有能力履行担保义务。

第四章　处罚程序

> **第一百二十八条　【担保人义务及法律责任】**
> 担保人应当保证被担保人不逃避行政拘留处罚的执行。
> 担保人不履行担保义务，致使被担保人逃避行政拘留处罚的执行的，处三千元以下罚款。

说　明

本条作了一处表述性修改。

对照法条

治安管理处罚法（2012）	治安管理处罚法（2025）
第一百零九条　担保人应当保证被担保人不逃避行政拘留处罚的执行。 担保人不履行担保义务，致使被担保人逃避行政拘留处罚的执行的，由公安机关对其处三千元以下罚款。	第一百二十八条　担保人应当保证被担保人不逃避行政拘留处罚的执行。 担保人不履行担保义务，致使被担保人逃避行政拘留处罚的执行的，处三千元以下罚款。

条文释义

本条是关于暂缓执行行政拘留处罚担保人的义务及不履行义务的法律责任的规定。本条共分两款。

第一款是关于担保人应当履行的义务的规定。根据本款规定，担保人的义务是保证被担保人不逃避行政拘留处罚的执行。这一规定，是从担保目标的角度来规定担保人的保证义务。担保人应当通

· 583 ·

过多种方式（包括语言劝解、监督、督促、提醒等）来实现其担保目标。这里所说的"被担保人"，是指由担保人提供保证的被处罚人。"逃避"，主要是指被处罚人采取逃跑或者躲避等方式，使行政拘留处罚的执行无法进行。"执行"，是指对于行政拘留处罚决定经行政复议后维持，被处罚人未提起行政诉讼的，或者行政拘留处罚决定经行政诉讼后维持的，执行该行政拘留处罚决定的活动。

第二款是关于暂缓执行行政拘留处罚担保人不履行义务的法律责任的规定。根据本款规定，对担保人进行处罚，必须同时具备两个条件：一是担保人不履行担保义务，即担保人未采取任何担保措施或者严重不负责任，敷衍了事等。二是致使被担保人逃避行政拘留处罚的执行。这里所说的"逃避行政拘留处罚的执行"，是指被处罚人采取逃跑或者躲避等方式，使经行政复议或者行政诉讼后维持的行政拘留处罚无法执行。实践中应当注意两个方面的问题：首先，如果担保人积极履行其担保义务，但被担保人还是通过逃跑或者躲避等方式逃避行政拘留处罚的执行的，不应对担保人进行处罚。其次，担保人不履行担保义务，虽然被担保人有其他违法行为，如干扰行政复议程序、扰乱法庭秩序等，但未逃避行政拘留处罚的执行的，也不能对担保人进行处罚。在实践中，具体的罚款数额应根据被担保人逃避处罚的严重程度、担保人的责任大小及其经济状况来确定。

根据本条规定，担保人不履行担保义务，致使被担保人逃避行政拘留处罚执行的，对其处以3000元以下罚款。虽然这一实体内容被列入处罚程序中，但是，公安机关对担保人作出的罚款决定属于治安管理处罚，应当制作《行政处罚决定书》。在对担保人作出罚款决定前，应当告知其作出罚款处罚的事实、内容、理由和依据，并告知担保人享有陈述、申辩等权利。如果依法应当听证的，还应告知担保人有权要求举行听证。担保人要求听证的，公安机关应当依法举行。

对担保人的罚款处罚是公安机关依法作出的治安管理处罚决定，担保人对罚款决定不服的，可以在知道罚款决定之日起60日内依法向本级人民政府申请行政复议，也可以自知道罚款决定之日起的6个月内直接向人民法院提起行政诉讼。

第一百二十九条　【保证金的没收】
被决定给予行政拘留处罚的人交纳保证金，暂缓行政拘留或者出所后，逃避行政拘留处罚的执行的，保证金予以没收并上缴国库，已经作出的行政拘留决定仍应执行。

说　明

本条增加"或者出所"内容。

对照法条

治安管理处罚法（2012）	治安管理处罚法（2025）
第一百一十条　被决定给予行政拘留处罚的人交纳保证金，暂缓行政拘留后，逃避行政拘留处罚的执行的，保证金予以没收并上缴国库，已经作出的行政拘留决定仍应执行。	第一百二十九条　被决定给予行政拘留处罚的人交纳保证金，暂缓行政拘留**或者出所**后，逃避行政拘留处罚的执行的，保证金予以没收并上缴国库，已经作出的行政拘留决定仍应执行。

条文释义

本法设立暂缓执行行政拘留和保证金制度的目的，一方面是更好地保护被拘留人的合法权益，防止错误的行政拘留决定执行后给被拘留人造成难以弥补的损失；另一方面是防止被拘留人逃避行政拘留的执行。因而，保证金既不是对被拘留人的加重处罚，也不能以金钱折抵拘留。

本条共规定了三个方面的内容：

一、关于没收保证金的情形。具体来说，公安机关决定没收保证金，必须同时具备以下两项条件：一是被处罚人交纳了保证金，已决定的行政拘留处罚被暂缓执行。本条适用于被处罚人或者其近亲属交纳保证金的情形。被处罚人或者其近亲属提出担保人、行政拘留处罚暂缓执行的，不适用本条规定。二是被处罚人在暂缓执行行政拘留或者出所后逃避行政拘留处罚的执行的。这里所说的"逃避行政拘留处罚的执行"，是指被处罚人采取逃跑或者躲避等方式，使经行政复议或者行政诉讼后维持的行政拘留处罚无法执行。

二、根据本条规定，没收的保证金应当上缴国库。没收保证金属于一种行政处罚，在性质上与罚款处罚类似。对于罚款收入，国家一直要求执法部门将罚款全部上缴国库。

三、关于没收保证金的后果。本条规定，在没收保证金的同时，已经作出的行政拘留决定仍应执行。这样规定，主要是因为没收保证金是对被处罚人在行政复议、行政诉讼期间逃避未来行政拘留处罚执行的一种处罚措施，并不能替代其违反治安管理行为应受的行政拘留处罚。行政拘留处罚针对的是被处罚人违反治安管理的行为，其目的是对被处罚人进行惩罚和教育，仅仅没收保证金不能够达到这一效果。

在行政复议、行政诉讼期间被处罚人逃避行政拘留处罚的执行的,应当先将保证金予以没收。在没收保证金后,公安机关还应当查找被处罚人的下落,在找到被处罚人后,仍然要依照本法的规定将被处罚人送达拘留所执行行政拘留处罚。

公安机关没收被拘留人或者其近亲属因申请暂缓执行行政拘留而交纳的保证金的,应当制作《没收保证金决定书》,向被拘留人宣告并交付。如果被拘留人在逃的,公安机关应当向与被拘留人共同居住的具有民事行为能力的成年家属、法定代理人或者单位负责人、担保人宣告并送达《没收保证金决定书》,并要求有关人员签收。

公安机关依照本法规定作出没收保证金的决定,虽然不是行政处罚,但属于行政行为,被没收保证金的人可以依照《行政复议法》的规定,在法定期限内向本级人民政府申请行政复议,也可以在法定期限内直接向人民法院提起行政诉讼。

第一百三十条　【保证金的退还】
行政拘留的处罚决定被撤销,行政拘留处罚开始执行,或者出所后继续执行的,公安机关收取的保证金应当及时退还交纳人。

说　明

本条增加"或者出所后继续执行的"内容。

对照法条

治安管理处罚法（2012）	治安管理处罚法（2025）
第一百一十一条　行政拘留的处罚决定被撤销，或者行政拘留处罚开始执行的，公安机关收取的保证金应当及时退还交纳人。	第一百三十条　行政拘留的处罚决定被撤销，行政拘留处罚开始执行，**或者出所后继续执行的**，公安机关收取的保证金应当及时退还交纳人。

条文释义

本条是关于暂缓执行行政拘留处罚退还保证金的规定。

根据本条规定，行政拘留的处罚决定被撤销，或者行政拘留处罚开始执行的，或者出所后继续执行的，公安机关收取的保证金应当及时退还交纳人。本条规定的退还保证金的情形包括三种：一是行政拘留的处罚决定被撤销，即经过行政复议或者行政诉讼，原先决定的行政拘留处罚被撤销。在这种情况下，保证金的收取就失去了必要性，因此，公安机关必须及时将保证金予以退还；二是行政拘留处罚开始执行的，即经过行政复议或者行政诉讼，行政拘留处罚决定被维持，或者处罚幅度被变更但保留行政拘留处罚的，公安机关依法开始执行行政拘留处罚的；三是出所后继续执行的，与行政拘留处罚开始执行的效果相同。收取保证金的目的是保证行政拘留处罚能够得以执行，在行政拘留处罚开始执行的情况下，保证金的收取也就不再是必要的，因此，公安机关必须及时将保证金予以退还。此外，依照本条规定，应当退还保证金的，公安机关应当"及时"退还，不得扣留、拖延，损害当事人的合法权益。

以案说法

沈某艳诉某市公安局行政处罚案

陕西省西安市中级人民法院认为：本案中，某市公安局作出《暂缓执行行政拘留决定书》并收取沈某艳2000元暂缓执行保证金，因该保证金最终是否应当退还取决于沈某艳及某市公安局的后续行为，故对沈某艳要求某市公安局退还暂缓执行保证金2000元之诉讼请求，本案不予处理。

【案号】陕西省西安市中级人民法院（2016）陕01行终398号

关联规定

《治安管理处罚法》（2025年6月27日修订）

第一百二十六条 被处罚人不服行政拘留处罚决定，申请行政复议、提起行政诉讼的，或者遇有参加升学考试、子女出生或者近亲属病危、死亡等情形的，可以向公安机关提出暂缓执行行政拘留的申请。公安机关认为暂缓执行行政拘留不致发生社会危险的，由被处罚人或者其近亲属提出符合本法第一百二十七条规定条件的担保人，或者按每日行政拘留二百元的标准交纳保证金，行政拘留的处罚决定暂缓执行。

正在被执行行政拘留处罚的人遇有参加升学考试、子女出生或者近亲属病危、死亡等情形，被拘留人或者其近亲属申请出所的，由公安机关依照前款规定执行。被拘留人出所的时间不计入拘留期限。

第五章 执法监督

> **第一百三十一条 【执法原则】**
> 公安机关及其人民警察应当依法、公正、严格、高效办理治安案件,文明执法,不得徇私舞弊、玩忽职守、滥用职权。

说明

本条增加"玩忽职守、滥用职权"的内容。

对照法条

治安管理处罚法(2012)	治安管理处罚法(2025)
第一百一十二条 公安机关及其人民警察应当依法、公正、严格、高效办理治安案件,文明执法,不得徇私舞弊。	第一百三十一条 公安机关及其人民警察应当依法、公正、严格、高效办理治安案件,文明执法,不得徇私舞弊、**玩忽职守、滥用职权**。

条文释义

本条是关于公安机关及其人民警察在办理治安案件时应当遵循的执法原则的规定。

本条从执法准则、行为规范方面对公安机关及其人民警察的执法活动提出了更严的要求和更高的标准，要求其做到：依法、公正、严格、高效办理治安案件，文明执法，不得徇私舞弊、玩忽职守、滥用职权。

"依法"，就是要求公安机关及其人民警察在办理治安案件过程中，要依法进行。首先，要依照本法规定的处罚行为、处罚种类和幅度等实施治安管理工作。其次，要依照本法对违反治安管理行为的处罚程序的规定。同时，"依法"还包括依照《人民警察法》《行政处罚法》《行政复议法》等法律、行政法规的有关规定。在制定本法时，考虑到有些问题在相关的法律、行政法规中有所规定，为避免重复，本法未作规定，因此，公安机关及其人民警察在执行本法时，还应依照相关的法律、行政法规的规定。

"公正"，就是要求公安机关及其人民警察在办理治安案件过程中，要体现"立警为公，执法为民"这一执法的核心思想。同时，这里的"公正"还包括公平，即要求公安机关及其人民警察在办理治安案件过程中，不偏不倚，不能让执法的天平失衡。

"严格"，就是要求公安机关及其人民警察在办理治安案件过程中，要严格依照本法和有关法律、行政法规执法，一丝不苟。

"高效"，是指在公正、严格的基础上，公安机关及其人民警察还应通过提高自身的业务素质和办案能力，改进工作作风，提高执法效率，本着对工作高度负责的精神，及时办理治安案件。

"文明执法"，就是要求公安机关及其人民警察在办理治安案件过程中,要尊重当事人的人格。

"不得徇私舞弊、玩忽职守、滥用职权",就是要求公安机关及其人民警察在办理治安案件过程中,要严格规范公正文明执法,不徇私情、私利。

以案说法

杨某玩忽职守、徇私枉法、受贿案
（检例第8号）

【要旨】

本案要旨有两点:一是渎职犯罪因果关系的认定。如果负有监管职责的国家机关工作人员没有认真履行其监管职责,从而未能有效防止危害结果发生,那么,这些对危害结果具有"原因力"的渎职行为,应认定其与危害结果之间具有刑法意义上的因果关系。二是渎职犯罪同时受贿的处罚原则。对于国家机关工作人员实施渎职犯罪并收受贿赂,同时构成受贿罪的,除《刑法》第三百九十九条有特别规定的外,以渎职犯罪和受贿罪数罪并罚。

【基本案情】

被告人杨某,男,1958年出生,原系深圳市公安局龙岗分局同乐派出所所长。

犯罪事实如下:

一、玩忽职守罪

2007年9月8日,王某未经相关部门审批,在龙岗街道龙东社区三和村经营舞王俱乐部,辖区派出所为同乐派出所。被告人杨某自2001年10月开始担任同乐派出所所长。开业前几天,王某为取得同乐派出所对舞王俱乐部的关照,在杨某之妻何某经营的川香酒

家宴请了被告人杨某等人。此后，同乐派出所三和责任区民警在对舞王俱乐部采集信息建档和日常检查时，发现王某无法提供消防许可证、娱乐经营许可证等必需证件，其提供的营业执照复印件上的名称和地址与实际不符，且已过有效期。杨某在得知情况后没有督促责任区民警依法及时取缔舞王俱乐部。责任区民警还发现，舞王俱乐部经营存在超时超员、涉黄涉毒、未配备专业保安人员等治安隐患，且已发生多起治安案件，杨某既没有依法责令舞王俱乐部停业整顿，也没有责令责任区民警跟踪监督舞王俱乐部进行整改。

2008年3月，根据龙岗区"扫雷"行动的安排和部署，同乐派出所成立"扫雷专项行动小组"，由杨某担任组长。有关部门将舞王俱乐部存在治安隐患和消防隐患等问题，于2008年3月12日通报同乐派出所，但杨某没有督促责任区民警跟踪落实整改措施，导致舞王俱乐部的安全隐患没有得到及时排除。

2008年6月至8月，广东省公安厅组织开展"百日信息会战"，杨某没有督促责任区民警如实上报舞王俱乐部无证无照经营的问题，也没有对舞王俱乐部采取相应处理措施。舞王俱乐部未依照《消防法》《建筑工程消防监督审核管理规定》等规定要求取得消防验收许可，未通过申报开业前消防安全检查，擅自开业、违法经营，且营业期间未落实安全管理制度和措施，于2008年9月20日晚发生特大火灾，造成44人死亡、64人受伤的严重后果。在这起特大消防事故中，杨某及其他有关单位的人员负有重要责任。

二、徇私枉法罪

2008年8月12日凌晨，江某、汪某、赵某等人在舞王俱乐部消费后乘坐电梯离开时与同时乘坐电梯的另外几名顾客发生口角，舞王俱乐部的保安员前来劝阻。争执过程中，舞王俱乐部的保安员易某及员工罗某等五人与江某等人在舞王俱乐部一楼发生打斗。次日,同乐派出所依法对涉案人员刑事拘留。案发后,舞王俱乐部负责人王某多次打电话给杨某,并通过杨某之妻何某帮忙请求调解,要求使其员工免受刑事处罚。王某送给何某人民币3万元。何某收到钱后发短信告诉杨某。杨某明知该案不属于可以调解处理的案件,仍答应帮忙,并指派不是本案承办民警的刘某负责协调调解工作,于2008年9月6日促成双方以赔偿人民币11万元的方式达成和解。杨某随即安排办案民警以调解方式结案。舞王俱乐部有关人员于9月7日被解除刑事拘留,未被追究刑事责任。

三、受贿罪(略)

2009年5月9日,深圳市龙岗区人民法院作出一审判决,被告人杨某犯玩忽职守罪,判处有期徒刑五年;犯受贿罪,判处有期徒刑十年;总和刑期十五年,决定执行有期徒刑十三年;追缴受贿所得赃款人民币30万元,依法予以没收并上缴国库。一审判决后,被告人杨某在法定期限内没有上诉,检察机关也没有提出抗诉,一审判决发生法律效力。

第一百三十二条 【禁止性规定】

公安机关及其人民警察办理治安案件,禁止对违反治安管理行为人打骂、虐待或者侮辱。

说 明

本条内容没有修订。

对照法条

治安管理处罚法（2012）	治安管理处罚法（2025）
第一百一十三条　公安机关及其人民警察办理治安案件，禁止对违反治安管理行为人打骂、虐待或者侮辱。	第一百三十二条　公安机关及其人民警察办理治安案件，禁止对违反治安管理行为人打骂、虐待或者侮辱。

条文释义

本条是关于公安机关及其人民警察办理治安案件中的禁止性行为的规定。

尊重和保障人权是我们党和国家的一贯方针，宪法将尊重和保障人权作为一项宪法原则加以规定，为进一步确立各方面的法律制度提供了依据和保障，也体现了社会主义制度的本质要求。公民的人身权是最为重要、最为基本的人权。《宪法》规定，公民的人格尊严不受侵犯，禁止用任何方法对公民进行侮辱、诽谤和诬告陷害。

因此，本条规定公安机关及其人民警察办理治安案件，禁止对违反治安管理行为人打骂、虐待或者侮辱，是对公安机关及其人民警察执法活动的规范要求，是人民警察应当遵守的行为准则。《刑法》《刑事诉讼法》《人民警察法》等法律对此都有相关的规定。法律之所以从不同角度对此反复作出规定，正是因为这种行为严重地侵犯了公民的人身权利，破坏了司法公正，亵渎了司法权威，导致司法腐败，同时，很容易造成冤假错案。

本法针对实践中有的公安机关及其人民警察在办案过程中，对违法行为人采取打骂、虐待或者侮辱的情况，明确规定，公安机关对治安案件的调查,应当依法进行。严禁刑讯逼供或者采用威胁、引诱、欺骗等非法手段收集证据。同时,本条进一步重申禁止公安机关及其人民警察在办理治安案件时对违反治安管理行为人打骂、虐待或者侮辱。"打骂",是指对违反治安管理行为人进行殴打、谩骂;"虐待",是指以打骂以外的冻、饿、渴、不让睡觉、制造噪声等方法,对违反治安管理行为人进行肉体上、精神上的摧残和折磨;"侮辱",是指贬低违反治安管理行为人的人格,破坏治安管理行为人的名誉。本条规定的"禁止对违反治安管理行为人打骂、虐待或者侮辱",主要是禁止对违反治安管理行为人实施殴打、捆绑、冻饿、罚站、罚跪、嘲笑、辱骂等,也包括长时间强光照射,采取车轮战术不间断地询问等以及各种变相的体罚、虐待的方法。

第一百三十三条 【社会监督】

公安机关及其人民警察办理治安案件,应当自觉接受社会和公民的监督。

公安机关及其人民警察办理治安案件,不严格执法或者有违法违纪行为的,任何单位和个人都有权向公安机关或者人民检察院、监察机关检举、控告;收到检举、控告的机关,应当依据职责及时处理。

说 明

本条作了一处表述性修改,将"行政监察机关"修订为"监察机关"。

对照法条

治安管理处罚法（2012）	治安管理处罚法（2025）
第一百一十四条　公安机关及其人民警察办理治安案件，应当自觉接受社会和公民的监督。 　　公安机关及其人民警察办理治安案件，不严格执法或者有违法违纪行为的，任何单位和个人都有权向公安机关或者人民检察院、行政监察机关检举、控告；收到检举、控告的机关，应当依据职责及时处理。	第一百三十三条　公安机关及其人民警察办理治安案件，应当自觉接受社会和公民的监督。 　　公安机关及其人民警察办理治安案件，不严格执法或者有违法违纪行为的，任何单位和个人都有权向公安机关或者人民检察院、**监察机关**检举、控告；收到检举、控告的机关，应当依据职责及时处理。

条文释义

本条是关于公安机关及其人民警察办理治安案件应当自觉接受社会监督以及监督方式的规定。本条共分两款。

本条第一款是关于公安机关及其人民警察办理治安案件应当自觉接受社会和公民的监督的规定。监督是规范执法活动的重要环节，从大的方面讲，监督有内部和外部的监督。内部监督主要是公安机关内部上级对下级的监督。《人民警察法》规定，人民警察的上级机关对下级机关的执法活动进行监督，发现其作出的处理或者决定有错误的，应当予以撤销或者变更。《公安部关于公安机关执行〈人民警察法〉有关问题的解释》明确，上级公安机关发现下级公安机关在进行侦查活动、治安管理或者其他公安行政管理等执法工作中作出的处理或者决定违反法律、法规、规章和公安部制订的规范性文件规定的，应当及时向下级公安机关指出，该下级公安机关应当自行撤销或者变更原处理、决定；下级公安机关如果仍坚

· 597 ·

持原处理或者决定，应当向上级公安机关写出书面报告，上级公安机关审查后仍确认有错误的，应当以"决定"的书面形式予以撤销或者变更。

外部监督主要包括检察机关的监督、监察机关的监督以及社会的监督。

社会监督具有以下两个特点：一是监督主体的广泛性。检察监督、行政监督都是由特定国家机关实施，而社会监督，无论是哪一种形式，都是人民群众和社会组织实施，社会监督的主体是不特定的广大的社会组织和人民群众，本身具有广泛性。二是社会监督具有道德评价的特点。社会监督主要通过对国家机关及其工作人员违法违纪行为进行批评、申诉、检举、控告等来进行，不同于国家机关内部的监督，这种监督一般不具有严格的法定程序。其本身并不像检察监督、行政监督等方式能直接引起有关法律程序或行政措施的运用，而只是通过对国家机关及其工作人员进行批评、检举或控告，引起有关部门的重视，间接地导致有关法律程序或行政措施的运用。本款规定的公安机关及其人民警察应当自觉接受社会和公民的监督，这是一种义务性的规定，强调必须是自觉地接受监督。

本条第二款是关于单位和个人有权对公安机关及其人民警察不严格执法以及违法违纪的行为向公安机关或者人民检察院、监察机关进行检举、控告和有关部门应当及时处理的规定。本款有以下几层意思：第一，检举、控告的主体是任何单位和个人。第二，检举、控告的内容是公安机关及其人民警察执行职务的行为，即办理治安案件过程中出现的违法违纪行为，包括作为和不作为。第三，收到检举、控告的机关应当依据职责及时处理，并将处理结果告知检举人、控告人。对于不属于本机关职责的检举、控告，也不能置之不理，应当及时转交有权查处的机关。

检举控告权是宪法和法律赋予公民和组织的一项基本权利，为了更好地行使这一权利，公民或组织进行检举控告时必须忠于事实，不得捏造或者歪曲事实进行诬告陷害。任何人、任何部门都不得对控告人、检举人进行压制和打击报复。

以 案 说 法

左某中诉某市公安局不履行法定职责案

重庆市长寿区人民法院认为：原告向被告申请确认被告下属的凤山派出所办理治安案件违法，被告具有对原告的申请进行答复的法定职责。被告在回复中告知原告"情节显著轻微，派出所作情况掌握，因此我局未制作调解协议，且未制作不予立案的决定"，同时在庭审中辩称"当时双方口头达成和解，因为我局把该案件作情况掌握，所以就不存在刑事立案、行政受案等情况"，但向本院提交的证据并不能证明"情节显著轻微，双方当事人口头达成和解，故派出所作情况掌握"这一事实，其辩解理由亦不能成立。

【案号】重庆市长寿区人民法院（2015）长法行初字第00129号

徐某明诉某市公安局行政处罚案

湖南省桃江县人民法院认为：依据《人民警察法》的规定，人民警察依法执行职务，受法律保护。在人民警察执行职务时，原告徐某明本应当积极配合，却使用"只是穿了这身皮""牛什么牛"这些言辞，确属不当，但其行为尚未导致被告民警执行活动受到中止或中断，未阻碍其执行职务。因此，被告作出的行政处罚决定，主要证据不足。本案中，被告在进行调查取证、履行职务时，原告不但未配合公安机关的调查，反而说了一些不当言语，对其行为，被告可以予以教育、训诫，但当原告被人劝阻后已经离开了现场，并没有妨碍人民警察执行公务的情况下，被告对其处以行政拘留五日，过罚不相当，显失公正。

【案号】湖南省桃江县人民法院（2020）湘0922行初145号

关联规定

《公安机关内部执法监督工作规定》（2020年8月6日）

第二条 公安机关内部执法监督，是指上级公安机关对下级公安机关，上级业务部门对下级业务部门，本级公安机关对所属业务部门、派出机构及其人民警察的各项执法活动实施的监督。

第五条 各级公安机关在加强内部执法监督的同时，必须依法接受人民群众、新闻舆论的监督，接受国家权力机关、人民政府的监督，接受人民检察院的法律监督和人民法院的审判监督。

第六条 执法监督的范围：

（一）有关执法工作的规范性文件及制度、措施是否合法；

（二）刑事立案、销案，实施侦查措施、刑事强制措施和执行刑罚等刑事执法活动是否合法和适当；

（三）有关治安管理、户籍管理、交通管理、消防管理、边防管理、出入境管理等法律法规的实施情况；

（四）适用和执行行政拘留、罚款、没收非法财物、吊销许可证、查封、扣押、冻结财物、强制戒毒等行政处罚和行政强制措施是否合法和适当；

（五）看守所、拘役所、治安拘留所、强制戒毒所、留置室等限制人身自由场所的执法情况；

（六）行政复议、行政诉讼、国家赔偿等法律法规的实施情况；

（七）国家赋予公安机关承担的其他执法职责的履行情况。

第七条 执法监督的方式：

（一）依照法律、法规和规章规定的执法程序和制度进行的监督；

（二）对起草、制订的有关执法工作的规范性文件及制度、措施进行法律审核；

（三）对疑难、有分歧、易出问题和各级公安机关决定需要专门监督的案件，进行案件审核；

（四）组织执法检查、评议；

（五）组织专项、专案调查；

（六）依照法律、法规进行听证、复议、复核；

（七）进行执法过错责任追究；

（八）各级公安机关决定采取的其他方式。

第八条 各级公安机关发现本级或者下级公安机关发布的规范性文件和制度、措施与国家法律、法规和规章相抵触的，应当予以纠正或者通知下级公安机关予以纠正。

第九条 对案件的审核可以采取阅卷审查方式进行，就案件的事实是否清楚，证据是否确凿、充分，定性是否准确，处理意见是否适当，适用法律是否正确，程序是否合法，法律文书是否规范、完备等内容进行审核，保障案件质量。

第十条 对公安行政管理执法行为的审核，可以采取查阅台帐、法律文书、档案等方式，就适用法律是否正确，程序是否合法等内容进行审核，保障公正执法。

第十一条 各级公安机关每年应当定期、不定期地组织对本级和下级公安机关的执法活动进行检查或者评议。

有关公安工作的法律、法规发布实施后,各级公安机关应当在一年内对该项法律、法规的执行情况,组织执法检查,检查结果报上一级公安机关并在本级公安机关予以通报。

各级公安机关对本级和下级公安机关每年的执法工作情况应当进行综合考评。考评结果报上一级公安机关并在本级公安机关予以通报。考评结果与奖惩相结合。

第十二条　对国家权力机关、人民政府或者上级公安机关交办复查的案件,人民群众反映强烈的普遍性、倾向性的公安执法问题,应当组织有关部门进行专项调查或者专案调查。在查明情况后,应当写出调查报告,提出处理意见和纠正措施,报本级公安机关领导批准后组织实施,并将查处结果报告交办机关和上级公安机关。

第十三条　在执法监督过程中,发现本级或者下级公安机关已经办结的案件或者执法活动确有错误、不适当的,主管部门报经主管领导批准后,直接作出纠正的决定,或者责成有关部门或者下级公安机关在规定的时限内依法予以纠正。

第十四条　公安机关办理听证、行政复议、国家赔偿案件工作依照国家法律、法规规定的程序进行。

第十五条　对公安机关及其人民警察违法行使职权或者不依法履行职责,致使办理的案件或者执法行为不合法、不适当的,必须依照有关法律、法规和本规定予以纠正和处理。

第十六条　各级公安机关的行政首长是执法监督的责任人,负责对本级和下级公安机关及其人民警察的执法活动组织实施监督。

公安机关各业务部门的负责人是本部门执法监督的责任人,负

第五章 执法监督

责对本部门及其人民警察的执法活动实施监督。

第十七条 各级公安机关法制部门是内部执法监督工作的主管部门,在本级公安机关的领导下,负责组织、实施、协调和指导执法监督工作。

第十八条 公安机关警务督察部门依照《公安机关督察条例》的规定,对公安机关及其人民警察的执法活动进行现场督察。

第十九条 对公安机关及其人民警察不合法、不适当的执法活动,分别作出如下处理:

(一)对错误的处理或者决定予以撤销或者变更;

(二)对拒不履行法定职责的,责令其在规定的时限内履行法定职责;

(三)对拒不执行上级公安机关决定和命令的有关人员,可以停止执行职务;

(四)公安机关及其人民警察违法行使职权已经给公民、法人和其他组织造成损害,需要给予国家赔偿的,应当依照《中华人民共和国国家赔偿法》的规定予以国家赔偿;

(五)公安机关人民警察在执法活动中因故意或者过失,造成执法过错的,按照《公安机关人民警察执法过错责任追究规定》追究执法过错责任。

第二十条 公安机关的领导和有关责任人员在执法工作中有违法违纪行为需要追究纪律和法律责任的,依照有关规定办理。

第二十一条 对上级公安机关及其主管部门的执法监督决定、命令,有关公安机关及其职能部门必须执行,并报告执行结果。

对执法监督决定有异议的,应当先予执行,然后按照规定提出意见,作出决定的机关应当认真审查,执行后果由作出决定的公安机关负责。

· 603 ·

第二十二条 拒绝、阻碍上级机关或本级公安机关及执法监督主管部门的执法监督检查，拒不执行公安机关内部执法监督的有关决定、命令，或者无故拖延执行，对被监督的公安机关或者业务部门的负责人，应当依照有关规定给予纪律处分。

第一百三十四条　【治安处罚与政务处分衔接】

公安机关作出治安管理处罚决定，发现被处罚人是公职人员，依照《中华人民共和国公职人员政务处分法》的规定需要给予政务处分的，应当依照有关规定及时通报监察机关等有关单位。

说　明

本条是新增条款。

关 联 规 定

《监察法》（2024 年 12 月 25 日修正）

第三十七条 人民法院、人民检察院、公安机关、审计机关等国家机关在工作中发现公职人员涉嫌贪污贿赂、失职渎职等职务违法或者职务犯罪的问题线索，应当移送监察机关，由监察机关依法调查处置。

被调查人既涉嫌严重职务违法或者职务犯罪，又涉嫌其他违法犯罪的，一般应当由监察机关为主调查，其他机关予以协助。

第一百三十五条 【罚款决定与罚款收缴分离】
公安机关依法实施罚款处罚,应当依照有关法律、行政法规的规定,实行罚款决定与罚款收缴分离;收缴的罚款应当全部上缴国库,不得返还、变相返还,不得与经费保障挂钩。

说 明

本条新增"不得返还、变相返还,不得与经费保障挂钩"内容。与《行政处罚法》第七十四条第三款"罚款、没收的违法所得或者没收非法财物拍卖的款项,不得同作出行政处罚决定的行政机关及其工作人员的考核、考评直接或者变相挂钩。除依法应当退还、退赔的外,财政部门不得以任何形式向作出行政处罚决定的行政机关返还罚款、没收的违法所得或者没收非法财物拍卖的款项"的规定相对应。

对照法条

治安管理处罚法(2012)	治安管理处罚法(2025)
第一百一十五条 公安机关依法实施罚款处罚,应当依照有关法律、行政法规的规定,实行罚款决定与罚款收缴分离;收缴的罚款应当全部上缴国库。	第一百三十五条 公安机关依法实施罚款处罚,应当依照有关法律、行政法规的规定,实行罚款决定与罚款收缴分离;收缴的罚款应当全部上缴国库,**不得返还、变相返还,不得与经费保障挂钩**。

条文释义

本条是关于公安机关实施罚款的决定与罚款收缴相分离以及收缴的罚款应当上缴国库的规定。

决定罚款的机关与收缴罚款的机构相分离，是《行政处罚法》确立的一项重要制度，这项制度的确立，有利于解决有些行政机关及其工作人员乱罚款、以罚款作为创收手段等问题，有利于提高行政执法的质量，也有利于加强廉政建设，从源头上预防和治理腐败，建设一支高素质的执法队伍。

由于罚款既不影响被处罚人的人身自由，又能起到对违法行为的惩戒作用，因此成为行政处罚中使用最广泛的处罚方式，也是行政机关进行行政管理使用最多的手段。但同时也是最易失控、出现问题最多的手段，人民群众对罚款的反映最多、意见也最大。实践中，滥罚款、将罚款收入充作行政机关的办公经费，甚至将罚款作为创收的手段，以增加奖金、福利等问题屡禁不止，滋生了腐败现象，损害了党和政府的形象，破坏了党和政府与人民的关系。为解决上述实践中存在的问题，本条在此重申了罚款决定与收缴机关相分离这项制度。

公安机关作出罚款决定的《治安管理处罚决定书》应当载明代收机构的名称、地址和被处罚人应当缴纳罚款的数额、期限等，并明确对被处罚人逾期缴纳罚款是否加处罚款。根据1997年12月19日国务院法制局办公室《关于贯彻执行〈罚款决定与罚款收缴分离实施办法〉有关问题的意见》第三条的规定，没有载明上述法定内容的治安管理处罚决定书，不得使用；使用的，该《治安管理处罚决定书》无效。

国家财政实行收支两条线，财政部门不得以任何形式向作出行政处罚决定的行政机关返还罚款，不得返还、变相返还，不得与经费保障挂钩。以防止个别地方、个别单位为了局部的利益不顾全局利益，为了小集体的利益而有损国家的利益。同时，也是为了保证执法的公正严明。

以案说法

宋某颖诉某派出所行政处罚案

天津市高级人民法院认为：本案的争议焦点为某派出所当场收缴宋某颖罚款人民币500元的合法性问题。

一、是否符合当场收缴罚款的情形

"罚缴分离"是《行政处罚法》的一项基本原则，即作出罚款的机关与收缴罚款的机构应当分离，一般不允许自罚自收的现象存在。但行政执法中面临的情况千差万别，行政执法不仅需要考虑公正和廉洁，还需要考虑便民和处罚的有效执行等因素，所以《行政处罚法》和《治安管理处罚法》也规定了罚缴分离原则的例外情况，即某些情况下行政执法机关可以当场收缴罚款。本案中，某派出所作出津公（万）行罚决字〔2013〕7号行政处罚决定，对宋某颖处以500元罚款，数额高于50元；宋某颖有固定住所和固定职业，不属于不当场收缴事后难以执行的情形；处罚决定作出地天津市东丽区也并非交通不便，向银行缴纳罚款确有困难的地区，因此不得当场收缴罚款。

二、若当事人主动要求代为缴纳罚款，能否收取罚款

罚缴分离原则是法律确定的一项基本原则，属于强制性规定，不符合当场收缴的条件，执法人员不得收缴罚款。罚缴分离原则主要维护的是执法的廉洁、公正及政府形象，但为了兼顾便

民和处罚有效执行，法律也规定了几种当场收缴罚款的情形。也就是说，符合当场收缴罚款的情形，法律更倾向于执法便民和保障处罚的有效执行；而必须罚缴分离的情形，法律更倾向于廉洁、公正及政府形象。本案中，涉案罚款决定不符合当场收缴罚款的条件，被申请人当场收缴罚款后转缴至银行，表面是执法为民，但实则是违背了罚缴分离制度的设计初衷，有可能影响执法公正。因此，在这种情况下，即使当事人请求帮其代为缴纳罚款，也应当予以拒绝。

【案号】天津市高级人民法院（2018）津行再字1号

关联规定

《罚款决定与罚款收缴分离实施办法》（1997年11月17日）（正文略）

第一百三十六条 【治安违法记录封存】

违反治安管理的记录应当予以封存，不得向任何单位和个人提供或者公开，但有关国家机关为办案需要或者有关单位根据国家规定进行查询的除外。依法进行查询的单位，应当对被封存的违法记录的情况予以保密。

说明

本条是新增条款。

第五章　执法监督

党的二十届三中全会决定提出，建立轻微犯罪记录封存制度。立法中有的常委委员、部门、地方、专家学者和社会公众提出，贯彻落实党的二十届三中全会精神，对治安违法记录也应予以封存。宪法和法律委员会经研究，建议采纳上述意见。①

我国第一次以立法的形式确立的未成年人刑事犯罪记录封存制度体现在2012年3月14日通过的《刑事诉讼法修正案》第二百七十五条："犯罪的时候不满十八周岁，被判处五年有期徒刑以下刑罚的，应当对相关犯罪记录予以封存。"

2024年7月21日，二十届中共中央三中全会决定指出，建立轻微犯罪记录封存制度。对犯罪的未成年人实行犯罪记录封存制度，给有过犯罪记录的未成年人避免前科带来的负面影响，帮助其能够平等地享有与其他正常人一样的权利，使其真正改过自新，回归社会。配合刑事司法规定，本次修订时增加了这一制度。

关联规定

《最高人民法院 最高人民检察院 公安部 司法部关于未成年人犯罪记录封存的实施办法》（2022年5月24日）

第二条　本办法所称未成年人犯罪记录，是指国家专门机关对未成年犯罪人员情况的客观记载。应当封存的未成年人犯罪记录，包括侦查、起诉、审判及刑事执行过程中形成的有关未成年人犯罪或者涉嫌犯罪的全部案卷材料与电子档案信息。

第三条　不予刑事处罚、不追究刑事责任、不起诉、采取刑事

---

① 2025年6月24日，全国人民代表大会宪法和法律委员会关于《中华人民共和国治安管理处罚法（修订草案）》审议结果的报告，载中国人大网，http://www.npc.gov.cn/npc/c2/c30834/202506/t20250627_446251.html，最后访问时间2025年6月27日。

强制措施的记录，以及对涉罪未成年人进行社会调查、帮教考察、心理疏导、司法救助等工作的记录，按照本办法规定的内容和程序进行封存。

第四条 犯罪的时候不满十八周岁，被判处五年有期徒刑以下刑罚以及免予刑事处罚的未成年人犯罪记录，应当依法予以封存。

对在年满十八周岁前后实施数个行为，构成一罪或者一并处理的数罪，主要犯罪行为是在年满十八周岁前实施的，被判处或者决定执行五年有期徒刑以下刑罚以及免予刑事处罚的未成年人犯罪记录，应当对全案依法予以封存。

第五条 对于分案办理的未成年人与成年人共同犯罪案件，在封存未成年人案卷材料和信息的同时，应当在未封存的成年人卷宗封面标注"含犯罪记录封存信息"等明显标识，并对相关信息采取必要保密措施。对于未分案办理的未成年人与成年人共同犯罪案件，应当在全案卷宗封面标注"含犯罪记录封存信息"等明显标识，并对相关信息采取必要保密措施。

第六条 其他刑事、民事、行政及公益诉讼案件，因办案需要使用了被封存的未成年人犯罪记录信息的，应当在相关卷宗封面标明"含犯罪记录封存信息"，并对相关信息采取必要保密措施。

第七条 未成年人因事实不清、证据不足被宣告无罪的案件，应当对涉罪记录予以封存；但未成年被告人及其法定代理人申请不予封存或者解除封存的，经人民法院同意，可以不予封存或者解除封存。

第八条 犯罪记录封存决定机关在作出案件处理决定时，应当同时向案件被告人或犯罪嫌疑人及其法定代理人或近亲属释明未成年人犯罪记录封存制度，并告知其相关权利义务。

第九条 未成年人犯罪记录封存应当贯彻及时、有效的原则。

对于犯罪记录被封存的未成年人,在入伍、就业时免除犯罪记录的报告义务。

被封存犯罪记录的未成年人因涉嫌再次犯罪接受司法机关调查时,应当主动、如实地供述其犯罪记录情况,不得回避、隐瞒。

第十条 对于需要封存的未成年人犯罪记录,应当遵循《中华人民共和国个人信息保护法》不予公开,并建立专门的未成年人犯罪档案库,执行严格的保管制度。

对于电子信息系统中需要封存的未成年人犯罪记录数据,应当加设封存标记,未经法定查询程序,不得进行信息查询、共享及复用。

封存的未成年人犯罪记录数据不得向外部平台提供或对接。

第十一条 人民法院依法对犯罪时不满十八周岁的被告人判处五年有期徒刑以下刑罚以及免予刑事处罚的,判决生效后,应当将刑事裁判文书、《犯罪记录封存通知书》及时送达被告人,并同时送达同级人民检察院、公安机关,同级人民检察院、公安机关在收到上述文书后应当在三日内统筹相关各级检察机关、公安机关将涉案未成年人的犯罪记录整体封存。

第十二条 人民检察院依法对犯罪时不满十八周岁的犯罪嫌疑人决定不起诉后,应当将《不起诉决定书》、《犯罪记录封存通知书》及时送达被不起诉人,并同时送达同级公安机关,同级公安机关收到上述文书后应当在三日内将涉案未成年人的犯罪记录封存。

第十三条 对于被判处管制、宣告缓刑、假释或者暂予监外执行的未成年罪犯,依法实行社区矫正,执行地社区矫正机构应当在刑事执行完毕后三日内将涉案未成年人的犯罪记录封存。

第十四条 公安机关、人民检察院、人民法院和司法行政机关分别负责受理、审核和处理各自职权范围内有关犯罪记录的封存、查询工作。

第十五条 被封存犯罪记录的未成年人本人或者其法定代理人申请为其出具无犯罪记录证明的，受理单位应当在三个工作日内出具无犯罪记录的证明。

第十六条 司法机关为办案需要或者有关单位根据国家规定查询犯罪记录的，应当向封存犯罪记录的司法机关提出书面申请，列明查询理由、依据和使用范围等，查询人员应当出示单位公函和身份证明等材料。

经审核符合查询条件的，受理单位应当在三个工作日内开具有／无犯罪记录证明。许可查询的，查询后，档案管理部门应当登记相关查询情况，并按照档案管理规定将有关申请、审批材料、保密承诺书等一同存入卷宗归档保存。依法不许可查询的，应当在三个工作日内向查询单位出具不许可查询决定书，并说明理由。

对司法机关为办理案件、开展重新犯罪预防工作需要申请查询的，封存机关可以依法允许其查阅、摘抄、复制相关案卷材料和电子信息。对司法机关以外的单位根据国家规定申请查询的，可以根据查询的用途、目的与实际需要告知被查询对象是否受过刑事处罚、被判处的罪名、刑期等信息，必要时，可以提供相关法律文书复印件。

第十七条 对于许可查询被封存的未成年人犯罪记录的，应当告知查询犯罪记录的单位及相关人员严格按照查询目的和使用范围使用有关信息，严格遵守保密义务，并要求其签署保密承诺书。不按规定使用所查询的犯罪记录或者违反规定泄露相关信息，情节严重或者造成严重后果的，应当依法追究相关人员的责任。

因工作原因获知未成年人封存信息的司法机关、教育行政部门、未成年人所在学校、社区等单位组织及其工作人员、诉讼参与

第五章 执法监督

人、社会调查员、合适成年人等,应当做好保密工作,不得泄露被封存的犯罪记录,不得向外界披露该未成年人的姓名、住所、照片,以及可能推断出该未成年人身份的其他资料。违反法律规定披露被封存信息的单位或个人,应当依法追究其法律责任。

第十八条 对被封存犯罪记录的未成年人,符合下列条件之一的,封存机关应当对其犯罪记录解除封存:

(一)在未成年时实施新的犯罪,且新罪与封存记录之罪数罪并罚后被决定执行刑罚超过五年有期徒刑的;

(二)发现未成年时实施的漏罪,且漏罪与封存记录之罪数罪并罚后被决定执行刑罚超过五年有期徒刑的;

(三)经审判监督程序改判五年有期徒刑以上刑罚的;

被封存犯罪记录的未成年人,成年后又故意犯罪的,人民法院应当在裁判文书中载明其之前的犯罪记录。

第十九条 符合解除封存条件的案件,自解除封存条件成立之日起,不再受未成年人犯罪记录封存相关规定的限制。

第二十条 承担犯罪记录封存以及保护未成年人隐私、信息工作的公职人员,不当泄漏未成年人犯罪记录或者隐私、信息的,应当予以处分;造成严重后果,给国家、个人造成重大损失或者恶劣影响的,依法追究刑事责任。

第二十一条 涉案未成年人应当封存的信息被不当公开,造成未成年人在就学、就业、生活保障等方面未受到同等待遇的,未成年人及其法定代理人可以向相关机关、单位提出封存申请,或者向人民检察院申请监督。

第二十二条 人民检察院对犯罪记录封存工作进行法律监督。对犯罪记录应当封存而未封存,或者封存不当,或者未成年人及其法定代理人提出异议的,人民检察院应当进行审查,对确实存在错误的,应当及时通知有关单位予以纠正。

有关单位应当自收到人民检察院的纠正意见后及时审查处理。经审查无误的,应当向人民检察院说明理由;经审查确实有误的,应当及时纠正,并将纠正措施与结果告知人民检察院。

第二十三条 对于2012年12月31日以前办结的案件符合犯罪记录封存条件的,应当按照本办法的规定予以封存。

第二十四条 本办法所称"五年有期徒刑以下"含本数。

第一百三十七条 【同步录音录像运行安全管理】

公安机关应当履行同步录音录像运行安全管理职责,完善技术措施,定期维护设施设备,保障录音录像设备运行连续、稳定、安全。

说 明

本条是新增条款。

同步录音录像的目的是保护违法、犯罪嫌疑人的合法权益,防止刑讯逼供等不当行为的发生,同时也有利于确保办案质量和司法公正。

以案说法

刘某莲诉某市公安局政府信息公开案

江苏省高级人民法院认为:关于申请人申请公开的执法记录仪内的视频信息,首先,公安机关执法记录仪的视频录像系对报案进行处理过程中形成的材料，属于案件材料，不属于应当公开的政府信息范畴，不能通过申请政府信息公开的途径获得；其次，《公安机关执法公开规定》亦未要求公安机关的接处警录音录像应当向特定对象公开。同时，接处警录音录像具有其特殊性，当作为公安机关办理案件的证据时，由于其直接涉及案件当事人的利害关系，故应当向案件当事人公开，反之，接处警录音录像的作用主要在于公安机关内部对执法办案活动的监督，对当事人权利义务并无影响。

【案号】江苏省高级人民法院（2020）苏行申1772号

关联规定

《行政处罚法》（2021年1月22日修订）

第四十一条　行政机关依照法律、行政法规规定利用电子技术监控设备收集、固定违法事实的，应当经过法制和技术审核，确保电子技术监控设备符合标准、设置合理、标志明显，设置地点应当向社会公布。

电子技术监控设备记录违法事实应当真实、清晰、完整、准确。行政机关应当审核记录内容是否符合要求；未经审核或者经审核不符合要求的，不得作为行政处罚的证据。

行政机关应当及时告知当事人违法事实，并采取信息化手段或者其他措施，为当事人查询、陈述和申辩提供便利。不得限制或者变相限制当事人享有的陈述权、申辩权。

第四十七条　行政机关应当依法以文字、音像等形式，对行政处罚的启动、调查取证、审核、决定、送达、执行等进行全过程记录，归档保存。

> **第一百三十八条 【个人信息保护】**
> 公安机关及其人民警察不得将在办理治安案件过程中获得的个人信息,依法提取、采集的相关信息、样本用于与治安管理、查处犯罪无关的用途,不得出售、提供给其他单位或者个人。

说 明

本条是新增条款。

条文释义

《个人信息保护法》自 2021 年 11 月 1 日起施行,是我国第一部个人信息保护方面的专门法律。

《个人信息保护法》包括合法、正当、必要、诚信、目的限制、最小必要、质量、责任等原则。这些原则的根本目的就是要规范个人信息处理者的处理活动,保护个人信息权益。例如,依据第六条所确立的目的限制原则,处理个人信息应当具有明确、合理的目的,并应当与处理目的直接相关,采取对个人权益影响最小的方式。收集个人信息,应当限于实现处理目的的最小范围,不得过度收集个人信息。无论什么样的个人信息处理者为了何种处理目的,以何种方式实施个人信息处理活动,都应当遵循这些基本原则。不仅如此,调整规范个人信息处理活动的法规规章,也不能违反这些基本原则。

明确个人信息处理者处理个人信息前,必须以显著方式、清晰易懂的语言真实、准确、完整地向个人告知法律规定的事项,除非法律、行政法规规定应当保密或者无须告知，或者告知将妨碍国家机关履行法定职责。

敏感个人信息，即一旦泄露或者非法使用，容易导致自然人的人格尊严受到侵害或者人身、财产安全受到危害的个人信息，包括生物识别、宗教信仰、特定身份、医疗健康、金融账户、行踪轨迹等信息，以及不满十四周岁未成年人的个人信息。依据《个人信息保护法》的规定，只有在具有特定的目的和充分的必要性，并采取严格保护措施的情形下，个人信息处理者方可处理敏感个人信息。同时，处理敏感个人信息应当取得个人的单独同意，处理不满十四周岁未成年人个人信息的，应当取得未成年人的父母或者其他监护人的同意。

关 联 规 定

《个人信息保护法》（2021年8月20日公布）

第四条　个人信息是以电子或者其他方式记录的与已识别或者可识别的自然人有关的各种信息，不包括匿名化处理后的信息。

个人信息的处理包括个人信息的收集、存储、使用、加工、传输、提供、公开、删除等。

第五条　处理个人信息应当遵循合法、正当、必要和诚信原则，不得通过误导、欺诈、胁迫等方式处理个人信息。

第六条　处理个人信息应当具有明确、合理的目的，并应当与处理目的直接相关，采取对个人权益影响最小的方式。

收集个人信息，应当限于实现处理目的的最小范围，不得过度收集个人信息。

第七条　处理个人信息应当遵循公开、透明原则，公开个人信息处理规则，明示处理的目的、方式和范围。

第八条 处理个人信息应当保证个人信息的质量,避免因个人信息不准确、不完整对个人权益造成不利影响。

第九条 个人信息处理者应当对其个人信息处理活动负责,并采取必要措施保障所处理的个人信息的安全。

第十条 任何组织、个人不得非法收集、使用、加工、传输他人个人信息,不得非法买卖、提供或者公开他人个人信息;不得从事危害国家安全、公共利益的个人信息处理活动。

第二十八条 敏感个人信息是一旦泄露或者非法使用,容易导致自然人的人格尊严受到侵害或者人身、财产安全受到危害的个人信息,包括生物识别、宗教信仰、特定身份、医疗健康、金融账户、行踪轨迹等信息,以及不满十四周岁未成年人的个人信息。

只有在具有特定的目的和充分的必要性,并采取严格保护措施的情形下,个人信息处理者方可处理敏感个人信息。

第二十九条 处理敏感个人信息应当取得个人的单独同意;法律、行政法规规定处理敏感个人信息应当取得书面同意的,从其规定。

第三十条 个人信息处理者处理敏感个人信息的,除本法第十七条第一款规定的事项外,还应当向个人告知处理敏感个人信息的必要性以及对个人权益的影响;依照本法规定可以不向个人告知的除外。

第三十一条 个人信息处理者处理不满十四周岁未成年人个人信息的,应当取得未成年人的父母或者其他监护人的同意。

个人信息处理者处理不满十四周岁未成年人个人信息的,应当制定专门的个人信息处理规则。

第三十二条 法律、行政法规对处理敏感个人信息规定应当取得相关行政许可或者作出其他限制的,从其规定。

第五章 执法监督

第一百三十九条 【公安机关、人民警察违法行为及其处罚】

人民警察办理治安案件，有下列行为之一的，依法给予处分；构成犯罪的，依法追究刑事责任：

（一）刑讯逼供、体罚、打骂、虐待、侮辱他人的；

（二）超过询问查证的时间限制人身自由的；

（三）不执行罚款决定与罚款收缴分离制度或者不按规定将罚没的财物上缴国库或者依法处理的；

（四）私分、侵占、挪用、故意损毁所收缴、追缴、扣押的财物的；

（五）违反规定使用或者不及时返还被侵害人财物的；

（六）违反规定不及时退还保证金的；

（七）利用职务上的便利收受他人财物或者谋取其他利益的；

（八）当场收缴罚款不出具专用票据或者不如实填写罚款数额的；

（九）接到要求制止违反治安管理行为的报警后，不及时出警的；

（十）在查处违反治安管理活动时，为违法犯罪行为人通风报信的；

（十一）泄露办理治安案件过程中的工作秘密或者其他依法应当保密的信息的；

(十二) 将在办理治安案件过程中获得的个人信息，依法提取、采集的相关信息、样本用于与治安管理、查处犯罪无关的用途，或者出售、提供给其他单位或者个人的；

(十三) 剪接、删改、损毁、丢失办理治安案件的同步录音录像资料的；

(十四) 有徇私舞弊、玩忽职守、滥用职权，不依法履行法定职责的其他情形的。

办理治安案件的公安机关有前款所列行为的，对负有责任的领导人员和直接责任人员，依法给予处分。

说 明

本条新增第十一项、第十二项、第十三项等内容，并作了一些表述性修改。

对照法条

治安管理处罚法（2012）	治安管理处罚法（2025）
第一百一十六条 人民警察办理治安案件，有下列行为之一的，依法给予行政处分；构成犯罪的，依法追究刑事责任： （一）刑讯逼供、体罚、虐待、侮辱他人的；	第一百三十九条 人民警察办理治安案件，有下列行为之一的，依法给予处分；构成犯罪的，依法追究刑事责任： （一）刑讯逼供、体罚、**打骂**、虐待、侮辱他人的；

续表

治安管理处罚法（2012）	治安管理处罚法（2025）
（二）超过询问查证的时间限制人身自由的； （三）不执行罚款决定与罚款收缴分离制度或者不按规定将罚没的财物上缴国库或者依法处理的； （四）私分、侵占、挪用、故意损毁收缴、扣押的财物的； （五）违反规定使用或者不及时返还被侵害人财物的； （六）违反规定不及时退还保证金的； （七）利用职务上的便利收受他人财物或者谋取其他利益的； （八）当场收缴罚款不出具罚款收据或者不如实填写罚款数额的； （九）接到要求制止违反治安管理行为的报警后，不及时出警的； （十）在查处违反治安管理活动时，为违法犯罪行为人通风报信的； （十一）有徇私舞弊、滥用职权，不依法履行法定职责的其他情形。 办理治安案件的公安机关有前款所列行为的，对直接负责的主管人员和其他直接责任人员给予相应的行政处分。	（二）超过询问查证的时间限制人身自由的； （三）不执行罚款决定与罚款收缴分离制度或者不按规定将罚没的财物上缴国库或者依法处理的； （四）私分、侵占、挪用、故意损毁所收缴、追缴、扣押的财物的； （五）违反规定使用或者不及时返还被侵害人财物的； （六）违反规定不及时退还保证金的； （七）利用职务上的便利收受他人财物或者谋取其他利益的； （八）当场收缴罚款不出具专用票据或者不如实填写罚款数额的； （九）接到要求制止违反治安管理行为的报警后，不及时出警的； （十）在查处违反治安管理活动时，为违法犯罪行为人通风报信的； （十一）泄露办理治安案件过程中的工作秘密或者其他依法应当保密的信息的； （十二）将在办理治安案件过程中获得的个人信息，依法提取、采集的相关信息、样本用于与治安管理、查处犯罪无关的用途，或者出售、提供给其他单位或者个人的； （十三）剪接、删改、损毁、丢失办理治安案件的同步录音录像资料的；

续表

治安管理处罚法（2012）	治安管理处罚法（2025）
（十四）有徇私舞弊、玩忽职守、滥用职权，不依法履行法定职责的其他情形的。 办理治安案件的公安机关有前款所列行为的，对**负有责任的领导人员和直接责任人员，依法**给予处分。	

条文释义

本条是关于对公安机关及其人民警察在办理治安案件中的违法违纪行为给予行政处分、刑事处罚的规定。本条共分两款。

本条第一款是关于人民警察在办理治安案件中的违法违纪行为及其行政处分、刑事处罚的规定。本款针对实践中可能发生的问题，重申人民警察在办理治安案件时，不得有下列违法违纪行为：

1. 刑讯逼供、体罚、虐待、打骂、侮辱他人。这里的"他人"，既包括违反治安管理行为人，也包括其他的证人、被侵害人等。本法明确规定，以非法手段收集的证据不得作为处罚的根据。不仅如此，对于刑讯逼供、体罚、虐待、打骂、侮辱他人的，根据本条的规定还应给予行政处分，直至追究刑事责任。

2. 超过询问查证的时间限制人身自由。实践中，个别公安民警对工作采取极不负责任的态度，在被传唤人到达公安机关后，不及时对其进行询问，又不让被传唤人离开，使其长时间滞留于公安机关，严重地限制了其人身自由；有的采用车轮战术对被传唤人进行连续的询问，对被传唤人的生理、心理都是极大的摧残，该行为实际上就是一种变相的体罚、虐待。

3. 不执行罚款决定与罚款收缴分离制度或者不按规定将罚没的财物上缴国库或者依法处理。这一规定包括两种情况：一是不执行罚款决定与罚款收缴分离的规定；二是不按规定将罚没的财物上缴国库或依法处理。本条规定的"罚没财物"，主要包括依法对违反治安管理的行为人处以的罚款、没收的保证金、收缴的违禁品，以及收缴违反治安管理所得的财物、直接用于实施违反治安管理行为的工具等。根据本法及其他有关法律的规定，这些罚没的财物，应当上缴国库或按有关规定处理，如违禁品就应当按照有关规定予以销毁。

4. 私分、侵占、挪用、故意损毁所收缴、追缴、扣押的财物。对于与违反治安案件有关的物品，需要作为证据使用的，公安机关可以依照本法的有关规定予以扣押，但有责任妥善保管，不得挪作他用，更不得私分、侵占、故意损毁。对于未履行保管义务，造成所收缴、追缴、扣押的财物遗失或者损毁的，应依法承担赔偿责任。有私分、侵占、挪用行为，构成犯罪的，还应依法承担刑事责任。

5. 违反规定使用或者不及时返还被侵害人财物。对于收缴的违反治安管理所得的财物，以及被扣押的有关财物，其中有的可能是被侵害人的合法财物，对这种情况应当及时退还被侵害人，防止因办案时间的拖延而影响和损害被侵害人的利益。对于需要作为证据使用的被害人的财物，应当在登记并固定证据后立即退还。

6. 违反规定不及时退还保证金。应当退还保证金的，当事人出于某种原因没有提出申请或要求的，公安机关应主动通知有关人员取回保证金。

7. 利用职务上的便利收受他人财物或者谋取其他利益。其中，"利用职务上的便利"，主要是指利用与履行职务有关的方便条件，

· 623 ·

"收受他人财物或者谋取其他利益",包括收受他人的金钱、有价证券、礼品等各种物品,或者接受他人提供的免费旅游、服务等。

8. 当场收缴罚款不出具专用票据或者不如实填写罚款数额。针对这种情况,本法重申了这一规定,即不出具统一制发的专用票据的,被处罚人有权拒绝缴纳罚款。

9. 接到要求制止违反治安管理行为的报警后,不及时出警。人民警察在接到要求制止违反治安管理行为的报警后,应当立即出警,这是人民警察应当履行的一项重要职责。这里规定的"报警",包括人民群众在受到违反治安管理行为的侵害、处于危难之中向人民警察发出的求助;也包括人民群众发现有违反治安管理行为发生,向人民警察报案,要求人民警察予以制止;还包括发生了民间纠纷,人民群众要求调解等。

10. 在查处违反治安管理活动时,为违法犯罪行为人通风报信。这种情况往往发生在公安机关打击卖淫嫖娼、非法制售淫秽物品、非法倒卖各种票证活动时。应当注意的是,如果警察与犯罪行为人共谋,应按共犯处理。"为违法犯罪行为人通风报信"是指在依法查处违反治安管理活动时,将采取行动的时间、地点、对象等部署情况以及有关的消息告知违法行为人本人或与其相关的人。"在查处违反治安管理活动时"是指依法查处的全过程中的任何阶段,既包括部署阶段,也包括实施阶段。无论在哪一个阶段向违法行为人通风报信,帮助他们及时隐藏、逃避查处的行为都应按照本条的规定给予处罚,而不能仅仅理解为具体实施查处行动的时刻。此外,"通风报信"包括采用各种传递消息的方法和手段,如打电话、发送短信、发送邮件或事先规定的各种联系暗号等。

11. 泄露办理治安案件过程中的工作秘密或者其他依法应当保密的信息。对于在办理治安案件时涉及的国家秘密、商业秘密或者个人隐私，公安机关包括公安机关内部的任何工作人员，除工作需要外，都负有保密的义务，不得违反规定向外界泄露。

12. 违规使用、出售、提供个人信息以及依法提取、采集的相关信息、样本。《个人信息保护法》第二条再次明确，自然人的个人信息受法律保护，任何组织、个人不得侵害自然人的个人信息权益。公安机关在办理治安案件中，获得大量个人信息，如果不当，会造成严重的个人信息泄露。

13. 剪接、删改、损毁、丢失同步录音录像资料。公安机关同步录音录像资料的重要性在于其能够固定证据、提高讯问的真实性、弥补言词证据的不足、保障违法嫌疑人的权利、提高执法人员讯问水平、规范执法行为等方面，剪接、删改、损毁、丢失同步录音录像资料属于严重违法行为。

14. 有徇私舞弊、玩忽职守、滥用职权，不依法履行法定职责的其他情形。本条前十三项规定的行为主要是针对实践中比较常见的情况，也是群众反映比较强烈的。除此以外，对于其他违法违纪情况，也同样应当依法处理，所以本项对其他滥用职权，超越职权，利用职权寻求个人私利，不履行或不正确履行自己法定职责的行为，作了进一步规定。

第二款规定有上列违法违纪行为的，除处分直接责任人员外，对负有责任的领导人员也给予处分。

实务问答

对违法犯罪的人民警察可以给予党纪处分吗？

政务处分与党纪处分是两种性质不同的惩戒措施。政务处分是一种法律上的惩戒措施，党纪处分则是一种纪律上的惩戒措施。党纪和国法在性质上是不同的，党纪是对党组织及其成员的纪律要求，国法则强调法律赋予的权利和义务。因此，由国法规定的政务处分与由党纪衍生的党纪处分是不一样的。实践中，政务处分与党纪处分可以搭配适用，也可单独适用。在搭配适用时，要考虑执纪执法效果。

> **第一百四十条　【赔偿责任】**
> 公安机关及其人民警察违法行使职权，侵犯公民、法人和其他组织合法权益的，应当赔礼道歉；造成损害的，应当依法承担赔偿责任。

说　明

本条内容无修订。

对照法条

治安管理处罚法（2012）	治安管理处罚法（2025）
第一百一十七条　公安机关及其人民警察违法行使职权，侵犯公民、法人和其他组织合法权益的，应当赔礼道歉；造成损害的，应当依法承担赔偿责任。	第一百四十条　公安机关及其人民警察违法行使职权，侵犯公民、法人和其他组织合法权益的，应当赔礼道歉；造成损害的，应当依法承担赔偿责任。

条文释义

本条是关于公安机关及其人民警察违法行使职权，造成公民、

第五章　执法监督

法人和其他组织合法权益损害的应当承担赔偿责任的规定。

《宪法》规定，公民对于任何国家机关和国家工作人员的违法失职行为，都有向国家机关提出申诉、控告或者检举的权利。公民由于国家机关和国家工作人员侵犯其权利而受到损失的，有依照法律规定取得赔偿的权利。《国家赔偿法》也规定，国家机关和国家机关工作人员违法行使职权侵犯公民、法人和其他组织的合法权益造成损害的，受害人有取得国家赔偿的权利。本法再次重申了公安机关及其人民警察违法行使职权，造成公民、法人和其他组织合法权益损害的，应当承担赔偿责任的规定。

根据本条规定，公安机关及其人民警察违法行使职权，侵犯公民、法人和其他组织合法权益的，应当赔礼道歉；造成损害的，应当依法承担赔偿责任。根据这一规定，不管是公安机关作出的决定违法，还是办理治安案件的人民警察作出的决定违法，只要公民、法人和其他组织认为其合法权益受到损害的，都有权要求赔偿。

根据有关法律的规定，公民、法人和其他组织提出赔偿请求的途径主要有以下几种：

1. 直接向作出具体决定的有关公安机关提出，公安机关经核查后，认为其请求合理的，应当对本部门及其办案的人民警察因违法行为造成公民、法人和其他组织的损失予以赔偿。

2. 在依法向有关行政机关提起行政复议的同时，提出赔偿请求。行政复议机关经复议认为原行政机关作出的决定是错误的或违法的，在作出撤销、变更原行政决定或者确认原行政决定违法的同时，决定由原作出行政决定的公安机关予以赔偿。

3. 在依法向人民法院提起行政诉讼时，提出赔偿请求。若行政机关不予赔偿，可单独就损害赔偿问题向人民法院提起诉讼，由人民法院判决原行政机关予以赔偿。此外，法律规定，赔偿机关赔

· 627 ·

偿后，应当责令故意或者有重大过失的人民警察承担部分或者全部赔偿费用。这样可以对人民警察依法履职、规范办案起到更好的警示和教育作用。

以案说法

陈某宁诉某市公安局行政赔偿案

2001年12月24日8时40分许，原告丈夫韩某勇驾驶红旗牌出租轿车在某市栗子房镇林坨附近发生交通事故。某市公安局交通警察大队接到报警后，立即出警，赶到事故现场。在事故现场初步查明，韩某勇驾驶的红旗牌轿车已被撞变形，韩某勇被夹在驾驶座位中生死不明，需要立即抢救。为了尽快救出韩某勇，警方采用了撬杠等方法，都不能打开驾驶室车门，最后采用了气焊切割的方法，在周围群众的帮助下，将韩某勇从车中救出送往医院。虽然在气焊切割车门时采取了安全防范措施，但切割时仍造成了轿车失火，因火势较大，事先准备的消防器材无法将火扑灭，扩大了汽车的损失。事后，陈某宁要求某市公安局赔偿抢险警察气焊切割时造成车辆被烧毁的损失，某市公安局于2002年4月16日作出不予赔偿决定。陈某宁不服，故提出诉讼，请求行政赔偿。

大连市中级人民法院认为：国家机关及工作人员违法行使职权，是受害人获得国家赔偿的必要前提。本案中，警方是在司机被夹在发生事故的轿车驾驶室里生死不明，需要紧急抢救的情况下，决定实施强行打开驾驶室车门措施的。由于当时其他方法都不能打开已经变形的车门，警方为及时抢救出韩某勇而采取气焊切割车门的方法，实属情况紧急，迫不得已。因为不及时打开车门，就无法对生死不明的韩某勇实施紧急救护；尽早打开车门救出韩某勇，就有可能挽救其生命。气焊切割车门的方法虽然会破损车门,甚至造成汽车毁损,但及时抢救韩某勇的生命比破损车门或者造成汽车的毁损更为重要。因为相对人的生命而言,破损汽车车门或者汽车对他人利益的损害明显较小,警方在紧急情况下作出强行打开车门抢救韩某勇的决定,具有充分的合理性,而且在采取措施之前,警方已经尽可能地采取了相应的防范措施。虽然气焊切割车门导致了轿车的失火,但该行为本质上属于警方正当的抢险救助行为,没有超出交通警察依法履行职责的范围。陈某宁要求警方对在不得已情况下的紧急救助行为所造成的损失给予行政赔偿,没有法律依据。又因事故现场客观条件的限制,无法准确判断司机韩某勇的生死状况,故不能以事后证实的结果为理由,认定警方对韩某勇的救助行为没有实际的意义,故陈某宁认为警方实施的紧急抢险行为不当的理由亦不成立。

【案号】《最高人民法院公报》(2003年第3期)

赖某诉某市公安局不履行法定职责案

贵阳市中级人民法院认为:本案的焦点在于俞某的死亡与被上诉人的执法行为是否具有直接因果关系。根据《公安机关执法办案场所办案区使用管理规定》第十八条"在讯问、询问过程中,办案民警应当注意违法犯罪嫌疑人的身体状况、行为举止和表情,遇有可疑或者突发情况,应当立即启动应急报警装置,及时处置"之规定,办案民警有对突发情况进行及时处置的义务。本案中,某派出所在接到举报后及时处警,发现俞某有疑似吸毒的行为,在现场将俞某控制时,俞某伺机逃跑从三楼跳到二楼导致受伤,民警对其身体状况进行了询问,俞某当时无不适反应,并称无须救治,于是将其带回派出所调查。可见,在处警过程中,已经对俞某的身体状况尽到了合理的注意义务。又根据《人民警察法》第二十一条之规定,人民警察遇到公民人身、财产安全受到侵犯或者处于其他危难情形，应当立即救助。俞某在某派出所候问时出现呕吐的症状后，办案民警进行了紧急行政救助，及时拨打120急救电话将俞某送到医院就诊，故无论是基于法定职责还是身份义务，其都尽到了必要的救助义务。本案中，俞某所受伤害并非被上诉人民警察的履职行为所致，公安民警作为执法人员，并非专业的医护工作者，对俞某跳楼后摔倒的行为可能导致死亡的预见能力，不应课以过高的标准。且在处警及将俞某带回派出所候问期间，对俞某的身体状况已经尽到了职责内的注意义务，且已经达到普通理性人的合理标准。

【案号】贵阳市中级人民法院（2018）黔01行终543号

邓某华申请重庆市某区公安局违法使用武器致伤赔偿案

2014年6月23日零时许，重庆市某区公安局接到杨某忠报警，称邓某华将其位于该区南坪镇农业银行附近的烧烤摊掀翻，请求出警。邓某华发现杨某忠报警后，持刀追砍杨某忠。杨某忠在逃跑过程中摔倒，邓某华乘机砍刺倒地的杨某忠，但被杨某忠躲过。民警李某和辅警张某到达事发现场时，看到邓某华持刀追砍杨某忠，遂喝令其把刀放下。邓某华放弃继续追砍杨某忠，但未把刀放下。民警李某再次责令邓某华把刀放下，邓某华仍不听从命令，并在辅警张某试图夺刀未果、民警李某鸣枪示警后，仍旧没有停止伤害行为，反而提刀逼向民警李某、辅警张某。民警李某多次喝令邓某华把刀放下无效后，开枪将邓某华腿部击伤。

2014年6月23日，公安机关认定邓某华所持刀具为管制刀具。同年6月25日，重庆市某区公安局决定对邓某华涉嫌寻衅滋事予以立案侦查。同年12月11日，经鉴定，邓某华的伤情属十级伤残。

邓某华向重庆市某区公安局申请国家赔偿，重庆市某区公安局经审查决定不予赔偿。邓某华不服，向重庆市公安局申请复议，重

第五章 执法监督

庆市公安局经复议作出渝公赔复决字〔2015〕23号刑事赔偿复议决定：维持重庆市某区公安局不予赔偿的决定。邓某华不服，向重庆市第三中级人民法院赔偿委员会申请作出赔偿决定。

重庆市第三中级人民法院赔偿委员会于2016年3月10日作出（2015）渝三中法委赔字第7号国家赔偿决定：维持重庆市公安局渝公赔复决字〔2015〕23号刑事赔偿复议决定。邓某华不服，提出申诉。重庆市高级人民法院赔偿委员会于2016年12月20日作出（2016）渝委赔监33号驳回申诉通知：驳回邓某华的申诉。

【案号】（最高法院指导性案例243号）

关联规定

《国家赔偿法》（2012年10月26日）（正文略）
《最高人民法院关于审理行政赔偿案件若干问题的规定》（2021年12月6日）（正文略）

第六章 附　　则

第一百四十一条　【法律的衔接适用】

其他法律中规定由公安机关给予行政拘留处罚的，其处罚程序适用本法规定。

公安机关依照《中华人民共和国枪支管理法》、《民用爆炸物品安全管理条例》等直接关系公共安全和社会治安秩序的法律、行政法规实施处罚的，其处罚程序适用本法规定。

本法第三十二条、第三十四条、第四十六条、第五十六条规定给予行政拘留处罚，其他法律、行政法规同时规定给予罚款、没收违法所得、没收非法财物等其他行政处罚的行为，由相关主管部门依照相应规定处罚；需要给予行政拘留处罚的，由公安机关依照本法规定处理。

说　明

本条是新增条款。

立法中有的常委委员、部门、地方和专家学者提出，修订草案二次审议稿第三十二条、第三十四条、第四十六条、第五十六条对相应违法行为规定了罚款、拘留等处罚，其他有关法律、行政法规对同样行为也规定了罚款等处罚，为做好衔接，建议罚款等处罚由有关主管部门依照相关规定进行，对其中情节严重，应当给予拘留处罚的，由公安机关依照本法处罚。宪法和法律委员会经研究，建议采纳上述意见，本法有关条文中不再设置罚款处罚，同时在附则有关法律适用衔接的规定中增加一款，明确这种情况下的法律适用。①

目前，《无线电管理条例（2016修订）》《禁止传销条例》《民用无人驾驶航空器系统空中交通管理办法》《个人信息保护法》等均规定了相应罚则，除行政拘留以外由相关主管部门依照相应规定处罚；需要给予行政拘留处罚的，由公安机关依照本法规定处理。

《行政处罚法》第十八条第三款规定，"限制人身自由的行政处罚权只能由公安机关和法律规定的其他机关行使"。"法律规定的其他机关"，目前主要是指国家安全机关和海警机构。对《消防法》《环境保护法》《食品安全法》《农产品质量安全法》《中医药法》《土壤污染防治法》《疫苗管理法》《药品管理法》《固体废物污染环境防治法》等法律规定的行政拘留处罚，消防救援机构和其他行政主管部门将案件移送公安机关后，由县级以上公安机关依法作出行政拘留处罚决定。

---

① 2025年6月24日，全国人民代表大会宪法和法律委员会关于《中华人民共和国治安管理处罚法（修订草案）》审议结果的报告，载中国人大网，http：//www.npc.gov.cn/npc/c2/c30834/202506/t20250627_446251.html，最后访问时间2025年6月27日。

条文释义

本法是一部比较特殊的法律，集实体规范和程序规范于一体。其沿用原《治安管理处罚条例》的立法模式，是有其内在的法理逻辑的。行政处罚是行政机关对尚未构成犯罪的违法行为经常使用的制裁手段。《行政处罚法》对行政处罚的设定和实施作了全面、系统的规范，是规范所有行政处罚的基本法，一切行政处罚的设定和实施都要遵循该法的规定，除非该法作了"法律另有规定的除外"等授权规定。治安管理处罚是行政处罚的一种，也可以说是公安机关实施的有关治安管理的行政处罚，应当符合《行政处罚法》的规定。如何处理治安管理处罚与行政处罚的关系，是起草中遇到的一个令人头痛的问题。这包括两个方面：一是《治安管理处罚法》与《消防法》《道路交通安全法》《居民身份证法》《枪支管理法》《民用爆炸物品安全管理条例》《娱乐场所管理条例》等其他公安行政管理法律、行政法规设定的行政处罚的关系；二是《治安管理处罚法》与《产品质量法》《食品卫生法》等公安行政管理以外的其他行政管理法律、法规设定的行政处罚的关系。

本次修订时予以了明确。

以案说法

胡某梅诉某县公安局行政处罚案

山东省德州市中级人民法院认为：2019年4月2日下午，胡某梅在本村都某勇东侧地里点火，后引发其西侧牛棚着火，被毁财物价值239425.5元。胡某梅系聋哑人，但无法进行手语交流，自幼至今精神状态不正常，多地权威司法精神鉴定机构均无法出具其行为能力鉴定意见。依据某县公安局查明的现有事实，该案存在《消防法》规定的违法行为，不属于违法事实不能成立的情形，即便作出不予行政处罚决定，也应当依据《治安管理处罚法》的相应规定予以处理，某县公安局直接适用违法事实不能成立的法律规定作出不予处罚决定不当。

【案号】山东省德州市中级人民法院（2020）鲁14行终258号

曾某荣诉某县公安局行政处罚案

邵阳市中级人民法院认为：行政行为的合法性有广义和狭义之分，如果作狭义理解，不与法律明文规定明显冲突即为合法；如果作广义理解，只有全面符合法律精神、法律原则和法律规则，才是合法且正当的。基于合法性司法审查之公平正义标准，人民法院对行政行为的合法性审查，应当采取广义的理解，即明显不合乎法律明文规定的当然认定为不合法，虽然与法律规定不冲突、但明显不正当的，亦应认定为不合法。本案中，曾某荣非法运输烟花爆竹事实成立，某县公安局决定对其拘留七日符合规定，鉴于双方的实质争议非仅限于行政处罚是否合乎法律规定，故不仅应当而且有必要对某县公安局所作行政处罚决定的正当性予以审查认定。行政行为的正当性要求行政行为在程序上和实体上、在结果上和感受上都是正当的，应当符合比例原则、平等原则和程序正义标准，行政行为违反其中之一，则可以认定为"明显不当"。其中，比例原则是指行政处罚的结果与行政目的具有一致性，不存在违背行政目的的情形；平等原则是指平等对待行政相对人，即"一视同仁"；程序正义标准是指不仅不违反法定程序，而且行政行为实施的全过程合乎情理，让相对人感受到正当性。纵观本案某县公安局实施行政处罚的过程和结果，虽然总体上并无明显违反《治安管理处罚法》和《行政处罚法》的情形，但以平等原则和程序正义标准来衡量，尚存在以下"明显不当"：

其一，未全面调查核实违法事实即处罚。在曾某荣以被骗已报警的情况下，某县公安局治安大队应当对此进行调查核实，而其既未对涉案金某进行询问，也未作进一步的调查核实，不仅违反上述法律精神，而且可能对曾某荣的处罚结果带来不利影响，明显不当。

其二，实施行政处罚的过程正当性不足。本案《受案登记表》填写于2019年6月24日，属于事实上的办案在前、登记在后，且登记的案件来源不清、举报人信息不明，报案内容的记载有将处罚决定认定的事实"粘贴"的痕迹，不能反映举报的真实情况，不符合上述法律规定的要求。曾某荣在诉讼中陈述称本案来源于"金某诈骗不成后举报"、某市公安局涉嫌"钓鱼执法"，某市公安局并未就此提出抗辩。在本院询问该局主办民警刘某时，刘某陈述与举报人相识，但未如实提供举报人的基本信息和收缴烟花爆竹后的处理情况供本院审查，结合该局现场跟踪查获涉案烟花爆竹的过程，本院难以就曾某荣的主张作出否定性评价，无从确信某市公安局行政处罚过程的正当性，应当作为行政处罚程序不正当认定。

其三，有悖平等原则。公安机关实施行政处罚不仅必须严格执行法律的规定，而且应当遵循平等原则，公平对待相对人，不得选择执法，不得因人而异、厚此薄彼。从查证的事实看，曾某荣作为卖方、金某作为买方，二人共同实施了非法买卖、运输烟花爆竹的行为，公安机关应当依照上述法律规定对二人立案查处，并给予相应处罚。至于公安机关对二人的行为是定性为非法买卖还是非法运输或者非法买卖、运输，是适用《治安管理处罚法》还是适用《烟花爆竹安全管理条例》决定对二人给予何种处罚或者同时适用予以并罚，只要不违反公平正义的法律原则，就属于公安机关行使行政处罚自由裁量权的范围，人民法院应予以尊重。某县公安局以非法运输烟花爆竹对本行政案件定性，仅对曾某荣给予处罚，对同案非法行为人金某既未立案查处，亦未说明任何正当理由，不能排除选择性、差别执法的合理怀疑。曾某荣提出的关于金某未受到任何处理、对其处罚不公的主张源自普通人的感受、合乎情理，本院予以采纳。故可以认定某县公安局对曾某荣所作行政处罚决定有违行政处罚的平等原则，存在明显不当。

其四，关于附加收缴涉案烟花爆竹的法律适用评价。某县公安局行政处罚决定书主文并未载明对涉案烟花爆竹的处理内容，但以附件形式对涉案烟花爆竹予以收缴。曾某荣就此上诉主张涉案烟花爆竹系合法生产，不属于非法财物，收缴缺乏法律依据。据行政处罚决定书所附《收缴物品清单》，某县公安局收缴涉案烟花爆竹适用的是《治安管理处罚法》条款，原文规定为："办理治安案件所查获的毒品、淫秽物品等违禁品，赌具、赌资，吸食、注射毒品的用具以及直接用于实施违反治安管理行为的本人所有的工具，应当收缴，按照规定处理。"从上述文义上不难理解，公安机关在办理治安行政案件中收缴的财物限于违禁品、用具、工具三类；根据该条文对违禁品的列举，这里规定的违禁品应当理解为"法律禁止制造、买卖、储存、运输的物品"。烟花爆竹属于特许生产、运输、经营的民用商品，显然与毒品、淫秽物品不可等同，依法应当不在治安行政处罚随案收缴之列；对非法运输的烟花爆竹，公安机关应当适用《烟花爆竹安全管理条例》第三十六条第二款的规定予以没收。就收缴适用技术而言，某县公安局未将收缴财物在处罚决定主文中载明，仅以附清单形式实施收缴，既不符合现行法律规定，也不可取。

【案号】 邵阳市中级人民法院（2020）湘 05 行终 66 号

关联规定

《行政处罚法》(2021年1月22日修订)

第十八条第三款 限制人身自由的行政处罚权只能由公安机关和法律规定的其他机关行使。

《枪支管理法》(2015年4月24日)(正文略)

《民用爆炸物品安全管理条例》(2014年7月29日)(正文略)

> **第一百四十二条 【海上治安管理】**
> 海警机构履行海上治安管理职责，行使本法规定的公安机关的职权，但是法律另有规定的除外。

说 明

本条是新增条款。

为坚决维护国家主权、安全和海洋权益，加快推进海洋强国战略，党的十八大以来，党中央对海上维权执法体制进行了两次重大调整和改革。2018年6月30日，原海警队伍整体划归中国人民武装警察部队领导指挥，调整组建中国人民武装警察部队海警总队，对外称中国海警局，统一履行海上维权执法职责，理顺了海上维权执法体制。

制定《海警法》，系统明确海警机构的职能定位、权限范围和保障、监督，理顺海警机构与其他涉海部门的职责分工和协作配合关系，健全完善海上维权执法工作机制，为履行海上维权执法职责提供法律保障。

第六章 附 则

《海警机构行政执法程序规定》自 2024 年 6 月 15 日起施行，该规定是继中国海警局 2023 年连续出台两部刑事程序规章后，又一部专门规范海警机构行政执法程序的主干规章，对于规范和保障海警机构依法履行职责，保护公民、法人和其他组织的合法权益具有重要意义。

《程序规定》共 16 章 281 条，包括总则、管辖、回避、期间与送达、现场监督检查、立案、调查取证、听证程序、行政处理决定等内容，涵盖海上行政执法的各个领域和环节，是海警机构开展行政执法工作的基本规范。

关联规定

《海警法》（2021 年 1 月 22 日公布）

第三十七条 海警机构开展海上行政执法的程序，本法未作规定的，适用《中华人民共和国行政处罚法》、《中华人民共和国行政强制法》、《中华人民共和国治安管理处罚法》等有关法律的规定。

《海警机构行政执法程序规定》（2024 年 5 月 15 日）（正文略）

第一百四十三条 【"以上、以下、以内"的含义】

本法所称以上、以下、以内，包括本数。

说 明

本条内容无修订。

对照法条

治安管理处罚法（2012）	治安管理处罚法（2025）
第一百一十八条　本法所称以上、以下、以内，包括本数。	第一百四十三条　本法所称以上、以下、以内，包括本数。

条文释义

本条是关于如何理解本法所称的"以上、以下、以内"的含义的规定。

一般来说，除特别声明外，法律规范中的所称"以上""以下""以内"，都应当包括本数在内。为了避免引起歧义，本法对此作出明确规定。本条的规定就遵循了上述惯例。本数，是指计算"以上""以下""以内"的基数，包括本数，是指包括数字的起点在内。

根据本条规定，本法所称的"以上、以下、以内"均包括本数在内。如，本法对某种违反治安管理的行为规定处五日以上十日以下拘留，并处二百元以上五百元以下罚款。这时拘留最低要处五日，最高可处十日；罚款最低要罚二百元，最高可罚五百元。

实务问答

对于本法同一条文中"以上"和"以下"均以同一基数为起点的，应当如何理解？

与本条直接相关的是，本法同一条文中"以上"和"以下"均以同一基数为起点。例如，对"五日以上十日以下拘留"和"十日以上十五日以下拘留"中的"十日"应当如何理解？一种意见认为，前一个量处幅度应当不包括 10 日在内，后一个量处幅度应当包括 10 日在内。因为只有这样，才能避免对不同情节的违反治安管理行为给予相同的"十日行政拘留"的处罚，从而符合过罚相当原则。另一种意见认为，前后两个量处幅度都应当包括 10 日在内。因为本条明确规定，本法规定的"以上""以下"都包括本数。而且，对过罚相当原则不能作机械理解，违反治安管理行为的情节轻重并非泾渭分明，二者之间并没有特别明显的界限，对介于二者之间的或者说轻重两可的违反治安管理行为，就可以给予 10 日行政拘留的处罚。一般认为，后一种理解更合法合理。

关联规定

《民法典》（2020 年 5 月 28 日公布）

第一千二百五十九条　民法所称的"以上"、"以下"、"以内"、"届满"，包括本数；所称的"不满"、"超过"、"以外"，不包括本数。

第一百四十四条　【生效日期】
本法自 2026 年 1 月 1 日起施行。

说　明

2023 年 8 月 29 日，《治安管理处罚法（修订草案）》提请十四届全国人大常委会第五次会议审议，9 月 1 日在中国人大网全文公布向社会公众征求意见。9 月 30 日征求意见截止，参与人数

99375 人，意见条数 125962 条。

2024 年 6 月 25 日，《治安管理处罚法（修订草案）》提请十四届全国人大常委会第十次会议二审，6 月 28 日在中国人大网全文公布向社会公众征求意见。7 月 27 日征求意见截止，参与人数 4762 人，意见条数 8805 条，另外收到群众来信 56 封。

立法审议中，经与有关部门研究，建议将修订后的治安管理处罚法的施行时间确定为 2026 年 1 月 1 日。①

对照法条

治安管理处罚法（2012）	治安管理处罚法（2025）
第一百一十九条　本法自 2006 年 3 月 1 日起施行。1986 年 9 月 5 日公布、1994 年 5 月 12 日修订公布的《中华人民共和国治安管理处罚条例》同时废止。	第一百四十四条　本法自 2026 年 1 月 1 日起施行。

条文释义

本条是关于本法生效日期的规定。

原《治安管理处罚条例》于 1957 年 10 月 22 日全国人民代表大会常务委员会第八十一次会议通过，1986 年 9 月 5 日经第六届全国人大常委会第十七次会议修订的。《治安管理处罚法》于 2005 年 8 月 28 日经第十届全国人民代表大会常务委员会第十七次会议通过，自 2006 年 3 月 1 日起施行，2012 年 10 月 26 日修正。

---

① 2024 年 6 月 26 日，全国人民代表大会宪法和法律委员会关于《中华人民共和国治安管理处罚法（修订草案三次审议稿）》修改意见的报告，载中国人大网，http：//www.npc.gov.cn/npc/c2/c30834/202506/t20250627_446249.html，最后访问时间 2025 年 6 月 27 日。

现行《治安管理处罚法》实施已经将近20年。我国经济社会发展形势、社会治安管理形势和社会治安管理制度出现了新情况、新问题。同时，我国的民主与法治建设不断加强。《刑法》《刑事诉讼法》都经过比较全面的修改，《行政诉讼法》《行政处罚法》《行政复议法》等法律相继修改，也促使《治安管理处罚法》需要进一步修改，以适应民主法制进步的要求。

根据本条规定，修订后的《治安管理处罚法》自2026年1月1日起施行。本法从修订到生效实施相距半年时间。之所以规定了这么长的一段时间，主要是考虑到本法涉及社会治安管理的方方面面，许多规定都与百姓的日常生活紧密相关，这些规定牵涉普通群众的切身利益。为了让广大人民群众能更好地了解本法规定的内容，自觉遵守本法，并运用法律，保护自己的合法权益，使法律的贯彻实施有一个良好的社会基础，需要有一个在社会进行广泛宣传教育的时间，使广大人民群众有一个学习和熟悉法律的过程。另外，本法从违反治安管理的行为设定、处罚以及处罚程序等几方面对原法作了比较全面的修改和完善。为了更好地贯彻执行本法，有关部门和人员也需要有一个学习的过程，要在思想上、物质上做好准备。

实务问答

《治安管理处罚法》有无法律溯及力？

溯及力，是指新的法律施行以后，对其生效前发生但尚未处理完毕的违法行为，是否具有追溯效力的问题。也就是说，对新法施行前发生但尚未处理完毕的违法行为，是按照新的法律规定来处理，还是按照行为发生时的法律规定来处理的问题。法律如果能够溯及既往，就是有溯及力；如果不能，就是没有溯及力。

我国《立法法》（2023年3月13日）第一百零四条规定："法律、行政法规、地方性法规、自治条例和单行条例、规章不溯及既往，但为了更好地保护公民、法人和其他组织的权利和利益而作的特别规定除外。"《治安管理处罚法》对溯及力未作特别规定，因此应当遵循不溯及既往的原则。

本法对溯及力未作规定，实践中就会出现一个问题，即对本法施行前发生但尚未处理完毕的违反治安管理行为，是按照本法来处理，还是按照2012年《治安管理处罚法》来处理的问题。应当根据《立法法》的上述规定，采用"从旧兼从轻原则"来处理，即本法原则上没有溯及力，但是如果按照本法处理较轻的，则适用本法。具体来讲，自2026年1月1日起，对本法施行前发生但尚未处理完毕的违反治安管理行为，可以分为三种情形处理：

第一，如果2012年《治安管理处罚法》不认为是违反治安管理行为的，适用2012年《治安管理处罚法》处理，即使本法认为是违反治安管理行为，也不应处罚。

第二，如果2012年《治安管理处罚法》认为是违反治安管理行为，但本法不认为是违反治安管理行为的，适用本法处理。

第三，如果2012年《治安管理处罚法》和本法均认为是违反治安管理行为，且没有超过追究时效的，适用2012年《治安管理处罚法》；但是，如果本法规定的处罚较轻的，适用本法处理。

附 录

中华人民共和国治安管理处罚法

（2005年8月28日第十届全国人民代表大会常务委员会第十七次会议通过　根据2012年10月26日第十一届全国人民代表大会常务委员会第二十九次会议《关于修改〈中华人民共和国治安管理处罚法〉的决定》修正　2025年6月27日第十四届全国人民代表大会常务委员会第十六次会议修订　2025年6月27日中华人民共和国主席令第四十九号公布　自2026年1月1日起施行）

目　　录

第一章　总　　则
第二章　处罚的种类和适用
第三章　违反治安管理的行为和处罚
　第一节　扰乱公共秩序的行为和处罚
　第二节　妨害公共安全的行为和处罚
　第三节　侵犯人身权利、财产权利的行为和处罚
　第四节　妨害社会管理的行为和处罚
第四章　处罚程序
　第一节　调　　查
　第二节　决　　定
　第三节　执　　行
第五章　执法监督
第六章　附　　则

第一章 总　　则

第一条　为了维护社会治安秩序，保障公共安全，保护公民、法人和其他组织的合法权益，规范和保障公安机关及其人民警察依法履行治安管理职责，根据宪法，制定本法。

第二条　治安管理工作坚持中国共产党的领导，坚持综合治理。

各级人民政府应当加强社会治安综合治理，采取有效措施，预防和化解社会矛盾纠纷，增进社会和谐，维护社会稳定。

第三条　扰乱公共秩序，妨害公共安全，侵犯人身权利、财产权利，妨害社会管理，具有社会危害性，依照《中华人民共和国刑法》的规定构成犯罪的，依法追究刑事责任；尚不够刑事处罚的，由公安机关依照本法给予治安管理处罚。

第四条　治安管理处罚的程序，适用本法的规定；本法没有规定的，适用《中华人民共和国行政处罚法》、《中华人民共和国行政强制法》的有关规定。

第五条　在中华人民共和国领域内发生的违反治安管理行为，除法律有特别规定的外，适用本法。

在中华人民共和国船舶和航空器内发生的违反治安管理行为，除法律有特别规定的外，适用本法。

在外国船舶和航空器内发生的违反治安管理行为，依照中华人民共和国缔结或者参加的国际条约，中华人民共和国行使管辖权的，适用本法。

第六条　治安管理处罚必须以事实为依据，与违反治安管理的事实、性质、情节以及社会危害程度相当。

实施治安管理处罚，应当公开、公正，尊重和保障人权，保护公民的人格尊严。

办理治安案件应当坚持教育与处罚相结合的原则，充分释法说理，教育公民、法人或者其他组织自觉守法。

第七条 国务院公安部门负责全国的治安管理工作。县级以上地方各级人民政府公安机关负责本行政区域内的治安管理工作。

治安案件的管辖由国务院公安部门规定。

第八条 违反治安管理行为对他人造成损害的，除依照本法给予治安管理处罚外，行为人或者其监护人还应当依法承担民事责任。

违反治安管理行为构成犯罪，应当依法追究刑事责任的，不得以治安管理处罚代替刑事处罚。

第九条 对于因民间纠纷引起的打架斗殴或者损毁他人财物等违反治安管理行为，情节较轻的，公安机关可以调解处理。

调解处理治安案件，应当查明事实，并遵循合法、公正、自愿、及时的原则，注重教育和疏导，促进化解矛盾纠纷。

经公安机关调解，当事人达成协议的，不予处罚。经调解未达成协议或者达成协议后不履行的，公安机关应当依照本法的规定对违反治安管理行为作出处理，并告知当事人可以就民事争议依法向人民法院提起民事诉讼。

对属于第一款规定的调解范围的治安案件，公安机关作出处理决定前，当事人自行和解或者经人民调解委员会调解达成协议并履行，书面申请经公安机关认可的，不予处罚。

第二章 处罚的种类和适用

第十条 治安管理处罚的种类分为：

（一）警告；

（二）罚款；

（三）行政拘留；

（四）吊销公安机关发放的许可证件。

对违反治安管理的外国人，可以附加适用限期出境或者驱逐出境。

第十一条 办理治安案件所查获的毒品、淫秽物品等违禁品，赌具、赌资，吸食、注射毒品的用具以及直接用于实施违反治安管理行为的本人所有的工具，应当收缴，按照规定处理。

违反治安管理所得的财物，追缴退还被侵害人；没有被侵害人的，登记造册，公开拍卖或者按照国家有关规定处理，所得款项上缴国库。

第十二条 已满十四周岁不满十八周岁的人违反治安管理的，从轻或者减轻处罚；不满十四周岁的人违反治安管理的，不予处罚，但是应当责令其监护人严加管教。

第十三条 精神病人、智力残疾人在不能辨认或者不能控制自己行为的时候违反治安管理的，不予处罚，但是应当责令其监护人加强看护管理和治疗。间歇性的精神病人在精神正常的时候违反治安管理的，应当给予处罚。尚未完全丧失辨认或者控制自己行为能力的精神病人、智力残疾人违反治安管理的，应当给予处罚，但是可以从轻或者减轻处罚。

第十四条 盲人或者又聋又哑的人违反治安管理的，可以从轻、减轻或者不予处罚。

第十五条 醉酒的人违反治安管理的，应当给予处罚。

醉酒的人在醉酒状态中，对本人有危险或者对他人的人身、财产或者公共安全有威胁的，应当对其采取保护性措施约束至酒醒。

第十六条　有两种以上违反治安管理行为的,分别决定,合并执行处罚。行政拘留处罚合并执行的,最长不超过二十日。

第十七条　共同违反治安管理的,根据行为人在违反治安管理行为中所起的作用,分别处罚。

教唆、胁迫、诱骗他人违反治安管理的,按照其教唆、胁迫、诱骗的行为处罚。

第十八条　单位违反治安管理的,对其直接负责的主管人员和其他直接责任人员依照本法的规定处罚。其他法律、行政法规对同一行为规定给予单位处罚的,依照其规定处罚。

第十九条　为了免受正在进行的不法侵害而采取的制止行为,造成损害的,不属于违反治安管理行为,不受处罚;制止行为明显超过必要限度,造成较大损害的,依法给予处罚,但是应当减轻处罚;情节较轻的,不予处罚。

第二十条　违反治安管理有下列情形之一的,从轻、减轻或者不予处罚:

(一)情节轻微的;

(二)主动消除或者减轻违法后果的;

(三)取得被侵害人谅解的;

(四)出于他人胁迫或者诱骗的;

(五)主动投案,向公安机关如实陈述自己的违法行为的;

(六)有立功表现的。

第二十一条　违反治安管理行为人自愿向公安机关如实陈述自己的违法行为,承认违法事实,愿意接受处罚的,可以依法从宽处理。

第二十二条　违反治安管理有下列情形之一的,从重处罚:

(一)有较严重后果的;

（二）教唆、胁迫、诱骗他人违反治安管理的；

（三）对报案人、控告人、举报人、证人打击报复的；

（四）一年以内曾受过治安管理处罚的。

第二十三条　违反治安管理行为人有下列情形之一，依照本法应当给予行政拘留处罚的，不执行行政拘留处罚：

（一）已满十四周岁不满十六周岁的；

（二）已满十六周岁不满十八周岁，初次违反治安管理的；

（三）七十周岁以上的；

（四）怀孕或者哺乳自己不满一周岁婴儿的。

前款第一项、第二项、第三项规定的行为人违反治安管理情节严重、影响恶劣的，或者第一项、第三项规定的行为人在一年以内二次以上违反治安管理的，不受前款规定的限制。

第二十四条　对依照本法第十二条规定不予处罚或者依照本法第二十三条规定不执行行政拘留处罚的未成年人，公安机关依照《中华人民共和国预防未成年人犯罪法》的规定采取相应矫治教育等措施。

第二十五条　违反治安管理行为在六个月以内没有被公安机关发现的，不再处罚。

前款规定的期限，从违反治安管理行为发生之日起计算；违反治安管理行为有连续或者继续状态的，从行为终了之日起计算。

第三章　违反治安管理的行为和处罚

第一节　扰乱公共秩序的行为和处罚

第二十六条　有下列行为之一的，处警告或者五百元以下罚款；情节较重的，处五日以上十日以下拘留，可以并处一千元以下罚款：

（一）扰乱机关、团体、企业、事业单位秩序，致使工作、生产、营业、医疗、教学、科研不能正常进行，尚未造成严重损失的；

（二）扰乱车站、港口、码头、机场、商场、公园、展览馆或者其他公共场所秩序的；

（三）扰乱公共汽车、电车、城市轨道交通车辆、火车、船舶、航空器或者其他公共交通工具上的秩序的；

（四）非法拦截或者强登、扒乘机动车、船舶、航空器以及其他交通工具，影响交通工具正常行驶的；

（五）破坏依法进行的选举秩序的。

聚众实施前款行为的，对首要分子处十日以上十五日以下拘留，可以并处二千元以下罚款。

第二十七条　在法律、行政法规规定的国家考试中，有下列行为之一，扰乱考试秩序的，处违法所得一倍以上五倍以下罚款，没有违法所得或者违法所得不足一千元的，处一千元以上三千元以下罚款；情节较重的，处五日以上十五日以下拘留：

（一）组织作弊的；

（二）为他人组织作弊提供作弊器材或者其他帮助的；

（三）为实施考试作弊行为，向他人非法出售、提供考试试题、答案的；

（四）代替他人或者让他人代替自己参加考试的。

第二十八条　有下列行为之一，扰乱体育、文化等大型群众性活动秩序的，处警告或者五百元以下罚款；情节严重的，处五日以

· 651 ·

上十日以下拘留，可以并处一千元以下罚款：

（一）强行进入场内的；

（二）违反规定，在场内燃放烟花爆竹或者其他物品的；

（三）展示侮辱性标语、条幅等物品的；

（四）围攻裁判员、运动员或者其他工作人员的；

（五）向场内投掷杂物，不听制止的；

（六）扰乱大型群众性活动秩序的其他行为。

因扰乱体育比赛、文艺演出活动秩序被处以拘留处罚的，可以同时责令其六个月至一年以内不得进入体育场馆、演出场馆观看同类比赛、演出；违反规定进入体育场馆、演出场馆的，强行带离现场，可以处五日以下拘留或者一千元以下罚款。

第二十九条　有下列行为之一的，处五日以上十日以下拘留，可以并处一千元以下罚款；情节较轻的，处五日以下拘留或者一千元以下罚款：

（一）故意散布谣言，谎报险情、疫情、灾情、警情或者以其他方法故意扰乱公共秩序的；

（二）投放虚假的爆炸性、毒害性、放射性、腐蚀性物质或者传染病病原体等危险物质扰乱公共秩序的；

（三）扬言实施放火、爆炸、投放危险物质等危害公共安全犯罪行为扰乱公共秩序的。

第三十条　有下列行为之一的，处五日以上十日以下拘留或者一千元以下罚款；情节较重的，处十日以上十五日以下拘留，可以并处二千元以下罚款：

（一）结伙斗殴或者随意殴打他人的；

（二）追逐、拦截他人的；

（三）强拿硬要或者任意损毁、占用公私财物的；

（四）其他无故侵扰他人、扰乱社会秩序的寻衅滋事行为。

第三十一条 有下列行为之一的，处十日以上十五日以下拘留，可以并处二千元以下罚款；情节较轻的，处五日以上十日以下拘留，可以并处一千元以下罚款：

（一）组织、教唆、胁迫、诱骗、煽动他人从事邪教活动、会道门活动、非法的宗教活动或者利用邪教组织、会道门、迷信活动，扰乱社会秩序、损害他人身体健康的；

（二）冒用宗教、气功名义进行扰乱社会秩序、损害他人身体健康活动的；

（三）制作、传播宣扬邪教、会道门内容的物品、信息、资料的。

第三十二条 违反国家规定，有下列行为之一的，处五日以上十日以下拘留；情节严重的，处十日以上十五日以下拘留：

（一）故意干扰无线电业务正常进行的；

（二）对正常运行的无线电台（站）产生有害干扰，经有关主管部门指出后，拒不采取有效措施消除的；

（三）未经批准设置无线电广播电台、通信基站等无线电台（站）的，或者非法使用、占用无线电频率，从事违法活动的。

第三十三条 有下列行为之一，造成危害的，处五日以下拘留；情节较重的，处五日以上十五日以下拘留：

（一）违反国家规定，侵入计算机信息系统或者采用其他技术手段，获取计算机信息系统中存储、处理或者传输的数据，或者对计算机信息系统实施非法控制的；

（二）违反国家规定，对计算机信息系统功能进行删除、修改、

· 653 ·

增加、干扰的;

(三)违反国家规定,对计算机信息系统中存储、处理、传输的数据和应用程序进行删除、修改、增加的;

(四)故意制作、传播计算机病毒等破坏性程序的;

(五)提供专门用于侵入、非法控制计算机信息系统的程序、工具,或者明知他人实施侵入、非法控制计算机信息系统的违法犯罪行为而为其提供程序、工具的。

第三十四条 组织、领导传销活动的,处十日以上十五日以下拘留;情节较轻的,处五日以上十日以下拘留。

胁迫、诱骗他人参加传销活动的,处五日以上十日以下拘留;情节较重的,处十日以上十五日以下拘留。

第三十五条 有下列行为之一的,处五日以上十日以下拘留或者一千元以上三千元以下罚款;情节较重的,处十日以上十五日以下拘留,可以并处五千元以下罚款:

(一)在国家举行庆祝、纪念、缅怀、公祭等重要活动的场所及周边管控区域,故意从事与活动主题和氛围相违背的行为,不听劝阻,造成不良社会影响的;

(二)在英雄烈士纪念设施保护范围内从事有损纪念英雄烈士环境和氛围的活动,不听劝阻的,或者侵占、破坏、污损英雄烈士纪念设施的;

(三)以侮辱、诽谤或者其他方式侵害英雄烈士的姓名、肖像、名誉、荣誉,损害社会公共利益的;

(四)亵渎、否定英雄烈士事迹和精神,或者制作、传播、散布宣扬、美化侵略战争、侵略行为的言论或者图片、音视频等物品,扰乱公共秩序的;

（五）在公共场所或者强制他人在公共场所穿着、佩戴宣扬、美化侵略战争、侵略行为的服饰、标志，不听劝阻，造成不良社会影响的。

第二节 妨害公共安全的行为和处罚

第三十六条 违反国家规定，制造、买卖、储存、运输、邮寄、携带、使用、提供、处置爆炸性、毒害性、放射性、腐蚀性物质或者传染病病原体等危险物质的，处十日以上十五日以下拘留；情节较轻的，处五日以上十日以下拘留。

第三十七条 爆炸性、毒害性、放射性、腐蚀性物质或者传染病病原体等危险物质被盗、被抢或者丢失，未按规定报告的，处五日以下拘留；故意隐瞒不报的，处五日以上十日以下拘留。

第三十八条 非法携带枪支、弹药或者弩、匕首等国家规定的管制器具的，处五日以下拘留，可以并处一千元以下罚款；情节较轻的，处警告或者五百元以下罚款。

非法携带枪支、弹药或者弩、匕首等国家规定的管制器具进入公共场所或者公共交通工具的，处五日以上十日以下拘留，可以并处一千元以下罚款。

第三十九条 有下列行为之一的，处十日以上十五日以下拘留；情节较轻的，处五日以下拘留：

（一）盗窃、损毁油气管道设施、电力电信设施、广播电视设施、水利工程设施、公共供水设施、公路及附属设施或者水文监测、测量、气象测报、生态环境监测、地质监测、地震监测等公共设施，危及公共安全的；

（二）移动、损毁国家边境的界碑、界桩以及其他边境标志、

· 655 ·

边境设施或者领土、领海基点标志设施的;

(三)非法进行影响国(边)界线走向的活动或者修建有碍国(边)境管理的设施的。

第四十条 盗窃、损坏、擅自移动使用中的航空设施,或者强行进入航空器驾驶舱的,处十日以上十五日以下拘留。

在使用中的航空器上使用可能影响导航系统正常功能的器具、工具,不听劝阻的,处五日以下拘留或者一千元以下罚款。

盗窃、损坏、擅自移动使用中的其他公共交通工具设施、设备,或者以抢控驾驶操纵装置、拉扯、殴打驾驶人员等方式,干扰公共交通工具正常行驶的,处五日以下拘留或者一千元以下罚款;情节较重的,处五日以上十日以下拘留。

第四十一条 有下列行为之一的,处五日以上十日以下拘留,可以并处一千元以下罚款;情节较轻的,处五日以下拘留或者一千元以下罚款:

(一)盗窃、损毁、擅自移动铁路、城市轨道交通设施、设备、机车车辆配件或者安全标志的;

(二)在铁路、城市轨道交通线路上放置障碍物,或者故意向列车投掷物品的;

(三)在铁路、城市轨道交通线路、桥梁、隧道、涵洞处挖掘坑穴、采石取沙的;

(四)在铁路、城市轨道交通线路上私设道口或者平交过道的。

第四十二条 擅自进入铁路、城市轨道交通防护网或者火车、城市轨道交通列车来临时在铁路、城市轨道交通线路上行走坐卧,抢越铁路、城市轨道,影响行车安全的,处警告或者五百元以下罚款。

第四十三条 有下列行为之一的,处五日以下拘留或者一千元以下罚款;情节严重的,处十日以上十五日以下拘留,可以并处一千元以下罚款:

(一)未经批准,安装、使用电网的,或者安装、使用电网不符合安全规定的;

(二)在车辆、行人通行的地方施工,对沟井坎穴不设覆盖物、防围和警示标志的,或者故意损毁、移动覆盖物、防围和警示标志的;

(三)盗窃、损毁路面井盖、照明等公共设施的;

(四)违反有关法律法规规定,升放携带明火的升空物体,有发生火灾事故危险,不听劝阻的;

(五)从建筑物或者其他高空抛掷物品,有危害他人人身安全、公私财产安全或者公共安全危险的。

第四十四条 举办体育、文化等大型群众性活动,违反有关规定,有发生安全事故危险,经公安机关责令改正而拒不改正或者无法改正的,责令停止活动,立即疏散;对其直接负责的主管人员和其他直接责任人员处五日以上十日以下拘留,并处一千元以上三千元以下罚款;情节较重的,处十日以上十五日以下拘留,并处三千元以上五千元以下罚款,可以同时责令六个月至一年以内不得举办大型群众性活动。

第四十五条 旅馆、饭店、影剧院、娱乐场、体育场馆、展览馆或者其他供社会公众活动的场所违反安全规定,致使该场所有发生安全事故危险,经公安机关责令改正而拒不改正的,对其直接负责的主管人员和其他直接责任人员处五日以下拘留;情节较重的,处五日以上十日以下拘留。

第四十六条 违反有关法律法规关于飞行空域管理规定，飞行民用无人驾驶航空器、航空运动器材，或者升放无人驾驶自由气球、系留气球等升空物体，情节较重的，处五日以上十日以下拘留。

飞行、升放前款规定的物体非法穿越国（边）境的，处十日以上十五日以下拘留。

第三节 侵犯人身权利、财产权利的行为和处罚

第四十七条 有下列行为之一的，处十日以上十五日以下拘留，并处一千元以上二千元以下罚款；情节较轻的，处五日以上十日以下拘留，并处一千元以下罚款：

（一）组织、胁迫、诱骗不满十六周岁的人或者残疾人进行恐怖、残忍表演的；

（二）以暴力、威胁或者其他手段强迫他人劳动的；

（三）非法限制他人人身自由、非法侵入他人住宅或者非法搜查他人身体的。

第四十八条 组织、胁迫未成年人在不适宜未成年人活动的经营场所从事陪酒、陪唱等有偿陪侍活动的，处十日以上十五日以下拘留，并处五千元以下罚款；情节较轻的，处五日以下拘留或者五千元以下罚款。

第四十九条 胁迫、诱骗或者利用他人乞讨的，处十日以上十五日以下拘留，可以并处二千元以下罚款。

反复纠缠、强行讨要或者以其他滋扰他人的方式乞讨的，处五日以下拘留或者警告。

第五十条 有下列行为之一的，处五日以下拘留或者一千元以

下罚款；情节较重的，处五日以上十日以下拘留，可以并处一千元以下罚款：

（一）写恐吓信或者以其他方法威胁他人人身安全的；

（二）公然侮辱他人或者捏造事实诽谤他人的；

（三）捏造事实诬告陷害他人，企图使他人受到刑事追究或者受到治安管理处罚的；

（四）对证人及其近亲属进行威胁、侮辱、殴打或者打击报复的；

（五）多次发送淫秽、侮辱、恐吓等信息或者采取滋扰、纠缠、跟踪等方法，干扰他人正常生活的；

（六）偷窥、偷拍、窃听、散布他人隐私的。

有前款第五项规定的滋扰、纠缠、跟踪行为的，除依照前款规定给予处罚外，经公安机关负责人批准，可以责令其一定期限内禁止接触被侵害人。对违反禁止接触规定的，处五日以上十日以下拘留，可以并处一千元以下罚款。

第五十一条 殴打他人的，或者故意伤害他人身体的，处五日以上十日以下拘留，并处五百元以上一千元以下罚款；情节较轻的，处五日以下拘留或者一千元以下罚款。

有下列情形之一的，处十日以上十五日以下拘留，并处一千元以上二千元以下罚款：

（一）结伙殴打、伤害他人的；

（二）殴打、伤害残疾人、孕妇、不满十四周岁的人或者七十周岁以上的人的；

（三）多次殴打、伤害他人或者一次殴打、伤害多人的。

第五十二条 猥亵他人的，处五日以上十日以下拘留；猥亵精神病人、智力残疾人、不满十四周岁的人或者有其他严重情节的，处十日以上十五日以下拘留。

在公共场所故意裸露身体隐私部位的，处警告或者五百元以下罚款；情节恶劣的，处五日以上十日以下拘留。

第五十三条　有下列行为之一的，处五日以下拘留或者警告；情节较重的，处五日以上十日以下拘留，可以并处一千元以下罚款：

（一）虐待家庭成员，被虐待人或者其监护人要求处理的；

（二）对未成年人、老年人、患病的人、残疾人等负有监护、看护职责的人虐待被监护、看护的人的；

（三）遗弃没有独立生活能力的被扶养人的。

第五十四条　强买强卖商品，强迫他人提供服务或者强迫他人接受服务的，处五日以上十日以下拘留，并处三千元以上五千元以下罚款；情节较轻的，处五日以下拘留或者一千元以下罚款。

第五十五条　煽动民族仇恨、民族歧视，或者在出版物、信息网络中刊载民族歧视、侮辱内容的，处十日以上十五日以下拘留，可以并处三千元以下罚款；情节较轻的，处五日以下拘留或者三千元以下罚款。

第五十六条　违反国家有关规定，向他人出售或者提供个人信息的，处十日以上十五日以下拘留；情节较轻的，处五日以下拘留。

窃取或者以其他方法非法获取个人信息的，依照前款的规定处罚。

第五十七条　冒领、隐匿、毁弃、倒卖、私自开拆或者非法检查他人邮件、快件的，处警告或者一千元以下罚款；情节较重的，处五日以上十日以下拘留。

第五十八条 盗窃、诈骗、哄抢、抢夺或者敲诈勒索的，处五日以上十日以下拘留或者二千元以下罚款；情节较重的，处十日以上十五日以下拘留，可以并处三千元以下罚款。

第五十九条 故意损毁公私财物的，处五日以下拘留或者一千元以下罚款；情节较重的，处五日以上十日以下拘留，可以并处三千元以下罚款。

第六十条 以殴打、侮辱、恐吓等方式实施学生欺凌，违反治安管理的，公安机关应当依照本法、《中华人民共和国预防未成年人犯罪法》的规定，给予治安管理处罚、采取相应矫治教育等措施。

学校违反有关法律法规规定，明知发生严重的学生欺凌或者明知发生其他侵害未成年学生的犯罪，不按规定报告或者处置的，责令改正，对其直接负责的主管人员和其他直接责任人员，建议有关部门依法予以处分。

第四节 妨害社会管理的行为和处罚

第六十一条 有下列行为之一的，处警告或者五百元以下罚款；情节严重的，处五日以上十日以下拘留，可以并处一千元以下罚款：

（一）拒不执行人民政府在紧急状态情况下依法发布的决定、命令的；

（二）阻碍国家机关工作人员依法执行职务的；

（三）阻碍执行紧急任务的消防车、救护车、工程抢险车、警车或者执行上述紧急任务的专用船舶通行的；

（四）强行冲闯公安机关设置的警戒带、警戒区或者检查点的。

阻碍人民警察依法执行职务的，从重处罚。

第六十二条　冒充国家机关工作人员招摇撞骗的，处十日以上十五日以下拘留，可以并处一千元以下罚款；情节较轻的，处五日以上十日以下拘留。

冒充军警人员招摇撞骗的，从重处罚。

盗用、冒用个人、组织的身份、名义或者以其他虚假身份招摇撞骗的，处五日以下拘留或者一千元以下罚款；情节较重的，处五日以上十日以下拘留，可以并处一千元以下罚款。

第六十三条　有下列行为之一的，处十日以上十五日以下拘留，可以并处五千元以下罚款；情节较轻的，处五日以上十日以下拘留，可以并处三千元以下罚款：

（一）伪造、变造或者买卖国家机关、人民团体、企业、事业单位或者其他组织的公文、证件、证明文件、印章的；

（二）出租、出借国家机关、人民团体、企业、事业单位或者其他组织的公文、证件、证明文件、印章供他人非法使用的；

（三）买卖或者使用伪造、变造的国家机关、人民团体、企业、事业单位或者其他组织的公文、证件、证明文件、印章的；

（四）伪造、变造或者倒卖车票、船票、航空客票、文艺演出票、体育比赛入场券或者其他有价票证、凭证的；

（五）伪造、变造船舶户牌，买卖或者使用伪造、变造的船舶户牌，或者涂改船舶发动机号码的。

第六十四条　船舶擅自进入、停靠国家禁止、限制进入的水域或者岛屿的，对船舶负责人及有关责任人员处一千元以上二千元以下罚款；情节严重的，处五日以下拘留，可以并处二千元以下罚款。

第六十五条 有下列行为之一的,处十日以上十五日以下拘留,可以并处五千元以下罚款;情节较轻的,处五日以上十日以下拘留或者一千元以上三千元以下罚款:

(一)违反国家规定,未经注册登记,以社会团体、基金会、社会服务机构等社会组织名义进行活动,被取缔后,仍进行活动的;

(二)被依法撤销登记或者吊销登记证书的社会团体、基金会、社会服务机构等社会组织,仍以原社会组织名义进行活动的;

(三)未经许可,擅自经营按照国家规定需要由公安机关许可的行业的。

有前款第三项行为的,予以取缔。被取缔一年以内又实施的,处十日以上十五日以下拘留,并处三千元以上五千元以下罚款。

取得公安机关许可的经营者,违反国家有关管理规定,情节严重的,公安机关可以吊销许可证件。

第六十六条 煽动、策划非法集会、游行、示威,不听劝阻的,处十日以上十五日以下拘留。

第六十七条 从事旅馆业经营活动不按规定登记住宿人员姓名、有效身份证件种类和号码等信息的,或者为身份不明、拒绝登记身份信息的人提供住宿服务的,对其直接负责的主管人员和其他直接责任人员处五百元以上一千元以下罚款;情节较轻的,处警告或者五百元以下罚款。

实施前款行为,妨害反恐怖主义工作进行,违反《中华人民共和国反恐怖主义法》规定的,依照其规定处罚。

从事旅馆业经营活动有下列行为之一的,对其直接负责的主管人员和其他直接责任人员处一千元以上三千元以下罚款;情节严重的，处五日以下拘留，可以并处三千元以上五千元以下罚款：

（一）明知住宿人员违反规定将危险物质带入住宿区域，不予制止的；

（二）明知住宿人员是犯罪嫌疑人员或者被公安机关通缉的人员，不向公安机关报告的；

（三）明知住宿人员利用旅馆实施犯罪活动，不向公安机关报告的。

第六十八条 房屋出租人将房屋出租给身份不明、拒绝登记身份信息的人的，或者不按规定登记承租人姓名、有效身份证件种类和号码等信息的，处五百元以上一千元以下罚款；情节较轻的，处警告或者五百元以下罚款。

房屋出租人明知承租人利用出租房屋实施犯罪活动，不向公安机关报告的，处一千元以上三千元以下罚款；情节严重的，处五日以下拘留，可以并处三千元以上五千元以下罚款。

第六十九条 娱乐场所和公章刻制、机动车修理、报废机动车回收行业经营者违反法律法规关于要求登记信息的规定，不登记信息的，处警告；拒不改正或者造成后果的，对其直接负责的主管人员和其他直接责任人员处五日以下拘留或者三千元以下罚款。

第七十条 非法安装、使用、提供窃听、窃照专用器材的，处五日以下拘留或者一千元以上三千元以下罚款；情节较重的，处五日以上十日以下拘留，并处三千元以上五千元以下罚款。

第七十一条 有下列行为之一的，处一千元以上三千元以下罚款；情节严重的，处五日以上十日以下拘留，并处一千元以上三千元以下罚款：

（一）典当业工作人员承接典当的物品，不查验有关证明、不履行登记手续的，或者违反国家规定对明知是违法犯罪嫌疑人、赃物而不向公安机关报告的；

（二）违反国家规定，收购铁路、油田、供电、电信、矿山、水利、测量和城市公用设施等废旧专用器材的；

（三）收购公安机关通报寻查的赃物或者有赃物嫌疑的物品的；

（四）收购国家禁止收购的其他物品的。

第七十二条　有下列行为之一的，处五日以上十日以下拘留，可以并处一千元以下罚款；情节较轻的，处警告或者一千元以下罚款：

（一）隐藏、转移、变卖、擅自使用或者损毁行政执法机关依法扣押、查封、冻结、扣留、先行登记保存的财物的；

（二）伪造、隐匿、毁灭证据或者提供虚假证言、谎报案情，影响行政执法机关依法办案的；

（三）明知是赃物而窝藏、转移或者代为销售的；

（四）被依法执行管制、剥夺政治权利或者在缓刑、暂予监外执行中的罪犯或者被依法采取刑事强制措施的人，有违反法律、行政法规或者国务院有关部门的监督管理规定的行为的。

第七十三条　有下列行为之一的，处警告或者一千元以下罚款；情节较重的，处五日以上十日以下拘留，可以并处一千元以下罚款：

（一）违反人民法院刑事判决中的禁止令或者职业禁止决定的；

（二）拒不执行公安机关依照《中华人民共和国反家庭暴力法》、《中华人民共和国妇女权益保障法》出具的禁止家庭暴力告诫书、禁止性骚扰告诫书的；

（三）违反监察机关在监察工作中、司法机关在刑事诉讼中

· 665 ·

依法采取的禁止接触证人、鉴定人、被害人及其近亲属保护措施的。

第七十四条 依法被关押的违法行为人脱逃的,处十日以上十五日以下拘留;情节较轻的,处五日以上十日以下拘留。

第七十五条 有下列行为之一的,处警告或者五百元以下罚款;情节较重的,处五日以上十日以下拘留,并处五百元以上一千元以下罚款:

(一) 刻划、涂污或者以其他方式故意损坏国家保护的文物、名胜古迹的;

(二) 违反国家规定,在文物保护单位附近进行爆破、钻探、挖掘等活动,危及文物安全的。

第七十六条 有下列行为之一的,处一千元以上二千元以下罚款;情节严重的,处十日以上十五日以下拘留,可以并处二千元以下罚款:

(一) 偷开他人机动车的;

(二) 未取得驾驶证驾驶或者偷开他人航空器、机动船舶的。

第七十七条 有下列行为之一的,处五日以上十日以下拘留;情节严重的,处十日以上十五日以下拘留,可以并处二千元以下罚款:

(一) 故意破坏、污损他人坟墓或者毁坏、丢弃他人尸骨、骨灰的;

(二) 在公共场所停放尸体或者因停放尸体影响他人正常生活、工作秩序,不听劝阻的。

第七十八条 卖淫、嫖娼的,处十日以上十五日以下拘留,可以并处五千元以下罚款;情节较轻的,处五日以下拘留或者一千元以下罚款。

在公共场所拉客招嫖的，处五日以下拘留或者一千元以下罚款。

第七十九条 引诱、容留、介绍他人卖淫的，处十日以上十五日以下拘留，可以并处五千元以下罚款；情节较轻的，处五日以下拘留或者一千元以上二千元以下罚款。

第八十条 制作、运输、复制、出售、出租淫秽的书刊、图片、影片、音像制品等淫秽物品或者利用信息网络、电话以及其他通讯工具传播淫秽信息的，处十日以上十五日以下拘留，可以并处五千元以下罚款；情节较轻的，处五日以下拘留或者一千元以上三千元以下罚款。

前款规定的淫秽物品或者淫秽信息中涉及未成年人的，从重处罚。

第八十一条 有下列行为之一的，处十日以上十五日以下拘留，并处一千元以上二千元以下罚款：

（一）组织播放淫秽音像的；

（二）组织或者进行淫秽表演的；

（三）参与聚众淫乱活动的。

明知他人从事前款活动，为其提供条件的，依照前款的规定处罚。

组织未成年人从事第一款活动的，从重处罚。

第八十二条 以营利为目的，为赌博提供条件的，或者参与赌博赌资较大的，处五日以下拘留或者一千元以下罚款；情节严重的，处十日以上十五日以下拘留，并处一千元以上五千元以下罚款。

第八十三条 有下列行为之一的，处十日以上十五日以下拘留，可以并处五千元以下罚款；情节较轻的，处五日以下拘留或者一千元以下罚款：

（一）非法种植罂粟不满五百株或者其他少量毒品原植物的；

（二）非法买卖、运输、携带、持有少量未经灭活的罂粟等毒品原植物种子或者幼苗的；

（三）非法运输、买卖、储存、使用少量罂粟壳的。

有前款第一项行为，在成熟前自行铲除的，不予处罚。

第八十四条 有下列行为之一的，处十日以上十五日以下拘留，可以并处三千元以下罚款；情节较轻的，处五日以下拘留或者一千元以下罚款：

（一）非法持有鸦片不满二百克、海洛因或者甲基苯丙胺不满十克或者其他少量毒品的；

（二）向他人提供毒品的；

（三）吸食、注射毒品的；

（四）胁迫、欺骗医务人员开具麻醉药品、精神药品的。

聚众、组织吸食、注射毒品的，对首要分子、组织者依照前款的规定从重处罚。

吸食、注射毒品的，可以同时责令其六个月至一年以内不得进入娱乐场所、不得擅自接触涉及毒品违法犯罪人员。违反规定的，处五日以下拘留或者一千元以下罚款。

第八十五条 引诱、教唆、欺骗或者强迫他人吸食、注射毒品的，处十日以上十五日以下拘留，并处一千元以上五千元以下罚款。

容留他人吸食、注射毒品或者介绍买卖毒品的，处十日以上十五日以下拘留,可以并处三千元以下罚款;情节较轻的,处五日以下拘留或者一千元以下罚款。

第八十六条 违反国家规定,非法生产、经营、购买、运输用于制造毒品的原料、配剂的,处十日以上十五日以下拘留;情节较轻的,处五日以上十日以下拘留。

第八十七条 旅馆业、饮食服务业、文化娱乐业、出租汽车业等单位的人员,在公安机关查处吸毒、赌博、卖淫、嫖娼活动时,为违法犯罪行为人通风报信的,或者以其他方式为上述活动提供条件的,处十日以上十五日以下拘留;情节较轻的,处五日以下拘留或者一千元以上二千元以下罚款。

第八十八条 违反关于社会生活噪声污染防治的法律法规规定,产生社会生活噪声,经基层群众性自治组织、业主委员会、物业服务人、有关部门依法劝阻、调解和处理未能制止,继续干扰他人正常生活、工作和学习的,处五日以下拘留或者一千元以下罚款;情节严重的,处五日以上十日以下拘留,可以并处一千元以下罚款。

第八十九条 饲养动物,干扰他人正常生活的,处警告;警告后不改正的,或者放任动物恐吓他人的,处一千元以下罚款。

违反有关法律、法规、规章规定,出售、饲养烈性犬等危险动物的,处警告;警告后不改正的,或者致使动物伤害他人的,处五日以下拘留或者一千元以下罚款;情节较重的,处五日以上十日以下拘留。

未对动物采取安全措施,致使动物伤害他人的,处一千元以下罚款;情节较重的,处五日以上十日以下拘留。

驱使动物伤害他人的,依照本法第五十一条的规定处罚。

第四章 处罚程序

第一节 调 查

第九十条 公安机关对报案、控告、举报或者违反治安管理行为人主动投案,以及其他国家机关移送的违反治安管理案件,应当立即立案并进行调查;认为不属于违反治安管理行为的,应当告知报案人、控告人、举报人、投案人,并说明理由。

第九十一条 公安机关及其人民警察对治安案件的调查,应当依法进行。严禁刑讯逼供或者采用威胁、引诱、欺骗等非法手段收集证据。

以非法手段收集的证据不得作为处罚的根据。

第九十二条 公安机关办理治安案件,有权向有关单位和个人收集、调取证据。有关单位和个人应当如实提供证据。

公安机关向有关单位和个人收集、调取证据时,应当告知其必须如实提供证据,以及伪造、隐匿、毁灭证据或者提供虚假证言应当承担的法律责任。

第九十三条 在办理刑事案件过程中以及其他执法办案机关在移送案件前依法收集的物证、书证、视听资料、电子数据等证据材料,可以作为治安案件的证据使用。

第九十四条 公安机关及其人民警察在办理治安案件时,对涉及的国家秘密、商业秘密、个人隐私或者个人信息,应当予以保密。

第九十五条 人民警察在办理治安案件过程中,遇有下列情形之一的,应当回避;违反治安管理行为人、被侵害人或者其法定代理人也有权要求他们回避：

（一）是本案当事人或者当事人的近亲属的；

（二）本人或者其近亲属与本案有利害关系的；

（三）与本案当事人有其他关系，可能影响案件公正处理的。

人民警察的回避，由其所属的公安机关决定；公安机关负责人的回避，由上一级公安机关决定。

第九十六条　需要传唤违反治安管理行为人接受调查的，经公安机关办案部门负责人批准，使用传唤证传唤。对现场发现的违反治安管理行为人，人民警察经出示人民警察证，可以口头传唤，但应当在询问笔录中注明。

公安机关应当将传唤的原因和依据告知被传唤人。对无正当理由不接受传唤或者逃避传唤的人，经公安机关办案部门负责人批准，可以强制传唤。

第九十七条　对违反治安管理行为人，公安机关传唤后应当及时询问查证，询问查证的时间不得超过八小时；涉案人数众多、违反治安管理行为人身份不明的，询问查证的时间不得超过十二小时；情况复杂，依照本法规定可能适用行政拘留处罚的，询问查证的时间不得超过二十四小时。在执法办案场所询问违反治安管理行为人，应当全程同步录音录像。

公安机关应当及时将传唤的原因和处所通知被传唤人家属。

询问查证期间，公安机关应当保证违反治安管理行为人的饮食、必要的休息时间等正当需求。

第九十八条　询问笔录应当交被询问人核对；对没有阅读能力的，应当向其宣读。记载有遗漏或者差错的，被询问人可以提出补充或者更正。被询问人确认笔录无误后，应当签名、盖章或者按指印,询问的人民警察也应当在笔录上签名。

被询问人要求就被询问事项自行提供书面材料的,应当准许;必要时,人民警察也可以要求被询问人自行书写。

询问不满十八周岁的违反治安管理行为人,应当通知其父母或者其他监护人到场;其父母或者其他监护人不能到场的,也可以通知其他成年亲属,所在学校、单位、居住地基层组织或者未成年人保护组织的代表等合适成年人到场,并将有关情况记录在案。确实无法通知或者通知后未到场的,应当在笔录中注明。

第九十九条 人民警察询问被侵害人或者其他证人,可以在现场进行,也可以到其所在单位、住处或者其提出的地点进行;必要时,也可以通知其到公安机关提供证言。

人民警察在公安机关以外询问被侵害人或者其他证人,应当出示人民警察证。

询问被侵害人或者其他证人,同时适用本法第九十八条的规定。

第一百条 违反治安管理行为人、被侵害人或者其他证人在异地的,公安机关可以委托异地公安机关代为询问,也可以通过公安机关的视频系统远程询问。

通过远程视频方式询问的,应当向被询问人宣读询问笔录,被询问人确认笔录无误后,询问的人民警察应当在笔录上注明。询问和宣读过程应当全程同步录音录像。

第一百零一条 询问聋哑的违反治安管理行为人、被侵害人或者其他证人,应当有通晓手语等交流方式的人提供帮助,并在笔录上注明。

询问不通晓当地通用的语言文字的违反治安管理行为人、被侵害人或者其他证人，应当配备翻译人员，并在笔录上注明。

第一百零二条 为了查明案件事实，确定违反治安管理行为人、被侵害人的某些特征、伤害情况或者生理状态，需要对其人身进行检查，提取或者采集肖像、指纹信息和血液、尿液等生物样本的，经公安机关办案部门负责人批准后进行。对已经提取、采集的信息或者样本，不得重复提取、采集。提取或者采集被侵害人的信息或者样本，应当征得被侵害人或者其监护人同意。

第一百零三条 公安机关对与违反治安管理行为有关的场所或者违反治安管理行为人的人身、物品可以进行检查。检查时，人民警察不得少于二人，并应当出示人民警察证。

对场所进行检查的，经县级以上人民政府公安机关负责人批准，使用检查证检查；对确有必要立即进行检查的，人民警察经出示人民警察证，可以当场检查，并应当全程同步录音录像。检查公民住所应当出示县级以上人民政府公安机关开具的检查证。

检查妇女的身体，应当由女性工作人员或者医师进行。

第一百零四条 检查的情况应当制作检查笔录，由检查人、被检查人和见证人签名、盖章或者按指印；被检查人不在场或者被检查人、见证人拒绝签名的，人民警察应当在笔录上注明。

第一百零五条 公安机关办理治安案件，对与案件有关的需要作为证据的物品，可以扣押；对被侵害人或者善意第三人合法占有的财产，不得扣押，应当予以登记，但是对其中与案件有关的必须鉴定的物品，可以扣押，鉴定后应当立即解除。对与案件无关的物品，不得扣押。

对扣押的物品，应当会同在场见证人和被扣押物品持有人查点清楚，当场开列清单一式二份，由调查人员、见证人和持有人签名或者盖章，一份交给持有人，另一份附卷备查。

实施扣押前应当报经公安机关负责人批准；因情况紧急或者物品价值不大，当场实施扣押的，人民警察应当及时向其所属公安机关负责人报告，并补办批准手续。公安机关负责人认为不应当扣押的，应当立即解除。当场实施扣押的，应当全程同步录音录像。

对扣押的物品，应当妥善保管，不得挪作他用；对不宜长期保存的物品，按照有关规定处理。经查明与案件无关或者经核实属于被侵害人或者他人合法财产的，应当登记后立即退还；满六个月无人对该财产主张权利或者无法查清权利人的，应当公开拍卖或者按照国家有关规定处理，所得款项上缴国库。

第一百零六条 为了查明案情，需要解决案件中有争议的专门性问题的，应当指派或者聘请具有专门知识的人员进行鉴定；鉴定人鉴定后，应当写出鉴定意见，并且签名。

第一百零七条 为了查明案情，人民警察可以让违反治安管理行为人、被侵害人和其他证人对与违反治安管理行为有关的场所、物品进行辨认，也可以让被侵害人、其他证人对违反治安管理行为人进行辨认，或者让违反治安管理行为人对其他违反治安管理行为人进行辨认。

辨认应当制作辨认笔录，由人民警察和辨认人签名、盖章或者按指印。

第一百零八条 公安机关进行询问、辨认、勘验，实施行政强制措施等调查取证工作时，人民警察不得少于二人。

公安机关在规范设置、严格管理的执法办案场所进行询问、扣押、辨认的，或者进行调解的，可以由一名人民警察进行。

依照前款规定由一名人民警察进行询问、扣押、辨认、调解的，应当全程同步录音录像。未按规定全程同步录音录像或者录音录像资料损毁、丢失的，相关证据不能作为处罚的根据。

第二节 决 定

第一百零九条 治安管理处罚由县级以上地方人民政府公安机关决定；其中警告、一千元以下的罚款，可以由公安派出所决定。

第一百一十条 对决定给予行政拘留处罚的人，在处罚前已经采取强制措施限制人身自由的时间，应当折抵。限制人身自由一日，折抵行政拘留一日。

第一百一十一条 公安机关查处治安案件，对没有本人陈述，但其他证据能够证明案件事实的，可以作出治安管理处罚决定。但是，只有本人陈述，没有其他证据证明的，不能作出治安管理处罚决定。

第一百一十二条 公安机关作出治安管理处罚决定前，应当告知违反治安管理行为人拟作出治安管理处罚的内容及事实、理由、依据，并告知违反治安管理行为人依法享有的权利。

违反治安管理行为人有权陈述和申辩。公安机关必须充分听取违反治安管理行为人的意见，对违反治安管理行为人提出的事实、理由和证据，应当进行复核；违反治安管理行为人提出的事实、理由或者证据成立的，公安机关应当采纳。

违反治安管理行为人不满十八周岁的，还应当依照前两款的规定告知未成年人的父母或者其他监护人，充分听取其意见。

公安机关不得因违反治安管理行为人的陈述、申辩而加重其处罚。

第一百一十三条 治安案件调查结束后，公安机关应当根据不同情况，分别作出以下处理：

（一）确有依法应当给予治安管理处罚的违法行为的，根据情节轻重及具体情况，作出处罚决定；

（二）依法不予处罚的，或者违法事实不能成立的，作出不予处罚决定；

（三）违法行为已涉嫌犯罪的，移送有关主管机关依法追究刑事责任；

（四）发现违反治安管理行为人有其他违法行为的，在对违反治安管理行为作出处罚决定的同时，通知或者移送有关主管机关处理。

对情节复杂或者重大违法行为给予治安管理处罚，公安机关负责人应当集体讨论决定。

第一百一十四条　有下列情形之一的，在公安机关作出治安管理处罚决定之前，应当由从事治安管理处罚决定法制审核的人员进行法制审核；未经法制审核或者审核未通过的，不得作出决定：

（一）涉及重大公共利益的；

（二）直接关系当事人或者第三人重大权益，经过听证程序的；

（三）案件情况疑难复杂、涉及多个法律关系的。

公安机关中初次从事治安管理处罚决定法制审核的人员，应当通过国家统一法律职业资格考试取得法律职业资格。

第一百一十五条　公安机关作出治安管理处罚决定的，应当制作治安管理处罚决定书。决定书应当载明下列内容：

（一）被处罚人的姓名、性别、年龄、身份证件的名称和号码、住址；

（二）违法事实和证据；

（三）处罚的种类和依据；

（四）处罚的执行方式和期限；

（五）对处罚决定不服，申请行政复议、提起行政诉讼的途径和期限；

（六）作出处罚决定的公安机关的名称和作出决定的日期。

决定书应当由作出处罚决定的公安机关加盖印章。

第一百一十六条 公安机关应当向被处罚人宣告治安管理处罚决定书，并当场交付被处罚人；无法当场向被处罚人宣告的，应当在二日以内送达被处罚人。决定给予行政拘留处罚的，应当及时通知被处罚人的家属。

有被侵害人的，公安机关应当将决定书送达被侵害人。

第一百一十七条 公安机关作出吊销许可证件、处四千元以上罚款的治安管理处罚决定或者采取责令停业整顿措施前，应当告知违反治安管理行为人有权要求举行听证；违反治安管理行为人要求听证的，公安机关应当及时依法举行听证。

对依照本法第二十三条第二款规定可能执行行政拘留的未成年人，公安机关应当告知未成年人和其监护人有权要求举行听证；未成年人和其监护人要求听证的，公安机关应当及时依法举行听证。对未成年人案件的听证不公开举行。

前两款规定以外的案情复杂或者具有重大社会影响的案件，违反治安管理行为人要求听证，公安机关认为必要的，应当及时依法举行听证。

公安机关不得因违反治安管理行为人要求听证而加重其处罚。

第一百一十八条 公安机关办理治安案件的期限，自立案之日起不得超过三十日；案情重大、复杂的，经上一级公安机关批准，可以延长三十日。期限延长以二次为限。公安派出所办理的案件需要延长期限的，由所属公安机关批准。

为了查明案情进行鉴定的期间、听证的期间，不计入办理治安案件的期限。

第一百一十九条 违反治安管理行为事实清楚，证据确凿，处警告或者五百元以下罚款的，可以当场作出治安管理处罚决定。

第一百二十条 当场作出治安管理处罚决定的，人民警察应当向违反治安管理行为人出示人民警察证，并填写处罚决定书。处罚决定书应当当场交付被处罚人；有被侵害人的，并应当将决定书送达被侵害人。

前款规定的处罚决定书，应当载明被处罚人的姓名、违法行为、处罚依据、罚款数额、时间、地点以及公安机关名称，并由经办的人民警察签名或者盖章。

适用当场处罚，被处罚人对拟作出治安管理处罚的内容及事实、理由、依据没有异议的，可以由一名人民警察作出治安管理处罚决定，并应当全程同步录音录像。

当场作出治安管理处罚决定的，经办的人民警察应当在二十四小时以内报所属公安机关备案。

第一百二十一条 被处罚人、被侵害人对公安机关依照本法规定作出的治安管理处罚决定，作出的收缴、追缴决定，或者采取的有关限制性、禁止性措施等不服的，可以依法申请行政复议或者提起行政诉讼。

第三节 执 行

第一百二十二条 对被决定给予行政拘留处罚的人，由作出决定的公安机关送拘留所执行;执行期满,拘留所应当按时解除拘留,发给解除拘留证明书。

被决定给予行政拘留处罚的人在异地被抓获或者有其他有必要在异地拘留所执行情形的,经异地拘留所主管公安机关批准,可以在异地执行。

第一百二十三条 受到罚款处罚的人应当自收到处罚决定书之日起十五日以内,到指定的银行或者通过电子支付系统缴纳罚款。但是,有下列情形之一的,人民警察可以当场收缴罚款:

(一)被处二百元以下罚款,被处罚人对罚款无异议的;

(二)在边远、水上、交通不便地区,旅客列车上或者口岸,公安机关及其人民警察依照本法的规定作出罚款决定后,被处罚人到指定的银行或者通过电子支付系统缴纳罚款确有困难,经被处罚人提出的;

(三)被处罚人在当地没有固定住所,不当场收缴事后难以执行的。

第一百二十四条 人民警察当场收缴的罚款,应当自收缴罚款之日起二日以内,交至所属的公安机关;在水上、旅客列车上当场收缴的罚款,应当自抵岸或者到站之日起二日以内,交至所属的公安机关;公安机关应当自收到罚款之日起二日以内将罚款缴付指定的银行。

第一百二十五条 人民警察当场收缴罚款的,应当向被处罚人出具省级以上人民政府财政部门统一制发的专用票据;不出具统一制发的专用票据的,被处罚人有权拒绝缴纳罚款。

第一百二十六条 被处罚人不服行政拘留处罚决定,申请行政复议、提起行政诉讼的,遇有参加升学考试、子女出生或者近亲属病危、死亡等情形的，可以向公安机关提出暂缓执行行政拘留的申请。公安机关认为暂缓执行行政拘留不致发生社会危险的，由被处罚人或者其近亲属提出符合本法第一百二十七条规定条件的担保人，或者按每日行政拘留二百元的标准交纳保证金，行政拘留的处罚决定暂缓执行。

正在被执行行政拘留处罚的人遇有参加升学考试、子女出生或者近亲属病危、死亡等情形，被拘留人或者其近亲属申请出所的，由公安机关依照前款规定执行。被拘留人出所的时间不计入拘留期限。

第一百二十七条　担保人应当符合下列条件：

（一）与本案无牵连；

（二）享有政治权利，人身自由未受到限制；

（三）在当地有常住户口和固定住所；

（四）有能力履行担保义务。

第一百二十八条　担保人应当保证被担保人不逃避行政拘留处罚的执行。

担保人不履行担保义务，致使被担保人逃避行政拘留处罚的执行的，处三千元以下罚款。

第一百二十九条　被决定给予行政拘留处罚的人交纳保证金，暂缓行政拘留或者出所后，逃避行政拘留处罚的执行的，保证金予以没收并上缴国库，已经作出的行政拘留决定仍应执行。

第一百三十条　行政拘留的处罚决定被撤销，行政拘留处罚开始执行，或者出所后继续执行的，公安机关收取的保证金应当及时退还交纳人。

第五章 执法监督

第一百三十一条 公安机关及其人民警察应当依法、公正、严格、高效办理治安案件，文明执法，不得徇私舞弊、玩忽职守、滥用职权。

第一百三十二条 公安机关及其人民警察办理治安案件，禁止对违反治安管理行为人打骂、虐待或者侮辱。

第一百三十三条 公安机关及其人民警察办理治安案件，应当自觉接受社会和公民的监督。

公安机关及其人民警察办理治安案件，不严格执法或者有违法违纪行为的，任何单位和个人都有权向公安机关或者人民检察院、监察机关检举、控告；收到检举、控告的机关，应当依据职责及时处理。

第一百三十四条 公安机关作出治安管理处罚决定，发现被处罚人是公职人员，依照《中华人民共和国公职人员政务处分法》的规定需要给予政务处分的，应当依照有关规定及时通报监察机关等有关单位。

第一百三十五条 公安机关依法实施罚款处罚，应当依照有关法律、行政法规的规定，实行罚款决定与罚款收缴分离；收缴的罚款应当全部上缴国库，不得返还、变相返还，不得与经费保障挂钩。

第一百三十六条 违反治安管理的记录应当予以封存，不得向任何单位和个人提供或者公开，但有关国家机关为办案需要或者有关单位根据国家规定进行查询的除外。依法进行查询的单位，应当对被封存的违法记录的情况予以保密。

第一百三十七条　公安机关应当履行同步录音录像运行安全管理职责，完善技术措施，定期维护设施设备，保障录音录像设备运行连续、稳定、安全。

第一百三十八条　公安机关及其人民警察不得将在办理治安案件过程中获得的个人信息、依法提取、采集的相关信息、样本用于与治安管理、查处犯罪无关的用途，不得出售、提供给其他单位或者个人。

第一百三十九条　人民警察办理治安案件，有下列行为之一的，依法给予处分；构成犯罪的，依法追究刑事责任：

（一）刑讯逼供、体罚、打骂、虐待、侮辱他人的；

（二）超过询问查证的时间限制人身自由的；

（三）不执行罚款决定与罚款收缴分离制度或者不按规定将罚没的财物上缴国库或者依法处理的；

（四）私分、侵占、挪用、故意损毁所收缴、追缴、扣押的财物的；

（五）违反规定使用或者不及时返还被侵害人财物的；

（六）违反规定不及时退还保证金的；

（七）利用职务上的便利收受他人财物或者谋取其他利益的；

（八）当场收缴罚款不出具专用票据或者不如实填写罚款数额的；

（九）接到要求制止违反治安管理行为的报警后，不及时出警的；

（十）在查处违反治安管理活动时，为违法犯罪行为人通风报信的；

（十一）泄露办理治安案件过程中的工作秘密或者其他依法应

当保密的信息的；

（十二）将在办理治安案件过程中获得的个人信息，依法提取、采集的相关信息、样本用于与治安管理、查处犯罪无关的用途，或者出售、提供给其他单位或者个人的；

（十三）剪接、删改、损毁、丢失办理治安案件的同步录音录像资料的；

（十四）有徇私舞弊、玩忽职守、滥用职权，不依法履行法定职责的其他情形的。

办理治安案件的公安机关有前款所列行为的，对负有责任的领导人员和直接责任人员，依法给予处分。

第一百四十条 公安机关及其人民警察违法行使职权，侵犯公民、法人和其他组织合法权益的，应当赔礼道歉；造成损害的，应当依法承担赔偿责任。

第六章 附 则

第一百四十一条 其他法律中规定由公安机关给予行政拘留处罚的，其处罚程序适用本法规定。

公安机关依照《中华人民共和国枪支管理法》、《民用爆炸物品安全管理条例》等直接关系公共安全和社会治安秩序的法律、行政法规实施处罚的，其处罚程序适用本法规定。

本法第三十二条、第三十四条、第四十六条、第五十六条规定给予行政拘留处罚，其他法律、行政法规同时规定给予罚款、没收违法所得、没收非法财物等其他行政处罚的行为，由相关主管部门依照相应规定处罚；需要给予行政拘留处罚的，由公安机关依照本法规定处理。

第一百四十二条 海警机构履行海上治安管理职责,行使本法规定的公安机关的职权,但是法律另有规定的除外。

第一百四十三条 本法所称以上、以下、以内,包括本数。

第一百四十四条 本法自2026年1月1日起施行。

图书在版编目（CIP）数据

新治安管理处罚法条文对照与重点解读 / 王学堂编著. -- 北京：中国法治出版社，2025.7. -- ISBN 978-7-5216-5467-7

Ⅰ．D922.145

中国国家版本馆 CIP 数据核字第 20252NF048 号

责任编辑：侯鹏　　　　　　　　　　　　封面设计：杨泽江

新治安管理处罚法条文对照与重点解读
XIN ZHI'AN GUANLI CHUFAFA TIAOWEN DUIZHAO YU ZHONGDIAN JIEDU

编著/王学堂
经销/新华书店
印刷/北京顶佳世纪印刷有限公司
开本/880 毫米×1230 毫米　32 开　　　印张/21.75　字数/454 千
版次/2025 年 7 月第 1 版　　　　　　　2025 年 7 月第 1 次印刷

中国法治出版社出版
书号 ISBN 978-7-5216-5467-7　　　　　　　　　　定价：69.00 元

北京市西城区西便门西里甲 16 号西便门办公区
邮政编码：100053　　　　　　　　　　传真：010-63141600
网址：http://www.zgfzs.com　　　　　编辑部电话：010-63141740
市场营销部电话：010-63141612　　　　印务部电话：010-63141606

（如有印装质量问题，请与本社印务部联系。）